Mein Leben

Erich Raeder

崛起与毁灭

纳粹德国海军元帅雷德尔回忆录

[德] 埃里希·雷德尔——著

吕贤臣——译

上海人民出版社

译　序

世人谈及德国海军，总会先想到二战中令人生畏的德国潜艇部队和发明“狼群”战术的德国潜艇部队司令邓尼茨，可以说“德国潜艇”和“邓尼茨”不折不扣地成为了德国海军的代号和“形象代言人”。但纵观整个德国海军百余年的历史，对德国海军影响深远的不止邓尼茨一人，如对海军建设情有独钟的德皇威廉二世、素有“德国近代海军之父”之称的蒂尔皮茨，还有就是德国海军总司令雷德尔。

雷德尔是一位对德国海军产生过重要影响的人物。从1928年10月担任德国海军部长开始，到1943年2月因与希特勒发生分歧主动辞去海军总司令一职为止，雷德尔实际领导德国海军长达15年之久。正是在雷德尔的领导下，弱小的德国海军摆脱了《凡尔赛条约》的束缚，秘密扩军备战，逐渐发展壮大，成为德国手中一支不容小觑的侵略扩张力量。雷德尔的这部个人回忆录对于研究德国海军史是一份价值颇高、不可多得的珍贵史料。回忆录中，雷德尔对自己戎马生涯的详细描述和对一些重大历史事件及军事行动的全程记录，使我们能够全面了解第一次世界大战至第二次世界大战结束德国海军的兴衰历程。书中披露了大量关于一战后德国海军重建和二战中德国入侵挪威、英国、苏联以及大西洋海战等一些鲜为人知的幕后情况，对后人全面客观地开展分析研究非常有帮助。

研究海军史的积极意义不仅在于它能为我们拨除历史迷雾，看清“山的那一边”发生的一切，更为重要的是能够帮助我们探寻海上战争的基本规律，汲取各国海军建设的经验教训，指导我们今天的海军现代化建设。单就德国海军的兴衰成败而言，我认为，至少可以给我们以下几点启示：

一是濒海强国在崛起过程中应避免与海洋强国过早摊牌。一般来说，濒海强国既有陆地强邻，又被海洋国家视为潜在对手，安全威胁常常来自陆地和海洋两个方向，因此必须坚持陆海兼顾。在来自陆地威胁较小的情况下集中力量向海洋发展，在来自海洋威胁较小的情况下则集中力量消除陆地的隐患。然而，德国由于没有处理好陆海并重中的侧重与节制的关系，常常使自身陷入英、法、俄等陆海强国的双重包围之中。同时，要看到海洋强国的地缘环境相对有利，又能够利用濒海强国与其陆上强邻之间的矛盾渔利，因此处于崛起过程中的濒海强国应避免与海洋强国过早发生直接冲突。

二是必须按照海军建设发展的内在规律建设海军。国家必须将海军建设放在一个长远的历史时期加以规划，使之循序渐进，逐步增强，而不能操之过急。以德国海军的教训而言，如果当初希特勒能按照雷德尔提出的“Z”计划稳步推进海军建设，不提早发动侵略战争的话，德国肯定会建成一支能与英国相抗衡的海上力量。同时，从海军建设的角度来讲，雷德尔关于建立均衡发展的海军和发展海军航空兵的设想也都是正确的。此外，德国海军建设过程中遇到的诸如官兵的教育训练、纪律和士气，以及发展装备等很多问题，我们可能感到似曾相识，这说明只要我们对别国海军建设的经验教训加以分析研究，汲取精华，剔除糟粕，就可以少走很多弯路。

三是要以正确的海军战略指导海军作战。实行什么样的海军战略，要综合考虑军事、政治、经济和地理条件等多方面的因素，关键是以己之长，克敌之短，切中要害，量力而行，而不能好高骛远，超越自身的军事和经济实力，实施力所不及的作战行动。二战爆发后，雷德尔根据敌我双方的实力对比和英国高度依赖海上贸易的特点，决定集中力量打击英国的海上交通线，而不是以弱小的德国舰队与强大的英国舰队正面交锋，这一点无疑是正确的。但希特勒对此却缺乏深刻认识，他没有听从雷德尔的忠告，将海军的作战重点放在打击英国的海上交通线上，而是一意孤行，先是企图直接登陆入侵英国，碰壁后又不顾雷德尔的强烈反对进攻苏联。希特勒也没有及时采纳雷德尔占领马耳他等英国在地中海的重要基地的建议，对于雷德尔强烈要求的加快 U 型潜艇建造的建议，希特勒也没有给予高度重视，这些都是德国海军走向失败的重要因素。就雷德尔自身而言，在没有有效制空权的情况下，还贸然派“俾斯麦”编队到大西洋出战，导致“俾斯麦”号被击沉，也是他指挥决策上的重大失误。

需要指出的是，尽管雷德尔起初并不赞同希特勒发动侵略战争，他本人对纳粹党也素无好感，并强烈主张军队同政治应该彻底分离，但不管怎样，雷德尔苦心经营的海军以及他本人实际参与了希特勒发动的侵略战争，沦为纳粹德国侵略扩张的工具，这一点是不争的事实。对于雷德尔关于战时行为的辩护，读者应保持清醒的头脑予以鉴别。

相信本书对志于海军史研究的朋友和关心海军发展建设的各界人士会有所帮助。

吕贤臣

2019 年 4 月于青岛

英文版前言

本书是海军元帅埃里希·雷德尔的回忆录。雷德尔早年出生并生活在德国汉堡附近的一个小城，1894 年加入海军，1943 年他同希特勒最后决裂，他的海军生涯也因此宣告结束。战后，雷德尔在纽伦堡国际法庭接受审判并被宣告有罪，在施潘道战犯监狱度过了 10 年监禁生活。雷德尔的回忆录是一本非常有价值的历史记录，叙述了德皇扩充海军的岁月，记录了一战期间德军的主要水上作战行动，描述了两次世界大战之间德国在政治上的崛起和重建海军的历史，以及第二次世界大战期间海军参加的主要作战行动。雷德尔在德皇和希特勒两人身边都曾工作过，书中披露了这两人非常有趣的性格。雷德尔把德国的政治灾难和纳粹兴起的原因归结于《凡尔赛条约》对德国的约束和影响。

然而，雷德尔的回忆录不仅是一本有价值的历史记录，还叙述了一个有着坚定政治信仰、对海军职业无比热爱、对祖国无私奉献的海军军官的一生。作为一本个人传记，本书自然极力为国际法庭所指控的“战争罪行”进行辩护，但他也愿意为自己的一切决定承担责任，并且承认自己并非总是对的，而别人总是错的。海军的读者，尤其是年长的海军读者，会发现作者的海军经历，尤其是在海军官兵教育、舰队日常训练等方面，有很多地方与自己的经历非常相似。

在书中，雷德尔的幽默感通过对一件生活趣事的回忆得到了体现。作为海军将领，雷德尔经常到部队视察，但每次吃到的午餐却是一模一样。原来，那些热心的指挥官为了迎合长官的口味，总是给他做最爱吃的那道菜。

雷德尔在本书中阐述了自己关于海军建设和作战的一些思想。如，强调海权的重要性，正确处理和协调不同军种之间的关系，建立合理的指挥体系，以及强调领导者的责任，等等。他强烈反对某一军种凌驾于其他军种之上，就像第一次世界大战中德军出现过的那种情况。雷德尔对德国领导人在两次世界大战中表现出来的陆军至上的思想深恶痛绝，同时坚持认为必须建立一支独立的海军航空兵，并为这一目标而奋斗；遭到拒绝后，他又转而寻求空军对海上作战行动实施更有力的支援。他的努力都失败了（这对我们来说是值得庆幸的），原因是戈林对希特勒施加了巨大影响，这位霸道的空军元帅认为，他所拥有的那些兵力更加适合用于空战。我们希望，在这方面，那些对我们国防和军队建设负有直接责任的人，都应记取德国的历史教训。

军队应该彻底同政治分离，这是雷德尔坚持的一贯原则。根据他本人的回忆，他自己回避一切政治活动，并努力使整个海军脱离政治的干扰。在这一点上，雷德尔看上去做得比其他军种更为成功，这主要是因为海军长期在海上，能够远离国内的政治纠纷。1931 年，他预见到了国防部长兼任政府内政部长所带来的灾难性后果。

雷德尔在战略和战术问题上有着过人的判断力。他强烈反对卷入同英国的战争，在占领法国后，他建议不要尝试进攻英国，并且反对进攻苏联。他经常激烈地反对希特勒的意见。然而直到1943年2月，在因希特勒采取的一系列行动而被迫辞职以前，他都忠实地拥护希特勒作为德国的合法领袖。在此之前，他有好几次都企图辞职，但是出于保护海军的目的又都放弃了。

建立纽伦堡国际军事法庭的初衷，在于杜绝再出现类似于纳粹德国进攻波兰、入侵低地国家以及挪威和丹麦那样的侵略行为。惩处对这些行为负责的政治领导人是完全合乎正义的。然而，就军事领导人而言，他们仅仅听命于上级权威，因而对于他们的惩处当然是有争议的。无论是哪个国家的国防体制，如果每个指挥官在接到上级的命令之后，先去判断一下是否符合国际法然后再去执行，这必然会导致效率低下，产生混乱。国际军事法庭对于雷德尔这样一位军事领导人的判决，似乎会确立一个大家都不愿看到的先例，这一先例将有可能被所有的胜利者利用，利用它来对战败的一方进行压制。

我想，读过这段历史的读者会和我一样，对于雷德尔这样一位颇有才干的军人在施潘道监狱度过的孤独岁月深感惋惜，同时也会对他的终身监禁已经得到赦免而感到高兴，祝愿他能够平静、舒适地安度晚年。

H.肯特·海威特

美国海军上将（退休）

1960年于马里兰州安纳波利斯

自　序

在《山的那一边》一书的导言里，英国军事理论家李德·哈特记录了陆军元帅威灵顿公爵生活中的一段趣事：在一次旅行中，威灵顿公爵和一位熟人为了打发时间，两个人一起猜每座山的另一边会是什么样的地形，当这位熟人对威灵顿准确的预言表示万分惊奇时，威灵顿回答："我一生都在努力地去尝试发现山那边隐藏着的东西。"

由于视线受到山的阻挡，对于普通人来说，要准确地描述山的那一边隐藏着什么东西是非常困难的。然而，要透过把现在和未来分隔开的那座不可逾越的山峰，看清未来会发生什么事情，更是难上加难。我们的存在和行动都是为了未来而进行的，并为此努力地去勾画出一幅关于未来的图像。然而我们对未来的预见却总是模糊不清，尽管我们知道某些事物确实存在，却无法仅仅凭借希望和愿望来勾勒出它的轮廓，描述出它的颜色。任何人都不会知道自己将面临什么样的命运。因而，我们基于对未来的认识而采取的任何决心和行动都不可避免地存在缺陷。

当我们到达了"山的那一边"以后，再回过头来看待发生的一切，情形就必然会大不相同。一度被迷雾笼罩的事物变得清晰了，一度棘手的问题找到了解决的方案，一度确定无疑的事物变得虚无缥缈，一度无关紧要的东西现在成了解决问题的关键。审视过去，现实情况与原先对未来的认识截然不同。

现在我们终于站到了“山的那一边”。我们终于可以更加清楚地认识到什么是对的，什么是错的。历史事件按照正确的轨道进行了重新的排列组合。然而，如果我们想正确描绘过去、认识未来，就必须弄清环境和人为因素对历史事件的影响，而要做到这一点，就必须对过去发生的事情进行大量的研究。

写作这本书的动力来源于帮助人们正确认识过去的愿望和责任。一些作家往往引用逐渐为国内外读者所共同了解的资料来写作上半个世纪德国的历史长卷，本书不想步他们的后尘。我的愿望只是想为他们的工作提供一些我个人的认识。

在这方面，我能作的贡献是微不足道的。一个按照传统和个人思想行事的军官，总是把自己视为军队和国家的公仆，因而要脱离自身经历这一狭窄的领域，是无法叙述历史事件的。而且，我只是一个水手和军人，而不是政治家。

当站在“山的那一边”以后，我意识到了原先所看到的景象同现在的景象截然不同。我写下的大量笔记使我能够按照历史的本来面目来记录当时的历史事件和思想历程——其中一些我们现在看来是错误的。有幸的是，在施潘道监狱的10年监禁，使我的记忆能够脱离外部世界的干扰。

作为海军司令，对于我本人以及整个海军来说，在两次世界大战之间再也没有什么政治外交事件比1935年的《英德海军协定》影响更为深远的了。它的签订，结束了《凡尔赛条约》对德国的束缚。本书的第一部分记述了我到那时为止的海军生涯，以及我对这些经历的思考；本书的第二部分记录了1935年以来事件的发展和演变。前后两部分有着不可分割的联系。

自 1935 年以后，海军的规模日益扩大，承担的任务日益繁重，要详尽地叙述海军的扩张和发展，尤其是战争期间的发展，是不可能的。要做到这一点，必须等到全部资料都公开以后，并且要由比我有生之年所剩时间更多的人来完成这一任务。

在写作本书的过程中，许多老战友和老朋友给了我不可缺少的帮助，因此我向他们所有人表示最诚挚、最深厚的谢意。我尤其要感谢艾里克·福斯特上将，他是我多年来的老朋友和合作伙伴，他为本书的最后编辑付出了大量时间和辛勤劳动。本书的内容和叙述纯属个人观点，我对此负全部责任。

命运使我选择了海军作为职业，同他人相比，我为海军事业付出了更多的精力，因而我的生活与海军紧紧地联系在一起，我个人取得的所有成就只不过是海军发展历程中的一部分。本书所涉及的人物数量不多，还有许多人没有提到，值得指出的是他们的业绩也同样值得怀念。

我的一生，既有辉煌也有坎坷，既有飞黄腾达也有贫困潦倒，尽管生活充满了劳累和艰辛，然而回首过去，无论发生了什么事情，我都十分感激能够在这样一个非常优秀的群体中工作并成为其中的一员，这样的感激之情可以追溯到青年时代。如果通过本书的回忆能够使他们及其对海军事业的无私奉献不被人们忘记，哪怕是对此有一点点贡献，那么我也会因为自己晚年尽到了一名海军军官和普通人的职责而感到高兴和满足。

埃里希·雷德尔

1957 年，基尔

目　录

第一章 初进海军

童年生活

加入海军——或者说到海上去——是我儿时的梦想。我1876年4月24日出生于汉堡附近的万茨贝克（Wandsbek），我父亲汉斯·雷德尔（Hans Raeder）是当地马提亚·克劳德高级中学的法语和英语教师。我祖父是一所私立学校的业主，在此之前也是一名教师。我的母亲格特拉德·哈特曼（Gertraud Hartmann）是德国宫廷乐师阿尔伯特·哈特曼（Albert Hartmann）的女儿。

一名年轻中学教师的收入并不太多，因此家庭开支必须省吃俭用以保证我和两个弟弟上学。然而，勤俭节约的经历在我们以后的人生中成为一笔宝贵的财富，因为我们很小就学会了过紧日子，懂得了怎样一分一分地省钱。

我的家庭气氛严格自律而又爱意融融。对上帝的敬畏，对正直的热爱，里里外外的清洁卫生，这些习惯都从儿时就给我留下了深刻印象。我至今还记得，在第一次允许我随父母参加万茨贝克教堂礼拜之前，父亲是多么耐心细致地向我解释参加礼拜的重要性，以及宗教仪式本身的意义。

上学以后，我们兄弟几个很少让父母担心，因为我们都懂事很早。父亲指导我们进行体育训练，如游泳和滑冰；而多才多艺的钢琴师母亲则教我们学习音乐。

我们不仅去城市旅行，还经常去林区和水边，大量的旅行减轻了我们的学习负担。我们逐渐熟悉了汉堡和它的海港，还有撒克逊森林，俾斯麦的城堡就坐落在那里。1888 年和 1889 年我们去了梯蒙多夫海岸，当时那里只有 6 所房子，还去过波罗的海边的特拉维蒙迪。在吕贝克湾，我有生第一次见到了军舰，那是正在进行训练的双桅船“蚊子”号（Musquito），这也是我参加海军以前见到的唯一一艘军舰。我们曾登舰参观，但当时的情景现在已经完全没有印象了。

1889 年，当我 13 岁的时候，我父亲突然被任命为位于西里西亚（Silesia）戈林堡（Grunberg）的弗里德里希·威尔海姆高级中学校长。这次升迁是对他学术成就提高的回报，这些学术成就中的一部分是他长期在英国和法国求学所得的。然而对我来说，从万茨贝克的文科中学转到戈林堡的半文科中学却带来很大困难，因为我对法文和拉丁文已经相当熟练，而英文和数学却落后了一年半时间。然而，父亲利用夏季四个月的时间在海边对我进行了集中辅导，使我的英语成绩名列前茅。在戈林堡中学数学教师的指导下，我的几何成绩突飞猛进。

环境的改变比课程的改变更为显著。除了风俗文化的差异，方言的变化在相当长的时间内一直给我带来较大的麻烦。即使是这样，这些困难都随着时间的推移而慢慢消失了。我们逐渐熟悉了新家，并慢慢发现沿着巨人山脉旅行同沿着波罗的海港口和海岸旅行一样有趣。

在戈林堡，对我学业帮助特别大的是教地理和历史的年轻教授林德尔（Leeder）博士。他的历史课生动有趣，不仅涉及拿破仑时代和 1870 年的各个战役，还涉及宪政历史以及现代政治。我十分珍视他对我的教育和我们之间的友谊，在第二次世界大战之前，我回家为 1932 年去世的双亲扫墓，其间我抽空在他 85 岁生日的时候拜访了他。

高中时代最快乐的时光是每年一度的到奥登瓦尔德山（Odetwar）的郊游。活动是每年 9 月的第二个星期由全校组织，许多校友及其全家都返校来参加这一庆典，郊游过程中要组织学校最优秀的学生发表演讲，组织各种各样的比赛和体育活动，还要组织一场学生们表演的舞蹈，最后打着火把排成长队回到市区。

毕业后，我曾经打算读大学，还曾有过成为一名军队外科医生的朦胧愿望。但这还需要再学习拉丁语和希腊语课程，因为学习医药学需要有较高的拉丁语和希腊语水平。因而我开始自学拉丁文和希腊文以弥补我在这方面的不足。

在戈林堡中学的最后一年，学校奖给我一本书。书的作者是冯·维尔纳（Von Werner），书中描写了“普鲁士亲王海因里希”号载着军校实习生进行的环球航行，书中有很多海上航行生活的逸闻趣事。一年里，我反复地读这本书，终于意识到我被海军实习生的出海生活深深地吸引了。

不知是这本书起到了一定的作用，还是命运的安排，就在 1894 年我期末考试前的两个星期，我走进父亲的办公室告诉他我不想学医了，我所希望的是加入海军。我央求父亲去找奥伯克芒多·德·马里恩（海军高级军官），请求他同意给予我入学资格，并送给他一张我的学习成绩登记表。

突然加入海军的决定对大多数父母来说都会使其感到忧虑，因为我的体质不适合这种对身体素质和体力要求比较高的工作。在学校体育课上，我所取得的好成绩都是靠着十二分的努力才得来的。然而，我父亲对我的选择充满了信心，立即按照我的要求给那位高级军官写信。尽管这种申请函的时限在去年 10 月 1 日就已经截止了，但出人意料的是，我几乎立即就得到了回复，要求我去苏里查（Zullichau）的骑兵团参加体能考试，然后做好在 4 月 30 日以前去基尔（Kiel）的准备，从收到信到 4 月 30 日大约还有不到 30 天的时间。

体能考核顺利过关，然而从西里西亚前去基尔，并和几十个完全陌生的海军候选生待在一起，对我来说却是一种痛苦的经历，因为我长这么大很少单独出门。这些活泼年轻的陌生人来自德国的四面八方，来自巴伐利亚（Bavaria）的人数多得出奇。

在帝国海军中接受训练，1894—1897

刚到基尔，我们就被临时安置在海军学校的阁楼中居住并立即开始接受训练。一开始的六个星期是步兵基础训练，由陆战队的奥狄曼（Oditmann）执教。这种训练实际上是由未经任命的陆军排职军官来组织实施的，训练班长由陆军学员队的同学担任。

步兵训练阶段是最艰苦的，是整个海军军校学员时期最难熬的一段生活。不是因为训练的艰苦，而是因为那些未受任命的军官态度十分严厉。他们对我们连珠炮似的咒骂，尽管不是针对我们个人，但却是那么粗俗，以致我经常认真地考虑我还能不能在这种环境中继续服役。

除了步兵训练，我们还通过模型学习给帆船配置帆缆的复杂技术，以及划船基础训练。六个星期训练的高潮是德皇来到基尔为在海军服役的儿子阿德尔贝特亲王*（Prince Adalbert）庆祝10岁生日并检阅海军部队。在我们的队伍中，年轻的王子伴随着军旗行走在队列的右侧，显得队伍不是很整齐。然而，在年长的查普兰斯·朗格海尔德大主教感人至深的教诲中，我们在海军礼堂进行的就职宣誓却是激动人心。

我们在岸边的短期训练通过一次检阅而宣告结束。到了5月，我们这些新的军校生急切地等待海上训练。我和34名同学分在了"斯多斯克"号（Stosch）训练舰上，其他35名学员被分到"斯坦因"号（Stein）上。

"斯多斯克"号的舰长是舒克曼（Schuckmann）海军上校，但在"斯多斯克"号上直接监督我们训练的是施图德尼茨（Studnitz）海军中尉，在"斯坦因"号上也是一位中尉。施图德尼茨海军中尉的助手是一名中尉和两名经验丰富的士官长——克里（Knie）和盖梯尔（Gaetije）。他们的要求都非常严格，但却从不像我们在岸上经历的那样骂人和说粗话。无论我们这些军校生多么瞪大眼睛看着克里士官长起帆时令人心惊胆战的杂技一样的动作，士官长都会说："我只告诉你们一句话，如果我掉下去了，我也会把你们一起带到海里去。"在那种情况下，没有人认为他的话有任何粗野和威胁的意味，相反，在充满危险的环境中我们感受到兄弟般的友谊。两位士官长热心地照顾我们，教我们如何操作横桁和帆，给我们留下了美好印象。

我们海军实习生的工作位置是在船的后桅杆，即靠近"斯多斯克"号船尾的三个桅杆。起初我的岗位被安排在中帆桁，后来我和其他三人又被分到了船的主帆桁，是所有的帆桁中最

---

* 阿德尔贝特亲王（1884—1948），威廉二世第三子。

高的。在风暴天气中，主帆桁的帆不能卷起，而是必须以极快的速度取下来。

每天早餐前，所有的军校学员都要攀登到后桅杆的顶部再下来，直到每个人能够在 58 秒内完成这一动作为止。当我成为第四个在 35 秒内完成这一动作的学员时，我感到非常自豪。然而，我们接着又开始攀登比后桅还要高得多的主桅，必须在 63 秒内完成一系列动作。

除了操作船帆，我们的训练主要包括海员的一般工作内容。如，在单桅纵帆船中学习划船和扬帆航行，在老式的 15 厘米舰炮上进行枪炮训练，学习航海、船艺、数学、英语和法语等理论知识。

那年夏天，我们到波罗的海进行了一次航行训练，而冬天则到西印度群岛海区进行了一次更远的航行。

那次航行中开始的几天充满了惊险刺激。主要有：在北海，我们丢失了一只螺旋桨；在比斯开湾（Bay of Biscay），一天夜晚，突如其来的暴风吹走了三角帆的下桁。在这些厄运的打击下，我们不得不躲进威廉港（Wilhelmshaven）以及后来的里斯本港（Lisbon）进行维修。但后来我们在信风中沿着海岸顺利地航行，途经马德拉（Madeira）群岛到达了圣汤姆斯（St. Thomas）、牙买加（Jamaica）和哈瓦那（Havana）。在回来的途中，我们经过了圣多明戈港（Santo Domingo）、百慕大群岛（Bermuda）、普利茅斯港（Plymouth），并绕过斯卡根角，沿途均非常愉快。刚返回基尔港，我们就接受了冯·科诺尔海军上将的检阅，随后立即进行了年度考核。

无论是理论考核还是实操考核，都非常难，我们 70 人中只有 60 人艰难过关。考完后我们放了一个月的探亲假，1895

年4月，在没有事先通知的情况下，我就怀着兴奋的心情回到了戈林堡双亲和兄弟们的家里，看到我回来他们十分高兴。在家休假期间，我接到通知说我以优异的成绩完成了学业，并被提升为海军候补军官。

军官训练

休假结束后，我和1894年入伍的同学们重新聚在一起等待下一次分配。60名同学被平均分配到了4艘训练舰，我被分到了由和蔼的冯西卡·沃尔海姆（Fonseca-Wolheim）任舰长的“格奈森瑙”号（Gneisenau）训练舰上，副舰长是同样和蔼可亲的海军中校德塞尔（Darssel）。在舰上，我们首次开始了领导能力的培养，每个人都分到了几个新水兵进行训练——这对任何一个有远大理想的年轻人来说都是一次真正的挑战。当然，我们也得到了几名士官做我们的助手。我们手下的新水兵都是志愿加入海军的15岁至16岁的青年，经过两年的训练，他们将成为普通的舰员。从这些舰员中挑选出一部分，经过专业训练后补充到士官队伍。

除了训练水兵外，我们还要学习航海和枪炮专业的课程，以及在使帆航行和使用蒸汽机航行时参加值班。

1895年是德国海军具有纪念意义的一年。该年的6月21日，连通北海、易北河和波罗的海的基尔运河正式通航，德皇威廉二世亲自主持通航仪式。

世界上几乎所有拥有海军的国家都来参加庆祝仪式。整个春天都有外国军舰不断来访。来访的军舰在每个港口都得到了停泊在那里的德国军舰的亲切致意。我们的军舰“格奈森瑙”

号停泊在最外面，靠近腓德烈索特灯塔，我们的任务是向每艘驶入的军舰致敬，用我们自己的乐队演奏军舰所在国的国歌。那几周里，日常的繁文缛节已经被忽略了，最重要的是舰员的反应要敏捷，礼仪要做到一丝不苟。在霍尔梯诺（Holtenau）水闸附近发生的重大政治和社会事件深深地吸引了我们，使我们的心思延伸到锚地之外，至少我们希望在盛大的焰火表演中会有一个理想的座位。

同时，在那段时间里，我们有机会与同班的其他同学会面，这些同学自从分配以后几乎就一直没有见面。与同学们的重新联系帮助我们建立起了同舟共济般的友谊。同其他海军一样，在德国海军中这种精神对于军队来说是一笔非常珍贵的财富。从此以后，1894 级的同学们休戚与共、互相支持，共同经历了战争与和平。

运河通航仪式一结束，我们就启航去设得兰群岛（Shetland Islands）的勒威克（Lerwick）参加舰队的秋季演习。演习中，我们四艘训练舰编为一个编队。“蒂尔皮茨”（Tippitz）海上演习每年举行一次，由一名资深上将指挥，目的在于检验战役战术，并以此为基础谋划未来的海军建设。之后，我们又到西印度群岛进行冬季巡航，目的还是为了提高我们的专业水平，因而除了能够在热带海港自由上岸以外，在巡航中我们还要进行大量的航行操纵和值更训练。然而，在热带地区的炎热天气中照看这艘像“火管锅炉”一样的老军舰，时常使我们大汗淋漓。

我们一边学习轮机和船艺的实际操作，一边循序渐进地学习航海、鱼雷和枪炮等科目的专业理论，这些都是我们第二年期末的必考内容。

接下去的六个月是到专门的军舰上进行枪炮、水雷和鱼雷的专业训练。

1896年秋天，我们又回到了基尔，在海军学校里完成最后一年的学业。我们班所有候补军官又重新聚集在这里，我们的直接领导是冯·考茨豪森（Von Cotzhausen）海军中校，他是一名严厉但待人公平的指挥官。

海军学校的位置直接朝向军港，学校里训练舢板和帆船的设施十分先进，有体育馆、运动场和网球馆。我们的寝室十分舒适，教室宽敞明亮。我们上午在教室上课，下午进行体育运动和帆船训练。晚上9点以前我们可以在市区自由活动，如有特殊情况，例如晚会、话剧和音乐会等，可以晚归几个小时。

夏天，学校允许我们在周末驾驶帆船旅行，埃肯弗德湾（Eckenforde）是我们最喜爱的目的地。除了风景优美以外，那里最吸引我们的地方就是温德拜（Windeby）庄园，好客的庄园主人有四个儿子和九个漂亮迷人的女儿。毫不奇怪，他的九个女儿中有四个嫁给了我的同学。

我们最后阶段的训练是烦恼而又令人愉快的，尽管毕业考试很难，我们都急切地盼望着快点毕业去舰队任职，成为一名真正的现役军官。

初次任职

1897年10月1日，我穿上崭新的海军中尉军服到蒸汽动力军舰“萨克森”号（Sachsen）报到。我担任的职务是通信官，负责收发信号和通信兵的训练。我感到非常幸运，因为我的值勤位置在舰桥上，所以在演习和出海训练的时候，能够通过观察舰艇上高级指挥员的工作而很好地获取知识和经验。指挥这艘军舰的是舰长普拉克特（Plachte）海军上校，他有十分优异的服役纪录，在他的领导下，我在各个专业领域，如船艺、航海、舰艇操纵、战术以及我的本职工作——通信等方面都得到了非常有益的训练。

在这一时期，世界各国海军都刚刚开始意识到通信的重要性，此前一直为人们所忽视。例如，法国著名将领萨芬（Suffren）海军上将在决定印度命运的海战中遭到挫败，因为当时他没能通过复杂的信号系统清楚地传达他的命令。即便是纳尔逊在特拉法尔加角海战中发出的著名信号——“英国期待着我们每个人履行自己的使命”——仍需要由12面旗构成的复杂旗组才能表达出来。相比之下，在后来爆发的斯卡格拉克（Skagerrak）海峡海战中，舍尔（Scheer）海军上将只需要2面信号旗就能在整个舰队中发出命令——“巡洋舰攻击敌人！全力攻击！”表示“攻击”和数字“9”的两面旗子，同时伴随着无线电指令，将命令传达到各艘巡洋舰，随之，这些巡洋舰发起了勇猛的突围行动，成为这次战役的转折点。

但这都是后来发生的事，在“萨克森”号的舰桥上，我还不知道通信工作在我未来的职业生涯中扮演着多么重要的角色。

“德意志”号战列舰与远东之行

我在“萨克森”号上的任职，以及在它的姊妹舰上的临时性工作很快就以一种意想不到的方式结束了。我突然被任命为装甲战列舰“德意志”号（Deutschland）的通信官并随之启程前往远东。

远东在一夜之间对大多数海军强国来说变得十分重要。在俾斯麦的强有力领导下，德国开始实行殖民政策。在德国商人和殖民者的密切配合下，德国获得了许多重要的殖民地。1894 年到 1895 年中国对日战败，似乎预示着中国的崩溃为期不远了，欧洲列强争相在中国获取势力范围。德国通过外交手段获取了山东半岛的青岛以及胶州湾的租借权。为了占领该地区，德国派出了一支由冯·迪德里希斯（Von Diederichs）海军中将率领的舰艇编队前往该地区。接着又组建了第二支舰艇编队，其中有三艘新式巡洋舰“凯瑟林”号（Kaiserin）、“奥古斯塔”号（Augusta）和“杰费昂”号（Gefion），旗舰由“德意志”号担任。这支支援兵力的指挥官是德国“航海亲王”——海军少将海因里希亲王，他将完全接替冯·迪德里希斯将军行使指挥权。

对海军来说，新的殖民政策意味着那些驻扎在国外的适合远洋航行的军舰——具有风帆和蒸汽两种动力的护卫舰、轻巡洋舰和炮舰等，将积极参与行动。随着世界形势的迅速发展，海军扮演着日益重要的角色。

毋庸置疑，我们军舰上的军官和舰员对于新政策都充满了热情，希望自己参与到这一政策中来。不仅如此，普拉克特海军上校也被任命为旗舰“德意志”号战列舰的舰长，这对我来说又是一个意外的惊喜。

德皇威廉二世的亲弟弟海因里希亲王被任命为远东舰艇编队司令是一个明显的信号，不仅表明了远东地区在国际政治事件中的重要地位，也表明了海军在德国执行其国家政策过程中的地位日益上升。海因里希亲王于 1877 年作为一名军校学员加入海军，他热爱海洋，积极参加严格的训练，在他哥哥加冕成为皇帝时，他已经是一名海军参谋了。他是一位颇具才干、经验丰富的海军军官，受到全体海军官兵的爱戴。

德皇威廉二世也对海军表现出了极大的兴趣，部分原因可能在于他个人与英国王室有着很近的亲缘关系。他是英国维多利亚女王十分喜爱的外孙之一，经常去拜访女王，在英国这个世界上最为强大的海上强国的船坞中，经常可以看到他的身影，他对船坞中的最先进的军舰及其发展前景流露出羡慕之情。

威廉二世登基之前，海军一直掌握在陆军将领史塔克（Stosch）和克普维（Caprivi）手中。他登基后不久便着手改变海军原有的高层管理体制，任命一名军官担任相当于今天美国海军作战部长的职务，从而使海军的指挥权转入海军将领手中，陆军经常对海军施加影响的局面结束了。他后来又颁布法令，将海军的指挥权分配给了海军最高指挥部（Naval High Command）和海军行政总部（Reichsmarineant）。

所有这一切促使海军建设进入了新的阶段。此前，德国海军舰艇是多功能型舰艇，舰艇的设计要充分考虑到陆战的需要。“攻击型轻巡洋舰”就是一个很好的例子，如“萨克森”号就是其中之一。老式的装甲战舰，像在英国建造的“德意志”号，仍然同时使用风帆和蒸汽机。直到1897年，蒂尔皮茨海军少将成为海军大臣以后，才完全采取了较为先进的海军建设方针。

蒂尔皮茨将军几乎可以称得上是德国现代海军之父。他以鱼雷艇部队的缔造者而闻名于世，曾担任过海军最高指挥部参谋长。在他的英明领导下，德国才得以制定舰队作战的基本战术原则，为未来指挥舰队作战打下了基础。他的作战理论在每年举行的军事演习中不断得到检验，并在海军最高指挥部“九号战术条令”中进行了充分阐述，许多年来一直被德国海军奉为战术上的“圣经”。

重新派遣像“德意志”号这样的旧军舰去国外执行远洋任务面临许多困难，但全体舰员盼望去亚洲执行任务的极大热情使困难的任务变得轻松了。接到上舰命令的还有我的另外三个同学——斯科温杰斯、韦格纳和科尼斯贝克，在接下来的两年时间里，他们成为我的亲密战友。

我在舰上的工作不仅是担任军舰的通信官，而且还担任编队司令的通信参谋。此外还有一项特殊任务，就是负责舰上的军乐队，这支军乐队的指挥是著名的音乐家鲍林格尔（Pollinger）。由于我从母亲那里继承了对音乐的热爱，因此我觉得这一任务一点也不让我感到厌烦。

在军舰的日常训练中，我的部分职责是选拔和训练舵手及通信兵。在这次特殊的航行中，普拉克特舰长另外给我分配了一项任务，即向全体船员讲述我们将要访问的港口的历史和风光。我对这项任务颇感兴趣，因为这使我有机会每到一个新港口，就学习所属国家的历史和风土人情，从而大大地拓宽了我的知识面。

在威廉港接到命令后，“德意志”号战列舰直接驶往基尔去接海因里希亲王上舰，德皇亲自来送我们出海，在基尔堡的欢送宴会上，威廉皇帝在提及对海因里希亲王执行这次任务所下达的命令时，使用了“铁拳”一词。这段演讲引起了国外的强烈反对，尤其是英国，人们在很多场合中都对这段话进行了批评。

第二天，也就是 1897 年 12 月 7 日，“德意志”号启航了，德皇一直伴随我们到伦茨堡（Rendsburg），他的随从中有诸位亲王、年长的几个儿子以及外交大臣冯·比洛（Von Bulow）伯爵、蒂尔皮茨海军少将、皇宫事务大臣尤伦堡（Eulenburg）伯爵和张伯伦（Chamberlin）爵士。威廉皇帝在伦茨堡大桥与欢送团的其他人员分手，由冯·比洛、蒂尔皮茨陪同一道前往弗里德里斯洛（Friedrichsruh）去拜访老宰相俾斯麦亲王。

伴随“德意志”号航行的是“杰费昂”号巡洋舰，由于是在冬天的暴风雨天气里通过运河，我们全部在舰桥上值班。舰桥上挤满了人。军舰在大雾中转向多佛尔海峡，甚至没有被英国海军发现。为了向海因里希亲王致敬而在海上瞭望的英国海军军官看到我们出色的航海技术，认为我们是一支训练有素的海军。军舰在朴次茅斯港中抛锚，海因里希亲王前去伦敦拜访他的外祖母维多利亚女王。

在比斯开湾，海因里希亲王在参谋人员的陪同下，在军官舱里同全体军官一起度过了圣诞前夜，这使我们倍感荣耀。为了庆祝这一时刻，他拿出一个银光闪闪的酒杯，用那个杯子喝下第一口酒，并举杯致词：“走遍天南地北，我们的家园最美!”然后，他把杯子依次传给下一个人，要求每人喝一口酒，并照他的样子说一句祝酒词。级别高的军官按顺序排在前面，他们几乎把所有熟悉的祝酒词和成语都用遍了，因而轮到我们中尉军官致词的时候，很难再找到一句比较合适的话。后来这一做法成为军官集会的传统习惯，我们这些低级军官为了找到合适的诗句和名言当作祝酒词，几乎把舱里的报纸和杂志都翻破了。

通常情况下，司令部的参谋人员和舰艇军官之间的关系十分紧张，令人意想不到的是，在“德意志”号上，两者之间的关系却十分融洽。这里的资深参谋官是冯·斯比（Von Spee）海军少校，他于1914年率领德国海军编队在科罗内尔战役中取得胜利，但随后在福克兰岛海战中不幸落败。海因里希亲王的私人助手是根格·穆勒（Genge Muller）海军中校，他后来担任了宫廷事务大臣，并兼任威廉二世私人顾问班子中的首席政治顾问。舰上的助理医生是奥勒夫（Oloff）海军上尉，他是基尔的大学教授和眼科主治医师，其精湛的医术在第一次世界大战后享誉国内。

然而在舰上发号施令的是海因里希亲王本人。他被公认为是一名杰出的水兵，有着无穷的个人魅力，朋友遍天下。他喜欢把英国海军当作楷模，并经常与到访港口的英国海军和陆军军官交往。或许正是这个原因，如果哪个德国海军军官想留胡子的话，也必须留尖头胡子。

如果哪个人或哪件事没能达到他的苛刻要求，就会遭到他粗暴的批评。尤其当有外国军舰或军官在场的时候，如果在礼仪或礼节上出现失误，更容易引起他发怒。尽管如此，他对部下还是赏罚严明，体贴入微。

"德意志"号的下级军官住所并不是很舒适，我们两个人一个房间，那些房间位置都在甲板以下，并靠近发动机和锅炉，舱室里仅有的一个舷窗过于靠近水线，即使是停泊在港内时也无法打开。因此，在到达香港前，我不得不在炮台甲板的一个吊床上睡觉。

军舰上老旧的发动机经常出现故障，我们的轮机长帕斯克（Passche）海军中校焦急万分，他们不得不顶着机舱中的蒸汽热浪工作。

发生的第一次故障使我们到达直布罗陀的时间晚了好几

天，这不禁令大家担心能否安全回家。在直布罗陀，海因里希亲王在同英国海军将领的谈话中发现了他在英国受到冷遇（甚至在英国女王那里也受到冷遇）的原因。英国人不但被德国皇帝的“铁拳”演说激怒了，还对此感到十分忧虑。

我们从直布罗陀出发，驶经地中海、苏伊士运河和红海到达亚丁湾，在那里，我代替穆勒海军少校作为王子的私人助手拜访了总督并出席了国宴。

编队快到印度时遇到了恶劣天气，机器不断出现故障，这使大家更为恼火。我们不得不在科伦坡停留几天对发动机进行维修。当然，这也使大家有机会观赏锡兰（斯里兰卡）岛上美丽的热带风光。

启航前，停泊在港内的俄国军舰“西索伊”号和“那瓦里”号请求加入我们的编队，一同前往新加坡，这使我们大为惊奇。很显然，他们做出这一姿态是接到了圣彼得堡的命令，目的在于做出明确的外交姿态向英国施加影响。海因里希亲王同意了他们的请求。在接下来的结伴航行中，我和手下的通信兵担负着与语言不通的外国军舰保持通信的任务，这对我们来说是一件非常有趣的工作。这一经验告诉我们，在运用海军向全世界推行国家政策时，应该保持什么样的底线。同时，这件事也使我深深体会到，年轻军官必须虚心向经验丰富的高级军官学习，并通过学习和读书提高自己的知识水平。

新加坡有很多好客的德国侨民，我们停留在那里，得以洞察大英帝国全球霸权的核心。这些经验和印象，有助于我深入理解第二次世界大战中日本人的心态和军事行动。

在新加坡，我们收到了刚刚编写的第一部《舰队条令》，得知了海军最高指挥部重组的消息。1897 年，蒂尔皮茨在准备实施他的《舰队条令》的过程中，不得不小心翼翼地限制海军最高指挥部的权力，以免使国会产生偏见而反对《舰队条令》的实施。当时，海军最高指挥部被海军参谋部取代，其职责受到了限制，主要负责对其他国家海军的情报进行评估，制定海军建设发展的战略规划以及战术。指挥舰队的权力实际掌握在蒂尔皮茨本人手里。当然，这一改组也带来一些危险，即新成立的部门可以不必考虑海上指挥官的实际经验就制定自己的计划。因为尽管德皇本人对海军十分感兴趣，但他没有受过任何专业的海军训练，也没有海上作战的实际经验，而他身边的顾问则是经验丰富的海军将领，这就使他的顾问有很多特权。

航程的下一站是英国在远东的重要基地——香港。到达香港后，我们不得不再次进入船坞对发动机和锅炉进行维修。在香港，我对由海军上将爱德华·西摩尔爵士指挥的英国远东舰队有了初步了解。约翰·杰利科海军上校担任旗舰“百夫长”号的舰长并兼任爱德华·西摩尔海军上将的参谋长，后来他在第一次世界大战中担任英国大舰队的指挥官。

当时香港正处于“政治风暴的中心”。美西战争一触即发，港口集结着由乔治·杜威准将指挥的美国海军舰队，他们正在为即将到来的菲律宾海战积极地进行准备。英国和俄国正为租借中国的基地而展开激烈的竞争，以弥补德国最近获取青岛而带来的损失。

待在香港的几天，我们不仅进行了旅游观光，到定居在当地的德国侨民家中做客，而且还参观了停泊在港中的许多外国军舰。

在香港期间，我作为海因里希亲王的参谋人员沿珠江而行前往广州，这是最令我高兴的一件事。我们溯江而上，花了整整一天时间才到广州，当时我们一直担心可能遭到江上土匪的袭击。

1898 年 5 月，我们到达了目的地——青岛，在那里我们饶有兴趣地看到，在总督杰西科（Jaeschke）上校的精心治理下，陆军、海军以及文化事业已经取得了不少进步。

青岛不仅是我们的基地，也是我们访问其他国家和港口的出发地。在此期间最让人兴奋的一件事就是我们在 1898 年 5 月拜访了中国皇帝。我再次有幸作为海因里希亲王的助手之一陪同他进行了访问。我们在塘沽艰难上陆后，坐火车经天津前往北京，这需要一天的行程，铁路沿线布满了中国军队，他们军事上的落伍，并没有给我们增加多少安全感。

在北京，我们换乘轿子前往欧洲人居住区，驻华公使冯·海奎因（Von Heyking）男爵和他的妻子接待了我们，他的妻子后来成为著名的女作家，以《永远收不到的信》（*Letters that never reached him*）一书闻名于世。

接下来的几天，我们在北京四处游览，参观了紫禁城和天坛，海因里希亲王表现得十分谦恭，可以看出他对那里充满了喜爱之情。我还非常清楚地记得法国公使皮科先生为我们举办了正式宴会，他后来成为法国的外交大臣。

那一周中最令人兴奋的事情莫过于随同亲王前往北京城外的颐和园去拜访大清年轻的皇帝和他的寡母慈禧太后。我们骑马走了几个小时，在皇宫门外遇到了一大群看上去对我们不是很友好的人，幸亏使馆派罗伯特上尉率领海军陆战队沿途保护我们。

在入宫以前，我们脱掉骑手服换上了礼服，然后海因里希亲王乘坐皇宫里的轿子进入宫殿，其他人则步行跟在轿子的后面。

海因里希亲王到达后，大清皇帝起身迎接，然后请他坐下交谈，这是一种此前从未给过他国使节的荣耀。海因里希亲王向皇帝赠送了礼品和勋章，然后皇帝亲自陪同亲王前往后花园拜会了慈禧太后，这又是一种其他欧洲人从未得到过的荣耀。

当天下午，大清皇帝礼节性地回访了亲王，在欢迎我们的仪式上发生了一起意外事件，充分表明了在“义和团”事件之前紧张的时局。在将要接待皇帝回访的那座宫殿内，为了按照传统的惯例向皇帝表示敬意，亲王挑选了一小队海军陆战队侍从表演枪操。上刺刀的咔嗒声和手拍枪托的啪啪声把前来拜访的客人吓得目瞪口呆，而亲王则要求操演指挥官照例进行“装弹和射击”。

罗伯特上尉大吃一惊，对亲王低声耳语：“不能这样做，亲王殿下。”看到亲王生气地瞪了自己一眼，上尉才急忙下令：“装弹射击！”

操演终于结束了，皇帝长长地松了一口气。罗伯特上尉向海因里希亲王解释说他之所以提醒亲王不要命令侍从队员装弹射击，是为了防止宫殿外面密密麻麻的人群对我们不客气。

离开北京后，我们又访问了旅顺港和威海卫。俄国当时正在他们租借的旅顺港内花大力气建设海军基地，他们对海因里希亲王进行了热情招待。然而，威海卫港却从来没有真正地好好建设过，英国租借这一地区只是为了与渤海海峡隔海相望的俄国基地相抗衡。

此后不久，海因里希亲王决定访问日本，这使大家十分高兴。军官和水兵们将有机会游览日本的美丽风光，认识有趣的日本人民。因为当时日本的建筑、家居以及风俗习惯还没有完全西化。

在接下来的几个月里，我们又多次访问了日本，其中包括日本天皇对海因里希亲王进行的正式接见。我也非常幸运地多次到日本内地参观，对日本人的生活有了深入了解。

我们还访问了朝鲜，当时朝鲜还是独立的国家。1898 年 8 月 1 日，在釜山港，我们得知老宰相奥托·冯·俾斯麦亲王去世的消息。港内所有德国军舰一起鸣炮致哀，炮声在青山环绕的海湾中久久回响，在这遥远的异国他乡，表达出德国人民对老宰相的深切怀念。

旅顺并非我们访问的唯一港口。我们沿着西伯利亚湾岸边航行，不仅访问了符拉迪沃斯托克海军基地（海参崴），还访问了俄国流放苦役的殖民地——萨哈林岛上的科萨科夫，以及西伯利亚湾东岸的亚历山大罗夫斯克。当时这些地区已经完全被俄国占领，符拉迪沃斯托克看上去几乎同欧洲没有什么两样。海因里希亲王显然是得到了国内的指示，与俄国军队和海军军官建立了热情友好的关系。当我们邀请俄国军官到“德意志”号甲板上参观的时候，我不得不带他们参观我们的 240 毫米舰炮，尽管当时这种舰炮已经落后了。

经过几次武装冲突后，美西战争正式爆发。战争开始时，德国远东舰队司令冯·迪德里希斯海军中将派遣几艘巡洋舰前往菲律宾海域，其中包括“凯瑟林”号和“奥古斯塔”号，它们的出现激起了美国海军指挥官杜威准将的强烈不满和猜疑，他确信这些军舰的到来有战争企图。的确，大部分德国人对处于劣势的西班牙抱有同情心，但从我们这方面来看，从来没有任何破坏中立的行动。为了证明这一点，迪德里希斯海军中将不久就从菲律宾海域撤回了大部分军舰。

从职业化的角度来看，美国海军在马尼拉湾海战中取得了压倒性优势，同陈旧的西班牙军舰相比，美国海军舰队训练有素，装备先进，使我们深有感触。

自从离开德国以后，我就在德国著名的岛屿专家布鲁蒙特里特的指导下对菲律宾群岛进行了详细的研究。为此，我自学了西班牙语，并将部分研究成果写成一篇论文，题为《菲律宾人对西班牙统治的反抗》。这一研究成果非常及时，受到了普拉克特上校和亲王的称赞。我从此迷恋上了写作。

1898 年秋天，全海军军官的定期性调整使远东舰队发生了很大变化。海军中校欣特兹代替海军少校冯·斯比伯爵担任资深参谋。欣特兹后来担任驻俄国使团的全权军事代表，1918 年在外交大臣任上离职。然而，对我来说变化最大的莫过于穆勒海军中校被提升为“德意志”号的舰长，我被任命为他的助手。他既给我压担子，又让我放手去干，从那时起我们就结下了深厚的友谊，直到他成为海军上将，担任海军首席顾问时，依然如此。

同样，在第一次世界大战艰难的岁月里，他作为德皇贴身顾问，承受着海军军官们的大量批评。我坚决地为他辩护，到他去世前我们一直保持着密切联系。

1898 年末的那段时间同样给我们带来了快乐，因为我们要到香港的船坞中进行检修，等待海因里希亲王的妻子艾里妮（Irene）王妃到达，她正乘坐德国汽船“劳埃德”号在来远东的途中。

香港总督、英国军官、各个俱乐部以及德国侨民竞相举办娱乐活动欢迎王妃的到来。德国富商西埃姆生热情地安排亲王夫妇到他的别墅中去住，每天还邀请一些军官到别墅中午餐。1899 年新年那一天，香港路德教会大教堂举行了盛大的宗教仪式，向亲王夫妇和“德意志”号的全体成员表示祝贺。仪式上，在军乐队首席指挥鲍林格尔小提琴的伴奏下，乐队用风琴演奏了汉德尔的舒缓乐章。

美西战争以西班牙的失败而告终，结果西班牙把加罗林群岛、马里亚纳群岛及其在太平洋上占有的其他岛屿出售给了德国。海因里希亲王从迪德里希斯海军中将手中接管远东舰队后，从军舰上抽调了几名军官担任他的参谋，并举行了一系列军事演习，目的在于弄清如果德国在东方突然同英国发生战争，英国占领这些岛屿的话，舰队采取什么样的行动最为有效。

我在演习中担任对立方“英国指挥官”的参谋人员，我认为在此情况下，如果德国海军舰艇编队在马里亚纳群岛集结兵力，并在广阔的太平洋同英军作战，就将全军覆没。这次军事演习是第一次研究德国海军在太平洋的战略。1914 年，德国巡洋舰队在太平洋的实际战略正是建立在这些研究的基础之上。

1899 年秋天，我被列入军官轮休名单当中，并被安排乘坐“劳埃德”号班轮回家探亲，但后来我和其他两名军官又得到允许，可以搭乘即将启程前往马赛的汽船“西德尼”号回国。

在途中，我们曾停靠法属印度支那的西贡和位于红海南口的法属索马里的吉布提，我兴致勃勃地参观了这些地方。我还同在西贡上船的几个年轻的法国海军军官建立了良好的友谊。即使是停靠了这么多地方，我到家的时间还是比坐“劳埃德”班轮快得多。

1901—1905 年的陆上和海上生活

当我结束了两年的海上生活，在戈林堡休完 45 天的探亲假后，被分配到位于基尔市的海军第一水兵训练大队，先是任排长，后来任第二副官。

那时的水兵训练大队不仅负责征募海军新兵，还负责他们的队列训练。另外，水兵训练大队还是那些已经入伍但还没有被分配上舰的水兵的集结中心。技术训练大队的职能也是一样，只不过训练的对象是技术人员。

在基尔，我的职责除了训练新兵外，还负责编写一本新的训练指南。即便这样，我还抽出时间在基尔海军军事学院学习一门用俄语教学的课程。这为我后来学习这门重要的语言打下了良好基础。

在秋季演习中，舰队序列中被列为预备役的舰艇也被投入现役参加了演习，并且从岸上抽调人员来操纵。当时我已经被提升为海军上尉，举行演习时在蒸汽动力舰艇“埃吉尔”号（Aegir）上任值更官。1901 年，我接到命令到蒸汽动力舰艇“格瑞利”号上任副舰长。这艘船在夏季专门用来接送海军上将，在秋季演习中则被用来作为补给船和通信中继站使用。

这给了我一个非常好的机会来学习岸边航行，尤其是在北海岛屿附近航行。考斯特（Koester）海军上将、汤姆森（Thomson）海军上将、炮术训练总监布鲁斯（Breusing）海军上将等都参加了演习，足以显示出其重要性，我有幸没有错过那些重要的演习。在 1901 年演习结束的时候，为了欢迎俄国沙皇，在但泽湾举行了舰队阅兵式。

两位皇帝的会见十分顺利。为了表示祝贺，威廉皇帝允许每位德国海军军官有权在非正式场合佩带饰有黑色绶带的短剑作为随身武器。这是俄国海军的习惯，此前这一传统在德国只在海军军校学员中实行。作为回报，被德国海军军官的宽大披风深深吸引的沙皇宣布，今后将这种披风作为俄国海军的一种军服。

1901 年秋季演习之后，我在岸上的任职结束了，我的新命令是到“格罗斯”号（Grosse）战列舰上报到，这次是担任全职值更官。我非常喜欢这个职务，因为在主力战舰或鱼雷艇上服役两年被公认为是海军军官训练的基础，也是到海军军事学院进修或是到各级参谋部担任参谋的前提条件。事实上，我任职的这艘新舰依然是刚从远东回来的海因里希亲王的旗舰，他现在是第一战列舰分舰队司令，这更使我热情倍增。

过去那些轻松的日子里，海上航行令人愉快，日常事务简单平静，现在那些日子一去不复返了。每个人都在尽力发挥自己的才能。蒂尔皮茨将军已经为我们制定好了海军发展的蓝图，我们都在竭尽全力使其变为现实。

每个训练年度从 10 月 1 日开始。此时，三分之一的舰员由于已经完成了他们三年的服役期，将由新的水兵来代替，同时也是军官和士官调整的时候，只不过他们是以两年为周期进行循环。

从 1901 年开始，新兵不再像以前那样在舰员训练大队进行六个月的岸上新兵训练，而是在舰上接受此项训练，同时也作为他们舰上生活的开始。这种新的训练程序使他们的指挥官 12 月就可以训练他们从事不同的战斗岗位，这样也可以使新兵更早地适应作战任务。

圣诞节过后，就开始了全面、复杂的实战训练，包括损害管制训练在内，所有训练都在模拟的近似实战的条件下进行。每个人在战位上的动作要求快速而准确，在训练后的讨论会上，每个军官和士兵都要陈述自己的想法，并且要通过推理来证明自己的观点。这种精心训练和严格要求使每一名舰员都体会到一种共同的责任感，这确保了海军在第一次世界大战中成为一支值得信赖的海上力量。

训练期结束时由编队指挥官亲自组织考核，根据训练成绩为军舰评定等级，因此训练中的竞争非常激烈。比如在枪炮训练中，每年各舰艇都为赢得皇帝颁发的奖金而竞争。设置奖金的目的是提高枪炮的射击水平，但由于每个枪炮长都想赢得奖金，因而都企图让自己的射击在最适合的海况下进行，这违背了枪炮射击的根本原则，于是这项竞争后来就被取消了。

单舰训练 4 月就结束了，而枪炮和鱼雷的训练则要持续到 6 月、7 月。舰上的夏季训练涵盖了部门训练和日常训练的各项内容，由舰长进行最后考核。这些训练主要包括条令学习、体能锻炼、军容整理等等，其实这些内容应该在战斗训练之前进行，但是为了尽快使舰船达到作战准备要求，不得不这样做。

不幸的是，那年 10 月我在下舷梯时不小心弄伤了膝盖，十分严重，因此回家休了病假，卧床好几个星期。在此期间，我写了一篇题为《克里米亚战争中陆军与海军的协同》的文章，在《新军事杂志》上发表。

我回到工作岗位以后，“格罗斯”号已经报废，它上面的舰员转移到了“德皇弗里德里希三世”号（Kaiser Friedrich Ⅲ）战列舰。这艘新旗舰在 1902 年夏季航行去了彭特兰湾(Pentland Firth)，又去了爱尔兰诸港口，在那里我有机会参观了爱尔兰首都都柏林。第二年的训练与前一年一样，只是夏季航行时我们去了西班牙。

训练、考核和航行的要求都十分严格，任何舰长都不允许违反规定，这促进了舰员操作能力的提高，但同时也不可避免地伤害了部分指挥军官的创新和独立思考能力。最后，海军中实施了一项改革，以便军官在训练过程中采取更为灵活多变的做法。

通过 1902 年和 1903 年的训练，第一战列舰分舰队为进一步发展编队战术做好了准备。在危急的战斗条件下传达目视信号命令，以及迅速转换速度和航向，是这些训练的主要内容。毫无疑问，我兴致勃勃地参加了所有这些训练和试验，因为我已经选择该项内容作为海军军事学院入学考试的论文题目。我的指挥官不得不随我的论文一起寄上一份关于我工作能力和任职表现的报告。这肯定是令人满意的，因为我在 1903 年 10 月 1 日收到了海军军事学院的录取通知书。

位于基尔的海军军事学院是斯多斯克（Stosch）将军时代建立的，但与陆军军事学院不同的是，海军军事学院不是仅为培养一般参谋官（General staff officers）而设立的。蒂尔皮茨将军成功地将其打造为培养通才的学府，主要是培训经过海上训练的合格海军军官，毕业后充任海军部、海军委员会或其他高级参谋的职务。因此，海军内部没有发展出诸如“海军参谋官”的特别团体，反而对海军有莫大的裨益。陆军的“参谋团”模式根本不适用于海军，因为海军指挥官绝对要亲自掌握海上战场的状况。最重要的是，海军指挥官必须是地地道道的水手，能够在驾驶台或司令塔分析战况，迅速下定决心，然后以正确的战术命令将决心转化为行动。一个海军军官当了舰长，展现其统御才能，才能指挥舰队或充任海军部的高级参谋。事实上，一个指挥官首先要有气质，证明其领导才能，至于通讯的知识和下达命令的技巧，尚在其次。

军事学院的教学时间是两年。通常一个班级有 15 名军官，我的同班同学里面有许多在第一次世界大战中声名显赫的人物。例如，卡尔·冯·穆勒，后来成为“埃姆登”号的舰长；冯·斯科恩伯格与他自己的战舰“纽伦堡”号在福克兰岛战役中共同殉难；鲍尔海军中校在潜艇部队服役；泽伯勒姆海军中校担任“阿里尔德尼”号的舰长，1914 年 8 月 24 日，在交战双方第一次的战役中，该舰在与几艘占绝对优势的英国巡洋舰作战时沉没。

海军军事学院的主课有海军历史、海军技术及海军战术。主讲海军参谋职责的是贝克曼（Bachmann）海军上校，他后来成为海军参谋长。国际法课程先是由一名当地大学的刑法教授来讲授，后来我们请了一位专业的国际法教授给我们上课。高等数学和物理也是必修课，基尔大学的博克汉默（Pochhammer）教授有很强的教学能力，在他的讲课和辅导下，即使是最笨的学员也能掌握复杂的微分和积分运算。

选修课有世界地理、世界历史和海洋地理。罗登堡（Rodenberg）教授讲中世纪史和现代史课时人满为患，每个军官都被吸引到学院礼堂去听他上课。科鲁默尔（Krummel）教授独特的地理教学也同样受到欢迎。

我们可以选择的外语课有英语、法语、西班牙语和俄语，每名军官必须至少学习一门外语。由于我对于英语和法语已经相当熟悉，因而选择了由著名教授泽尔科授课的俄语。那时西班牙语不像现在那样重要，但是我在家里的时候已经学得很好了。

我们每年 7 月 1 日到 9 月 30 日都要到国外进修外语，我的选择自然是俄国。

1904 年 2 月，俄国已经开始与日本开战。就像莫斯科和圣彼得堡的生活一样，俄国的新闻报道也是丰富多彩的。通过我在东方任职时的老战友、现在的海军武官亨特兹（Hintze）上校，我被一个上层的俄国家庭接纳，这使我得到相当好的机会提高俄语口语的熟练程度。

除了俄国报纸对战争的叙述外，我印象最深的就是俄国军队向中国东北调动的情形。军官们常常在咖啡馆或其他的娱乐场所同亲朋好友告别，与当时已经非常严峻的形势极不协调。

我在俄国期间，等待了许多年的俄国王室继承人终于诞生了，从各家各户都挂着欢庆的旗帜来看，俄国人民看上去对此感到十分高兴，尽管这些旗帜好像是在警察的督促下才挂起来的。

在海军军事学院学习每门课的过程中，每个学员必须准备一篇适合自己研究方向的论文。例如，我的国际法课程选择的论文题目是《未经宣战的战争》，这也是我最早的论文之一。而让我感到惊讶的是，在完成论文的几天之后，日俄战争突然爆发了，日本的鱼雷艇未经任何宣告就袭击了旅顺港的俄国海军舰队。当年，我写的另一篇论文题目是《从经济和军事角度看美国在太平洋的政治地位》，这篇文章引起了科鲁默尔教授的注意。

第二学年，我其中一篇论文的题目是关于海上封锁问题。我还将法语的《海军战术研究》一书翻译成了德语，该书的作者是雷尼·戴维路易（Daveluy）上校，我以后和他常有书信来往，受到莫大的鼓舞。

第二章　和平时期的训练

我十分惬意地在海军军事学院度过了两年。就在 1905 年和 1906 年间的那个冬天，我接到前往“弗里肖夫”号（Frithjof）岸防装甲舰担任航海长的命令。所有岸防装甲舰都被编入波罗的海舰队预备队，因此这个新职务对于我以后在大型巡洋舰上担任航海长应该是一个极好的锻炼。但在 1906 年 4 月 1 日，我又受命前往设在柏林的海军部公共情报科报到。

这个科是 19 世纪 90 年代为了配合第一次海军议案而成立的，工作内容从广义上说与海军关系不大，主要是情报和反间谍工作。实际上整个部门只有主任冯·黑林根（Von Heeringen）海军上校和以我为首的三个评论员。我负责分析评论外国报刊，编辑海军专业出版物《海军评论》和《航海》，后者也被称作《德国海军大事年鉴》。第二评论员是博伊德（Boyed）海军少校，他负责协调与德国报界人士的关系，同时对他们的出版物进行分析，1917 年他因出任驻华盛顿大使而闻名。第三评论员是哈勒（Halle）教授，他负责处理和海军有重大关系的经济问题。

德国海军的最高长官蒂尔皮茨海军上将对我们的刊物和其中关于海军事务的评论很感兴趣。这就要求我们每天必须坚持不懈地对所有重要新闻保持高度的敏感性，同时还要对一些问题提出自己的建议。因此，尽管我们当时只是海军尉官，但却为德国的大部分记者所熟知。更重要的是，我们与蒂尔皮茨保持着密切的私人关系，平常他只能接触到各部门的高级主管。

我的第一个正式采访对象是王室大臣哈曼（Hammann），他是王室及外交部的新闻主管。尽管公务繁忙，他还是抽出时间来给我这个新人提出一些宝贵的意见，并推荐我拜访了几位经济领域和殖民政策的权威人士，比如国际著名学者郎巴（Rohnbach）博士，他为我们的《海军评论》和《航海》撰写了很多精彩的文章。

我接着采访了殖民政策办公室的黑尔弗里希（Helffrich），他向我提供了大量惊人的信息，尤其是关于巴格达铁路和有关德国近东经济政策方面的。在每年6月的“基尔周”期间，海军上将冯·蒂尔皮茨照例会把最新的《航海》呈送给德皇，供他在巡游斯堪的纳维亚半岛时仔细阅读。和胡戈·雅各比（Jacobi）交上朋友后，我想我们的杂志很幸运，因为这位著名的作者兼记者答应从1906年开始每年写一篇介绍国外政策的调查报告。但当雅各比把文章交上来后，我才发现，出乎我的意料之外，文章并不能满足杂志的要求。由于时间太紧，无奈之下，我只好在雅各比的基础上，自己来写这篇难缠的文章。令我高兴的是，他不但慷慨地答应了我的请求，而且还完全同意我使用自己的叙述。

那些年《海军评论》和《航海》的读者从未缺乏过有趣的新闻。那时正值有关日俄战争中海军作战的一些文件解密，我们可以从中吸取很多教训，并进行深刻分析。我们对日本海军的封锁和国际法中与海洋有关的条款连同远东海战的常规问题进行了讨论。1907年第二届海牙和平会议对有关战争法的讨论自然也成了《航海》的最好素材。此外，自从我能够阅读法文和俄文后，我还接管了《海军评论》和《航海》中《外国海军》栏目的编辑工作，负责报道法国海军和俄国海军。

编辑这两份刊物具有非常重要的意义，因为那时它们被视作具有官方性质的出版物。例如，我们不能详细列出我方舰队的编制，或加入有争议的评论，尤其不能涉及技术问题。但另一方面，如果刊物缺乏真正有价值的文章，那么专职军官读者们很快就会失去兴趣。唯一的方法就是讨论诸如外国海军发展之类的纯技术性问题，而对我们海军自己的发展计划保持沉默。

威廉皇帝陛下亲笔为《海军评论》中一篇题为《装甲巡洋舰还是快速战列舰》的文章写的评论发表后，立刻引起了轰动效应，当然，他署的是笔名“L”（Lehmann）。皇帝陛下的观点与蒂尔皮茨的观点大相径庭，因此霍普曼（Hopman）海军上校写了一篇文章进行了反驳——不过，他的鲁莽倒没有给他带来什么麻烦。

《航海》是皇帝陛下、公主殿下及其他一些重要人士拟定海军政策的参考和依据。作为编辑，我将刊物初版的校样递交给蒂尔皮茨海军上将，请求正式出版印刷。第二天我却吃惊地接到命令前往威廉港去向他作汇报，并且他还要私下和我讨论文章。我颤抖地接受了命令，因为此时印刷的最后期限已经敲定，任何变动都可能带来大麻烦。幸好，在蒂尔皮茨三个小时的严格提问中，我的解释得到了他的完全认可。

次年，我获准在蒂尔皮茨将军面前把《航海》亲手呈给皇帝陛下。那是在“基尔周”，皇帝陛下登上了“慕尼黑”号轻巡洋舰，观看德国第一艘潜艇的攻击演习。当我呈上刊物全年内容的详细报告后，皇帝陛下颁给我一枚四级红鹰勋章，这是我的第一枚勋章。

我所从事的工作使得我有机会参加国民会议，并有机会目睹了执政党为反对德国殖民政策与大法官比洛亲王进行的斗争。正是这个政治斗争导致了保守派和自由主义者的联盟，引发了接下来的大选党派斗争。我还听到了比洛亲王的著名演说，表明了他对国会的强烈不满。

1907 年，我参加了议会首次参观舰队的活动，从而熟悉了议会从事的另外一种工作。当时活动行程由蒂尔皮茨将军亲自安排，目的是为了获取议会，尤其是财政预算委员会的支持。舰队总司令——普鲁士亲王海因里希在旗舰“德意志”号的舷梯上迎接来宾，向他们简要介绍了海军战术的发展情况并带领他们观摩了射击训练。参观活动搞得非常成功，从那以后，议会每年都会组织一次类似的参观活动。

在海军部公共情报科工作期间，我承担了翻译俄国海军战争史诗《复仇》一半的工作量，格尔克（Gercke）海军上尉翻译另一半。直到第一次世界大战前，学习俄国海军上校弗拉基米尔·谢梅诺夫（Semenoff）的著作是每个德国海军军官日常训练的一部分。正是谢梅诺夫的著作，提供给知名作家弗兰克·蒂斯许多资料，使他的巨著《对马岛》闻名于世。

1908 年秋，在海军公共情报科任职三年后，我被任命为隶属侦察舰队的装甲巡洋舰“约克”号的航海长。这个任职经历对于我此后走上指挥岗位十分重要。航海长充当着为舰长提供建议的角色，我在舰桥上的位置为我观察各种军事训练和演习提供了很大方便。与其他军舰不同，一艘担负侦察巡逻任务的巡洋舰行动更为独立，其指挥官也应具有与之相配的独立决断能力。

1909 年，“约克”号接到了一项特殊任务，同时我也接到上级命令，在秋季军事演习中临时担任“希尔德布兰德”号（Hildbrand）编队的航海长。“希尔德布兰德”号是编队指挥官波尔（Pohl）海军少将的旗舰，因此我有机会观察他的战术指挥过程和编队航行操纵方法。

我现在最大的愿望就是被派往一艘新的巡洋舰上担任航海长，或者到舰队旗舰“德意志”号上出任舰队航海长。但出乎我意料的是，1910 年秋，我被调往皇帝陛下的游艇“霍亨索伦亲王”号上担任航海长。这个命令既令我吃惊，又让我失望，我不得不在一个远离舰队的地方待上几年。

令我失去舰队航海长职务的原因之一是冯·霍尔岑多夫（Von Holtzendorff）海军上将已经接替海因里希亲王担任舰队总司令，他自然要选择亲信组建自己的参谋班子。

我当然不会因为“霍亨索伦亲王”号上这个虽不合意但很稳定的位置而领他的情，但我更喜欢在舰队内任职。我从不向往这种早在柏林供职时就熟悉了的充满呆板的社交礼节的所谓“宫廷职务”。例如，我曾经以一名海军军官的身份被邀请去参加宫廷舞会，但我的太太却因为不是贵族而未能参加。

多年以来，“霍亨索伦亲王”号一直按照例行的计划航行：冬季检修之后，游艇在 2 月中旬驶进地中海，在威尼斯接皇帝的家眷去卡夫（Corfu）。船在卡夫抛锚，皇帝陛下和他的家人以及宫廷服务人员住进海边的阿基里斯城堡。到 4 月底，皇帝的家眷继续乘坐游艇穿过墨西拿海峡前往热那亚参加皇家宴会，随后由陆路返回德国。

6 月中旬，皇帝会再次来到汉堡，出席易北河下游的划船大赛，赛后经威廉运河到达基尔市参加“基尔周”活动。德国公海舰队将聚集于基尔港参加这次国际盛会，通常那里也会有许多前来参观的外国军舰。划船大赛结束后，皇帝就将开始他一年一度的斯堪的纳维亚半岛巡游，7 月底左右在斯维内明德（Swinemunde）结束。9 月，皇帝经常会乘游艇去观看舰队演习。

当然，这套计划也不是一成不变的。1911 年，皇帝进行了春季巡游，从弗拉兴到英国的希尔内斯，夏天他又乘游艇参加了奥匈帝国王位继承人弗朗茨·斐迪南大公的招待会。第二年夏天，他又乘游艇巡游了位于芬兰湾的波罗的海港口，并会见了俄国沙皇尼古拉二世。

作为皇家游艇，“霍亨索伦亲王”号距离人们的期望相差甚远。在船体结构上，它几乎是个畸形，桅杆太高，在恶劣的天气里晃动得连老船员都不舒服。它的密封性甚至连普通客船的安全要求都达不到，更别说是皇家游艇了。更令我吃惊的是，就连航海设备都相当陈旧，当时舰队的船只都装配有陀螺罗经，而“霍亨索伦亲王”号却只有磁罗经。但是，从艇长、航海长到警卫人员都要对国家元首的尊贵生命负责，更不用说还有国家荣誉了。

皇家游艇的艇长必须是皇帝最熟知的人，换句话说，就是宫廷里的官员。我认为冯·普拉腾（Von Platen）伯爵算得上是第一位真正意义上的皇家游艇艇长。但他的继任者卡普特（Karpf）海军上校却没有他那么尊贵，就连外貌和举止都不像。但他是个正直忠诚的梅克伦堡人，他会礼貌而又得体地向皇帝和皇后提出他的观点，而且会毫不犹豫地严厉训斥游艇上的王子们。他是大家非常熟悉的著名水手，赢得了皇帝及其家人的充分信任。他驾驶笨拙的“霍亨索伦亲王”号犹如后来在日德兰海战中指挥“毛奇”号（Moltke）巡洋舰那般雄壮。

游艇不论是在巡航还是举行各种娱乐活动，专业学习都不能荒废。游艇上每天都安排有课程，军事历史学家迪克胡特（Dickhuth）陆军上校经常给我们授课。他的课程包括1911年至1912年间的解放战争，课后还会组织热烈的讨论，这些都对我们有极大的吸引力。游艇经过地中海利萨岛（Lissa）的时候，我发表了一篇关于1866年海战的演讲。在那次战争中，奥地利海军上将特格特霍夫（Tegettoff）利用撞击战术击败了强大的意大利舰队。在图表的演示下，我的观点引起了皇帝极大的兴趣，他十分活跃地投入了随后的讨论。尽管皇帝夫妇都在场，但还是有一名大臣的鼾声响彻课堂，但皇帝的热情弥补了这个小小的遗憾。

在地中海的巡游有很浓的官方色彩，让我满意的是，这些都由宫廷随行人员包办了。在“基尔周”内，整个国家都被体育精神和海军友谊支配。皇帝陛下喜欢借机检阅海军，同时结交来访的外国友人，主要是他已经与这些游艇的主人很熟悉了。

“霍亨索伦亲王”号在斯堪的纳维亚巡游中的生活比其他巡游更有趣。皇帝放弃了呆板的仪式，变得更平易近人，更放松，像一位正在休闲的旅游者。我一直觉得这时他才表现出了他真实的一面：热心、快速的理解力，对任何事情都充满兴趣，而且很渴望取悦别人。在我看来，他对政治和军事事务的观点非常合理，并能恰当地表达出来。所有这些都不同于他在公共场合所表现出来的呆板拘谨，也许这是由于他多疑和自负的性格造成的。

依皇帝的习惯，他一般不喝酒，只喝些略带酒精的饮料，尤其是果汁。皇帝餐桌上的食物也很简单，即使有客人也是如此。

尽管我只在“霍亨索伦亲王”号上任职三年，可侦察舰队司令巴赫曼海军中将要求我提前调动，去做他的高级参谋。我当然愿意接受这个职务，这样我可以再次回到舰队，回到我渴望的岗位：负责侦察与警戒，而不只是向战斗舰艇发信号组织编队运动。

我满怀感激地离开了“霍亨索伦亲王”号。我已经领略了世界上许多领导人的风采，但最为重要的还是了解了皇帝陛下的真实面貌，他与外界的描述有着很大的不同。

1912 年 9 月，我来到了侦察舰队旗舰“约克”号上，这时巴赫曼将军正在休假。于是我向副司令希佩尔海军少将报到。除了担任副司令的职务，希佩尔将军还能够直接指挥轻巡洋舰编队的巡洋舰。侦察舰队的全部指挥权，包括装甲巡洋舰和战列巡洋舰的指挥权都掌握在巴赫曼海军中将的手中。

由于很多原因，侦察舰队在这时候还远未准备就绪。在舰艇现代化进程中，老式装甲巡洋舰“罗恩”号（Roon）和“布吕歇尔”号（Blucher）被战列巡洋舰“唐”号（Tann）、“毛奇”号和“格本”号（Goeben）取代。“塞德里茨”号（Seydlitz）到第二年才列编，“德芬格尔”号（Derfflinger）直到第一次世界大战开始时才加入舰队。即便如此，“唐”号在第一年就经历了多次检修，而“毛奇”号则出海数周，以完成海上试验，而后又临时调往北美洲。1912 年秋天，出于政治上的考虑，战列巡洋舰“格本”号和两艘小型巡洋舰被派往地中海，后来与“布雷斯劳”号（Breslau）组成了地中海编队。

当我到“约克”号工作时，巴赫曼中将的参谋中，以我最为资深。其次为我的好友克莱普恩贝奇（Klappenbach）海军中校。布鲁塞（Brutzer）海军少校是鱼水雷参谋，同时也是“约克”号的鱼雷长。轮机参谋是轮机长莱蒙克（Lemke），军医为斯柯兹（Scholtz）海军少校，军需参谋是布洛克（Block）海军少校，航海参谋是普伦策尔海军少校，他同时是“约克”号的航海长。参谋之中还有两位路德教和天主教的牧师。这些人都是勇于献身的年轻人，热爱海军生活。他们在舰上的工作相当出色，特别是在战争期间。

直到后来战时工作非常忙碌的时候，参谋部人员之间的协调依然很好。由于侦察舰队长期以来执行的工作规章不同于普通的舰艇部队参谋部，这使得我个人的工作量实质上减少了，这个参谋部中的高级参谋在职务上要高于其他参谋，而不仅仅是“同辈中的佼佼者”。

我加入侦察舰队后，大家都在讨论关于舰队整编的问题。

以往每年的10月1日，舰艇都会补充许多新兵，这必然会在一段时间内削弱舰队的战斗力。现在有人建议每年10月只安排一个中队接纳新兵，而其他两个中队的兵员相对保持稳定，只做较小的调整。此外，在训练上应给予舰艇长更大的自由度，给巡洋舰更多的出访机会。1913年，随着战列舰“德皇”号（Kaiser）和“阿尔贝特”号（Alberti）以及巡洋舰“斯特拉斯堡”号出访南美洲，新体制得以建立并开始实行，看上去效果不错。但不久战争的爆发阻止了海军朝这一方向继续发展。

在新型战列巡洋舰替代老式装甲巡洋舰的过程中又出现了问题。老式舰艇能够不惧风险地对侦察、巡逻活动予以增援，而新型战列巡洋舰，像战列舰一样，当暴露于九管鱼雷艇的攻击目标位置上时，不得不迅速撤出。这样，新型鱼雷艇编队已经形成的前置侦察线，在与巡洋舰展开协同时显得尤为重要。白天，快速战列巡洋舰能够在与敌战列巡洋舰交战过程中寻找时机完成侦察任务。侦察舰队司令对前置的鱼雷艇编队实施直接指挥，可以确保联合侦察和反侦察任务的完成。再者，战列巡洋舰还可以担负另外一个任务，就是在战斗中迅速配置在战列舰主力的前方。

1912 年，舰队司令巴赫曼海军中将在与扮演敌方舰队的公海舰队司令冯·霍尔岑多夫海军上将的演习中取得了完全胜利，这次演习突出了侦察舰队尤其是战列巡洋舰战术运用上的可行性。现在我仍然记得当时我们尊敬的指挥官取胜后的得意表情。冬天，他总是因为严重的坐骨神经痛而痛苦万分，甚至几乎是拖着身子上甲板。但有一天，医疗官肖尔茨医生惊奇地对我说："究竟发生了什么？将军的身体奇迹般地好转了，这几天早晨他不再感到任何疼痛！"

1912 年冬季演习是冯·霍尔岑多夫最后一次指挥公海舰队。冯·英格诺尔（Von Ingenohl）海军中将于 1913 年春天接替了他的职务。

新任司令虽然曾经是一位出色的舰队指挥官，而且勇气过人，但是他到任后并不急于作出什么决定，相反他开始注重起细节来。此外，他缺乏一种话语清晰且具说服力的演说才能，尽管众所周知演说不仅能激发热情，而且能坚定信心。但是，在战术革新方面，他对目前急剧扩张的舰队的训练作出了杰出贡献，他发明了新的信号系统——指挥作战只需挂一面旗，最多只挂两面。这些信号旗从有装甲防护的信号桥升起，同时以无线电信号向各舰发布。无线电能确保信号接收，同时由快速战列巡洋舰编队执行，它可以独立传播相当远的距离。这种信号传送方式在后来的战争中证明了它的价值。

巡洋舰和鱼雷艇之间的近距离战术协同也是个重点。事实上，巴赫曼将军经常在夜间训练时登临各巡洋舰进行检查。

通过1912年秋天潜艇和巡洋舰的联合训练，潜艇登上海战舞台也备受关注。轻巡洋舰布雷能力出色，因此进行这方面训练也成为今后训练的重点。

3月、4月间，处于战备状态的舰艇接受了一系列严格检查。部分检查内容包括每艘战列舰和巡洋舰与各自类似型号舰艇之间的操演。整个操演过程包含舰体大破损后的损管训练和对战斗损失评估的演练。例如，在操演中，检查人员可能会突然关闭某一电源或切断电话线，或者中断供水，来模拟遭敌袭击后的危急态势。随着训练的进行，真实性在不断提升，他们在“受损部位”引燃黑火药，用以充当实战中的烟雾，以此来测试损害管制措施和通风系统的有效性。甚至对空防御的有关内容也首次包括在操演之中。

由于每一次战况会有所不同，为了防止“演习模式”被双方猜到，海军部会尽最大努力设计出新的操演方案。

毋庸置疑，所有的舰长和他们的舰员们在接受检查的日子里都在精心准备，以便应付任何可能出现的情况。前来视察的海军上将当然也不会让他们很轻松。在战列巡洋舰编队中，有四艘战列巡洋舰和八艘轻巡洋舰，因此对每艘战列巡洋舰检查的时间只有一天，对轻巡洋舰只有半天。这使得巴赫曼海军中将从早忙到晚，连续工作了八天才完成了对整个编队的检查。

尽管将军的检查非常重要——舰长会因一份令人满意的报告而前途看好，相反也会因一份不利的报告而自毁前程——但无论如何，这其中也常会出现幽默的一面。前来视察的海军上将和他的下属常会与接受检查的舰长共进午餐。很自然，主人会为将军准备丰盛的饭菜，一方面是出于礼貌，另一方面是博得他的好心情，当然他们还想进一步了解将军饮食上的喜好。在一次检查中，冯·黑林根海军上将在他所检查的每艘舰艇上都吃到了烤小牛肉，因为有人传言说他喜欢这个。希佩尔海军上将就没那么走运了，因为他是巴伐利亚人，大家都为他准备了动物肝脏做的汤团。虽然这是巴伐利亚的特产，但碰巧希佩尔将军并不喜欢吃。同样，岑克尔海军上将后来在每艘舰上都碰到了莱比锡大杂烩。

随着与英国海军竞争的态势愈演愈烈，我们开始集中精力研究封锁作战，根据海军部的计划，1913 年秋季舰队演习将主要研究封锁黑尔戈兰湾（Helgoland）的作战。以前，由于受到对英国传统海战观点错误评估结论的影响，德国认为两国海军冲突的最初时刻，英国舰队会尽可能地攻击并摧毁德国舰队，甚至在德国的领海内英国也敢这样做，而处于劣势的德国舰队将不得不依靠黑尔戈兰半岛的防御工事和那里的雷区来抵挡英国人的进攻。直到 1912 年，这一观点依然为大多数人认同，海因里希亲王在就任舰队总司令时发表的演说让我想起了这些。可以预想，尽管增加鱼雷、水雷、潜艇甚至是飞机等防御力量会给封锁兵力造成极大的威胁，英国人仍会用舰队设置一个近距离封锁圈封锁黑尔戈兰半岛。但是 1913 年的演习使我们开始对德国预测的准确性产生疑问。到了 1914 年，我们坚信英国舰队不会冒险设置这个近距离封锁圈，但可能实施远距离封锁。海军部还认为实施这样的远距离封锁，英国人会将斯卡帕湾（Scapa Flow）作为他们的主要基地。

随着 1913 年的演习结束，侦察舰队司令巴赫曼海军中将的任期也画上了圆满的句号。我们都感到他的离任是一个损失。他不但是一位专业造诣很深的海军军官，而且是一位战术、战略专家，在蒂尔皮茨海军上将的亲自指导下，他学到了很多东西。从个人角度讲，他是那么的友好和平易近人，在他手下工作时我们被赋予了最大限度的自由。

但是如果我们不得不失去巴赫曼将军，那么我们感到再也找不到比希佩尔将军更适合接替巴赫曼将军的人了，希佩尔海军少将于 1913 年 10 月 1 日接掌了侦察舰队的指挥权。

希佩尔海军少将是一位精力充沛且容易冲动的人，他悟性很高，有着水手一般犀利的目光。但是不像他的前任，他是由于在舰队中的出色表现而被破格提拔的，他先是在鱼雷艇上脱颖而出，升至装甲巡洋舰“格奈森瑙”号的舰长，随后担任了轻型巡洋舰和鱼雷艇编队的司令。纯理论不是他的强项，他憎恨纸上谈兵，直到那时，他的司令部只有参谋长和副官两个人。现在，作为整个侦察舰队的司令，他不得不容忍一个充斥着大量报告和建议的大型司令部。

起初，希佩尔将军似乎很讨厌参谋们事无巨细都来向他请示，随着与参谋之间彼此不断地磨合，参谋逐渐取得了他的信任，司令部内良好的合作观念和团队精神也得以建立。希佩尔将军天生有教养的高贵气质使得他在每次发脾气后很快就能平静下来，他在舰桥上也偶尔会这样。这期间他可能会用活泼、尖刻的巴伐利亚方言责备冒犯他的人。

但有关训练和革新的讨论中，即使出现明显错误，希佩尔将军也会在批评中显出谅解之情，这使得我们很快就深深地依附于他，想尽办法分担他的工作，并尽可能地让他在舰上生活得愉快。例如，由于已经习惯了单身汉的孤独生活，他要求自己住处周围要绝对安静，因此我们夜里轮流巡逻以确保他避免受到不必要的干扰。他偏爱一种牌子的雪茄，我们就尽力保证他手头上有充足的供应，尽管战时物资短缺，有些东西并不容易搞到。

希佩尔将军十分喜爱音乐，他个人的爱好造就了一支高水准的旗舰乐队。当他离开时，他很担心他那个完全是音乐盲的副手会降低乐队的水平。他在离任前对我说："雷德尔，最重要的是看着他，别让他把音乐搞臭了！"

希佩尔将军的另一个爱好是打猎，但当他邀请我陪他一同打猎时，我明智地拒绝了。因为我了解他在打猎时的火暴脾气，我借口说我不希望自己猎术的匮乏和对打猎规则的无知破坏我们之间良好的私人关系。

在专业方面，希佩尔将军出色的工作能力和工作热情感染了侦察舰队内的每一个人。在1913年和1914年的演习中，我们对快速战列巡洋舰和战列舰中队的联合战术科目进行了反复操练。

这些演习通常以战列巡洋舰的前出侦察突围开始，随后他们后退组成主力舰队的先头编队。舰艇的这种快速机动需要指挥官对战术有透彻的理解和出色的指挥巡洋舰编队运动的能力。希佩尔将军判断迅速，指挥镇定，其性格和能力无与伦比，没有人比他更合适担此重任。

这些训练尽可能逼真地模拟实战条件，使指挥军官和参谋们的高级战术技能进步很快。我们取得成功的部分原因可能是参谋之间良好的私人关系，我们大部分都是同龄人，其中四个人在海军学校时是同一年级的。

我发现希佩尔将军正密切注视着我所负责的专业，1913

年演习中指挥信号的传递受到了特别关注。

在1914年春对侦察舰队的检查中，我们所有的辛勤努力都得到了回报。当时舰队总司令冯·英格诺尔海军上将在舰桥上观看演习，希佩尔将军通过复杂的机动，指挥战列巡洋舰编队达到全速，无论使不使用无线电，各舰都能按照指挥信号迅速执行，甚至出现“操纵失灵”的情况，也没有对编队的战斗力产生多少影响。结果冯·英格诺尔海军上将下令在全舰队面前升起“干得好”的信号。

这次训练也没有忽视舰队所担负的侦察职责。鱼雷艇和轻型巡洋舰的夜间联合战术训练受到了重视。1914年春，海军航空兵的飞机第一次参加演习，但演练的科目通常是起飞没多长时间就要迫降或者是掉入海中等待营救。

当时海军部坚信英国不会冒险进行近距离封锁，在1914年春的舰队演习中特别研究了从黑尔戈兰湾战斗出击的可能性。在这种攻击行动中使用老式舰艇和鱼雷艇的任何乐观想法都是徒劳的，然而战争迫在眉睫，老式舰艇已经用来对抗近距离封锁，它们只是缺乏在英国海岸或者北海北部行动的续航力。

在萨拉热窝事件的阴影和暗杀奥地利大公斐迪南夫妇引起的政治危机的背景下，德国舰队开始了1914年夏季演习。演习开始阶段在北海按计划进行，最后，舰艇各自停靠在挪威的几处海湾进行休整。我们的旗舰“塞德里茨”号在松恩峡湾中部抛锚补充燃料。次日晚，我们接到命令，要求侦察舰队在所有巡洋舰补充完燃料后立即起航，会同舰队的其他舰船前往会合点准备返航。皇家游艇“霍亨索伦亲王”号像每年一样，已经巡游到巴尔霍尔姆（Balhomen），在得知奥地利向塞尔维亚发出最后通牒后匆忙返航。

7月27日，舰队航行的情景给人留下了深刻印象。在一个晴朗的傍晚，鱼雷艇、战列舰、巡洋舰一艘接一艘地驶出了海湾，他们以中队或编队为单位驶向会合点，眼前是阳光给挪威海岸的岩石和悬崖镀上了一层金色的壮观图景。而后随着舰队旗舰“弗里德里希·德格罗赛”号发出信号，整个舰队开始返航。

凑巧法国舰队也从北部海域返航。法国总统彭加勒(Poincaré)随舰刚刚结束对圣彼得堡的访问。两支在北部海岸航行的舰队虽然十分显眼，但却没有碰面。

在公海上行驶时，舰队里的每个人都在紧张地关注局势的变化，最后通牒——动员——奥地利向俄国宣战——然后是法国向德国宣战。8月5日，不祥之兆的声明终于出现：“大英帝国宣布对德国开战!”

德国舰队这下可有事干了——整个海军都充分意识到当前局势的严峻性。

第三章　第一次世界大战的爆发

像各国海军一样，德国海军已经对可能与英国之间爆发的冲突展开了经常性研究，甚至为此进行了军事演习。但实际上此事并没有引起高度重视，任何人都不相信德国的政治领导人会纵容奥匈帝国政权进行报复，使德国卷入战争，即使当时的德国领导人为无能的贵族大臣所左右。

因此，海军参谋部没有计划这样的战争，也从不知道陆军参谋部所拟定的计划，要取道比利时，进攻法国。海军没有好好研究怎样占领并利用大西洋上和海峡之间的基地来推动战局的进展，当然也没做什么准备。为达到上述作战目的，我们不得不临时拼凑一支海军部队。

同样，海军也没有准备同英国进行长期作战的详细计划。例如，在敌对状态开始的初期，对敌人可能从海上和空中发动袭击的忧虑被无端夸大。舰队主力集结于威廉港，这里到处都是预备役人员和海军家属，同时这里也成了谣言的发源地。

随之而来的是，8 月初的夜里充满了来复枪的闪光和机枪的哒哒作响，战战兢兢的岗哨和守望员在朝假想的敌机开火。有人确信在威廉港外的杰得湾（Jade Bay）发现了敌人的潜艇，甚至敌潜艇还出现在威廉港的港外锚地。一天晚上，一艘巡逻艇在海湾外发射信号弹，报告发现了怀疑是敌人潜艇的不明物体。按照巡逻艇指示的方位，正在巡逻的其他舰艇立刻通过发射信号弹传递警报，直到整个海面看上去像举行焰火晚会。我冲上舰桥问信号兵哪里发现了潜艇。

“到处都是，长官，到处都是!”他回答，一边挥舞着手臂指着四下里划出一道道弧线的火焰信号。

不用说，发现敌潜艇的警报一下子被这些纷乱的指示信号搅混了。

公海舰队司令随“弗里德里希·德格罗塞”号从挪威直奔基尔，直到7月31日才开始通过基尔运河。其间，希佩尔海军中将决定让战列巡洋舰编队随时准备出海侦察。当时这支编队包括：战列巡洋舰“塞德里茨”号、“毛奇”号、“唐”号和装甲巡洋舰“布吕歇尔”号。有一个巨大的障碍物从海湾内伸入运河，使得大型舰艇只有借助高潮才能通过。希佩尔将军遂命令编队在海湾外抛锚，并布下防雷网防止被鱼雷袭击。这样，一旦敌人发动突然袭击，战列巡洋舰编队就能立刻发现，并出海支援正在海上巡逻的轻型舰艇编队。但让人感到失望的是，舰队总司令冯·英格诺尔海军上将命令所有的重型战舰返回威廉港锚地，他们将在那里待命三到四个小时。同时，冯·英格诺尔将军开始指挥侦察舰队司令麾下的全部鱼雷艇、扫雷舰、巡逻艇以及全部的潜艇、飞艇和飞机。

希佩尔将军总想将鱼雷艇置于其直接指挥之下，从战术角度考虑，鱼雷艇和轻巡洋舰本应编在一起行动。但是他同时还要指挥其他兵力，尤其是确保整个黑尔戈兰湾的安全成为强压在他身上的千钧重担。

另外，保证如此分散的侦察兵力之间的正常通讯联络也是一个问题。军官要负责海上的巡逻警戒，希佩尔将军能够在岸上的司令部不受限制地使用电话，因此他这一点做得很好。但作为侦察舰队司令，特别是指挥大型战列巡洋舰，他就应该待在舰上，这样才能寻机歼敌。

关于指挥位置的问题很晚才得到解决，当时公海舰队已经很少出海作战，无限制潜艇战占据了主导地位。侦察舰队司令得到了设于老式巡洋舰“尼俄伯”号（Niobe）上的司令部，可是这艘舰却经常停靠在码头，很少出海。直到1918年8月，希佩尔将军担任公海舰队司令后，侦察舰队司令才不再担负巡逻警戒的任务，这一任务交由一个新任的北海防御司令负责。

巡逻警戒时的通讯联系主要依靠无线电，有时候伴有视觉信号。不管使用哪种通讯方式，都会让希佩尔将军的司令部十分紧张，整个黑尔戈兰湾内一有重要情况，就必须向侦察舰队司令报告。司令部不仅要判明情况，而且要提出采取相应行动的建议，并要马上行动。由于司令部人手紧张，因此将布鲁塞（Brutzer）海军中校调入司令部协助工作，他的主要职责是作为有关巡逻警戒问题的首席顾问。1917年我晋升为参谋长时，司令部的规模进一步扩大，普兰特·泽尔（Prent Zel）海军中校随即接替我担任资深参谋。

冯·英格诺尔海军上将有这样一个习惯，就是他虽然已经把在黑尔戈兰湾巡逻警戒的任务交给了侦察舰队司令，但他还要具体指挥轻巡洋舰、鱼雷艇、扫雷舰和潜艇的行动。根据他的指示，轻型舰艇白天在以易北河灯塔船外围为中心的区域巡逻。接近天黑时，他们要出海组成警戒队形监视敌人的动向，等到天亮时再返港。

随着巡逻舰艇巡逻范围的不断扩大，他们离黑尔戈兰湾越来越远，巡逻舰艇之间的距离也随之增大。结果这些舰艇不得不单独行动，而没有按照强敌出现时所采用的双艇编队或多艇编队方式行动。不仅如此，敌人很容易通过潜艇观察我们巡逻和夜间抛锚的行动规律，研究德国巡逻警戒系统的特点，进而采取最有效的办法进行破坏。此外还有一个更大的弱点，就是使用轻巡洋舰在固定航线上巡逻，不仅容易暴露，易遭敌潜艇袭击，而且还可能被当作鱼雷艇中队来使用，因此背离了其正确的战术用途——实施夜间远程侦察。

黑尔戈兰湾之战

对巡逻兵力的错误部署和使用不可避免地导致了 1914 年 8 月 28 日敌人的突然袭击。英国的战列巡洋舰利用我们的弱点，趁天气能见度不良，黑尔戈兰海岸炮兵连无法准确射击，轻而易举地侵入了黑尔戈兰湾，在这样恶劣的天气，他们侵入纵深如此之大超出了我们的预想。结果，英国由 32 艘驱逐舰和 2 艘巡洋舰组成的攻击兵力在 2 艘战列巡洋舰的支援下，对我方前置警戒线上的 2 艘轻巡洋舰和 10 艘驱逐舰发动了袭击。但敌人的支援兵力不止这些，还有贝蒂（Beatty）将军率领的超过 3 艘的战列巡洋舰和另外一个由 6 艘巡洋舰组成的中队。我们派出了 3 艘以上的轻巡洋舰从埃姆斯和杰得河赶去增援，但实力对比悬殊。结果我们损失了轻巡洋舰“科隆”号（Koln）、“美因茨”号（Mainz）和“阿里尼亚”号（Ariadne）以及 V-187 号鱼雷艇，而英国毫发无损。

为了防止这类灾难性事件的再次发生，我们布置了两个大型雷区以阻止敌人进入黑尔戈兰湾，巡逻方式也做了调整，重型战舰作为支援兵力在希利希航道——威廉港入口处一片广阔的水域保持戒备。

希佩尔将军最初计划将全部大型巡洋舰置于杰得湾外，防备敌人的突然袭击，但不可能一直保持全部舰艇在位。因为在战时，有些舰艇要经常待在港内，要么装煤，要么进行修理。不过，进行巡逻警戒的轻巡洋舰现在回到了威悉（Weser）河口，在那里他们接到通知就能立即出海。黑尔戈兰湾雷区的巡逻任务由老式鱼雷艇和蒸汽拖网渔船担任，在警戒线外还布置了几艘潜艇。不久，潜艇展现出的极强的攻击能力使其被用于直接攻击行动。

战争初期，德国拥有的少量飞艇和飞机只能在有限的范围内活动，如果遇到恶劣天气，就很少使用。尽管空中侦察技术不断发展，但舰队司令部越来越认识到德国舰队不应该与深入德国海区引诱德国舰队出战的英国舰队遭遇。他们认为敌人之所以敢冒险这样做，是因为敌人可能拥有绝对优势的兵力，要不就是已经预先在德国舰队必经的进攻路线附近埋伏了潜艇或是在航道上布下了水雷。因此，德国海军只有经常实施有效的飞艇侦察，或是与潜艇进行密切配合，才能使我们保持有利的战术优势。

最初，我们没有机会战胜数量上占优势的英国海军，我们的攻击行动仅限于使用轻巡洋舰和专用布雷舰在英国海岸附近布雷。公海舰队司令直接指挥这些布雷行动，除了第七鱼雷艇中队那次失利外，所有的布雷行动都取得了令人满意的效果。第七鱼雷艇中队那四条艇都是旧艇，平时除了布雷，很少使用。在没有任何支援的情况下，冯·英格诺尔将军于10月17日派他们去泰晤士河口布雷，中途遭敌人拦截，全部被击沉。

鱼雷艇中队每天夜里例行的侦察从未发现过敌人。U型潜艇因其出色的远程侦察能力而划归公海舰队司令部直接指挥，希佩尔将军建议战列巡洋舰深入北海北部实施一次突击。这个建议被公海舰队司令部采纳——但是却没有按原来要求的那样，派出战列舰中队与突击后返回的战列巡洋舰在合恩礁会合。由于司令部认为这种支援是必要的，所以这次任务被取消了。但是，希佩尔将军继续为使用战列巡洋舰在英国海岸和北海附近海域实施攻击行动而据理力争，但是只有在公海舰队的支援下才能这样做——这是海军参谋部一致同意采取的预防措施。

舰队采取攻击行动

此时海军少将埃克曼（Eckmann）接替入院治疗的海军少将冯·曼担任公海舰队参谋长。埃克曼倾向于采取进攻性更强的政策，所以在1914年11月、12月间上演了一幕战列巡洋战舰攻击英国雅茅斯港（Yarmouth）、哈特尔普尔港（Hartlepool）和斯卡伯勒港（Scarborough）的好戏。我们的布雷舰事先在近岸布好雷区，我们期望通过攻击这些港口来激怒敌人从不同基地赶来拦截我们的战列巡洋舰，然后诱使这些追击者进入公海舰队的包围圈，希佩尔将军率领舰队在那里迎候敌人。

袭击英国海岸最大的危险就是很难实施准确导航。英国人拆除了所有的海岸灯标，到了晚上就没有任何助航标志来确定舰艇的方位。因而在关键时刻，即当舰艇抵近英国海岸开始占领对岸射击阵位时，导航员只能靠计程仪测定法和测深绳来避开危险的浅滩。

航海参谋普伦策尔海军中校总能熟练地带我们进入最佳位置，但有一次，我们不得不转向同海岸平行的方向航行，在仅有的很短时间内实施炮击。

我们第一次炮击的是由大量沙洲和浅滩包围着的雅茅斯港，希佩尔将军在测深绳测出不足 20 英寻深度的时候发出转向的信号。由于信号发出得太早，致使我们随后炮击的距离大大增加。如果我们当中有一艘舰搁浅，就会使整个编队陷入困境，迫使我们要么放弃计划，要么坚守在那里同急速赶来的敌人优势兵力决战。轻巡洋舰“施特拉尔松”号（Stralsund）上尽管新兵很多，但它还是成功抵近了海岸，并按计划布完了雷。

这次炮击中，我们在集中火力攻击发现的唯一一艘敌舰——英国炮艇“哈尔西恩”号时犯了一个错误。下达的命令是“‘塞德里茨’号开火”，但四艘舰上的炮手同时开了火。在整个编队的强烈炮火下，很难辨别哪艘舰击中了目标，于是“哈尔西恩”号毫发无损地逃掉了。

像世上所有的事一样，在战争中经验是无法替代的老师，这次对英国海岸的攻击行动对我们战列巡洋舰的作战能力是一次有益的检验。

另外一个相似的作战行动计划于 12 月中旬实施。现在由于“德芬格尔”号的加入，战列巡洋舰编队的实力显著增强，这次不但计划攻击哈特尔普尔和斯卡伯勒港的要塞，而且还要攻击惠特比（Whitby）的军事设施。

在这些水域航行导航比在雅茅斯容易，但是航行距离增加了不少。这次的攻击目标离位于泰恩（Tyne）河入海口的英国海军基地很近，它的侧翼受到了位于亨伯（Humber）河的英国优势兵力的掩护。但是只要公海舰队占据有利位置保护我们，避免我们从黑尔戈兰湾返回时被切断退路，这次作战行动就一定能取得成功。我们得到了这样的保证，并确定了一个合适的会合地点。

我们尽可能地精心做好准备，同时派出U型潜艇两次前往目标海区反复进行搜索。或许我们还应当核实一下冯·英格诺尔将军对德皇下达给舰队的作战命令的解释——超出黑尔戈兰要塞一定的距离，公海舰队就没有对敌决战的决定权。但是既然同意在会合点实施支援，公海舰队司令就要对此负责，或者一旦遇到紧急情况不能按计划实施支援，他同样有责任及时通知侦察舰队，并且告知他的替补方案。这一情报对于侦察舰队司令非常必要，因为如果遇到了敌人的优势兵力需要后退并寻求支援时，他必须知道公海舰队主力的下落和计划。

1914年12月15日清晨，侦察舰队自信地驶离杰得湾锚地，朝着英国海岸线外的多格尔沙洲（Dogger Bank）西北方前进。当我们航经北海时接到了北部将有暴风雨的报告，并且发现我们所处的位置风力加大。于是希佩尔将军决定除正在布雷的巡洋舰“科尔贝格”号（Colberg）外，派轻型巡洋舰和鱼雷艇返回会合点，公海舰队在中午之前将到达那里。

15日天黑后，我们转向英国海岸线航行，在黎明前到达计划分航点，这时海面上风更大了。编队在这里分航，“毛奇”号、“塞德里茨”号、“布吕歇尔”号和“科尔贝格”号向哈特尔普尔进发，“唐”号和“德芬格尔”号前往斯卡伯勒港。在这些巡洋舰分开以前，我们发现一些英国警戒艇在黑暗中开火，但是并没有追赶他们，我们的主要任务是对岸火炮攻击。

对两个港口的攻击行动都取得了成功。在哈特尔普尔，英国的海岸炮兵连当即还击，击中了“塞德里茨”号的舰首和“布吕歇尔”号的舰桥下方，导致数人死伤。但是我们迅速的还击使他们的大炮哑掉了。同时“科尔贝格”号成功地将水雷布在了英国人自己在港口外布设的雷区中预留的安全航道中间。

“唐”号和“德芬格尔”号在斯卡伯勒港外的攻击也得手了，两艘舰成功地穿过危险的英国海岸雷区会合后返航。大约中午的时候，我们收到轻巡洋舰和鱼雷艇编队指挥官哈德（Harder）海军上校的报告，他们阴天时曾间或发现英国的战列舰分舰队和少量的巡洋舰在亨伯河河口外。

希佩尔将军本想立刻前去支援“施特拉尔松”号和它的友邻舰艇抗击敌人。但紧接着来自“施特拉尔松”号的第二条消息说：敌人已经消失。因此，希佩尔将军立即转向北去包抄英国战列舰分舰队，英国战列舰分舰队很明显是想阻止我们与公海舰队会合。

那一刻，旗舰上没有人担心轻巡洋舰的安危，因为他们将很快与公海舰队在约定的会合点会合。但我们谁也没有想到日出前我们的公海舰队碰到了英国先进的侦察部队，为了避免受到敌人夜间的鱼雷攻击，主力舰队不得不撤退。不仅如此，冯·英格诺尔将军由于严格遵守不能超出黑尔戈兰掩护区进行决战的指示，没有继续向约定的会合点前进，而是直接返回了黑尔戈兰湾。更为糟糕的是，他没有将这一变化通知希佩尔将军，因此直到希佩尔将军傍晚得知舰队主力安全返回黑尔戈兰时，才知道计划改变了。

我们立刻担心起在亨伯河外的敌人战列舰分舰队，因为它可能在哈特尔普尔和黑尔戈兰之间的某处拦截我们。为了避开与强敌的冲突，希佩尔将军率编队急剧转向北面，试图从敌人的侧翼通过。他的分析和随后实施的机动是正确的，随后我们整个下午与英国的战列巡洋舰相距只有几海里，但是谁也没有发现对方。

当时风力已增加到八级。由于老舰“科尔贝格”号不能全速行进，所以直到天黑，我们才感觉已经逃出陷阱，再一次安全地驶回黑尔戈兰。

12 月 7 日早晨，我们怀着复杂的心情回到杰得湾。我们圆满完成了任务；侦察舰队的通讯保障非常出色，火炮攻击按计划完成，编队官兵的士气高涨。另一方面，我们对舰队主力没有坚守住会合点而深感失望。如果舰队主力在 16 日早晨按计划赶往会合点的话，他们将以优势兵力痛击戴维·贝蒂海军上将率领的英国战列舰和战列巡洋舰，随后英国人还会遭到正在返航的希佩尔将军率领的战列巡洋舰的攻击。集中这么多优势兵力将会为德国取得辉煌的战果，但是宝贵的战机稍纵即逝——这样的机会不可能再次出现。

多格尔沙洲海战

这次作战带来的一个后果就是迫使舰队总司令抛弃了原来的防御构想，不过当时我们对此一无所知。

剩下的几个月里，我们一面布雷，一面构筑防御工事，等待敌人的进攻。我们通过秘密情报得知英国将使用封锁兵力和水雷障碍封锁我们从黑尔戈兰湾到北海的所有出海口。针对这一情况，我们采取了广泛的预防措施。

但敌人实际上只通过潜艇、飞机和布雷舰发动了微弱的攻击。我们的巡洋舰和库克斯港岸上工事第一次装备了防空机枪并投入使用。敌人开始在黑尔戈兰外的阿姆鲁姆岛海岸布设反潜水雷区。

1915 年 1 月 19 日，我们再一次收到了侦察机的警报，称英国重型舰队正从西北逼近黑尔戈兰。U 型潜艇立刻受命前往敌人必经航线设置障碍，同时还采取了其他的防御措施。但是敌人没有与我们发生任何接触就撤退了，我们的努力徒劳无功。

敌人的这次威胁结束后，公海舰队司令命令舰队恢复日常战备状态，包括舰艇进厂进行例行的修理和到波罗的海参加训练演习。他还向侦察舰队司令保证近期不会让战列巡洋舰参与攻击行动，因此希佩尔将军派“唐”号到波罗的海参加演习。

但非常奇怪的是，几个小时后，冯·英格诺尔海军上将命令希佩尔将军和分舰队司令一起率领巡洋舰编队和两个鱼雷艇中队，于 1 月 24 日出海前往多格尔沙洲侦察。后来得知这次作战行动的策划者似乎是舰队参谋长埃克曼海军少将。

反复无常的命令造成了官兵思想混乱，不仅如此，这个命令最大的不足在于没有为舰队安排会合地点，12 月 16 日的经验证明这是至关重要的。但更糟糕的是，这次作战行动的命令是通过无线电下达的，尽管侦察舰队司令的旗舰“塞德里茨”号正好锚泊于威廉港锚地，在那儿可以很容易收到可视信号。

有段时间我们怀疑英国正在破译我们的无线电通讯内容。因此，我们频繁地更换密码，并且所有重要作战信息的传送都使用特殊的密码。但不管使用什么加密方式，只要破译者拥有标示着我们所有密码规则的通讯手册，就能破译我们的密码电报。

事实上，英国通过一次非常偶然的机会得到了一本我方通讯手册的复本。战争爆发的第一个月，德国轻巡洋舰“马格德堡”号（Magdeburg）就在芬兰湾沉没，俄国潜水员从失事残骸中找到一本战斗通讯手册，并把它转交给了英国。英国密码专家仅用了几个小时就破译了我们所有的加密信息。现在冯·英格诺尔将军通过无线电发布的命令，把出击计划中兵力的所有详情和出发时间、编队航向全都告诉了英国海军部，甚至我们离开锚地之前英国人就知道了。英国人所要做的只是选择在哪里拦截我们和派出哪些优势兵力。

我们恰好在出海的那天早上被英国人拦截，天亮的时候前方的侦察舰报告与英国轻巡洋舰遭遇，我们顿时都惊呆了。希佩尔将军怀疑有诈，随即掉转航向，奔向东南方的黑尔戈兰，避开英国战列舰设下的陷阱，这些战列舰可能是用于支援英国轻巡洋舰的。

编队很快转到了新航向，由轻型舰艇开路，挣脱了敌人的纠缠。天渐渐亮了，贝蒂将军率领的五艘战列巡洋舰分别出现在我方三艘战列巡洋舰和“布吕歇尔”号的右舷方向和尾部，双方的轻型舰艇分别被部署在各自编队的前方和后方。

双方在远距离交火，英国舰艇的火力很猛，很快把我们压了下去，破旧的“布吕歇尔”号殿后。我们采用“之”字形运动躲过了英国舰队的大部分炮击，可是旗舰“塞德里茨”号舰尾的 28 厘米大炮还是被击中，炮塔瘫痪，159 人丧生。紧接着“塞德里茨”号又被击中两次，伤亡加大。幸亏“塞德里茨”号有很好的灭火和损害管制措施，大火很快被扑灭，该舰仍处于可控状态。

“布吕歇尔”号由于航速较慢，装甲很薄，跟在编队的最后面，英国战列巡洋舰集中火力对它炮击，“布吕歇尔”号伤亡惨重。而后它又被鱼雷击中舰体水线以下的部分，最终失去控制，沉没于水中。

敌人伤亡也不小，我们的炮火也击中了敌舰。英国战列巡洋舰编队最前面的旗舰冒着浓烟，越开越慢，终于脱离了队列。“毛奇”号上的军官也想看看这艘下沉的敌舰，但是隔着烟雾什么都看不见。

由于敌人处于我们炮火的最远射程，希佩尔将军不得不放弃为缓解“布吕歇尔”号的压力而命令鱼雷艇发动攻击的计划。实际上，在这一过程中，只有一艘来自第五中队的鱼雷艇发射了鱼雷，并且乐观地报告说它可能击中了敌人的战列巡洋舰。

“布吕歇尔”号此刻非常危险。尽管舰队主力收到了发现敌人的警报，但是却无望及时赶来实施救援。而且，轻巡洋舰“施特拉尔松”号还报告说海面上浓烟滚滚，预示着还有其他敌舰接近，可能是战列舰。

英国的战列巡洋舰把全部注意力都转向了无助的“布吕歇尔”号。“塞德里茨”号的舰长冯·艾基蒂（Von Egidy）报告说该舰的后主炮塔和弹药库全部烧毁，送往前主炮塔的弹药也急剧减少，危急时刻，希佩尔将军下了一连串向南转向的命令，试图把敌人的注意力从“布吕歇尔”号身边吸引开。

长时间地支援“布吕歇尔”号就有可能损失其他舰艇甚至丧失整个编队。希佩尔将军怀着沉重的心情撤销了命令，随后立即率编队向东南的黑尔戈兰撤退。看着正在沉没的“布吕歇尔”号逐渐消失在舰尾，我们的眼睛都湿润了。

敌人并没有追击。

“布吕歇尔”号的损失令我们越来越心痛，因为大家都认为如果不是通过无线电下达作战命令，或者舰队能够给予适时的支援，或者离我们更近一些，如果“唐”号不去波罗的海参加演习而参加我们的战斗，增强我们炮火的威力，这一切都是可以避免的。

当时我们还不知道英国旗舰“狮子”号（Lion）受损严重不得不被拖回港口，这个消息会给我们些许安慰。如果公海舰队主力处于能够支援侦察舰队的位置，我们不但不会损失“布吕歇尔”号，而且还有可能击沉“狮子”号。

我们今天才知道英国人通过破译我方密码电报，完全能集中优势兵力给侦察舰队设置一个严密的包围圈，但很难理解英国人为什么只取得这么小的战果。

对于我们而言，我们为侦察舰队的英勇表现而深感自豪。我方舰艇射击能力出色，通讯顺畅，所有命令都能被迅速执行。希佩尔将军临危不惧的勇气给大家树立了榜样，官兵们都能恪尽职守。经过了炮火的洗礼，我们感到下次会做得更好。

但当2月初德皇亲自到威廉港视察舰队时，就深感12月15日和16日的战斗及1月24日多格尔沙洲战斗的后果是严重的。他首先将冯·英格诺尔海军上将和埃克曼海军少将撤职。柏林海军参谋部的参谋长冯·波尔（Von Pohl）海军上将担任新的公海舰队司令。能力出众的“图林根”号战列舰舰长米凯利斯（Michaelis）升任为公海舰队参谋长。埃克曼海军少将接替冯·兰斯（Von Lans）海军上将指挥公海舰队第一中队。

冯·波尔将军在当海军参谋长时与大臣贝特曼-霍尔威格（Bethmann Hollweg）关系密切。这位大臣反对使用潜艇攻击商船，冯·波尔将军可能也受其影响。冯·波尔将军在没有德皇亲笔签字的情况下，甚至都没经过蒂尔皮茨部长的同意，就向外界宣布英国和法国附近都为禁战区域。他的这一举动就完全违背了德皇作出的所有有关作战的重要决定在实施之前都要经过蒂尔皮茨部长同意的要求。此外，据传冯·波尔将军用兵非常谨慎，他只有在最为有利的情况下才敢出战。这些都无法赢得富有进攻精神的蒂尔皮茨海军上将的完全信任。

德皇在视察威廉港期间，为希佩尔将军和我颁发了一级铁十字勋章予以表彰。在战列巡洋舰第一次攻击雅茅斯的战斗中，我们两人就曾获得二级铁十字勋章，但是我们感到那次战斗并没有尽全力，因此直到在哈特尔普尔取胜后，我们才戴上那枚勋章。

冯·波尔将军为引诱敌人进入德国基地附近的包围圈，特意制定了一个出击次数频繁但出击范围很小的计划。但是在这些出击海域，白天根本看不到英国的水面舰艇，官兵们都感觉他们不会真正与敌人交火。但是这种出击方式却使舰队受到暗中埋伏的英国潜艇和布雷舰夜间布下的水雷的严重威胁——这种威胁的主动权完全掌握在敌人手中，而且对于敌人是事半功倍。

在北海，唯一得到批准的远距离攻击行动就是在多格尔沙洲布雷——这是希佩尔将军强烈建议采取的作战行动。我们的轻巡洋舰在夜间布完雷后迅速回撤，处于黑尔戈兰外我重型战舰的保护之下。这些雷区意在重创胆敢进犯黑尔戈兰的敌人，所以这些作战行动与其说是进攻作战，还不如说是防御作战。

在这种情况下，我们的战列巡洋战舰编队很高兴离开死气沉沉的北海到波罗的海与陆军进行合作。此时陆军正试图将俄国人从里加湾（Gulf of Riga）赶出去。更令人高兴的是，我们再一次处于波罗的海最高司令——普鲁士亲王海因里希海军上将的指挥下行动，具体作战行动由施密特（Schmidt）海军中将指挥。在剩下的战斗巡洋舰编队的保护下，“唐”号向地处芬兰湾入口处的于特岛的海岸炮兵进行了炮击，在这次战斗中，“毛奇”号被英国潜艇的鱼雷击中。炮击结束后，战列巡洋舰和公海舰队的其他舰艇都回到了基尔和威廉港。

在从波罗的海返航时我们发现舰队士气低落，至少比以前要差。英国舰队小心翼翼地撤回到西海岸并严密防守斯卡帕湾的基地，使我们的潜艇很难进入。1915 年 10 月 23 日，公海舰队本打算向北进入北海实施一次突击，但当有报告说发现英国海军正在逼近时，冯·波尔将军在舰队到达合恩礁灯塔之前就命令取消了这次行动。

舰队的不满情绪很快传到了海军部长冯·蒂尔皮茨将军和冯·穆勒将军那里。冯·穆勒将军和普鲁士亲王阿德尔贝特的其中一人，把情况向德皇作了汇报。德皇立刻下令内阁斥责那些对他本人所发动的这类作战的批评。

但是舰队的感受从未被忽视。备受尊敬的“德意志皇帝”号战列舰的舰长冯·特罗塔（Von Trotha）通过正规的官方渠道与上级交换了对这件事的看法。1916 年 1 月，同样令人爱戴的“毛奇”号的冯·莱韦特佐（Von Levetzow）舰长，请求同冯·波尔将军开会，将舰队的不满明确地告诉他。柏林海军参谋部的参谋长巴赫曼海军上将也不同意公海舰队司令的政策。

从未有人质疑冯·波尔将军的个人勇气和指挥水平，至少我在他的中队担任航海长时就很了解他。但是事情并不是他们想象的那样，也许这就是命运，冯·波尔海军上将突然生病并确诊为癌症，不到一个月，他就于 2 月 26 日不幸去世。

舍尔将军接管舰队

没有什么能比德皇在 1 月中旬任命舰队第二中队司令莱因哈德・舍尔海军中将担任公海舰队司令更令舰队上下兴奋的了。

舍尔将军是一位真正的老水手，他不但通情达理，思维敏捷，而且乐于负责。他的绰号是“Bobschiess”（意思是性格好斗，雄心勃勃），他会用粗暴的方式对待那些悲观主义者和牢骚满腹的人。他立刻任命冯・特罗塔海军上校为他的参谋长，任命冯・莱韦特佐海军上校为舰队作战处长，舰队官兵对他的信任也因此与日俱增。这是个完美组合，莱韦特佐睿智过人，冲劲十足，而冯・特罗塔是位成熟稳重、遇事总是深思熟虑的海战专家。

为了迅速恢复舰队的士气，舍尔将军立即召集各中队司令和舰艇长开会，在会上他简明扼要地阐述了新拟订的作战计划。简单地说，当无法立即恢复对英国本土海岸攻击时，应尽可能地攻击敌人深入北海北部的海上运输线，进而迫使英国海军离开基地，在我们预先有准备的情况下与我们作战。由于现在柏林方面对潜艇战的限制，要求德国 U 型潜艇必须浮起搜索商船，等待商船船员全部跳入海中后才能将其击沉，这样将会令 U 型潜艇处于非常危险的境地。随着限制级别的放松，U 型潜艇将直接攻击靠近敌海岸附近的舰船，同时与我方舰队密切配合攻击敌舰队。

最后，在这之前将利用飞艇进行大范围侦察，在公海舰队的所有作战行动中都将广泛使用飞艇。

这一恢复进攻作战的计划得到了与会者的热烈响应，将军在会后准备了咖啡，进一步融洽了会议气氛。

次月，德皇陛下接见了新任公海舰队司令，舍尔将军向德皇简述了他的计划——德皇在随后立即召开的高级军官会议上公开支持舍尔将军的这个新计划。

舰队完全抛弃了陈旧的防御作战思想，积极开始进攻作战训练，使舰艇和人员逐渐达到最好的战斗状态。舰队开始强调战术革新，以及从航渡队形向战斗队形的变换和战斗队形中巡航状态的保持。1916 年 3 月 5 日，舰队首次出击赫夫登（Hoofden）海域，但是没有发现敌人的踪迹。

作战计划的下一步就是炮击英国本土海岸，但是新任司令在此之前就找到了可以展示自己勇气的机会。3 月 25 日，英国海军的轻型舰艇攻击了我们设在丹麦边界叙尔特（Sylt）岛上的通讯站和特芬得的飞艇库。舍尔将军立即命令所有轻重舰艇向北出击拦截敌人，尽可能地击沉已经受伤的英国驱逐舰“水母”号（Medusa）。随后有报告说已经与敌人交火，结果是“水母”号被击伤后不得不被拖了回去。

这次出击遇到了恶劣的天气，过了一晚，天气变得更糟。我们的先头部队与敌人遭遇，黑夜中我们的鱼雷艇 G-194 被英国轻巡洋舰“克利奥帕特拉”号（Cleopatra）撞沉。猛烈的暴风雨迫使我们的轻型舰艇退回港口，但是由于“吕佐夫”号的加入，我们的战列巡洋舰编队的实力得到加强，整个晚上都在一直向合恩礁加速追击。直到我们破译了英国的无线电通讯，得知英国人已经舍弃了正在下沉的“水母”号，我们才停止追击。

事实上，我们后来才知道，那个早上一支英国战列巡洋舰编队正从合恩礁以北向南开进，两支战列巡洋舰编队极有可能相遇。如果是那样，也许就不会发生战斗，因为猛烈的暴风雨使双方都无法开炮。但无论如何，整个事件都证明，即使是小型舰艇之间爆发战斗，如果需要，主力舰队就要为轻型舰艇提供支援，这是至关重要的。

对敌本土海岸的新一轮攻击

原计划 4 月恢复对英国本土海岸的攻击，但形势的发展使攻击行动不得不一再推迟，直到 4 月 24 日晚，侦察舰队出动炮击了罗斯托夫特茨（Lowestoft）和雅茅斯。巧的是，此时英国在佛兰德斯海岸外布设水雷网，企图封锁我们在那行动的 U 型潜艇。

轻巡洋舰编队司令博蒂克（Boedicker）海军少将临时代替去治疗严重的坐骨神经痛的希佩尔将军指挥侦察舰队。一些指挥官表现出了对进攻的疑虑，但是我并不认为是这样。除了英国海岸边的暗礁、浅滩和雷区，侦察舰队司令部再也没有发现战斗中有其他危险物存在。我的预言迅速应验了，旗舰“塞德里茨”号率编队前往黑尔戈兰西北时，在一片据称没有水雷危险的海域意外地触到一颗水雷。

博蒂克将军非但没有取消作战行动，反而把司令部转移到“吕佐夫”号上，命令受伤的“塞德里茨”号返回威廉港，然后继续向罗斯托夫特茨进发。我惊喜地发现，旗舰的新舰长就是早先曾指挥轻巡洋舰编队攻击哈特尔普尔的哈德海军上校。

我们在 4 月 25 日黎明前与两艘 U 型潜艇会合，潜艇引导我们安全进入英国近岸水域，并于黎明时分开始对罗斯托夫特茨和雅茅斯进行炮击。除了炮轰要塞外，我们还发现并击沉了一艘英国的巡逻艇。紧接着我们遭遇了敌人的轻巡洋舰，但是，仅仅一个短暂的交火就把他们打散了，他们躲进了浅水区，我们无法继续追击。

完成任务后，我们开始返航。途中，担任掩护任务的鱼雷艇击沉了很多英国小型巡逻艇，其中包括蒸汽拖网渔船“斯蒂芬”号（Stephen），早些时候这艘船曾经拒绝救援在北海落水的德国齐柏林硬式飞艇 L-19 上就要淹死的艇员。但我们要救护眼前的这些渔船船员，尽管他们当即否认了飞艇沉没时他们见死不救的行为。

返航途中，我们发现被英国的轻型舰艇编队跟踪了一段时间，他们谨慎地与我们保持着一定距离。随后我们发现英国的战列巡洋舰也在尾随我们，直到我们接近会合点与主力舰队会合时，他们才离开。

5 月中旬，希佩尔将军病愈归队，由于“塞德里茨”号要进厂维修一段时间，希佩尔将军不得不临时将旗舰从“塞德里茨”号转移到“吕佐夫”号，他为此感到很沮丧。但同时他又很兴奋，因为他的及时归队正好赶上制定攻击森德兰的作战计划，这个计划只等“塞德里茨”号回来后就立即付诸实施。

森德兰和斯卡格拉克海峡海战

森德兰位于泰恩河河口和福斯湾附近，与英国北方其他的大型基地相距不远。所有人都清楚炮击森德兰比以前的南部攻击行动更危险。为了减少风险，我们计划在英国海军基地外配置潜艇，一方面，敌人离开基地时，潜艇可以为我们提供预警，另一方面，当他们出动时，潜艇可以发动攻击。U 型潜艇携带了足够的燃料，一直待机到 5 月底。

然而，实施作战的另一个条件就是使用齐柏林硬式飞艇进行大范围侦察。但是5月20日以后的天气条件几乎不可能进行侦察。因此，舍尔将军决定放弃森德兰作战计划，转而支持针对袭击英国在斯卡格拉克海峡和挪威海岸海上运输线的计划。这比无法实施空中侦察的森德兰计划安全得多。

我清楚地记得攻击方案的改变引起大家争论时，舰队参谋长冯·特罗塔海军少将征求我的意见，我强调如果没有齐柏林硬式飞艇的侦察保障，我倾向于挪威方向的进攻计划。

为了防止敌人截获我方进攻的情报，我们采取了一项特殊的保密措施。舰队旗舰“弗里德里希·德格罗塞”号刚一起航，就开始保持无线电静默。威廉港内的警戒舰冒充“弗里德里希·德格罗塞”号与舰队继续保持无线通信联络。我们期望敌人监听我们的无线电通讯时，不会怀疑舰队已经出海，而是认为他们依然停靠在威廉港内。这样，英国的战列巡洋舰一旦与我们的战列巡洋舰编队遭遇，就会被诱使与我们的舰队主力交战，这是完全可能的。

第四章　斯卡格拉克海峡

对于英美读者所熟知的——斯卡格拉克海峡海战，或称作日德兰海战，有各种各样的描述和批评分析，其中包括各地的历史学家，也有亲历海战的优秀的海军军官。H.C.格罗斯海军上将在官方的《德国海战史》中对这次海战进行了最为详细的介绍，美国海军中校弗罗斯特（Frost）也在他的《日德兰海战》中对此做了最客观公正和极具学术价值的专门研究。然而，在真正参加过那次海战的人看来，很多历史学家和分析人士没有给予足够关注的事实是，由于敌对双方的指挥官在战斗中所依赖作出正确判断的情报十分缺乏，因此他们不得不各行其是，时常导致错误的行动。有关这次交战最大的争议是，有人认为英国舰队总司令约翰·杰利科先生不愿意因一场海战而冒使英国丧失制海权的危险的做法是正确的，但也有人认为海军中将贝蒂为击溃弱小的德国舰队即使遭受再大损失的做法是值得的。就我而言，我不会就我个人掌握的主要是战列巡洋舰方面的情况而对此作过多的评论。

正像所有历史资料中描述的那样，德国公海舰队于5月30日晚起航，计划突袭挪威。第二天清晨，两艘德国潜艇向希佩尔将军报告英国战列舰编队离开了基地，我们所有人都期盼着能在白天与敌人相遇。最初与敌人的遭遇十分偶然，当时在编队前方进行搜索的我方鱼雷艇正在对一艘可疑船只进行检查，经查这是一艘中立国的小型船只。然而，此时我方的鱼雷艇却被英国轻巡洋舰“加拉蒂”号（Galatea）发现，“加拉蒂”号在贝蒂将军率领的编队北侧搜索。贝蒂率领着包括6艘战列巡洋舰、4艘新式快速战列舰和15艘轻巡洋舰、27艘驱逐舰在内的强大编队。

当时我们还不知道，在贝蒂编队北面70海里左右，正是英国大舰队的全部主力，包括24艘战列舰、3艘战列巡洋舰、8艘装甲巡洋舰、12艘轻巡洋舰和51艘驱逐舰。

此外，英军早已利用破译的密码截获了我方大量有价值的情报，从而占据了许多有利条件，包括我方舰队将要经过的海区和时间。所幸的是，由于我方旗舰向港湾内的警戒舰发送无线电信号时采取了欺骗措施，同时，尽可能使用可视信号通信，英军最终没有获知我方已将航行目的地从森德兰转到挪威海岸。

正在前方进行侦察的我方轻巡洋舰“埃利宾”号向侦察舰队旗舰“吕佐夫”号发送了第一份电报，“埃利宾”号的侧翼有鱼雷艇伴随护航。我们在5月31日下午2时30分收到了电报，报告“西北方向发现敌装甲巡洋舰”，晚些时候，“埃利宾”号报告正在对敌射击，同时也受到了敌人攻击。

希佩尔将军立即将这一情况报告了舍尔将军，而后带领编队加速向前，向西北方向机动，奔向遭遇点。

此时，我们在“吕佐夫”号的舰桥上看到了一幅壮观的景象——“德芬格尔”号、“塞德里茨”号、“毛奇”号和“唐”号依次排开，保持着整齐的队形，劈波斩浪向前行进，烟囱急速冒出滚滚黑烟，这时微微的西风吹来，空气中飘浮着薄雾。

但事实上我们最先看到的“敌人”是17英里外的西南海

平面上移动着的六个黑点。

希佩尔将军立即指挥战列巡洋舰编队向与敌人会遇到的航向转向。几乎同时，正在向北行驶的敌人也立即向西南转向，并开始收缩队形。

远处的黑点离近了，看得出是战列巡洋舰，希佩尔将军一边拿着望远镜进行观察，一边镇定地下达火力分配的命令，战列巡洋舰从左开始鱼贯转向，一艘对一艘地向敌舰射击。但由于我们比敌人少一艘舰，因此我们无法对最后一艘敌舰进行攻击，但这是距敌最远、危险性最小的一种攻击方式。

紧张的时刻终于来临，巨大的炮塔开始旋转，灰色的炮口徐徐升起，一场大海战迫在眉睫。我们在“吕佐夫”号的舰桥上下达着各种作战命令，向各舰发出信号，各舰有条不紊地遵照执行。我们得意地看着眼前的这一切。最近刚调入司令部的参谋副官汉森海军中校兴奋地大声说道：“怎么这么平静，这不像一场战争而更像一次操练。”

使我们兴奋的另外一个原因是我们确信敌舰正迅速地向我们舰队的主力而来，距离只有 50 海里。

测距操作手开始不断地报告目标距离“25 000 码——23 000 码——20 000 码”，当测距手报告到“16 500 码”的时候，希佩尔将军满意地点了点头命令道：“开火。”同时，他向舍尔将军发出了信号，详细报告了当前态势，包括敌舰方位、敌军实力和敌我双方的行动方向。

甲板开始摇晃，炮击声震耳欲聋，“吕佐夫”号上的 12 吋大炮将炮弹射向空中，随后“德芬格尔”号的 12 吋大炮也开始射击。“塞德里茨”号、“毛奇”号和“唐”号开始用 11 吋大炮进行齐射。一分钟后，我们发现东南方向的海面上火光闪烁，就知道敌人也开火了。

但是我们却没有看到敌舰受到致命的损伤，只看见敌舰附近 2 000 码左右的地方溅起了一些无效的水柱。七八分钟后我们第一次被命中，但不是“吕佐夫”号，而是打到了“塞德里茨”号，所幸的是并没有造成重大的损害。“塞德里茨”号第二次又被击中，这次是致命的，摧毁了该舰“C”炮塔。我们所在的“吕佐夫”号也被击中，接着“德芬格尔”号也中弹了，幸运的是都没有击中要害。

两军的战列线之间弥漫着的薄雾和敌舰炮口冒出的烟以及烟囱冒出的蒸汽，使我们很难估计舰炮的射击效果，但我方炮塔开火射击像机关枪一样迅速，因此尽管敌人数量上占优势，但在我们猛烈的攻击下他们突然开始撤退。我们的炮弹一定已经送到了，但敌人却不喜欢它，他们撤退得更远了。希佩尔将军立即改变航向逼近敌舰，使敌我距离保持在 13 000 码的范围内。

这时传来了振奋人心的消息，舍尔海军上将率领的我方舰队主力已在 11 海里之外，并以 15 节的航速向我们靠近。

然而在这令人兴奋的时刻，我方编队最后面的“毛奇”号和“唐”号受到了来自另外一个方向的威胁——敌方 4 艘战列舰从他们的右舷方向袭来。希佩尔将军认为随着我方舰队主力的到来，该是将战列巡洋舰投入战斗并控制战场局势的时候了。敌人见势不妙，随后开始撤退。只见一群黑点向东退去，敌舰加快速度与我们拉开了距离，最终敌舰逃出了我们的射程，我方的炮击也随即停止。

敌舰一定意识到我们的主力已经赶到，因此他们的 4 艘战列舰不顾被击中的战列巡洋舰的安危，掉转航向仓皇向西北方逃去。

希佩尔将军本不打算放跑敌人，但他还是下令让战列巡洋舰编队转到计划航向并作为战列纵队的前卫。此时距我们首次开火只有一个小时。

袭击“毛奇”号和“唐”号的4艘敌战列舰遭到了我方主力舰队前卫和战列巡洋舰中队的报复性攻击，我方战列巡洋舰编队最初的目标本来是敌人的战列巡洋舰，现在却抽出精力对付敌战列舰。

战斗不仅在重型战舰之间进行，双方的轻型舰艇也积极参加了攻击行动。双方的鱼雷艇都在寻机发起鱼雷攻击，但均遭到对方鱼雷艇和轻型巡洋舰的反击。正当双方在海面上激烈交战的时候，敌人的鱼雷击中了“塞德里茨”号，幸好我们熟练的损害管制措施发挥了作用，使“塞德里茨”号没有脱离编队。

为了追击正向西北方逃窜的敌人，我们的炮手不得不顶着刺眼的阳光进行射击。实际上阳光给我们的炮击造成了很大的阻碍，敌舰经常变得模糊难辨，炮手不得不重新校正目标才能射击。由于这段时间的耽搁，我们的战列巡洋舰编队遭受了猛烈的炮击，仅“吕佐夫”号一艘舰就中了很多炮弹。

直到这时，我们仍没意识到英国大舰队就在附近。但到了下午5时40分，另外一群英国战列巡洋舰突然钻出迷雾向北面和东面而来，离我们不到11 000码。在我们前面的几艘轻巡洋舰“法兰克福”号、“皮劳”号、“埃利宾”号、“威斯巴登”号却发回了错误的信号，称“发现战列舰”。我们预感英国大舰队的前卫将抵达这一海域，希佩尔将军命令我们向东而后向南再次折回舰队主力附近海域。这样的运动使我们离新出现的敌战列巡洋舰更近了，我们继而得知这些英国军舰是隶属于英国第三战列巡洋舰分舰队的战列巡洋舰。“吕佐夫”号与英国战列巡洋舰“无敌”号——胡德（Hood）海军上将的旗舰交火，结果“无敌”号在“吕佐夫”号枪炮长帕申（Pashen）海军中校指挥的准确炮击下发生爆炸。交战中，英国装甲巡洋舰“防御”号也被击沉，其一艘友舰也被迫退出了战斗。我们也损失了“威斯巴登”号轻巡洋舰，它被击伤后漂浮在交战双方之间，孤立无援，在那天晚上沉没之前，它本想倾全力与英国大舰队战斗，但已经是力不从心了。

很显然，整个英国大舰队就在我们的东北方向，并已摆成“T”字横头阵位。6 时 35 分，舍尔海军上将向已经做好战斗准备的舰艇发信号，在他严厉的目光中，这些战舰是如此地训练有素，在很短的时间内，两个最重要分舰队的 16 艘舰齐转 180 度，整个舰队开始向西驶去，整个过程就像操练中一样顺利。英国人不会相信我们会采取这样的机动，尤其是在猛烈的炮火之下，所以直到我们施放烟雾，完全脱离了他们之后，英国人才意识到。舍尔海军上将率领着的由另外 6 艘老旧无畏级战列舰组成的第二战列舰中队已经落在了整个舰队的后面，因此在中队指挥官毛弗（Mauve）海军少将的请求下，他们没有掉转航向，而是按照正常方式继续前进。

炮击停止后，我们开始计算战列巡洋舰编队的损失。损失是严重的，“吕佐夫”号被击中不下 10 发重型炮弹和 1 枚鱼雷，“德芬格尔”号被击中 7 次，“塞德里茨”号被击中 14 次，再加上遭受的鱼雷攻击，“唐”号整个主炮塔已经瘫痪。

很显然，我们已经不能继续在“吕佐夫”号上指挥侦察舰队的行动了。该舰的舰首已经埋入海面之下，整个舰体前部中弹起火燃烧。哈德舰长下令减速，勉强维持着 5 节的航速，难以跟上编队行进。

这时，我建议应该将旗舰转移至另外一艘战列巡洋舰上，但起初希佩尔将军并不愿意离开“吕佐夫”号。直到我告诉他“吕佐夫”号除了不能跟随编队继续行进以外，该舰的无线电也已经完全损坏，他才同意乘一艘鱼雷快艇离开了“吕佐夫”号。

奥布雷切特（Albrecht）海军中校指挥着第一鱼雷艇中队，负责将希佩尔将军和其随从运送到新的旗舰上，同时特派 4 艘艇与“吕佐夫”号待在一起，施放烟雾将其笼罩起来。G-39 鱼雷艇不顾敌人猛烈的炮火和汹涌的波涛，在冯·洛芬（Von Loften）海军中校的率领下准确进入预定阵位。希佩尔将军精神抖擞，镇定自若，转移旗舰对于他来说好像仅仅是离开早餐的餐桌，他从战列巡洋舰的后甲板爬上鱼雷艇的前甲板，平静地给跟随的战列巡洋舰编队下达命令，战列巡洋舰编队已经加速向西，保持着与主力舰队的相对位置。通过信号，希佩尔将军暂时将编队指挥权交给了“德芬格尔”号的哈托（Hartog）舰长，直到他个人重新接管指挥权之前。就在我们向 G-39 转移的时候，又有一发炮弹击中了“吕佐夫”号，击毁了它的炮塔，碎片四射，火光飞溅。

接下来在 G-39 度过的两个小时对于我们来说是整个战斗中最黑暗的时刻，尽管受到了鱼雷艇军官的热烈欢迎，但我们深知战斗中并没有我们合适的位置。我们竭尽全力按照希佩尔将军的命令去赶上战列巡洋舰，但是 G-39 一面要避免在我方鱼雷艇中队攻击敌人时与他们相撞，同时还要躲避敌人的炮火。因此我们错过了公海舰队下午 6 时 55 分向东转移和战列巡洋舰突围的时机，鱼雷艇在战斗的关键时刻为舰队主力分担了压力。

我们很奇怪当舍尔海军上将成功地从英国大舰队的前卫所设下的死亡陷阱中逃脱出来的时候，本应到达一个可以安全返航的位置，可他却选择向东行进，使我们又陷入了更加危险的境地。知晓舍尔将军倔强性格的人或许理解他所作的决定，他不能抛弃“威斯巴登”号，然而拯救“威斯巴登”号却只能期待奇迹出现。另外一种解释是由于天色尚早，很难摆脱敌人，因而舍尔海军上将决定采取大胆的进攻行动去骚扰敌人，这种说法也不无道理。

当舍尔将军再一次发现英国大舰队主力正在穿越他的航线时，他命令战列巡洋舰和鱼雷艇发动对敌舰队主力的攻击，但是看上去我们并不了解当时的真正态势。我们的战列巡洋舰已经遭受重创，只有部分舰炮勉强能用，对整个英国大舰队的打击效果甚微。但是为了掩护另一个暴露在英国战列舰密集火力之下的转向机动，他不得不下令发动一次鱼雷攻击，同时让战列巡洋舰支援这一行动。

这次成功的突袭现在已人所共知。面对从 10 000 码外的 14 艘鱼雷艇上发射出的 31 条鱼雷，小心的杰利科撤退了。这时舍尔又回到了原来的航线，德国公海舰队又成功地完成了一次转向，向西消失在迷茫的夜色中。

其实，我们的战列巡洋舰只是侥幸逃离了厄运。当时他们几乎处于整个英国大舰队的密集炮火之下，距敌只有 8 000 码的距离。炮弹接二连三地击中舰体，杀伤炮塔中的水手，致使隔舱起火，海水顺着弹洞大量涌入破损的舰体内。但是最终他们还是逃了出来，保持着在公海舰队主力编队中的阵位，继而渐渐落到了舰队的西南侧。

其间，希佩尔将军通过旗语信号得知战列巡洋舰受到的损失最小，而且可以提供一个功能最完善的指挥所。“毛奇”号看上去最适合担此重任，当舰队为了撤退而重新编队时，我们命令该舰停下等待我们上舰。但是当G-39到达“毛奇”号旁边的时候，敌舰又开始向它齐射，它不得不继续前进将我们落在了后面。直到傍晚我们躲过贝蒂的战列巡洋舰编队的最后一次袭击，才成功地转移到了“毛奇”号上。但当我们登临“毛奇”号时，却发现它的无线电通信设备已经严重损坏，于是希佩尔将军命令G-39继续紧紧跟随“毛奇”号，以便使用G-39上的无线电。

至于那天夜里发生的后续故事已经尽人皆知：舍尔海军上将是如何大胆地向东穿越敌军舰队的尾部。夜色之中，鱼雷艇突然发现自己正在与巡洋舰近距离混战，而巡洋舰与战列舰同样在进行近距离交战。

第二天早晨，舍尔海军上将发现敌人仍阻断着他的去路，于是他命令战列巡洋舰担任舰队主力的后卫。但是这条命令没有传到“毛奇”号上，希佩尔将军用了大半夜时间试图到达纵队前部的既定位置。直到黎明，抵达合恩礁的时候，才到达舰队规定的位置。

当夜，我们向公海舰队司令汇报了战斗的详细情况和我方战列巡洋舰的损失情况。我们确信敌人遭受了重创，尽管我们并不清楚损失到底有多严重。相对于敌人，我们只损失了“吕佐夫”号，因为该舰已经丧失了机动能力，因此在护航船只救起它的舰员后，我们派鱼雷艇击沉了它。

我方其他的战列巡洋舰都能利用自身的蒸汽机和舵返回港口，尽管“塞德里茨”号是所有战列巡洋舰中受伤最严重的，鱼雷和炮弹洞穿了它的舰体，船身大量进水，要花好几个小时才能恢复航行。但该舰指挥官冯·埃吉迪舰长和其舰员高超的航海技术使它安全返回。尽管我们的巡洋舰几乎遭受了同样的损失，但由于及时采取了有效的损害管制措施，他们都得以安全返回基地，同时还击毁了3艘英国战列巡洋舰。

拟制附有详细图表的战斗报告是参谋的责任，因此我们一登上“毛奇”号就集中精力于此项工作。但这不是一项简单的工作，因为双方在交战中有无数次航向、航速和命令的快速变化。不管怎样，到6月1日返港的时候，我们完成了报告，报告对各阶段的战斗行动都有清楚的描述。不过我希望递交给希佩尔将军的是一份简要的汇报提纲，这会便于将军向公海舰队司令进行口头汇报，并指导所有的高级军官、分舰队司令和舰长。但是刚开始，希佩尔将军明确表示拒绝这样做。

他大声地说：“我不会进行任何口头报告，是我指挥的整个战斗——就是这样！”

在对希佩尔将军进行了很长时间的劝说后，他才答应使用准备好的材料，这样他在旗舰上向大家讲解时，就能详细说明他在海战中采取的行动及其理由。

从参谋的角度讲，我们感到再也没有比希佩尔将军更出色的领导人了。战况扑朔迷离，将军需要作出重要决断，尽管他自己有时也很冲动，但是他仍经常耐心听取主要参谋的建议。我们——希佩尔海军上将和我本人——在指挥舰桥上使用同一架望远镜，在下命令之前，我们对每一战斗态势都要交换意见。同样地，一旦出现航向和阵位方面的问题，将军会询问航海参谋普伦策尔海军中校，在下达有关火力分配、开火射击、停止射击的所有命令之前，将军会咨询枪炮参谋汉森（Hansen）海军中校。将军还会向鱼雷参谋布鲁策海军中校请教有关鱼雷攻击的每一个问题，无论是我舰的，还是敌舰的。

至于通信联络，我都是亲自将收到的每一条战术信息报告给将军，同时向他建议采取相应的行动。这也正是我们在以前所有的演习和交战中使用的程序步骤。但光有建议是不够的，提出这些建议时必须符合逻辑，令人信服。不过，希佩尔将军从谏如流，他在纪念斯卡格拉克海峡海战十周年的时候撰文再一次向我们表示感谢。

希佩尔将军看起来很欣赏我们提出的建议，我十分清楚地记得只有领导者才能负最后作决定的责任。二十年后，当我受命领导海军时，我才意识到这个责任是多么重大。

每一次战斗过后我们都要认真进行总结，看应吸取哪些教训，针对教训我们应做哪些改进。对于侦察兵力来说，问题的焦点自然集中于侦察舰队的主要责任。伯迪克（Boedicker）海军上将率领的轻巡洋舰编队已经发现了突然出现的英国第三战列巡洋舰中队，但是却错把其报告成战列舰。一旦我们的战列巡洋舰加入主力舰队，他们基本上就失去了侦察的作用。交战中，英国第五战列舰中队和其率领的战列巡洋舰，由于所处的阵位在英国舰队的前部，不适合担任侦察任务。然而，当我们离开“吕佐夫”号时，希佩尔将军给公海舰队司令发了一封电报，称：“敌舰队主力的前锋已经从东转向南。”这是一条错误情报，那只是英国的“不屈”号战列巡洋舰，而不是英国舰队主力。

为了提高侦察能力，希佩尔将军向公海舰队司令建议，今后的侦察行动应该由第二鱼雷艇中队来担任，因为这种兵力的编成和速度适合担任侦察任务。

现在回想起来，当时如果我们在编入舰队主力的时候，立即向舍尔海军上将报告敌人的具体损失情况，那么舍尔海军上将会更加清楚敌人的实力，从而采取相应的对策。同样，如果我们得知敌人损失了“不屈”号后，将会更加容易地摆脱他们。

英国海军总司令也没有及时得到有价值的情报，这一点可以从当贝蒂没能报告德国舰队主力的位置时，他扼腕叹息的表现得到证明。然而，当时贝蒂确实报告了，他不但清楚地看到了公海舰队的前卫，而且实际上已经与其交火。

贝蒂海军中将是一个勇气十足的人，舍尔海军上将最后撤退时丢下了两支兵力，于是贝蒂恳求让他率领大舰队直接攻击德国舰队主力。但是美国历史学家弗罗斯特海军中校对于贝蒂战斗中的表现太过吹毛求疵了，相反，他大力宣扬希佩尔是斯卡格拉克海峡海战中最出色的指挥官。希佩尔将军却不以为然，他本人十分仰慕舍尔海军上将，他认为弗罗斯特海军中校没有从公海舰队司令的角度去体会其所担负的重大责任。当然，舍尔海军上将通过发起斯卡格拉克海峡海战并成功地结束海战，证明了他的指挥能力。

公海舰队不仅同数量上占优势的英国大舰队英勇战斗，而且从战术上击败了敌人，双方的损失对比是英国被击毁 3 艘战列巡洋舰、3 艘装甲巡洋舰、8 艘驱逐舰，损失了 6 995 人，而德国的损失是 1 艘战列巡洋舰、1 艘老旧的“无畏”级战列舰、4 艘轻巡洋舰、5 艘驱逐舰，损失了 2 921 人。

我们的损失主要是战列巡洋舰和轻型兵力。“塞德里茨”号的所有舰员中只有一等锅炉兵泽内（Zenne）获救。轻巡洋舰“法兰克福”号，在与敌优势兵力进行夜战中被鱼雷击沉，其舰员除 5 人幸存外，其余全部葬身海底。该舰副舰长霍夫曼

(Hoffman)和"威斯巴登"号舰的赖斯(Reiss)舰长双双以身殉职。"吕佐夫"号上的无线电主任——盖德(Gaede)海军中尉,在第一天的战斗中牺牲在他的战位上。

我们敬爱的随军牧师芬格(Fenger)(路德教派),战前享受着快乐的生活,在这次战斗中也受了重伤,尽管不是致命伤。在哈特尔普尔战斗中,当他正在"塞德里茨"号的角落忙碌时,他的专用舱室被一颗15厘米的炮弹击毁。在一次猛烈的炮击后,"塞德里茨"号上一半的炮塔陷于瘫痪,芬格随后转移到另一个专用舱室,但这个舱室又被击中。敌人一颗38厘米炮弹击穿了"塞德里茨"号上一门15吋炮的装甲,炸死了炮塔上所有的人,芬格牧师本人脸部被弹片严重划伤,身体被炸坏了的炮塔门撞伤,一只眼睛失明。

战斗舰艇上的随军牧师责任重大,要求甚高。他必须善解人意、机智,既不能冷漠无情,也要避免被别人认为太多管闲事。他必须像领导者一样,不能在宗教问题和道德品质上受到任何批评。尽管他不能成为战斗的积极参与者,但他有责任面对伤员,用他的话语和态度鼓舞他们。

上帝保佑德国海军能够经常拥有像随军牧师这样独一无二的好人。芬格牧师就是这样的人,当他战后获得铁十字勋章的时候,我们都认为他名副其实。

斯卡格拉克海峡之役后,德皇个人向舰队表示感谢,向受到奖赏的人颁发勋章就是自然而然的了。舍尔海军上将和希佩尔海军中将每人得到了一枚波尔乐·梅里特(Pourle Merite)勋章,希佩尔将军作为巴伐利亚人,还被授予了马克斯·约夫巴伐利亚勋章,他的姓名前可以加上"冯"这个代表骑士地位的尊贵的字了。我有幸从德皇那里得到了霍亨索伦王室颁发的骑士十字勋章和佩剑。

来自各舰的舰员代表也集中在旗舰靠泊的码头旁聆听德皇发表的致谢演说。他们本来期望德皇对海军上将冯·蒂尔皮茨——一位对于德国海军的创建功不可没的人抱有敬仰之情。然而，德皇仅仅提到了冯·克斯特（Von Koester）海军上将，他是先前的舰队战术家，他发明了通过单舰齐转使编队反向前进的战术，以及其他一些战术战法，这些战术在斯卡格拉克海峡海战中得到了成功应用。

舍尔海军上将在向德皇呈交的关于斯卡格拉克海峡海战的书面报告中，阐述了他的看法，他认为与大英帝国进行海上交战唯有通过进行无限制潜艇战才能取胜，否则别无他法。然而，鉴于英国采取了为商船护航及其他防御措施，舍尔海军上将认为他不能因为要服从政府目前所要求的在对商船采取进攻行动之前对其进行搜查，而命令他的潜艇指挥官拿他的艇和艇员生命冒险。由于政府还没有放弃其立场，因此他认为对于潜艇来说，唯一实用的办法是只攻击军事目标。

与此同时，从舰队返港以后，舍尔海军上将就已经采取一切可能的措施尽早地使受损舰艇恢复到战前状态。他计划这项工作于8月前结束，至少要在英国修复他们受损的舰艇之前。他之所以这样想，是因为他确信英国大舰队的损失要更大一些，尽管他们还占有数量上的优势，但是杰利科海军上将会更加谨慎，因此日后英国将会避免继续交战，他目前所处的位置能够采取这样的行动。事实上，舍尔海军上将坚信在我方飞艇和潜艇的密切配合下，在未来任何一次我方精心准备的作战中，我们都会取得更大的战果。

由于所有的战列巡洋舰都在进行修理，希佩尔将军暂时将司令部设在停泊在威廉港内的老旧战列舰“沙巴瓦本”号上。我们在那里的时候，弗伦森（Frensen）利用几天的时间与我们一起搜集关于战斗经过的所有细节。他的小说——《兄弟》，生动再现了斯卡格拉克海峡海战的情景，尽管小说中用的都是化名，但读者还是能够从其如此准确的描述中认出真实人物，读者们几乎就是在真切感受他所目睹的真实海战，而不是仅仅从书中阅读故事。

我们的随军牧师助理罗内贝格尔（Ronneberger）也出版了一本专题杂志，叫作《哨兵的责任》，涉及了整个斯卡格拉克海峡海战，其中包含了有关舰员和下级军官对战斗所作出的贡献等内容。这一杂志的出版大大激励了侦察舰队官兵的士气。

此时，舍尔海军上将正在计划针对森德兰的另外一场作战，主要目的是向敌人表明德国舰队急于想再接受一次战斗的洗礼。由于“塞德里茨”号和“德芬格尔”号的缺阵，整个舰队只能期待 8 月中旬做好准备。为了补充战斗巡洋舰舰队的实力，我们将战列舰“巴扬”号（Bayern）、“格罗舍·库菲尔斯特”号和“马克拉夫”号编入其中。最初的森德兰作战计划是 5 月制定的，我们的潜艇已经布置在英国舰队基地的所有出口。这次将要再进行一次同样的兵力部署，而且必须派齐柏林飞艇进行事先侦察。

德国舰队按计划于 8 月 18 日夜出海。拂晓，侦察舰队旗舰“毛奇”号发现了一艘正在下潜的敌潜艇。这艘潜艇正准备向我们战线后方的“威斯特法伦”号战列舰发射鱼雷，为了安全起见，它不得不返回了威廉港。但是英国舰队同时也闯入了我方潜艇的伏击阵地，结果杰利科海军上将也调转航向，推迟了攻击。

当天下午，齐柏林飞艇 L-13 号报告在赫夫登附近发现一支“大型编队”。舍尔海军上将立即率领公海舰队朝这个方向进发，期待着伏击这支刚发现的数量众多的敌舰编队。然而，L-13 号马上又发了另外一份电报指出第一份电报有错误，他们只发现了一支“轻型编队”而不是“大型编队”。

由于英国大舰队推迟了攻击行动，和我方情报错误导致的转向，我们所期待的海战并没有发生。从此，无限制潜艇战开始占据德国海军作战的优先地位，我们每个人都热切期盼的、公海舰队在无限制潜艇战开始之前的最后一次突袭就这样无果而终。

第五章　从无限制潜艇战到革命

随着公海舰队最后一次攻击行动的结束，战时的高层指挥结构发生了彻底改变。8 月底，陆军元帅冯・兴登堡（Von Hindenburg）和鲁登道夫（Ludendorff）将军受命统帅整个陆军。敌人在索姆河的大规模进攻被击退，可怕的凡尔登战役因其巨大的人员伤亡而被迫终止。

进攻目标的改变使俄国在 1916 年遭受了毁灭性打击，这也成为 1917 年俄国爆发革命的导火索。

大大出乎军队意料的是，德皇突然宣布要跟英、法两国议和，我们认为这是政府不打算通过无限制潜艇战来结束战争的最后一次尝试。当议和提议被当即拒绝后，我们意识到无限制潜艇战是理所当然和不可避免的了，尽管这可能导致美国向我们宣战。

海军参谋长巴赫曼海军上将因为支持冯・蒂尔皮茨海军上将反对大臣们限制使用潜艇而提出辞职，他的职务由冯・霍尔岑多夫海军上将接替。但是冯・霍尔岑多夫海军上将也已经逐渐认识到放手让潜艇自由作战的必要性，在召开了无数次最高统帅部会议后，他终于说服德皇和军队同意进行无限制潜艇战，并于 1917 年 2 月早些时候公开宣布。

这项声明本来应在与美国进行和平谈判“悬而未决”的时候公布，但这其中有些事直到后来我们也一无所知。如果政府当局向海军解释当时禁止无限制潜艇战的原因，海军会更好地理解和执行政府的决定。

但是一旦决定进行全面的无限制潜艇战，海军就将全力以赴。舰队的主要责任变成了为潜艇在黑尔戈兰湾内外开辟无水雷航道和护航。这些航道必须保持畅通，因为英国人频繁地在这一带布雷，我们不断增加的扫雷兵力也因此一直处于忙碌状态。敌人的雷区不断地延伸，我们的扫雷兵力不得不在离岸越来越远的开阔海面上作业，也更容易遭到英国人的袭击。由于天气状况和空中侦察得不到可靠保障，我们不得不派轻型巡洋舰掩护扫雷兵力，同时还要派一些重型军舰掩护这些轻巡洋舰。

由于派出参加这一行动的舰艇如此之多，因此舰队已经没有能力再策划一次真正的攻击行动了。水面舰艇的活动仅被限于加强对敌人海上运输线攻击的小型作战行动。

例如，我们的新型轻巡洋舰“布吕默”号（Brummer）和“布雷姆塞”号（Bremse）偷袭了英格兰和挪威之间的一条英国海上运输线。同日，海内克（Heinecke）海军中校率领的第二鱼雷艇中队一部袭击了离开挪威的一支英国护航船队，另外一部分兵力在英国海岸附近袭击了敌人的商船队。

鱼雷艇中队还被部署到了佛兰德斯港，这样我们不但可以穿越敌人的巡逻线为潜艇护航，而且可以袭击敌人的商船队。第二鱼雷艇中队一度成功地驱逐了用于保护英吉利海峡反潜网的英国警戒兵力。

来往于佛兰德斯的过程中，我们的鱼雷艇通常不会遭到袭击，但是在1917年1月22日夜，第四鱼雷艇中队与敌人强大的轻型兵力遭遇。中队指挥官舒尔茨（Schultz）海军中校是我的朋友，我们还是 1894 年的同学，他在指挥舰桥上不幸阵亡。代理指挥官伯赫姆（Boehm）海军中校尽管也身负重伤，但他还是带领受伤的舰艇驶入荷兰的艾默伊登（Ijimuiden）港，在中立法规定的有限时间内对舰艇进行了紧急修理，并安全返回了基地。

为了护送潜艇出海并通过雷区，鱼雷艇几乎每夜都要进行短程出击。战列巡洋舰和战列舰被用于保障各类扫雷兵力的安全。在这种情况下，对于侦察舰队的指挥官来说，保留旗舰已经没有必要了。因此，在公海舰队司令的建议下，希佩尔将军把指挥所转移到了一艘经常停泊于码头的通讯设施良好的舰上，这样他就能更有效地监督指挥扫雷舰、鱼雷艇和飞艇的作业。在这里，他不用经常出海就既可以了解护航和扫雷的情况，还能和他的部属一起随时召开必要的会议。尽管轻巡洋舰“尼俄伯”号上的指挥所十分狭小和陈旧，但相对于较好的无线电设备、效率的提高和先进的指挥功能来说，还是十分划算的。

整个战争期间，我们的舰艇都会被定期送到海军的船厂中修理，修船期间，舰员在有人接替的情况下可以休假。然而，参谋军官享受不到这一待遇，因为希佩尔将军为了把司令部保持在海上，不断地从一艘舰转移到另一艘舰。直到最后，我们才有机会自由活动。我 7 月回到位于波罗的海附近的家里，这是自战争爆发后我第一次离开部队。

我归队后，我的助手普伦策尔海军中校交给我一份令我十分震惊的报告。报告上说战列舰上纪律废弛，“普林兹雷根特·卢伊特波尔德”号上长期自由散漫的状况尤其严重。在那以前，我不相信这样的事会在德国海军中发生。

要明白发生在1917年的所谓的“叛乱”，必须考虑方方面面的因素。

发起潜艇战致使舰队终止了真正有威胁的攻击行动，这使海军处于一种与陆军十分不同的困难境地。海岸巡逻任务对于舰队官兵来说单调乏味，当舰艇装煤或进厂修理的时候，岸上生活对于官兵的诱惑是无法抗拒的。上岸后，水手们经常光顾一些形形色色的酒吧、下流酒馆和赌场，干一些军纪败坏的勾当。在威廉港船厂里，刚开战的几年里都是些品质优良、真正爱国的工人。但随着工人数量的不断增加，在战时工作任务的重压之下，有很多的持不同政见者混入工人队伍当中。威廉港是人口密集的地区，政治上的混乱也不可避免地波及舰队。由于大型军舰越来越少地参加作战行动，就为官兵散布不满情绪提供了绝佳的机会。

部分军舰上纪律败坏的另一个原因是，战争进行当中，一些最出色的中下级军官——少校和中尉都被晋升到更加重要的位置上去了，而他们的继任者并不是像他们那样能力出众。海军中的部门军官类似于陆军中的连级军官，是舰上主管纪律的军官。与轻巡洋舰和小船相比，大型军舰上的纪律状况更糟，因为大舰上的舰员众多，难于管理，而在轻巡洋舰和小船上，指挥军官和执行军官与其部属共同生活，保持着紧密的联系。在鱼雷艇和潜艇上，很明显的一个特点就是官兵能始终保持高昂的士气，其主要原因是一方面官兵之间的密切关系，另一方面是受到了对敌作战行动的鼓舞。

但是，1917年岸上官兵的反抗和骚乱行为不断升级。在采取了及时对少数真实的冤情进行纠正同时处罚骚乱煽动者和叛乱首领的措施后，军纪得以恢复，并且一直保持到1918年战争结束，尽管在这期间持续不断的有关社会主义的问题和争议还曾经在德国议会讨论过。

从 1917 年开始，成百上千的人开小差就成了困扰陆军的难题，但是在海军这种现象很少。但陆军中的破坏分子开小差对陆军毕竟是有好处的，海军因为刻板的舰艇生活限制而无法清除这些军中败类。

1917 年秋派遣战列舰、巡洋舰、鱼雷艇以及扫雷中队去波罗的海，参加占领萨列马（Saaremaa）岛、希乌马（Hiiumaa）岛和里加湾的行动大大改善了舰队中的沉闷气氛。埃哈德·施密特海军中将坐镇旗舰“毛奇”号，指挥上述这些兵力。这次登陆行动是陆海军之间精诚合作、联合作战的经典范例。海军少将莫伊雷尔（Meurer）率领的德国海军与来自岸上戈尔茨（Goltz）将军率领的陆军部队配合默契，将波兰从布尔什维克军队手中解放出来，再一次展示了陆海军之间的成功合作。

1917 年 11 月，英国再一次利用了其在破译我方无线电密码上的优势。我们的扫雷舰被派去清除英国人在黑尔戈兰湾入口处的“中间航道”上布下的水雷。掩护他们的是冯·罗伊特将军指挥下的轻巡洋舰和轻巡洋舰编队中的驱逐舰，两艘战列舰会轮流支援他们。不幸的是，考虑到有些参战兵力无法通过电话和可视信号接收命令，我们通过无线电下达了这些命令。

在随后的交战中，英国驱逐了我们的轻巡洋舰，但是不敢跟随我们深入我方的雷区。另外，我方的两艘战列舰没能及时赶来支援轻型兵力。尽管如此，英国只击沉了我们的一艘巡逻艇，对轻巡洋舰“柯尼堡”号（Koniberg）实施了低强度的攻击。

第二天，冯·希佩尔将军接到命令，率战列巡洋舰到海峡中部侦察，看英国有没有进一步的动作，但是没有侦察出什么结果。这是我随战列巡洋舰参加的最后一次突击行动。

到如今，我在侦察舰队司令部工作已有五年之久了，去年4月我晋升为上校后就已经是参谋长了。这项新的任命只是对我到这个部门以后，所钟爱的参谋工作岗位的正式承认。

现在，要想进一步在海军发展，就必须去真正指挥一艘军舰，而且这也是我最向往的。然而希佩尔将军不愿意放我走，对我的请求一拖再拖。但是，到了1917年冬天，恰好有几艘新型轻巡洋舰将要服役，最后我成为了其中一艘舰的指挥官。它就是轻巡洋舰“科隆”号，是海军第二艘被命名为“科隆”号的军舰，它计划于1918年1月10日，在建造这艘舰的汉堡布洛姆和福斯（Blohm and Vos）船厂举行服役仪式。“科隆”号首舰于1914年8月28日战争的首次交战中被击沉，马斯海军少将也随之阵亡。

然而，当新型战列巡洋舰“兴登堡”号编入舰队，并被作为战列巡洋舰编队旗舰的时候，我还在跟随着希佩尔将军。在舰上举行的告别晚餐上，冯·希佩尔海军上将对我的工作表现给予了高度评价，同时对我个人表示感谢。他对我的离去感到非常遗憾。当然，我对离开上将也怀有歉意，因为我是如此地尊敬和爱戴他，无论是战争还是和平时期，与上将在一起工作我都感到我们彼此亲密无间。但是我更期盼着登上威武的新型战舰成为一名真正的指挥官。我与我的继任者普伦策尔上校完成交接后，就急忙赶赴汉堡。

当时大多数人对战争依然十分乐观，因为俄国正在寻求议和，我们每个人都充满信心。

上舰后，我发现舰员中的骨干是主要来自刚刚退役的轻巡洋舰“汉堡”号。这些人不仅在斯卡格拉克海峡的夜战中经受了实战锻炼，而且由于长时间担负潜艇舰队指挥官的旗舰，他们的作风纪律优良。我对新来的军官也很满意，尽管这些年轻人是挑选潜艇指挥官时落选的，但这些人仍旧是出类拔萃的。布洛姆和福斯船厂以高效率而闻名，1918 年 1 月 10 日“科隆”号涂完颜色漆后，就立即下水启航。那时我与年轻的布洛姆成为了好朋友，在其后我担任海军总司令期间，我们还在一起亲密合作。

为了使军舰尽快形成战斗力，我尽可能地加快训练进度，因此，几天后我们就能沿易北河而下，穿过德皇威廉运河到达基尔。

我当航海长的经历使我受益匪浅，从一开始在舰桥上指挥的时候，我就感觉像在家里一样熟练。试航按照计划进行，一些在和平时期通常进行的诸如舰艇续航力之类的试验被取消了，因为这可能导致军舰不必要的损失，而且我们也不想学与实战无关的东西。

同时这些试验还会严重影响舰员的军事训练，而我则希望军事训练要尽可能地迅速完成。此外，我一直认为，一般来说一个人受教育程度越好，他的工作效率就越高。鉴于在历史、传统和国家目标等许多方面的教育内容都不合适，我就安排了一系列讲座来填补这个空白。同时，由于舰上没有随军牧师，通常由我亲自主持礼拜天的宗教活动。

3 月，我们为在“科隆”号首舰上牺牲的官兵举行了悼念活动，活动仪式由侦察舰队经验丰富的随军牧师主持，我们在“塞德里茨”号上时就是好朋友。战争中牺牲官兵的家属以及我们舰员的家属，都出席了这次活动，场面十分感人。

我们在 3 月底完成试航任务准备编入舰队的时候，全体舰员都感到很兴奋。接下来的六个星期我重点加强了损害管制训练，主要以我平时检查和实战中所学到的内容为基础。让舰员到岸上进行短时间的自由活动可以避免过度疲劳，同时还可以获取有关西线陆军春季攻势的消息，每个人都会为之感到兴奋和乐观。

5月初，“科隆”号被派往北海，加入冯·莱韦特佐（Von Levetzow）指挥下的轻巡洋舰中队。中队里还有旗舰“柯尼堡”号，轻巡洋舰“法兰克福”号、“卡尔斯鲁昂”号（Karlsurbe）和“纽伦堡”号。普鲁士亲王阿德尔贝特海军中校指挥的新舰“德累斯顿”号正在进行试航，准备在夏天加入我们。

与此同时，第四战列巡洋舰中队也因为“巴登”号（Baden）和“巴扬”号（Bayern）的加入而实力大增，我们的第一艘战列舰上装备了8门38厘米舰炮。

现在我们的主要任务是在战场边缘实施防御布雷，这一区域也是前几年英国人在我方海岸周围布雷的地方，我们的新雷区将会击沉任何一艘要在这一区域布设新雷的敌舰。此外，编队指挥官还采取了诸如加强战术训练和鼓励竞赛的措施，这些措施收到了良好的效果。冯·莱韦特佐在训练中采取的直率、和蔼的批评方式，和其随后在社交晚会中的亲密态度，极大地促进了编队中友好合作精神的发展。我们也为能在这样一支团队中共事而感到自豪。

我们完成自身的布雷任务后奉命返回，参加掩护扫雷舰的行动，这些扫雷舰负责清除我方航道进出口的水雷。负责掩护的有巡洋舰，有时也有一些鱼雷艇担任扫雷舰的近距离警戒，还有一些战列舰或战列巡洋舰在可视通信范围内形成第二道保护线。由于没有敌潜艇试图穿过雷区袭击我们，我们的大部分工作不免显得有些单调。我找到的一种很好的消遣方式是没事时在舰桥上重读席勒的著作。

每当一支潜艇编队出海的时候，总有一支鱼雷艇编队和护航潜艇为之护航。如果情况允许，部分轻巡洋舰也可以护送潜艇安全出海。

在其中一次掩护行动中，跟随“科隆”号航行的鱼雷艇支队闯入了一个不明雷区。尽管被护送的潜艇通过时未受损伤，但我们还是损失了几艘鱼雷艇。由于鱼雷艇装备了完善的救生设备，如舢板、救生阀和救生带，所以大部分艇员获救。但是有一艘满载获救者的船在黑夜中迷航，他们在北海上漂流了两个星期后在叙尔特（Sylt）岛被救起。冷静的艇长罗尔曼（Rollmann）海军少尉对仅有的少量食品和水实行定额分配，才挽救了这些疲惫不堪的人的生命。

我们的巡洋舰有时也会闯入敌人新布设的雷区。我们在泰尔斯海灵岛附近布完雷后，返回途中遇上了大雾，“科隆”号就不慎闯入了雷区，但是有惊无险，我们甚至发现了一些水雷并击沉了它们。

8 月初的时候，“科隆”号和另外一艘巡洋舰到达了威廉港外海域，冯·希佩尔海军上将的旗舰“尼俄伯”号就在我们旁边，我抽空拜访了他。冯·希佩尔海军上将对于指挥机构的新变化感到高兴。他本人接替舍尔海军上将出任公海舰队司令，舍尔海军上将则担任海军参谋长并兼任海军作战部长，这样他就可以指挥整个海军的作战行动了。冯·霍尔岑多夫海军上将因病退休，不再担任海军参谋长。冯·莱韦特佐担任冯·希佩尔海军上将的参谋长，冯·罗伊特海军少将被任命为侦察舰队司令。“唐”号的舰长岑克尔海军上校，由于在斯卡格拉克海峡海战中表现突出，这次被赋予重任，负责保护舰艇和基地的安全，防范敌人的突然袭击。

这次本应早该实施的海军参谋部的改组进行得太迟了。鲁登道夫将军在6月、7月看到西线陆军的大溃退后，于8月发表了一个令人吃惊的声明，他说为了阻止德国全面溃败，应立即进行休战。

直到9月我作为海军部队的代表到斯帕（Spa）参加一个研究休战可行性措施的委员会，我才明白这个声明的全部含义。我被选来参加这个委员会的一个原因可能是“科隆”号进厂修理推进器主轴，因此我的空闲时间较多。

斯帕会议由冯·贡德尔（Von Gundell）将军主持，莫伊雷尔海军少将作为海军的首席代表。我利用在科隆等火车的时间参观了科隆大教堂，留下了深刻印象。

在斯帕，我们向舍尔海军上将作了汇报，并被安排住在海军参谋部。休战委员会中除了我和莫伊雷尔海军少将代表海军外，还有海军部的范泽洛（Vanselow）海军上校和基普海军中校。陆军司令部有几位军官代表出席，公使议员鲍恩·冯·莱斯内（Von Lersner）是来自外交部的代表。

在进行了几天的讨论后，我们最后起草了一份双方都能体面接受的停战协定。然而，我们现在才得知，直到1918年11月在贡比涅投降，斯帕会议实际上没有起到任何作用，也没有形成具体的停战协定。

正是在斯帕会议期间，我们从海军参谋部获知了军事政治形势的实情。新任大臣马克斯·冯·巴登亲王向德国议会简述了国家面临的严峻形势。由于不断有新的美国军队参战，协约国陆军的优势与日俱增，我们的陆军在困难不断增多和损失持续增加的情况下不得不一直向后撤退。新任外交大臣欣策海军少将（已退休）试图通过中立国调解的努力没有成功。海军参谋部决定尽可能长时间地继续进行无限制潜艇战，以便将其作为以后进行和平谈判时讨价还价的筹码。

在斯帕的最后一个晚上，舍尔海军上将设晚宴宴请陆军元帅冯·兴登堡和鲁登道夫将军。由于有紧急公务，晚宴后鲁登道夫将军立即回办公室去了，但是我们还是有幸和陆军元帅冯·兴登堡相处了几个小时。面对德国的困难形势，当看到陆军元帅表现出来的坚强意志和决心时，我们感到既惊讶又放心。

回到舰上后，我发现威廉港实际上像整个欧洲一样，处于1918 年流感的肆虐横行之中。一些舰上有许多官兵因此倒下而不能出海。幸运的是我们“科隆”号在几天内脱离了流感的困扰，得以返回再次执行巡逻任务。

新改组后的一项既定的人事变动是冯·特罗塔海军少将取代冯·马勒海军上将出任海军内阁的首脑。整个战争期间，冯·马勒海军上将很难执行或者说有时几乎不可能完成德皇的旨意，同时他把这些很难完成的任务交给一些同样级别而见解不同的军官，尤其是在海军部和舰队司令部。例如，有关潜艇战的问题，甚至连皇家大臣也有自己的观点，因此不同的司令部之间难以达成统一的意见。而在德皇面前，他不得不扮演实际上他作为一位海军内阁首脑不应扮演的角色，同时也决不是他想要扮演的角色。因此，舰艇上的军官就认定冯·马勒海军上将应对有关潜艇战中摇摆不定和误解颇深的决策负责。由于冯·马勒海军上将很长时间没有担负出海作战任务，所以他也因对舰队情况的不甚了解而招致严厉的和不公正的批评。

关于冯·特罗塔将军出任海军内阁首脑的任命在舰队内部受到了热烈欢迎，但是只要德皇仍控制着海军内阁，冯·特罗塔将军就会认为他不应该在关键时刻离开其现在的舰队参谋长的岗位。因此，直到战败后他才接管海军内阁，而后他不得不停止海军内阁的工作，将其并入海军人事局。

我感到奇怪的是在一次正常的人事变动中，我突然接到命令将“科隆”号的指挥权交给我的同学——考尔豪森（Kaulhausen）海军上校，而后向海军最高委员会报到，担任中央局局长。

我对这次晋升感到很高兴，但一想到要离开我的新舰，就不免有些悲伤。在舰上干什么事都需要士气，我坚信在“科隆”号上至少没有不良习气和企图搞破坏的人。在移交指挥权的告别演讲中，我表示了对舰员的充分信任，并强调在国难当头之际，唯一能对祖国有所帮助的是来自每一名军官和士兵的忠诚和服从。从他们聚精会神的表情来看，我感觉他们完全赞同我的说法。

然而，我自己也被欺骗了。当威廉港起义开始的时候，“科隆”号和“柯尼堡”号继续忠实地守在埃姆斯口的警戒位置。在一次例行巡逻中，他们被告知要警惕英国军舰的到来，于是他们立即赶赴英国人可能出现的海域。结果这一情报被证明是错误的，但是这两艘舰连同他们纪律严明的舰员——一直坚守在上级规定的位置上，直到新政府命令他们回到威廉港。

1918 年 10 月 11 日，我在威廉港离开“科隆”号时，全体舰员欢呼三次来欢送我，这是对一位离任舰长的传统礼节。但我认为这不仅仅是一次例行的告别。我感觉我与全体舰员的关系是亲密无间的，不管是军官还是士兵。我很遗憾在他们经历最痛苦考验的时候（我甚至能感觉到它即将到来）不能与他们共患难。

两天后我到达柏林的时候是星期天，我先向西博姆（Seebohm）海军上校报到，我将接替他就任中央局局长，而后又去晋见海军最高委员会的秘书长冯·曼海军少将。鉴于形势危急，我请求允许我在西博姆海军上校的领导下工作一段时间，这个请求被批准了。当时我住在海军部正门旁边的副官公寓，这样我可以离我的办公室近一些。

革命和停战

10 月，我大部分的时间是例行公事，主要围绕舍尔海军上将提出的潜艇建造计划开展工作。他认为应加紧这项工作，还有潜艇战也要加强，使用潜艇力量在停战协定与和平谈判中能最大限度地增加筹码。然而，政府却接受了敌人的观点，即如果不中止潜艇战，就不会讨论任何休战的问题。

前线传来的消息令人感到不快。西线协约国的进攻，加上保加利亚阵线的崩溃、奥匈帝国的失败和与协约国外交上的接触，都预示着战争就要结束了。军中的沮丧情绪随着总军需长鲁登道夫将军的解职而增加，他的职位被格勒纳（Groener）将军取代。

公海舰队司令部计划在 10 月末对佛兰德斯和赫夫登海岸进行一次作战，主要目的是掩护陆军，尤其是从佛兰德斯撤退的海军部队，并炮轰英国占领的海军基地。为确保舰队自身在突袭中的安全，需要布设广阔的雷区，而且要派出潜艇在巡逻线上警戒，保护舰队侧翼的安全，消灭从北方赶来的任何英国军舰。

这是一个非常周密的作战计划，并不要冒多大风险，大家都期盼派出舰队实施一次真正的进攻作战，以此来提高港内倍受约束的舰员的士气。

然而，不幸的是当舰艇在史灵集结的时候，暗藏的破坏分子就四处传播谣言，说舰队将在这次毫无取胜希望的作战中自取灭亡，目的仅仅是为了“挽回面子”。一些舰上越来越多的反动言论最后演变成了事实。尽管叛乱者被消灭了，但是这次作战行动还是被取消了——舰队看起来气数已尽。

基尔也有一些叛乱者。1917 年社会秩序的混乱，使这个存在着海军船厂和社会主义思想工人的工业城市很明显地成为了薄弱点，但不幸的是正在这时，已经当了数年海军波罗的海基地司令和基尔总督的巴克曼海军上将被苏雄（Souchon）海军上将取代。尽管苏雄海军上将在指挥包括“格本”号和“布雷斯劳”号的地中海分舰队作战中声誉颇佳，但是他对基尔的情况一无所知。

危机到来的第一个迹象是基尔工人中秩序混乱的革命。然而，一个德国国民议会的代表、狡猾的社会民主党人古斯塔夫斯·诺斯克抢在激进的革命者之前接管了基尔的政权，并与苏雄海军上将建立了工作联系。

最高统帅部计划派遣号称“佛兰德斯雄狮”的精力充沛的冯·施罗德（Von Schroder）海军上将到基尔接管海军机构，一支可靠的陆军部队直接受他指挥并帮助他重建政权。但是，这已经太晚了，而且这一行动将违反与诺斯克达成的协定。

同时威廉港也派驻了可靠的陆军部队，用以镇压舰队中由革命者煽动而引发的暴乱。我本人接到命令要将这一情报亲自向公海舰队司令冯·希佩尔海军上将报告，因为这个情报不能用电报或电话来传递。

我 11 月 5 日晚上离开柏林，第二天下午到达威廉港，正好目睹了最令人沮丧的场面。我登上冯·希佩尔海军上将设在一艘舰上的司令部，将情况向他作了汇报。但是很显然，即使能找到可靠的部队，他们也不可能控制基尔的局势。正好我到的那一天，舰队中所有的代理军官在旗舰“巴登”号上集合开会，为此舰上加强了戒备。本来是想在军官当中建立起抵抗的核心，但是这种努力是徒劳无益的。当他们的军官不在的时候，各个舰上的士兵很容易被德国社会民主党人关于无条件和平的宣传“俘虏”。

同天晚上，我带着这些不尽人意的印象开始返回柏林。铁路系统已经完全垮掉了，铁路员工十分不满，火车司机只能从一个信号塔驶向下一个信号塔，他只能做到这样。火车上有海军叛乱者的谣言正在四处传播，途中经过政府仍能控制当地局势的城市，火车便不断地停下来，在柏林近郊，列车一度被拒绝进入，直到列车上的军官极力要求才得以放行。因此，我直到 11 月 8 日的晚上才回到海军部我的办公室。

我发觉整个海军最高委员会正忙于自身防御。军械局长皮珀尔海军上校被任命为“后备军人”运河和本德勒大街之间的海军大楼防御工事的指挥官，一支枪骑兵守备队守卫着整个建筑。

第二天，也就是 11 月 9 日，柏林爆发了革命。为了保存君主政体，巴登·马克斯亲王宣称德皇和已经成人的王子都将退位，取而代之的是摄政统治，但是社会民主党人拒绝了这个提议，他们宣称要建立共和国。于是，巴登·马克斯亲王辞去了职位并将政权移交给了德国国会的社会民主党领导人弗里德里希·埃伯特领导下的临时政府。眼见大势已去，柏林总督冯·林辛根将军下令军队禁止开火。我们的枪骑兵守备队立刻丢弃了枪炮弹药，四散逃窜，不知去向。德皇则逃往荷兰寻求避难。

革命者中成立了士兵委员会，冯·曼部长接到士兵委员会的通知，称他们将按照新政府的命令接管海军最高委员会；同时，冯·曼海军上将将像以前一样继续工作。到了约定交接的时候，我们发现了一个形迹可疑的自称士兵委员会派来的人，但他此行的目的却是要拿走海军部保险柜里的钱。当他被告知拿钥匙的军官不在，因此无法打开保险柜时，这个人就消失了。同天夜里，他在企图抢劫另一座建筑物的时候被警卫击毙。

关于海军对1918年10月至11月间的革命究竟应负多大责任是一个多年来争论不休的问题。我自己就可以驳斥任何关于海军要负责任的观点。1919年，陆军司令部的鲍尔上校出版了一本书，书中详述了早在1918年7月就有50万名回家后不愿再上前线的叛乱士兵。9月，有150万开小差的士兵在前线和家乡之间游荡。早在那一年的春天，在比利时一个前线后方的哨所指挥官面对1万名这样的游荡者时，为了保卫他的营地，曾向上级请求增援。这些事件表明真正背叛国家的是陆军的后备军和被征召入伍的人——城市士兵——是他们轻信了社会民主党人和共产主义者的政治宣传，为了无条件的和平——不惜破坏对敌战争的努力。

在10月的突袭计划被泄露之后，舰队就已经公开叛变了，一些水手抛弃了他们的军舰，身穿军装出现在许多内地中心城市，他们还参加了士兵委员会，由于他们在离海岸这么远的地方出现，所以自然很引人注目。此外，还有许多其他的人，通常是犯罪分子，为了参加革命运动而身着海军制服。比如，柏林有一个所谓的“人民海军支队”曾经有一段时间得到了皇室的大力支持，但它从来不从海军中招募人员，相反却不断招收那些犯罪分子。不幸的是，它的名称和制服使整个国家都认为海军是革命的主要煽动者和宣传者，而海军多年来一直遭受着这类流言的恶意中伤。

然而，革命党已经为海军成立了一个“52 人委员会”，它的成员不久就出现在海军最高委员会上，“行使对秘书长的建议权”。同时它还承担着检查海军部各局工作的责任。基尔和威廉港的海军最高指挥部也成立了类似的委员会，尽管这些委员会成员很少。此外，社会民主党指定沃格特尔议员为代表来到海军最高委员会。据称这个代表可以参加所有重要的会议并检查所有的来往通信。

考虑到现实形势，冯·曼部长对“52 人委员会”采取了合作的态度，并谨慎地建议他们怎样协助海军部的工作。德国议会的埃茨贝格尔（Erzberger）于 11 月 11 日与协约国草签了停战协定，冯·曼海军上将指出海军的停战协定起草委员会负有十分重要的责任，如果不能遵循最初谈定的条款，那么战胜的协约国强加给我们的条约将更加不平等。因此在罗格海军中将的领导下，海军开始履行其重要的职责，每天开会起草停战协定的条款。

“52 人委员会”很少参与海军的实际工作，他们将大部分时间用于在主大厅里开会进行宣传演讲和拟制空洞的决定。

沃格特尔代表在讨论中很显然认识到了自己对于专业问题的无知，因此尽管他参加了停战协定委员会的所有会议，但是并没有全身心地投入其中。他对“52人委员会”的态度看上去如果不是实际反对的话，那就是有点不满。

“52人委员会”中的一些成员被安插在不同的部门，试图研究“他们特别感兴趣的问题”。通常，各部门的领导和其成员对他们都是敬而远之，很少让他们参与实际的工作。其中被派到海军部中央局的“52人委员会”的成员对该局所掌管的资金和捐款显示出了极大的兴趣。后来，当“52人委员会”解散的时候，其中一名成员还请求给予他一些资金支持。所幸的是，这个人对秘密议员吉泽所从事的大量重要工作不感兴趣，吉泽掌管着所有的重要文件。

应英国海军部的要求，海军停战协定委员会主任莫伊雷尔海军少将乘“柯尼堡”号巡洋舰到达英国，参加英国所关注的有关海军停战方面的讨论。士兵委员会中的一些成员不顾莫伊雷尔将军的建议，也试图参加这次谈判，他们认为这样可以向英国海军传播革命，但是贝蒂海军上将立刻将这些人遣送回德国。

年底，停战协定的条款最后确定，我们发现海军仍有大量的工作要做。根据停战条款规定，德国海军将要重组，海军部和海军内阁将被解散，他们承担的职责将被合并到一个新的海军委员会。舰队将被拘禁在一个中立国港口等待最后的拆解。

停战协定的这些条款执行起来很困难，尤其是这最后一项。只有恳求那些有责任感的军官，才能找到人可以承担这次令人不快的航行任务，有经验的水手只有在保证他们得到特别补助的情况下，才肯听从军官的指挥。然而，英国人是无情的，而且他们威胁说如果有一艘船在航行中跑掉，就要夺取黑尔戈兰。最后，冯·罗伊特海军少将和他的参谋长奥尔德科普海军上校带领舰队出发了，但是与停战条款所规定的不同的是，他们的目的地是英国的斯卡帕湾海军基地，而不是中立国的港口。

根据停战协定，海军必须清除在北海和波罗的海布下的所有水雷。由于这一任务的需要，我们可以保留一定数量的扫雷舰，并对这些舰员实行军事管制。在新政府的支持下，海军保留了军中能够胜任本职工作的人，遣散冗员，尽管这其中也有不少困难，但是这使我们有机会清除军中那些不可信赖的人。

我们的这一努力得到了基尔总督——诺斯克议员的大力支持，他同时被吸收进柏林的新政府，担任人民国防委员会委员。12 月，柏林成立了另外一个工人和士兵委员会，他们的目的是要进一步削弱军人政权的势力。可是，诺斯克议员特别重视军队纪律的重要性，他认为不能没有可靠的军队，因此他坚决支持军人政权。可靠的陆军部队进入首都，以及陆军和海军中由志愿者组成的纪律部队的成立，为整个国家法律和秩序的逐渐恢复打下了基础。

在成立的纪律部队中，以由埃尔哈德特海军中校和冯·勒文菲尔德海军上校组建的海军志愿旅最为著名。这个组织于 1919 年成立，成员有军官、海军军校学生、下级军官和士兵，后来还吸收了几乎全部的来自鱼雷艇和潜艇的纪律严明、训练有素的舰员。他们的领袖，埃尔哈德特和冯·勒文菲尔德在实际行动中表明他们是深受爱戴的军官，他们懂得如何对部属进行精神和纪律方面的点滴灌输。

另外一个海军旅大部分是由准军官组成的，但是他们却选择了陆军军官作为他们的领袖。

在德国海军中，准军官代表了一个阶层，这在陆军是没有的。但是这些人不是严格意义上的军官，而仅仅是在海军服役很多年后被指定为海军士官的人，在自身的专业技能方面他们知识渊博，但是他们没有经历过一个普通海军军官所必须接受的全方位教育。他们中的很多人在舰队里表现出了忠诚的品质和良好的专业技能，但不幸的是，在战争的最后岁月和革命开始的阶段中，有一些人没有经受住时代的考验。他们任由自己接受准军官协会的政治影响，但最重要的是他们的主席阿多特（Ahldoldt）已经退役多年了。

海军在重组的过程中，计划除去准军官阶层而采用陆军的士官、技术兵体系。诺斯克完全赞成此项计划，海军通过遣散那些素质不高的准军官和建立一个使准军官中的佼佼者能最终获得普通军官军衔的计划，成功地实现了这一转变。海军对这些得到提升的人充满信心。

在这些天里，诺斯克议员除了帮助海军工作外，当有越来越多的激进的社会民主党人丢掉职位的时候，他就取消了这些人的代表资格，如沃格特尔和社会主义代表吉贝尔（Giebel），同时他还削减了“52人委员会”中的人数，直到最后全部清除这个组织。我一次又一次地看到他与“52人委员会”站在明显的对立面，不顾他们无端指责他叛国，甚至威胁对他进行人身伤害。

另外，在海军重组的过程中还发生了一些意想不到的变化。海军部长冯·曼海军上将在圣诞节前回到了他的家乡巴伐利亚，他自称已经病得不能再到柏林工作了，他需要一个接班人。

选择一位新的海军部长是件很困难的事情，因为选择的这个人既要为政府所接受，又必须得到海军的完全信任。

就后一点而言，冯·特罗塔海军少将是十分出色的。停战以后，他被任命为海军人事局的局长，这个局是由先前的海军内阁演变而来，他本人得到了全体战斗舰艇军官的拥护。

另一个可能的人选是军械局长罗格海军中将，同时他还主持停战协定委员会海军分会的工作。在他从事的这项工作中，他以自己独特的办事风格应付了各类谈判，断然地拒绝了革命党对海军事务的任何干涉，在冯·曼海军上将离任期间，他代理海军部长。但是他在战争期间从来没有在海上指挥过一支舰艇编队，同时离开他自己的军械专业领域，实际上他对海军知之甚少。然而，当他得知冯·特罗塔海军少将是舰队拥护的人选时，他立刻表现出宽广的胸怀，支持任命冯·特罗塔海军少将担任海军部长。

西博姆海军上校已于12月被任命为设在基尔的海军波罗的海基地的参谋长，在我从西博姆海军上校手中完全接管了中央局的局长职权后，就特别关注冯·曼海军上将的继任者问题。我个人极为仰慕冯·曼海军上将并恳求他再认真考虑一下他的辞呈，但是当他仍旧坚持自己的决定时，我感觉如果没有意外的话，冯·特罗塔海军少将必定迅速接任海军部长。

激进的左翼政治集团在积极策划推选三“P”——冯·普斯托（Von Pustau）、珀休斯（Persius）和帕舍（Paasche）中的一个人接管海军的指挥权，这已经不是什么秘密。在这三个人中，冯·普斯托在1908年作为海军上校退休，在这之后，他所从事的与海军有关的活动仅仅是撰写航海方面的著作，他不会被任何一名普通的海军军官看好。但是，随着革命的到来，他迅速转向左翼，并得到了激进革命者的积极响应。珀休斯也是从海军退役的，他沉溺于描写他所声称的“恐怖的揭露”，是一些他的前任军官对水手残暴地“滥施体罚”方面的内容。他在革命爆发后不久就进行了演说，然而在演说后的讨论中，他被一群见多识广、思维敏捷的年轻军官完全驳倒了。他的演说因此名誉扫地，甚至他充满敌意的作品也少有读者相信。海军少校帕舍可能在其海军生涯的早期就被开除，他是一个理想主义者和幻想家。他深受理想共产主义的影响，最后在东普鲁士被枪击致死。

经罗格海军上将同意，我拜访了诺斯克议员，使其确信选择一位受到海军上下信任和爱戴的积极向上的海军军官来指挥海军是多么地必要，并向他表明了我个人的看法，即我认为冯·特罗塔海军少将是最佳人选。诺斯克对冯·特罗塔将军的职业声誉大加赞赏，但他本人还希望更好地了解一下将军的性格。他同意将会与政府首脑私下讨论这件事，然后向埃伯特总统汇报。

1 月当我去国会的时候，听说一个效忠政府的陆军师正在向柏林开进，据称要彻底重建法律和秩序，这就是当时那个时代的特征。但是就在我到达国会的时候，这支军队在国会的北厢房前停住了脚步，原来埃伯特和诺斯克正在二楼阳台上向他们致欢迎辞。我没有停脚，直奔阳台上开着门的房间，发现他们旁边的桌子上摆满了手榴弹和枪支，很显然是以备议员遭受突然袭击时自卫用的。

埃伯特的演说结束以后，我立即出现在他的面前并被请进了他的办公室。这时我发觉诺斯克已经将我的想法转达给了埃伯特，现在他再一次饶有兴趣地听我讲了一遍。当得知要等到国民大会召开并正式成立永久政府以后才能作出决定时，我确信应当对这个问题好好研究一下。

早在 1918 年 10 月我第一次到柏林就职的时候，我就意识到战争将以对德国不利的方式结束，其中的一个恶果是德国海军将被大大削弱。在这种情况下，如果德国海军想要在未来的世界上占有一席之地的话，就急需一个强有力的领导者。海军无疑和陆军一样，会被置于带有政治背景的国防部长的控制之下，但是在一位陆军将军的领导之下恐怕很难恢复海军原先的优势地位，海军执行任务所必需的财政支持也将被削减。无论如何，我认为，早期的这种将海军的军政系统和军令系统合并置于一位海军首脑的指挥之下的体制是最佳的解决办法。德皇威廉二世统治之下的第一次重组将海军的指挥机构从海军最高委员会中分离出来，导致了这两个地位等同的机构之间经常发生摩擦。而冯·蒂尔皮茨海军上将的改革模式则是设立了很多直接向德皇负责的独立机构，致使海军在战争中缺乏集中统一的领导，这也是不好的。由于在新政府成立之后的陆海空三军无疑将会通过各自的政治代言人向议会递交自身的发展规划，而三军中肯定会有一位军方领导来代表三军表达军队的愿望，当时由海军上将任国防部长时就是这种情况。

前面已经提到，海军参谋部和海军内阁已经解散了，他们的职能和海军最高委员会一起都被合并到了海军部。这样的话，海军的最高指挥权被清楚地分到海军军令部门、海军军政部门和其他一些局，主要的专业局合并到一起成立了总务部。我领导的中央局将履行海军部长私人参谋的职责，在其直接领导之下的还有军官人事局、预算局、总军医官和总工程师。一些年来，海军停战协定委员会在一位专职领导人的领导下继续发挥作用，他的主要职责是处理与协约国的关系和裁军问题。

海军部中的作战部统管海军作战，舰队部接管了前面海军参谋部的职权，编制部负责处理组织编制和招募人员的问题，训练部则负责训练，既包括海上训练，也包括陆上训练。

海军参谋部的第一任部长是米凯利斯（Michaelis）海军少将，总务部由勒莱因海军少将掌管，其下包括船厂分部和造船厂的管理机构、工程分部、装备分部和航海分部。

海军的领导人认为应至少保留一座海军造船厂，这对于海军来说十分重要，而且最好是保留威廉港造船厂连同其经验丰富、忠诚可靠的技工。由于海军还有其他的一些需要，因此它还必须依靠私人船厂和基尔海军造船厂这样刚刚出现的所谓的“德国工厂”。在经过长时间的辩论后，社会主义者的新政府确信为了其自身的特别需要应该发展装备，海军应该拥有自己的造船厂。因为这样不仅可以培养和训练本国的技术工人群体，在造船和发动机设计上取得进展，而且会为那些替海军工作的私人造船厂提供一种技术标准。

在普雷瑟（Presse）主任领导下的工程分部陷入了资金严重短缺的苦恼之中，这些资金是由握有实权的经济特别预算部长掌管的。这些困难可以追溯到经济委员会办公室中的一个前任海军制造商，他现在刚刚离开海军，成为一家科技协会的教授。尽管塞米斯奇（Saemich）主任受到了其前任同僚甚至是顶头上司的抗议和指责，但他还是硬将许多工程分部必不可少的工程师都解雇了。

海军的行政管理部门现在是在罗伊特主任的领导之下，还享有着当初在战争期间施拉姆（Schramm）主任领导之下的良好声誉，除了处理正常的行管事务，它还要解决薪金、被装、军需日用品和营房等方面的问题。这一重要部门的管理工作一直被两位能干的民间人士施赖伯（Schreiber）和本达（Benda）

承担，尽管陆军中相应的部门最终仍掌握在军方人士的手中。然而，我们的后勤保障体系是最令人满意的，我从未想过要改变它。

曾经有一段时间，我们在讨论是否可以用技术军官来代替指挥军官出任总务部门的领导。但是由于这一部门既包括装备分部还包括航海分部，因此确定由指挥军官担任这一部门的领导是绝对必要的。

同样的问题也出现在与威廉港造船厂建设相关的问题上，尽管海军最初对造船厂倾力进行建设和修复，也成立了军事技术协会。但1919年后的一段时间，在海军和议会中个别人的煽动之下采用了一种折中的办法。这种办法规定造船厂由一个经理部管理，其中包括一名指挥军官、一名海军建造商、一名机械工程师和一名行政经理，其中指挥军官是普里默斯·英特·帕尔斯。但是经过几年不成功的试运行，船厂恢复了先前的由一名指挥军官管理的统一管理模式——某种程度上，这是施赖伯主任赞赏的管理方式。

工程分部尽管最初像威廉港造船厂一样直属于总务部，但最终获得了部一级的职权，升格为工程部，这一变化对于海军的发展是必要的。其中负责造船的主管和总工程师享受局长待遇，管辖其下属的部门主管，如潜艇建造部的经理。

由于受到停战协定对海军的一些限制及和平形势的影响，导致订单的减少，自然招致了几个损失最严重的部门领导的指责。

我对自己的办公室是放心的。我的第一助理是汉森海军中校，曾经在战列巡洋舰编队司令部做同样的工作。第二助理冯·德姆·伯尔纳海军上尉，曾经是我在“科隆”号上时能干的枪炮长，后来在卡普（Kapp）暴动*之后离开了海军。我的私人秘书库特·弗里克海军中尉，后来几乎一直在驱逐舰上服役，担任过驱逐舰编队司令，最终升至海军参谋长。

1919年1月在为国民大会的召开而进行的选举快要结束的时候，越来越多的中间派人士控制了政府，再加上诺斯克议员处变不惊的办事作风，这些对于保持海军稳定大有裨益。我陪着代理海军部长罗格海军中将参加了在魏玛歌剧院举行的国民大会开幕式。梅尔克（Maerker）少将率领一个陆军师确保大会的正常进行并保护会议代表的人身安全。其后，在制定新宪法的辩论过程当中，我经常去旁听大会并目睹了新宪法通过和新政府的组建过程。斯克德曼（Scheidemann）担任首相，兰特左（Rantzau）伯爵被任命为外交部长，诺斯克被任命为国防部长，埃茨贝格尔被任命为财政部长。我还目睹了3月25日埃伯特被推选为新的德意志共和国总统，使我高兴的是，我还听说了冯·特罗塔将被任命为海军部长的消息。

关于组建“临时陆军”的议案获得通过，莱因哈德少将受命领导这支军队，冯·泽克特少将担任军务部长，类似于我们海军的作战部。他亲自呼吁那些旧陆军总参谋部的军官们革命之后仍旧留在军中。尽管《凡尔赛条约》后来禁止德国保留总参谋部，但是冯·泽克特将军尽自己最大的努力，在新陆军中以另外一种形式保持总参谋部的工作效率。

---

* 卡普暴动：1920年3月13日至17日德意志祖国党人卡普（Wolfgang Kapp，1858—1922）策动的帝制派军人的政变，企图推翻魏玛共和国政府，恢复君主制。在鲁登道夫等人支持下，暴动分子占领柏林的政府大厦，驱走议会和政府成员，宣布成立以卡普为首的“政府”。柏林及各地工人发动罢工和武装起义，粉碎了暴动，卡普逃亡国外。

不久，4 月 16 日，国民大会又通过了组建“临时海军”和我上面提到过的指挥机构的决议。

在重组过程中，海军接管了陆军在皮劳（Pillau）、斯维内明德（Swinemunde）和博尔库姆（Borkum）的海岸防卫任务。由于我们人力有限，这个任务并不轻松，但是显而易见它有一个好处，就是为我们的舰艇提供了额外的小型基地。同时，这也为危机期间经常遭受破坏而导致人员超编的机关冗余人员来加紧军事训练提供了帮助。以前曾经作为陆军驻地的斯特拉尔松现在成为了受海军青睐的基地，它在后备军官的训练中占有重要地位。

重组过程中的一个棘手问题，就是海军部长不得不三番五次地亲自到舰队向他们解释采取某些措施的必要性。我仍记得当时冯·特罗塔将军是怎样亲自到基尔，向那些对宣誓效忠新的魏玛宪法仍犹豫不决的军官们进行解释的。接着又出现了海军舰艇和基地升挂国旗的问题，这个问题只有等当时是否决定采用刚刚提出的国旗方案后才能解决。但是当埃伯特总统决定采用《德意志》作为国歌时，就解决了国旗的问题，同时还为总统赢得了很多支持者。

新时期海军的主要问题之一就是停战协定与和平状态带给海军的低落士气。最初我们指望被允许保留一个由“拿骚”（Nassau）级和“敖斯佛斯兰”（Ostfriesland）级组成的战列舰中队，以及一个由“累根斯堡”（Regensburg）级组成的巡洋舰支队。但是由于海军大量的齐柏林硬式飞艇被他们的军官和艇员破坏掉了，胜利的协约国一方执行停战协定也就更加严格了，随后我们便获知只能保留一些老旧的“不伦瑞克”级大型战舰和部分“宁法”（Nympbe）级和“汉堡”级轻巡洋舰。由于这些舰艇均已陈旧不堪，而我们很长一段时间内又没有财力建造新舰，因此复兴海军的希望几成泡影，官兵的士气也因之受到很大影响。

斯卡帕湾

或许在那个令人沮丧的 1919 年的春天，唯一能鼓舞人心的事就是来自斯卡帕湾的消息。据我所知，德国舰队在冯·罗伊特海军少将的带领下假装投降，尽管停战协定的条款中严格规定舰艇必须被禁闭在中立国港口里。在巴黎召开的和平会议传来消息，我们不会得到公海舰队中的任何一艘船，海军很清楚面对的形势，为了阻止胜利国瓜分舰艇和挽回我们的脸面，这些舰艇必须沉掉。

非常凑巧的是，此时英国正要削减被禁闭舰艇上的舰员数量。这样，冯·罗伊特海军少将就可以将那些可能会妨碍舰队自毁的不可靠的人遣送回家。

冯·特罗塔在海军部长的位置上自然不能下令对舰队进行自毁，但是他向冯·罗伊特海军少将的参谋长奥尔德科普上校私下表示要不惜一切代价地毁坏舰艇。这一重要信息通过夸特·法斯莱姆传递给了冯·罗伊特海军少将，他负责冯·罗伊特海军少将和德国国内之间的通信联系。

冯·罗伊特海军少将本人此次的巴黎之行受到了特别关注，随着停战谈判可能很快结束，他也开始将相应的措施付诸行动。出于自身责任和协约国可能对他本人采取惩罚措施的考虑，冯·罗伊特海军少将在 1919 年 6 月 21 日下达了舰队自毁的命令。这样做不仅可以保持海军的士气，还可以为今后重建德国舰队打下基础。

那个夏天是我们班1894年毕业后的第25个年头。那一年我们70名海军军官学校的学员身着崭新的蓝色制服，踌躇满志，我们在1904年庆祝毕业十周年的时候，依然抱着同样乐观的态度，当时在新的海军建军计划的指导下，海军得以迅猛发展。那些崇高的理想看上去将随着与世界上最强大的海上力量战败的结果一同一去不复返了。

我们的同学团聚会上令人最感到悲伤的一幕，就是我们为在战争中死难的同学举行的简短的悼念仪式。战死的同学是勇敢的鱼雷艇艇长冯·德姆·克内泽贝克和马克斯·舒尔茨，还有英勇的飞艇指挥官皮特·施特雷塞。

当时还不能预知德国海军的精神会不会因为这些死难的将士和那些在科罗内尔、福克兰和斯卡格拉克海峡以及在数不清的交战中牺牲的将士而消沉泯灭。最后让我们再回味一下斯卡格拉克海峡海战中阵亡的戈尔希·福克所写的鼓舞人心的诗句：投身海洋，义无反顾！

第六章　战后海军的发展

1919 年 6 月的《凡尔赛条约》给德国海军的发展设置了种种障碍，但海军部长却采取积极措施，让海军将其看作对我们的挑战，而不是对海军的死刑宣判。

首先，最初的停战协议条款规定德国海军员额减少到 1 万人，其中军官不能超过 1 500 人。其次，为了防止进行速成训练和保持人员储备，所有海军官兵都要签订一个为期 12 年的服役合同。实施全面的海军重建势在必行。

军官的缺额很快得到补充，海军人事局的方案没有人提出异议。招募人员时我们也是精挑细选，士官和水手大部分来自海军旅和所谓的“钢铁舰队”。“钢铁舰队”的司令是拉斯(Lass)，他在革命的关键时刻被认为是忠实可靠的人。

现在急需的是制定出针对新招募人员的训练计划，并恢复严格的军纪。后一项工作始于海军军事法庭作出的新指示。此外，新海军中薪水的发放和人员的晋升等问题也很重要，还有专门针对海军官兵的公民系统教育，以使他们适应将来服役满 12 年退役后的生活。

以往的经验在海军重建过程中给予我们很大帮助。还有就是军官们的过硬素质，和他们在工作中互相配合、互相支持，共同完成任务的良好关系。

其中需要调整的另一个事项是海军轮机军官的职位。在早期舰艇由风帆动力向蒸汽动力过渡的时代，只需要一定数量、稍微具有机械常识的舰员，他们只需学会如何操纵非常简单的蒸汽机。但随着舰艇机械技术的发展，需要配备高级机械工程师。但这种转变并没有得到充分认可。与舱面军官相比，轮机军官没有获得相应的职位和应有的尊重。虽然以前冯·蒂尔皮茨部长多次努力，但轮机军官与舱面军官在资格认证、军衔晋升、军装服饰、训练方式等方面仍有很大差距。

其他国家的海军也都在试图缩小轮机军官和舱面军官的差距，然而，几乎没有取得多大的成功，因此也不值得我们学习。例如，我们没有赋予轮机长与舰艇长同样的权力，后者掌管着全舰的所有部门。但轮机长在岸上时拥有管理技术事务的权力，同时还负责轮机部门的纪律，我们认为这样安排是比较令人满意的。他们中的一些人可以到海军工程学校当教官，或者可以成为海军机械巡视官或是海军部的高级技术军官。这两个位置的军衔最高可到海军少将。在结婚方面，轮机军官与舱面军官享受同等待遇。

海军体制的这一进步主要归功于海军总轮机长莱姆克（Lemke）海军少将。他在担任侦察舰队司令的工程参谋时我就对他很看好，那时我是侦察舰队的高级参谋，他后来成为舰队总工程师。作为第一位晋升为海军少将的工程师，他与我密切合作，直到1925年去世。他和我一起见证了轮机军官和舱面军官团结互助、亲密合作关系的不断发展。

医务系统的问题在海军重建过程中就少多了。由于工作性质的关系，他们与舱面军官的矛盾很少。不仅如此，医务军官在海军中的地位也很高。因此，除了军装服饰的变动，医务军官的情况基本没变。领导海军医疗系统的是备受大家尊敬的海军外科医师纽斯曼（Uthmann）教授。

军需官的职位也需要仔细考虑。虽然军需官必须是高中毕业生，在毕业时他们已经取得了军官资格，但他们被认为是舰艇上的非战斗人员，尽管在战斗中他们也有战位，他们与其他舰员一样也处于危险之中。他们有望达到的最高军衔一般是海军军需参谋——军衔相当于海军少校——尽管还有个别人能干到总军需官的位置，军衔相当于海军中校。

他们正直诚实、忠于职守的可贵品质和工作的高标准一直为人们所称道，但是在1919年至1920年的海军重建过程中，我们致力于组建一个受到广泛认可的后勤保障系统，就像舰队司令部战时支持建立的那样。然而，重建计划需要立法和行政部门的批准，海军的这些提案建议被尘封达十年之久——主要是财政部长不同意。

因此，当时唯一的改进就是在军需官的招募和训练要求上进行了一些改革，直到后来军需官也没有被赋予应有的职位，当我就任海军总司令时，我很高兴我们期盼已久的计划逐步变为现实。

由于《凡尔赛条约》的严厉制裁，海军军械系统及其受过高级训练的技师也受到严重影响。为了保证整个海军的军官员额不超过1 500名，很多受过高等教育的军械官都退役了，沦为民间的底层雇员，这种糟糕的状况直到允许海军重新扩充时才结束。其后，军械系统中火炮、鱼雷、水雷等专业的军官组成了一个团结、高效、训练有素的军官团体。这个过程也是困难重重，部分原因是新老成员在业务能力和训练方面的差异。留任这些年龄较大的军官，严重迟滞了年轻军官的晋升和交流。另外一个问题是由于这些新任军械官与舱面军官、轮机军官有着相同的教育背景，因此他们总感觉仅仅从事军械装备的技术维护和操作不能令他们像舱面军官那样心满意足。后来在二战期间，潜艇和小型舰艇急需大量军官，很多的军械官都转为了舱面军官，但这在当时是不可能的。

有段时间，海军各级军官因受到协约国“引渡名单”（建议引渡和审判的战犯个人名单）的影响而士气低落。名单上除了德皇本人外，包括很多海军高级军官，如冯·施罗德海军上将和希佩尔海军上将，还有大量的U型潜艇艇长。我也因担任希佩尔的前任参谋长而榜上有名。

这立即在德国老百姓中间产生了强烈反响。他们纷纷为“战犯”提供安全的庇护所，不论是在国内还是国外。我曾问号称“佛兰德斯雄狮”的施罗德将军：“万一他们把你拉走，怎么办?”他怒吼着说：“那我就在这跟他们拼了。”

最终，协约国放弃了这种愚蠢的做法。但很长一段时间内，关于引渡事件的不确定性，给海军带来了相当大的负面影响。

1918年12月，能干的海军退休上校冯·比洛男爵成立了海军军官救济协会，这个协会加深了海军官兵间的战友情谊。这个组织的宗旨是资助退役的海军军官找到工作，救济困难的军官家庭，维护所有海军军官的利益。这种慈善性的帮助，其价值是不可估量的。它不仅是退役军官和退休军官的联系纽带，也成为了舰队现役军官与非现役军官交往的桥梁。实际上他们都是社会中的一员。

从1920年初开始，我们开始期盼海军恢复元气，至少也要建成中等规模的海军。在该年的1月31日，冯·罗伊特将军率队从英国回来，在威廉港受到冯·特罗塔将军的热烈欢迎，特罗塔将军还发表了激动人心的讲话。先前，冯·罗伊特将军曾带领舰员在斯卡帕湾凿沉了受降的舰艇，随后受到了英国的拘禁。基尔港和威廉港两处海军防区的条件有了极大改善。威廉港的指挥官是密科尔森海军中将，基尔港的指挥官是冯·莱韦特佐海军少将，后者取代了前任莫伊雷尔海军少将，莫伊雷尔将军因在该年元旦发布了一项有争议的命令，结果铸成大错而被解职。训练检查、鱼水雷检查和火炮检查机制重新建立并有效发挥作用，这也使得岸勤部队和作战部队间的合作不断默契。还有少量的鱼雷艇和扫雷舰兵力仍归能干的波罗的海和北海舰队司令指挥。

正当海军重建稳步推进的时候，由于卡普暴动的影响，我们的事业遭受了意外而严重的挫折。1920 年 3 月，一位来自保守党的前国民议会议员沃尔夫冈·卡普，成立了一个小型的政治组织，其成员包括鲁登道夫将军和其他一些陆军军官，他们突然控制了政府，沃尔夫冈·卡普自任“德国总理”。

3 月 13 日早晨，冯·吕特维茨（Von Luttwitz）将军负责指挥驻柏林的陆军部队保卫政府的安全。海军中最早获知卡普暴动消息的是冯·特罗塔将军，当时冯·吕特维茨将军召见了他并通知他说政府已经逃到德国南方去了，但埃伯特总统仍留在柏林，并很快会组建一个新政府。冯·吕特维茨将军表示他已经开始履行国防部长的职责。

冯·特罗塔海军中将没有理由怀疑这些事实。他召集同事开会，大家一致同意帮助新政府维护宪法和秩序。冯·特罗塔将军的指示也下达给了各主要海军基地的指挥官。有一点可能没有人会相信，陆军领导人告诉给海军部长的可能是错误情报。

也没有人会相信对恢复宪法和秩序功不可没的海军志愿旅

也卷入了卡普暴乱之中。维持治安时他们受陆军的冯·吕特维茨将军指挥，3月初驻扎在柏林附近的德伯瑞茨（Doberitz）。随着国内局势的稳定，海军志愿旅被解散，其中一部分人回到海军服役。作为解散仪式的一部分，该旅接受了冯·吕特维茨将军的最后一次检阅，冯·特罗塔将军、国防部长诺斯克和我都参加了这个仪式，同时进行的宗教仪式非常令人感动。最后，冯·斯文费尔德旅移防到布雷斯劳，艾尔哈特旅将在德伯瑞茨度过最后一段时光。

有传言说艾尔哈特旅对解散的决定很不满，但冯·特罗塔将军不相信这些谣言。他在和冯·吕特维茨将军的参谋长冯·奥尔德肖森将军私下碰头后更坚定了这一看法。当我离开柏林到汉堡处理私事时，对行将发生的麻烦事实际上一无所知。一个紧急电话把我召回柏林，3月13日早晨我抵达柏林时才知道卡普不仅挟持了政府，而且作为暴动的开始，艾尔哈特旅已于头天夜里就开进了柏林。

现在，冯·特罗塔将军和绝大多数海军官兵决定完全效忠于现政府，尤其是国防部长诺斯克，其他军种也是一样。但基尔和威廉港地区的左派分子却认为下达给那些海军基地的命令是支持并积极参与暴动的表现，事情的真相很长一段时间都不为人知。各基地纷纷爆发了违背海军命令的骚乱。到处都是枪弹横飞，血流成河。曼克（Monck）海军上校在进入他所管辖的军火库时被人开枪打死。海军和老百姓之间的关系迅速恶化。基尔和威廉港的很多军官都被更换，不时有人被逮捕。

由于陆军总司令莱因哈德将军建议派军队阻止艾尔哈特旅开进柏林，因此内阁会议否决了关于西科特少将领导下的军务部停止工作的提案。

卡普暴动因缺乏支持——尤其是资金支持而失败。暴动首领指派艾尔哈特旅的司令去夺取政府银行中的国家金库。可银行官员全都拒绝透露金库钥匙的下落。金库的大门虽然可以用炸药炸开，但艾尔哈特旅的司令坦言："宁愿去战斗，但决不当银行抢劫犯。"

卡普暴动只持续了四天就失败了。暴乱领袖——卡普总督、冯·吕特维茨将军、鲁登道夫将军、鲍尔陆军上校和帕布斯特海军上校决定停止行动，退出占领的政府建筑，冯·特罗塔将军和我见证了这一过程。

在德国形势这么困难的时候，我无法理解这些人竟然糊涂到如此地步，以至于采取暴动这种犯罪行为。

国防部长诺斯克因其领导下的军队没有完全效忠国家而被迫辞职。冯·特罗塔海军中将因轻信吕特维茨将军的情报，也可能被迫辞职。尽管最后冯·特罗塔将军证实自己与暴动无关，但要想恢复海军高级领导的职位显然是不可能的。因此海军失去了一位对创建新海军最热心的、热爱祖国和忠于政府的卓越领导人。

格斯勒博士取代诺斯克担任国防部长，他是一名来自德国民主党的老练政客。米凯利斯海军少将取代冯·特罗塔将军担任海军部长。

不幸的是，卡普暴动给海军的打击太大了。军官因被错误地指责违反宪法，士气明显下降。最近敌对分子又旧事重提，他们公开讨论要废除整个军队，从而极大地动摇了重建海军的基础。岸勤部队的情况逐渐恢复正常，这主要归功于米凯利斯将军和格斯勒国防部长的不懈努力。在基尔和威廉港被解职的军官都被召回，重建海军的工作又开始重新启动。其中最引人注目的一项工作就是在基尔成立第一鱼雷艇中队，阿尔布雷希特海军中校担任指挥官。他在卡普暴动期间明智地将中队带到斯维内明德，因而他的部下没有人卷入暴乱之中。

不幸的是，一大批军官因公众对其的不公正待遇而离开了海军，他们认为海军已经无法重振雄风。失去优秀军官是一个很大的损失，但这个悲剧更使海军认识到军队必须时刻保持对祖国的无限忠诚。1918 年的骚乱和卡普暴动中，海军部分人员都是因受外界蛊惑而参与了政治活动。这两起事件给所有有责任感的海军军官敲响了警钟，不论什么时候，尤其是政变中的非常时期，海军只有一条路可走——就是与任何政党都要划清界限，无条件地忠于国家和人民认可的政府。

我作为特罗塔将军的顾问之一，也被怀疑有违反宪法的行为。一个委员会开始对我进行调查，我也相应地将中央局的局长职位交由我的高级助手汉森海军中校。由来自社会民主党的政府官员斯托克担任主席的调查委员会，经过调查，完全排除了我的嫌疑。

尽管我官复原职，但动荡的时局带给我的紧张和疲劳使我很乐于接受另外一项工作，那年春天我开始接手撰写官方的德国海战史的准备工作。海战史的主编是柏林的海军档案局长——已退休的冯·曼蒂海军中将，海战史以《海战 1914—1918》为题出版。他从 1916 年起负责领导海军档案局历史处。

我负责撰写两卷关于巡洋舰在外国海域作战的内容。这两卷写好后分别于 1922 年和 1923 年发表。第一卷是关于巡洋舰整个作战活动的内容，其高潮是施佩（Spee）海军中将率领巡洋舰中队在智利海岸击败英国克拉多克（Craddock）海军上将的科罗内尔战役，以及一个月后施佩将军被斯特迪（Sturdee）

海军上将率领的数量上占有绝对优势的战列巡洋舰和巡洋舰编队在福克兰岛击败的事。第二卷是关于轻巡洋舰“埃姆登”号(Emden)、“柯尼堡”号和“卡尔斯鲁昂”号被广泛用于以破坏敌海上交通线为目的的攻击行动的内容。

我非常乐于从事此项工作。十年以来，我一直承受着巨大的压力：战备、作战、革命、海军重建等工作接踵而来。现在，我只对档案局长负责，可以享受片刻清静和有规律的生活了。我一直很喜欢学者型的工作。我所执行的大部分海上勤务都是在巡洋舰上，对海战的整个过程都很熟悉。我时常回想起1897年和1898年在“德意志”号上与施佩将军结下的深厚友情，此外，我跟很多舰长和巡洋舰上其他军官一直保持着密切的联系。我感到我有义务去缅怀那些已经逝去的战友，同时也是为了海军的发展。

离开繁忙的军事指挥岗位，我也可以为自己的将来作些打算了。1919年11月当我晋升为海军上校的时候，掐指算来，我在海军服役已有25个年头了。海军的未来谁也不能确定，再往上升迁的机会也很少了。因此，也许不久的将来我就会退休。

但是，无所事事、仅靠领退休金度日的生活对我一点也没有吸引力。因此，从1920年夏天到1922年夏天，我利用闲暇时间到柏林大学进修。我选修了特里佩尔教授主讲的政治学、博恩哈克教授主讲的行政管理法和亚斯特罗教授主讲的政治经济学和经济史。我还选择了一门簿记*课程。自认为有一年的海军学院教育的功底，我希望到1922年能够通过政治学博士

---

* 簿记：会计工作中有关记账的技术。

学位考试。

然而，我没想到在档案局的工作和在大学的进修将要提前结束。1922 年 7 月 1 日，我被任命为海军教育总监，军衔升至海军少将。这次提升和任命预示着我还可能向更高的海军指挥岗位发展。

我的新司令部设在基尔。作为海军教育总监，我要监督管理所有的海军院校，如佛伦斯堡水面舰艇学院、基尔海军工程学校。还有“柏林”号训练舰——一艘老旧的一战时期的轻巡洋舰、作为航海训练舰的四桅纵帆船“尼俄伯”号。这艘船曾由一战中著名的海战英雄纳克（Lucker）海军少校指挥，现在则由克拉夫特（Karfft）海军中校指挥。

当时，海军军官训练体制还没有完全建立起来。起初，后备军官和水兵一起被征召入伍，很少或基本上没有接受过专门训练。1921 年，后备军官被当作普通水兵分到老战列舰“汉诺威”号上实习，那年冬天该舰进厂修理，他们又被安排到一般的勤务部队锻炼，但这对于后备军官的教育和训练都没有半点好处。1922 年 2 月，沃泽查（Warzecha）海军少校接管了所有的后备军官，开始为他们即将参加的军官资格考试做准备。第一步，他们将被分配到训练巡洋舰“柏林”号上进行舰上训练，1922 年 7 月 2 日，“柏林”号正式加入现役。

军官教育的基本指导方针和教学方案不得不从零开始。在沃泽查海军少校的大力帮助下，我初步制定出后备军官训练规章，我优秀的参谋克劳森海军中校帮我完成了规章的终稿。与我和舰上的训练教官都有接触的“柏林”号舰长洛文菲尔德对我们的教育方法不以为然，但他还是很务实地尽最大努力配合我们。

作为教育方针的基础，必须承认以下几点原则：（1）只有严格而又人性化的纪律，才能使一个人达到工作上的高标准；（2）纪律严明的前提是要有严守纪律的军官和士官团体；（3）要想让军官认真履行职责就必须教育军官保持适度的与其军衔相称的荣誉感和自尊心。这些基本原则最初在基尔开始实行，后来我当波罗的海基地司令的时候，这些基本原则得到了进一步推广，直到我最后担任海军总司令，我在海军整个任职期间都坚持贯彻这些原则。通过上下共同努力，这些基本原则最终使军官和士官之间增强了协作意识，使得他们在其后1933年的关键时期表现出了强烈的献身精神，二战期间这种现象更为突出。

我详细记录了战后第一期后备军官班的每一次进步。比如，他们中间没有一个人被教育督察处开除，我自始至终关注着整个培训过程。我尤其认为，塑造和培养年轻军官的优良品质是教育中的重要一环，而且从一开始就要特别重视这一点。

当了几乎整整十年的参谋后，我又能重新和朝气蓬勃的年轻人在一起工作真的令人十分高兴。除了几个月在"科隆"号巡洋舰当舰长的经历，我的任职和岗位使我不得不一直与年龄和我相仿或比我大的军官打交道。当年我在舰上担任通信官时，军衔只是海军少尉，那时我非常喜欢舰上军官舱室内快乐、友好的气氛，在我任将军的参谋时，军官室内的气氛就完全不同了，特别是当很多显赫人物聚集于此或是在战列巡洋舰编队司令的参谋部那里，都让人感觉非常拘谨和压抑。在柏林与形形色色的军官和政客交往多年的经历使我变成了一个保守和慎言的人，哪怕是最漫不经心的评论我都会很小心，但现在我立即感到这对我而言是一个非常严重的缺点。

为了避免让人觉得高高在上、难以接近，我利用在岸上或是到舰上视察部队的各种时机，接见舰艇长，还有当时在场的包括最低军衔军官在内的所有年轻军官。在海军院校，我最看重的是部队的士气。每次视察结束时，如果学校组织充满联谊性和趣味性的社交晚会，我就会特别高兴。

不用说，我也特别关心明维克海军学校的学员，他们中的大部分人来自已经解散的艾尔哈特海军旅和靳文菲尔德海军旅。为了他们将来能在海军得到较好的发展，他们需要良好的基础教育。对此非常关注的海军学校校长沃纳·特尔莱森，正不遗余力地实施这种教育。

在我就任海军教育总监不久，海军部长拜恩克（Behncke）海军上将陪同埃伯特总统到基尔视察舰队。之前拜恩克海军上将通知我说，他们不仅要视察海军学校，还要视察当地的鱼雷学校。由于当时鱼雷学校不处于我的管辖之下，我对那儿的情况一无所知，因此我心存疑虑。但视察进行得很顺利，我也有幸结识了埃伯特总统和格斯勒国防部长。视察结束时，我们在古老的佛伦斯堡宫举行了简单的晚宴，其间在一位石勒苏益格（Schleswig）地区政府选举委员会委员的提议下，大家齐声高唱传统的石勒苏益格—荷尔斯泰因黑白花牛之歌。

基尔海军工程学校的课程是由我和轮机军官海因茨海军中校共同研究确定的。海因茨海军中校后来成为我在基尔司令部中的轮机军官。我们都认为，学校课程不能像最初计划的那样，仅仅局限于教授舰艇轮机工程所需的实用技术。但是，课程的任何改变都要经过海军部的批准。

那年冬天，海军教育督察局为波罗的海基地的所有军官安排了一次系列讲座。讲座的主讲人不仅有海军军官，还有从地方大学聘请来的各专业的专家教授。我通过一个多年的老相识——历史学教授罗登伯格博士，与基尔大学一直保持着密切联系。得益于此，我们有幸请到了布兰德特博士讲授汉萨同盟，斯科特博士讲授政治经济学，两人都是各自研究领域的专家，他们的讲座是系列讲座中最有价值的部分。这些系列讲座受到了热烈欢迎，我的继任者后来又将讲座的对象扩大到全体军官和地方官员。

1922 年至 1923 年冬天，海军部长又交给我另外一项任务：将部分副舰长培养成为各级指挥军官的助手，时间为两个星期。波罗的海基地的 10 名军官参加了培训，北海轻型舰队司令派佛（Pfeiffer）海军少将在北海基地也设置了一个类似的班。根据《凡尔赛条约》的规定，取消了总参谋部、陆军军事学院、海军军事学院。但是，没有海军军事学院和参谋学校，不可能为海军军官提供像样的专业训练。因此我们只好对军官进行短期专业培训，1927 年后，培训时间延长为一年半。为掩人耳目，我们没有以军事学院的名义办学，而仅称作“指挥军官助理培训”。

1922 年我接受这项培训任务时，几乎没有时间准备，也没有教材。我利用的是我 1903 年至 1904 年在海军军事学院学习时的课堂笔记和其他资料，还有一部分是我海上实战和在海军部任职的经验介绍。我让克劳森海军上校讲授海军史课程，我自己则负责其他主要课程和两个军事演习。

一方面，我利用自己多年的经验搞好军官训练；另一方面，我和部属面对那些服役 12 年的士官和其他征召人员退役时急需的民用专业技术训练感到无从下手。这对于海军来说完全是一个新课题，而且也很重要。

我们必须承认，海军士官 12 年的服役时间相对于他们一生来讲不算短。这些士官把自己一生中最宝贵的青春年华奉献给国家，国家有义务保证他们在退役后不靠救济金度日。从军事角度讲，保持一定数量的海军所需专业的高级士官是非常必要的；从政府和社会的角度讲，士官退役后，他们应接受过相应的训练以便找到合适的工作，而不应流落街头，无所事事。

训练中的主要困难是这些专业学校缺乏训练有素的教官，官兵的日常训练、舰艇部队和岸勤部队的部署训练都存在这样的问题。海军不可能给这种专业训练安排很长时间，因此只能在年度日常训练中挤时间。岸勤部队很容易挤出三个月时间进行专业训练，但舰艇部队只有冬天停靠在学校附近的码头时有六个星期时间进行训练。这虽然不是上策，但是解决问题唯一可行的方法，它对于海军和官兵士气的影响是最重要的。

基于先前进行的民用技术培训和未来的职业选择，士官可以去霍斯曼先生负责的专科学校学习行政管理，或者去退休海军中校哈曼负责的商业学校学习贸易和工程，我们在基尔和威廉港还设有相关的培训设施。此外，我们在斯维内明德地区也设立了一所这样的商业学校，此前设立的威廉区商业学校由布朗门盖根博士负责，基尔区商业学校由弗兰克博士负责。商业学校在以上两个地区的基地司令部也开设有讲座，分别由威廉港的西格莱斯米德特博士和基尔的希尔博士担任主讲。

所有的专科学校均设有十个级别的班次，其中一到四级为高级班。士兵服役满三年后，可根据自己以前的教育程度进入相应的班次开始进行专业训练。只有 25% 的人员适合进入高级班，其中绝大部分为士官和士官长。服役期为 12 年的士兵在其服役的最后一年可以用整整一年的时间为结业考试做准备。考试由专门的考试委员会组织，政府中的劳务部门会派代表参与每个考试委员会的工作。

除了讲授一般的教育课程，每个学校还特别重视教好《公民学》，以便于士兵退役后能更好地履行公民的责任和义务。

这些专科学校的教师来自德国各地，教育程度也参差不齐。因此，海军教育督察局对这些教师进行了初级培训，请专家和权威指导他们，并就如何搞好教学组织广泛讨论，我也在我的司令部多次参加这类讨论。讨论过程中，没有任何条条框框，因此能够有效解决问题，消除模糊认识，我们从一开始就成功地将这些专科学校纳入日常的海军建设进程。

起先，自然会有人担心这类专科学校会挤占海军的训练时间，分散官兵的精力，导致纪律松弛。但事实恰恰相反。尽管一些正常的军事训练受到影响，可士兵的士气大增，因为他们不用再担心30岁左右退役的时候找不到工作。这种安全感实际上提高了士兵的工作责任心，同时部队的纪律也得以加强。

1924年秋，我被任命为北海轻型舰队司令，因此我所从事的与海军教育规划相关的工作也就此结束了。

直到最近，德国海军力量才开始重新整编；四艘战列舰直接归公海舰队司令莫曼森海军中将指挥。轻型兵力——轻巡洋舰和鱼雷艇——被编为两个舰队：分别是北海轻型舰队和波罗的海轻型舰队，后者由奥尔德科普海军少将指挥，他因一战结束时在斯卡帕湾凿沉舰艇而闻名。

我所指挥的北海轻型舰队包括旗舰“汉堡”号，它是一艘老旧的轻巡洋舰；还有一艘废弃的小型巡洋舰“阿克纳”号（Arcona）及在威廉港的第二鱼雷艇中队。

我很高兴又回到了海上，到舰上担任指挥职务一直是我梦寐以求的事。在接下来的工作中，我一直与莫曼森海军中将和奥尔德科普海军少将保持着融洽的关系。我一上任就碰上了秋季演习，接着参加了舰队在北海的冬季航行训练，主要进行了一些基础训练和鱼雷艇夜间攻击训练。

遗憾的是，几个月后我又被调离了。1925 年 1 月 7 日——正好是新型轻巡洋舰“埃姆登”号在威廉港船厂命名的日子，我被任命为波罗的海基地司令。原来的司令巴龙·冯·盖杰恩海军中将意外辞职。虽然这个新职位可以晋升到海军中将，但离开海上的指挥岗位仍然让我很失望。因此我请求继续担任北海轻型舰队司令，让一位年轻一点的海军将官担任波罗的海基地司令。

然而，我的请求未获批准。1 月中旬我在基尔就职——后来我认为这是我海军生涯中最有意义的一项工作。

但在这以后并不都是一帆风顺。首先，自从我担任海军最高委员会中央局的局长，开始实施新海军的重建计划以来已经五年有余，在此期间，海军确确实实发生了很大的变化。1920 年到 1924 年，海军部由拜恩克海军中将领导，他曾参加过斯卡格拉克海峡海战，指挥他的旗舰“柯尼希”号冲锋在前，并不幸负伤。在本科将军的领导下，新海军的重建工作得以顺利进行。一大批仍可使用的军舰——如战列舰、巡洋舰、鱼雷艇开始重新服役，舰队又可以正常出海训练了。1921 年的陆军—海军法案调整了两个军种在发展军事装备上的分歧，同时根据补充规定，海军开始以志愿兵役制取代义务兵役制。德国海军的舰艇又可以在公海上游弋了。用于后备军官和后备士官训练的两艘训练巡洋舰开始投入使用，从建造新巡洋舰“埃姆登”号开始，海军不断开工建造大量的新式舰船。

1924年末，邓克海军上将接任海军部长，他不仅因担任战列巡洋舰“唐”号的舰长而战功卓著、声誉颇佳，而且曾经在海军中身居要职，深受爱戴。他和其他海军领导人配合默契，致力于军事训练和全舰队的技术革新工作，由于他的努力，我们的海战战术已经有了不少新的突破。

在体制编制和地位上，波罗的海基地和北海基地相当于七个陆军军团。当时，波罗的海基地下辖三个海岸防卫师，分别驻扎在基尔、斯维内明德和皮劳。尽管根据《凡尔赛条约》规定，基尔为不设防城市，但斯维内明德和皮劳都驻有海岸炮兵连，被认为是重要的海防要塞。这一地区的所有人员统归海军波罗的海地区的兵员招募和调配中心管理，兵员招募和调配中心受波罗的海基地司令部指挥。该中心不仅招募和训练海军志愿者，还负责将他们分配到基地内的岸勤部队或舰艇部队。

从义务兵役制向志愿兵役制的转变有其自身的特殊问题。比如，在义务兵役制下，士官总是比义务兵经验丰富，服役时间长；士官比义务兵专业知识更丰富，更热爱本职工作，因此士官对自己的领导水平也很自信。但实行志愿兵役制后，加入海军的基本上都是志愿者，刚参军时他们的水平都差不多，从事的是相同的工作，而后备士官的选拔主要是看是否有较强的工作能力和事业心。这种在一群年龄相同、水平相近的志愿者中进行的选拔是很困难的。

一个合理的解决办法就是把后备士官集中起来单独进行专门训练。但同时还要对那些不适合担任士官的志愿者进行补偿。我们实行了士官分级制度，每个专业的士官都被分成很多等级，级别升高，薪水也随之提高，随着年龄和经验的增长，他们所担负的责任也相应加重。这样当有新士官加入时，就不必重新进行老士官不需参加的训练。

我们很高兴有特别多的年轻人志愿参加海军，这就需要基尔和威廉港地区负责招募和训练的军官从这些年轻人中挑选佼佼者。基尔地区的招募军官弗兰科斯（Francois）海军少校，曾是旧海军第一水兵招募中心的一名士官，他从事了多年的人员招募工作，他在工作中积累的大量经验现在对海军来说是无价之宝。每年夏天他都要走遍整个德国，走访每个城市和农村，在一位海军军医的配合下，对报名者的身体和精神状况进行仔细检查，同时还要通过询问教师和牧师以进一步了解报名者的道德品质。

为重新恢复士官学校，我们决定一边整修校舍，一边调整专业课程。尽管我们不得不继续使用在弗里德里希斯特（Friedrichsort）的废弃军营，但我们对房屋、家具、浴室和卫生设施进行了现代化改造，使之各方面都比普通的军营宿舍高级一些。这项工作是由我的参谋长艾尔伯特海军上校在基尔海军军需长波密斯特（Burmeister）和市长阿奇泰科特·科尔姆的帮助下完成的。尽管有些军队元老强烈反对改革，但这些成功的改革措施作为一种模式，不久即应用于新型舰艇的建造上。

在军官训练方面，新招收的后备军官与其他新入伍人员在待遇和训练条件方面基本相同，开始时也要进行共同科目训练。这对他们来说也许不是件坏事，但在战争结束后，许多年轻军官缺乏真正、系统的训练，他们只能通过舰上的实际工作不断摸索和积累经验。另一方面，还有一些军官一直在岸勤部队和海军旅工作，因此他们根本没有在舰艇上接受训练的经历。所以我们不得不为这些人提供必要的培训。更要命的是，由于卡普暴动的影响，很多人敬业精神缺乏，因此我们要制定计划来进行军官职责教育。

但仅靠教官和课本，是不能教育好军官的。这就需要一些德高望重的军官率先垂范，教育年轻军官不仅要为部属的生命负责，而且要时刻准备为国献身。培养军官的优良品质还要重视宗教信仰的力量。但是魏玛宪法规定，不允许强制军人参加宗教仪式，宗教信仰只能建立在自愿的基础上。这就需要有人作出榜样。因此我和夫人一起定期参加宗教仪式，我的助手帮我把这当作一种习俗推广到整个海军，再也找不到比宗教仪式更能对人产生重要影响的手段了。

战时的通货膨胀和战后的社会秩序动荡，不可避免地将一些国外的风俗习惯和生活方式带进德国。在平时的聊天和谈话中，我总是劝军官们要生活简朴，不仅仅是因为新海军刚成立，我们的薪水都很少，更重要的是我希望他们能够实现自身的价值。尽管我敢于指责军官私生活方面的不足之处，但我有时感到很失望，因为在社会风气和时尚面前，我的话语经常是那么苍白无力。

当时军官们有个习惯，就是在不值班的时候穿上便装，对此我并不赞成。虽然我并不认为军人非得总穿着蓝色金条军服，但我听到很多士官抱怨说，他们是唯一穿军装逛街的人，所以他们必须时刻遵守军纪。为此我以身作则，每次到教堂做礼拜时总是穿着军装。

为了活跃气氛，提高工作效率，我不时在工作中开些玩笑，说一些幽默的笑话，避免部队陷入死气沉沉的状态。太多的严肃对部队并无益处，在部队也有幽默存在的独特空间。战前在基尔军港就有举办“绅士晚会”的习惯，在那里，具有幽默天赋的年轻军官经常拿海军机构和海军的一些风俗习惯取乐，甚至一些高级海军军官也成了取乐的对象。德皇以前喜欢经常参加这样的晚会，晚会上就连海军最高级别的军官冯·蒂尔皮茨将军也避免不了诙谐幽默的“攻击”。

我试图恢复这样的社交晚会，虽然我们现在没有当时那么多的幽默天才。在我的支持下，基尔的一些军官恢复了这一传统，每年进行一次这样的晚会，受到了全体军官、当地官员和来宾的热烈欢迎。当然，我也首当其冲地成为了这些业余作家幽默取乐的主要对象。比如说，关于我不赞成穿便服的态度，被他们说成是因为我一件便服都没有。还有一次，一张海报是这样描绘我的：我到危地马拉旅行，头上仅戴一顶热带盔帽，身上只穿了一条短裤，手里提着一个印有将军旗的小手提箱。我的参谋长为了防止事态失控，开始对这些幽默内容进行审查，禁止对将军开不敬的玩笑，因此他就要求那位牢骚满腹的画家给我裸露的上身画上一件白色的马甲。但是，他也不能指望当他离开时，画家会在海报上写上一个大大的、红色的“已审查”的字样。我看到这幅漫画之后，自然也想知道漫画背后的故事——这也是开玩笑人的目的。对此，我时常取笑我的参谋长，说他的审查并不总是奏效。

我很高兴看到海军军官夫人协会得以恢复。成立这一组织的最初目的是资助海军中所有需要帮助的家庭。战后，由于通货膨胀和海军裁减，协会的活动大大减少。在我夫人的帮助下，以及在资深牧师戴米尔及本地区的路德教和天主教牧师科拉夫特的大力协助下，我才将协会恢复到先前的状态。急需帮助的海军家庭一旦得不到政府的资助，军官夫人协会就会及时为他们提供医疗方面的服务，发放衣物、毛毯和紫外线医疗器械。同时还会为婴儿提供全套服装，给疗养院和一些家庭发放急需的救济金。军官的夫人负责孩子们的娱乐活动，给他们上体育课，偶尔安排一些联欢会，如在圣诞节为父母和孩子举办晚会。总之，协会为海军团队精神的形成作出了不可磨灭的贡献。

我集中很大精力做的另一件事是不断改善海军与民间团体的关系和增进相互理解。尽管卡普暴动的影响已经微乎其微了，但在基尔地区，部队与民间的关系仍有些紧张。在担任海军教育总监的时候，我就通过多次邀请大学教授给海军官兵开设讲座等措施来改善两者的关系，又为此成立了斯卡格拉克海峡俱乐部——其最初目的是为海军军官与基尔的地方官员提供交流的场合。与此同时，开展体育性的航海活动也成为两者建立良好关系的另一种方式。

旧时的皇家游艇俱乐部极大地增进了德国航海爱好者之间的友谊，恢复这样的活动能为新老海军军官和社会各界人士提供一个令人愉快的聚会场合。但不幸的是，在 1927 年新建的游艇俱乐部启用仪式上发生了一件不愉快的事。当时邀请了很多贵宾参加仪式，其中包括公海舰队司令莫曼森海军中将和我本人，还有已退休的海因里希亲王，他住在离埃肯弗德不远的黑梅尔马克庄园，他非常爱好航海，是个经验丰富的老水手。仪式上，海因里希亲王突然提议为德皇威廉二世祝酒，事先没有任何人知道他这一举动的真正动机是什么，这里要说明的是，正是德皇威廉二世创建了游艇俱乐部，他还担任着游艇俱乐部的会长。如果不是基尔的报纸大肆宣扬的话，这件事也不会沸沸扬扬地折腾好一阵子。

在此之前，没有人反对海军军官参加皇家游艇俱乐部。但是，刚刚就任的国防部长格勒纳，明确表示强烈反对军官加入这样的旧时俱乐部。

然而，航海是一项非常适合海军军官的运动，同时也是一种有用的专业技能，因而我们恢复了以前的海军赛艇俱乐部，它是皇家游艇俱乐部的前身。1928 年 8 月 10 日，海军赛艇俱乐部正式重新开放。

大部分海军军官立即加入了海军赛艇俱乐部，对此无人表示异议。由于资金不足，皇家游艇俱乐部只有几艘帆船，没有钱购买更多的新船。海军赛艇俱乐部拥有合法的训练经费，是国防部长专门从国防预算中划拨给海军用于航海训练的款项。这样，德国海军的航海爱好者又可以扬帆出海了，无论是在国外，还是在国内。

在海军眼里，航海竞赛最重要的价值在于通过赛艇与国外的军官和官员建立良好关系。海军赛艇俱乐部每年在基尔举办的国际比赛的情况更是如此。在这种场合下，德国海军作为东道主热情招待其他国家的选手，这些选手与德国的运动员一起朝夕相处。由于大家都喜欢航海，外国赛艇选手的人数逐年增加。我们很高兴看到通过这些被阳光晒得黝黑的年轻赛艇运动员加深了各国海军的相互了解，增进了相互间的友好关系。

我利用 10 月前的两个月时间到危地马拉看望女儿和女婿。我不在的时候，又发生了一件不幸的事，还是由普鲁士亲王海因里希引起的。

这位退役的海军上将，总是深深迷恋着海军，他视察了锚泊在埃肯弗德湾的训练巡洋舰“柏林”号，当时该舰正担负着远洋航行训练的任务。他在与随舰远航的军官和士官学员进行了简短谈话后，指出在国外他们就代表着德国，所以必须履行好自己的职责，没有人对此提出异议。但实际上，一位前皇室成员视察一艘属于新德意志共和国的军舰，这一事件会立即成为公众和媒体争论的话题。基尔的一家报纸就此对作为基地司令的我进行了猛烈的人身攻击，尽管我当时身在危地马拉，对此一无所知。

报纸对我的不公正态度迫使我立即与阿尔托纳的市长——社会民主党人布劳尔进行交涉。他很友好地亲自出面为我正名。后来我担任海军部长时又发生过类似的事情。

此时我还特别热衷于融洽海军与陆军的关系。陆军第一军的司令部设在海军基地皮劳附近的柯尼堡。我们在那里派驻了一名海军联络官。每次我视察皮劳基地，我都会去拜访柯尼堡的陆军指挥官。我们还参加了在当地进行的陆海军联合演习。我们当时关系如此密切，部分原因是由于当时的东普鲁士，包括其首府柯尼堡，被波兰走廊将该地区与德国的其他地区分隔开来，这是一战后协约国的“杰作”。因此，东普鲁士的陆军和当地居民也感觉像生活在孤岛上，他们与祖国的唯一联系都是通过海军进行的。

这时发生了一件与皮劳有关的不平常的事。我习惯于对我所指挥和管辖下的所有活动和基地进行视察，一般是在训练和演习快要结束的时候进行。但在皮劳，我偶尔听一名军官发牢骚说，他们在驻地只见到过一名高级军官来视察，而像监察长这样的军官大部分时间都在养尊处优，他们从来没有在东普鲁士出奇寒冷的冬天中视察过皮劳。在这以后，我总是在冬天最冷的时候视察皮劳。实际上，我让一名副官与皮劳基地司令保持着密切联系，每当听说天气变坏，我们就会赶赴皮劳基地。

甚至在我后来担任海军部长时，我都一直坚持这么做。

我还访问了自由城市但泽，尽管由于与波兰的紧张关系，这次访问是“非官方的”，但是我确实派出德国海军舰艇在战后对但泽进行了首次访问。这次出访任务是由战列舰“汉森”号和一艘鱼雷艇在1927年7月完成的。访问非常成功，这一点我们可以从但泽议长沙姆的讲话声明中得到证实：“当我们得知德国政府决定派出一支舰艇编队访问自由城市但泽，我们的兴奋之情无法用语言表达。我们对德国政府表示最衷心的感谢。”

每年举行的斯卡格拉克海峡海战纪念活动已成为海军最宝贵的精神财富。1926年5月31日，斯卡格拉克海峡海战十周年纪念日，我收到了一份最意想不到的礼物。按照纪念活动的惯例，我检阅了基尔地区的部队，并准备到军官俱乐部吃午饭。当我和部队指挥官享用餐前酒时，副官不断暗示我回家。我很讨厌他打断我，但我的参谋长随后跑来告诉我应立即回家，甚至都没有说原因。我嘟嘟囔囔地发着牢骚，跟他们回了家。但我到家一看，在哲学系主任科塞尔博士的带领下，来自基尔阿尔布雷希特基督教大学的一群著名教授聚集在家中。在一个庄重严肃的仪式上，科塞尔博士代表学校正式授予我哲学荣誉博士学位，理由是我1920年至1923年在柏林所写的两卷关于巡洋舰战争的著作而作出的学术贡献。

这是我梦寐以求的荣誉。我感到公众对巡洋舰和舰上官兵英勇战斗历史的承认就证明牺牲精神在德国开始回归并受到重视。

斯卡格拉克海峡海战纪念日看上去注定会给我带来好运。1927年5月，陆军元帅兴登堡作为德国总统亲自视察基尔地区。5月8日他已经视察完威廉港，现在他开始为基尔和波罗的海基地的官兵授勋。他在视察途中还亲自到我家中作客，召见了我和我的妻子。他在几排海军儿童的护送和簇拥下来到花园，我4岁的儿子为他献上了一束鲜花。自从1918年10月我在斯帕短暂参与停战协定起草委员会的工作后，这是第一次与兴登堡总统进行私人会谈。这次交谈过后，我更加坚定地认为兴登堡总统是一位无私的爱国者和卓越的领导人。后来我到柏林担任新职的时候，对他的景仰更是与日俱增，直到1934年他去世以后，我对他还是十分敬佩。兴登堡元帅总是给予我很大支持。海军和其他军种，包括整个国家，都对他深怀感激。

1928年对于德国海军的发展来说是具有特殊意义的一年。1月20日，格斯勒博士辞去国防部长一职，由退休中将威廉·格勒纳接任，此前他曾担任交通部长。

格斯勒博士的前任原是诺斯克，由于卡普暴动的影响，诺斯克被迫辞职。在海军重建的困难时期，格斯勒博士作为武装部队的领导者，是军队建设的力量源泉，他在国防事务中展现出来的卓越才能表明与民选政府紧密合作、互相支持是非常必要的。兴登堡总统接受了他的辞呈，并写下了如下的赞美之辞：

> 八年前，你在国家内外交困的关键时刻接任国防部长，从那以后你呕心沥血，辛勤工作。理想引导着你不断努力奋斗，你唯一的愿望就是把武装部队建成忠诚、高效的国家机器——一个凌驾于政党纷争之上的国家机器。

虽然格斯勒博士的辞职对外宣称是由于健康的原因，但实际上是由“罗曼事件”的不幸后果导致的。罗曼海军上校是海军部交通运输局长，当时他将某些战时剩余物资的特别款项及鲁尔地区的经费，用于从事重建武力的活动，这是《凡尔赛条约》明令禁止的。当时没人指责他不诚实，他的账目也无可挑剔。但是他从事的很多工作都违背了军费预算申报的基本规定。他曾经动用海军军费资助费吉斯（Phoebus）电影公司拍摄影片，用以增强公众的国防观念和海权意识，同时也为了提高德国在海外的知名度。一名被开除的电影导演把这件事披露给了媒体，罗曼上校的所作所为也在公众面前被曝了光。德国议会对罗曼的经营活动进行了调查，尽管格斯勒本人是无辜的，但身为国防部长，他认为应负领导责任。此后他提出正式辞职，对我来说这不啻于当头一击，因为我一直很仰慕格斯勒博士，实际上我一直与他保持着密切的关系，二战期间也是如此。

1928 年 5 月 23 日，新任国防部长格勒纳将军亲自到威廉港船厂参加新式巡洋舰“科隆”号的下水仪式。出席仪式的有政府各部的部长及陆军总司令海伊（Heye）将军，还特别请到了锅炉工纽曼（Neumann），他是 1914 年 8 月 28 日第一艘“科隆”号在战斗中沉没时唯一幸存下来的舰员。科隆市长阿登纳（Adenauer）博士在下水仪式上致词。由于我在一战后曾一度指挥过第二艘被命名为“科隆”号的巡洋舰，因此我对这艘新舰格外感兴趣。

随着一战后海军第一艘新舰的下水，德国海军又重新开始派军舰出访他国。根据《凡尔赛条约》规定，我们的扫雷舰艇要部署在国外的港口，帮助清除德国在战时布设的雷区。随着不断有鱼雷艇、巡洋舰和大型船只服役，我们开始派出这样的新舰出国访问。我们第一次悬挂国旗进行正式访问的国家是瑞典，这很容易让人理解。这个国家——尤其是该国海军——在战争期间很同情我们，因此我们也要相应地表示感谢。

在北欧国家，我们受到了热烈欢迎，我们很欢迎他们的水手参观我们的军舰，并为他们优雅的风度所折服。我们的官兵与在那里的朋友恢复了长期断绝的交往，更正了战时敌人的宣传机构丑化德国人的描述。

相应地，我们的港口特别是基尔港，也开始接待外国军舰来访。在我任波罗的海基地司令的时候，就曾接待过瑞典、阿根廷、英国、美国、智利、荷兰、西班牙、拉脱维亚等国的海军客人来访。我们的政府高官也参加正式的欢迎仪式，到场的普通老百姓就更多了。我们不仅要在正式场合表现出热情好客，也会为来访舰艇的舰员安排个人的娱乐活动。我们基地的体育军官豪柯少校会精心安排这些人进行游玩、短途旅行、观光和其他娱乐活动。德国舰员和岸勤单位会协助做好细节工作。

外国军舰来访一般都要事先通知，但是有一次西班牙国王阿方索十三世来访时就令我们措手不及。国王当时乘坐西班牙最新式的巡洋舰——“阿方索王子”号访问了瑞典。他发现访问花费的时间比预想的要少，就突然决定利用多出的时间访问基尔军港。我们最先收到的是国王将在1928年9月12日早晨到达的无线电报。

我一听到消息就火速赶往码头迎接国王。当时没有准备正式的欢迎仪式，甚至连安全保卫措施都没有。为安全起见，我建议他从基尔市郊乘车通过，但他非坚持穿越市中心。在视察弗里德里希斯特的士官学校时，他们几乎没有时间做准备来迎接外国首脑的视察。然而，该校校长维特赫夫特·埃姆登所作的精彩介绍和学校井然的秩序，给这位皇家贵客留下了深刻印象。公海舰队司令奥尔德科普海军中将以主人的身份在旗舰“石勒苏益格—荷尔斯泰因”号上请国王吃早餐，随后国王继续他的航行。奥尔德科普将军和我很高兴把西班牙国王当作德国海军的贵客来热情接待。从那以后，凡是到西班牙港口访问的德国军舰也都受到了热情接待，两国海军的关系由此变得越来越密切。

随着夏天的过去，我发现海军的发展对我个人又产生了影响。海军部长邓克海军上将由于受到“罗曼事件”的牵连，迫于压力不得不提出辞呈。作为继任者，我可能在候选人之列。但基尔的报纸又开始翻陈年旧账，拿多年前发生的事情对我进行抨击。显然，尽管邓克将军很看好我，但他似乎也认为我与政治事件有染。他向国防部长推荐的继任候选人是鲍尔海军中将和奥尔德科普海军中将。

但是，国防部长却有自己的想法，一方面他为此考察了一些部队司令官，一方面陆军总司令部的高级军官也向他提出了建议人选。1928 年 9 月上旬，国防部长在巴德·克雷伊施召见了我，亲切询问了我对政治问题和海军事务的一些看法。整个过程持续了两天，其间他们让我书面陈述如果让我担任海军部长的话，我关于海军建设的一些设想。我提出：第一，海军部长应该不受限制地指挥海军作战；第二，我强调，如果我被任命为海军部长，我有权就我所关心的海军事务与国防部长进行私下讨论，即使有些问题并不是由我个人提出来的；第三，海军要与陆军总司令部完全脱离关系——包括指挥、训练、后勤，尤其是人事安排。

我的“施政方案”得到了批准。我得知 9 月 15 日的报纸不仅刊登了邓克将军辞职的消息，同时还有我被任命为海军部长的新闻。

一方面我因坐到了所有海军军官都梦想达到的高位而心满意足，一方面我也因离开波罗的海基地而感到十分遗憾。我为海军的发展而在此度过了充满快乐和挑战的四年。我与岸上司令部、巡视局和公海舰队司令部的所属单位及其他海军单位展开了充分的合作。各部队的司令官、普通军官和政府的部门领导——他们与我并肩奋斗，向我提出了很多有益的建议，他们也与我为取得的每一次成功而分享快乐。新海军也因此声名远扬。

海军与民间的关系得到极大改善尤其令我感到欣慰。基尔的警察局长、社会民主党人迪特里希，与我愉快告别。临别时他这样评价我："你与劳动人民同甘共苦，你的离去令我们无比遗憾。"

除了我将离开波罗的海基地外，另外一件让我感到遗憾的事就是我之所以得以升职是由于邓克将军的被迫辞职。自从我俩一起在战列巡洋舰编队共事时起，我就认为他是一位坚强勇敢、能力非凡、诚实无私的军官。作为战后海军第一位最高指挥官，他为我们力量薄弱的舰队打下了良好的训练和战术基础。不仅如此，他还提醒政府重视海军的国际交往。

邓克将军的不幸遭遇也警示我，今后在仕途上一定要小心谨慎，要绝对地忠诚国家和政府。同时我也严格要求海军所有官兵不能有任何背叛祖国的行为。

还有一些人对我是否称职心存疑虑。在我即将上任的最后时刻，基尔的一家报纸还试图将我拉下马，他们又拿我早先在基尔的一些事做文章来抨击我，想通过这些毫无根据的评论使国防部长格勒纳不再信任我。为了应对这些批评，格勒纳部长指派政治局长科洛内尔·冯·施莱歇召开了一个所有媒体都参加了的新闻发布会进行辟谣。后来有人私下跟我讲当时就连格勒纳部长也很担心我能否挺过这一关。

第七章　领导海军

1928 年 10 月 1 日，我在柏林就任海军部长。此时，海军因“罗曼事件”而声名狼藉。尽管我曾宣称，罗曼海军上校个人的不法行为确实存在，他未经专家充分论证而擅自开工的项目已造成了经济损失，但事实上，其他军种在这方面的损失比海军更多，不过这些都以牺牲海军的名誉为代价被低调处理了。

我在进行正式就职演说的时候，就觉察到一种公开的不信任态度。随后，我拜访了赫尔曼·姆勒大臣、财政部长鲁道夫·希尔弗丁、内政部长卡尔·西弗瑞、交通部长冯·古拉尔德、经济部长朱利叶斯·柯蒂斯。外交部长格斯塔夫·斯特莱斯曼生病了，因此经济部长柯蒂斯代替他接受了我的拜访。令我平生第一次感到震惊的是我的真诚却遭到了质疑。我真切地感受到不被信任的感觉。两年后，一位掌管海军军费预算的财政部官员向我说出了心里话，他说是我的真诚使各部门恢复了对海军部的信任。

我身上的担子并没有因为国防部长的友好态度而变得轻一些。现任国防部长格勒纳，即休战前的最后一任总军需长，在强烈的自信心驱使下与海军恢复了真诚的合作。格勒纳部长是一位退休陆军将军，他毫不掩饰对海军绝无好感的态度。在他担任国防部长的初期，每当向国会提交有关海军事务的提案时，他总是反复强调他是“主张撤销舰队的支持者”。他这样的公开表态对海军危害极大。一个国家是否需要拥有海军不能感情用事，而应该冷静思考和决断。保卫国家安全是所有国家宪法中所规定的一项基本义务，包括魏玛共和国宪法，保卫国家海岸安全是海军履行这项义务时第一位的责任。

由于库尔特·冯·施莱歇陆军上校的个人努力，国防部办公室的规模不断扩大。此外，还成立了新的军法部，级别与国防部相当，扩编了军政情报部。在有关这次机构改革的讨论中，我认为我草拟的关于成立海军部办公室的书面计划有很大的实用价值。我们还在海军部内成立了海军自己的军法办公室。成立这样一个办公室是十分必要的，因为《凡尔赛条约》规定海军对其所属军舰具有军事审判权。我们还在军政部内安排了一名海军联络官，以便于协调部长办公室的内部事务。

格勒纳将军将有关重新装备陆军和海军的问题一股脑地全部交由国会处理，因为重整军备的任何一项计划都与《凡尔赛条约》的规定相抵触。先前的魏玛共和国政府不愿采取任何行动，但是现在姆勒大臣和内政部长对此事都深表理解。部长的支持通常被认为是他们对军事事务感兴趣。经济部长柯蒂斯对此保持中立，他这样做或许是为了与外交部长格斯塔夫·斯特莱斯曼保持一致，但是作为罗马天主教会成员的交通部长冯·古拉尔德公开表示反对。

海军急需由罗曼海军上校发起的合法化措施。罗曼海军上校是前德国北部劳埃德轮船公司经理的儿子，他精通海军和海洋事务。作为海运局局长，他参加了停战协定委员会的谈判，在这过程中他对压制德国造船业发展的限制条款进行了必要修改。此外，他还组织了德国战俘的遣返工作。但是他的主要精力都集中在如何打破《凡尔赛条约》在裁军方面对德国的束缚。

《凡尔赛条约》对海军的危害尤其严重。此时关于反对执行其中一些强制裁军规定的说法广为流传。国家和军队的领导人试图通过谈判尽可能地修改这些规定。其他一些人——局长、军官督察等——正在私下酝酿破坏投降时必须上交的武器装备和其他的军需物资，为了这，他们甚至愿意冒生命危险。然而他们施展巧妙的手段，从战胜国那里暗中扣留了119门8.8厘米至28厘米不等口径的大炮。所幸的是，通过与协约国裁军委员会进行持续不断的类似这样的谈判，委员会中的很多成员开始同情德国的立场及观点，他们继而在条约有关规定的解释上放宽了对我们的限制。

罗曼海军上校秘密计划进一步发展小型鱼雷摩托艇和扫雷舰。另外一项计划是在国外设计建造潜艇。当然，他所从事的这些工作都是《凡尔赛条约》明令禁止的。

潜艇方面，他在海牙成立了一家荷兰公司作为掩护，实际上由几家德国船厂联合经营。他们雇用了很多战前的德国潜艇设计师和工程师。这些技术专家集中在一起，通过为外国海军建造潜艇不断学习交流，从而保持了技术上的领先地位。按荷兰公司的建造计划，巴特恩贝奇海军中校（退休）作为海军的建造顾问负责监造在芬兰船厂建造的几艘潜艇。

在西班牙，卡纳瑞斯（Canaris）海军中校通过与阿方索国王和德里韦拉首相良好的私人关系，在加的斯船厂安排建造了一艘排水量为750吨的德国型潜艇。这艘潜艇完成试航后，本来打算加入西班牙海军服役，但因西班牙国内革命而终止了这项计划，这艘艇最后被卖给了土耳其海军。

这艘艇后来成为了德国U-25和U-26潜艇的原型艇，就像从 U-1 到 U-24 系列艇中已经建造完工的潜艇成为后续艇的母艇一样。

我在 1928 年担任海军部长以前与罗曼的公司没有任何联系，但是现在我认识到如果政府同意的话，必须立即决定这其中哪些项目应该继续进行下去。出于对国防部长格勒纳和整个政府的信任，应由他们决定哪些工程应该立刻下马，对哪些真正具有军事价值的项目予以资金上的支持，甚至有些工程在很长一段时间内必须要秘密进行。

德国国会试图对此类活动进行控制，以防止这类活动可能产生具有政治危险的“秘密基金”。国防部为对这些秘密项目经费实施监管，专门成立了一个由陆、海军最高指挥部的主要领导，财政部的波皮特兹（Popitz）博士和会计局的赛密斯科（Saemlsch）博士组成的监管委员会。委员会成员和他们的代表不得不默认这些秘密项目的花费支出，因为这些是《凡尔赛条约》所不允许的，因此不能通过官方的正常财政预算渠道拨款建设。然而，他们规定今后这些秘密项目的财政预算也要依照有关法规进行，实际上就是要我们遵守通行的财政预算规章。

很多政府部门，诸如财政部也参与了这些秘密项目，财政预算委员会里的国会议员会经常了解这些秘密项目的所有详情。为了分担这一沉重的责任——必须乐于冒险，不顾政党间的分歧——尽管我们不能过于信任他们。

我与陆军总司令威尔汉姆·海伊将军一直保持着密切关系，他对海军的特点和职责有着深入的了解。但是陆军中其他一些人，尤其是陆军部里的人认为拥有海军对国防来说并无必要，用于海军建设的军费最好拨给陆军。就在 1928 年一群从事陆军军费预算的人企图将海军的 2 000 万马克资金转给陆军。格勒纳将军痛斥了制定出海军预算的那些人的愚蠢行径。

陆军与海军不同的是，他们的部门领导习惯于遇事越过陆军参谋长直接找国防部长商议请示。因此，格勒纳将军在处理海军事务时渐渐地喜欢越过我直接与我下面的部门领导商议，因此我不得不经常提醒他应该严格执行我就任时制定的工作程序。不过战前的事实就是这样，海军的军政和军令系统没有很好地统一起来，海军参谋部、海军高级委员会和舰队司令部都可以直接向德皇负责而不必经过海军最高机关。我也坚决反对任何形式的存在着这种错误指挥体制的总参谋部。

我并不是想建立一种独裁统治或是压抑不同观点；相反，每年秋天我都会在海军部召集所有的军官、文职官员和其他工作人员，要求他们每个人坦率地表达个人观点。但同时我也让他们明白，一旦海军部长对任何问题作出决定，每一个下属都应认真执行。我还告诫他们应该对讨论问题的方式和任何的观点分歧完全保密。我与从舰艇指挥官到舰队将官之间的各级军官进行了自由而坦白的观点交流，并经常视察海军的各种活动，像每一名高级军官一样参加演习、训练和检阅。

这时期的海军规模特别小，我通过私人关系与所有的资深军官都相识，但是现在我努力结识尽可能多的年轻军官，这样我就能了解他们的个人能力。我邀请了所有的军官，并忽略他们军衔上的差别，这样他们就可以与我进行自由交流，尽管交流当中有些批评性言论，但是我尽最大努力避免挫伤他们在此过程中表现出来的自信。

进行完交流后，我总是带着一大堆记录和问题与海军各部处的人在一起研讨。作战部队提出的一些问题和要求，要么被认为是没有预先进行充分周密的思考，要么就被认为是不切实际。但是他们都得到了完整而巧妙的回答。海军总部与作战部队之间只有经常进行有益的交流，才能达到工作上的高效率，同时海军部也不会成为冷漠的、高高在上的官僚机构。

军官每两三年就进行一次的岗位轮换给各部处增添了不少活力，同时也让更多的海军军官得以了解海军最高机关的责任和局限性。地方政府机构也会进行类似的岗位轮换，只不过规模很小。

我的初衷是在海军内部建立起稳固、统一的领导，但并不是实施更大的集权；相反，我试图尽可能地分权。战后海军规模很小，财政预算也很少，海军部中的很多军官由于无任何经验可以借鉴，因此很多事不得不经常自行做决定，甚至在分配小数目的海军财政预算时他们也是这样。但这并不是一种好体制，因为这些官员通常埋头于重要的事情而不愿理会这些琐事。我不得不坚持要求这些官员事无巨细向我汇报，包括向下级部门分配经费的情况——这也是他们从事的主要工作。直到后来海军建设有了日新月异的进步，这些资深官员才认识到放手分权的必要性。

训练和士气

为在海军建立起统一的指挥体制，我要求海军部严格依法决策，同时不管是涉及训练、装备，还是编制体制方面的事务，都要考虑可能给军事训练造成的影响。我们在教育训练上采取的原则是“训练和士气是制胜的基础”。我努力将这一理念贯穿于海军的所有活动。在海军初创的困难时期，本科将军就为海军打下了坚实的训练基础。这几年，海军中的每个人都在紧张地工作，但我认为其实这并无必要，因为此时我们无论如何也没有能力发动一场战争，而且紧张忙碌的工作状态也使我们没有足够的时间真正用来提高训练质量。每年舰上都有一次大规模的人员调整，随之而来的就是要对人员重新进行一次训练，部门训练——每个人必须经历的初级训练——总被匆匆地一带而过。

1929 年，在征求了所有高级将领的意见并达成共识后，我在舰队内开始实行一套两年制的训练制度——一年用于训练，一年用于实习。由于实行这一制度的第一年年末人员调整幅度很小，因此训练时间突破了一年的限制而延伸至两年。尽管这样可以使一个人有两年的时间使其战斗力达到高峰，但他的大部分时间还是在舰上进行部门训练。岸基海军陆战队的任务和炮兵营离开要塞的时间都有所减少，检阅次数和训练科目也都被缩减了。我们被类似于一战前海军扩张时期的那种对我们有重要影响的思想鼓舞着，但在此时我们不可能有什么作为。

然而，那是属于古老的帝国海军的特殊年代——这支海军如同国家自身一样，是建立在等级森严的体系基础之上的。那个时代远去了，军队不能忽视国家自身发生的根本变化。军队中不可能存在一个与人民已经建立并遵守的法规制度不同的制度。新海军不能盲目遵循旧海军的模式。

整个海军都全力支持我采取加强训练和振奋士气的措施，对此我感到很满意。每一名海军高级军官都默默地起誓海军不会再出现 1918 年 11 月时的情形，就像每个人都认识到随着阶级国家向民主国家的过渡，士兵的社会地位也会发生变化。我不失时机地向各级军官讲明这个事实。同时，我强调爱戴部下和尊重他人比什么都重要。尽管对触犯军纪的个人施以责备和处罚十分必要，但他们不应被以任何方式进行羞辱，每当发生不按条令条例处理触犯军纪者的事，我都会立刻找到与此有关的高级军官过问这些事。即使有些情况确实情有可原，我仍会要求有关责任人立刻作出解释，如果事情更糟糕，我甚至会解除他的职务或强迫他从海军退役。

我试图说明的另外一点是，对士兵自信心、忠诚度和责任感的点滴灌输比强化军事训练更加重要。同时对下属的教育还与教育者的个人素质有关——这就是高级军官——和他自身树立的榜样。给人印象最深的就是他的风度举止和见识。我特地为军官们撰写了一本内容丰富、题为《德国海军的教育问题》的手册，以便于他们使用。

其他的一些思想观念可见诸西格弗里德·索格海军中校所写的一本题为《作为领导者和教育者的海军军官》的佳作，所有的公共图书馆都藏有这本书，很多海军军官争相购买阅读该书。

1944 年，最高统帅部把这本书列为禁书，理由是："这本书太拘于传统!"

历史将会证明我们的教育方式正确与否。但我个人认为，作为军事组织，魏玛共和国时期军队人员的素质是无与伦比的。偷盗和粗暴无礼的行径闻所未闻。军官、士官和士兵的道德修养很高。军官和士官中的骨干分子是如此地训练有素和教导有方，以至于后来海军大规模扩充和二次世界大战爆发后，他们能够及时地补充到相应的军官和士官队伍当中。海军将士吃苦耐劳的品质、牺牲精神和对海军无比的热爱转化成了累累硕果。

当人们使用“海军模式”评价我们的工作业绩和个人取得的进步时，我就有一种成就感。使用“海军模式”这种表达方式，也是对我们在士气和训练方面获得成功的肯定。

这种肯定和认同时常提醒我们要对国家和人民尽好义务。国家和人民不仅将宝贵的战舰和财产，还有更珍贵的东西——青年人托付给我们。海军或长或短地要照顾和教育这些青年人。我们的责任不仅是要他们成为军队的有用之才，而且要他们在退役时成为合格公民。

除了在海军内部进一步密切军官、士官和士兵之间的关系外，我还努力加强海军与陆军的相互理解和合作。每一艘军舰都与一些陆军团结成了特殊的“兄弟”关系。陆军团的官兵都会被邀请到他们的兄弟舰上乘舰航行，舰上的军官和舰员也会被以相同的方式邀请到陆军团做客。

我们还在海军与政府之间试图建立起一种类似的亲密关系。海军与退役人员始终保持着密切联系，不管他们是军官、士兵，还是文职人员。我特别防止在海军出现社会上的种族歧视现象。我们的目标是在德国建立一个“海军大家庭”。我们与社会上任何与海军有关系的团体和组织都保持着密切的关系。

新舰的入役仪式经常会为我们提供与其命名城市建立友好关系的机会。当一艘船以一个人的姓名命名的时候，我们通常会邀请这个人的家庭成员，以及与这个人有关系的著名人士参加新船的下水仪式。当用城市的名称给巡洋舰命名的时候，我们会邀请命名城市的市长致词演讲。随后还邀请他们的城市代表参观命名舰，甚至还可以随舰出海。这些城市也会邀请舰上的官兵回访。1925 年，“埃姆登”号下水的时候，邀请的贵宾包括埃姆登市的市长米策尔堡博士，和前任国防部长、现任汉诺威省省长的诺斯克。同样，在“柯尼堡”号、“卡尔斯鲁昂”号、“科隆”号和“莱比锡”号（Leipzig）下水的时候，这些命名城市的市长罗曼叶、芬特、阿戴纳尔和罗泽都到会进行了致词演说。随后，大部分官员随舰参加了一次训练航行。

我们还尽量寻找机会让德国国民议会和参议会的成员更加深入地了解海军，特别是熟悉海军的海上活动。舰上的官兵也以他们自己的方式不断巩固业已建立的友好关系。这种交往后来被证明对海军大有裨益，特别是当国民议会讨论海军的军费预算和其他海军事务时。

我们在国民议会成员上舰参观的时候向他们指出，政府现在急需建造新舰来代替那些破旧不堪的老舰。

《凡尔赛条约》的主要目的就是限制德国海军的发展，因此想通过德国海上力量的复兴来对抗强权政治是不可能的。条约禁止德国建造潜艇和飞机。德国海军只能拥有 6 艘战列舰，加上 2 艘后备舰；6 艘巡洋舰，加上 2 艘后备舰；12 艘驱逐舰和相同数量的鱼雷艇，每种舰艇保留 4 艘舰作为后备舰。而且仅限于装备 1902 年至 1906 年间建造的战列舰，1899 年至 1903 年间建造的巡洋舰，和 1906 年至 1913 年间建造的驱逐舰和鱼雷艇。公海舰队所有新一点的舰艇都不得不报废掉了。

条约规定主战舰艇服役年满 20 年可以建造新舰来替换，驱逐舰和鱼雷艇的服役年限是 15 年。新舰的吨位也受到限制：战列舰不超过 10 000 吨，巡洋舰不超过 6 000 吨，驱逐舰不超过 800 吨，鱼雷艇不超过 200 吨。

当《凡尔赛条约》签署完毕时，允许德国保留的舰艇中的绝大部分都已经很破旧，按照条约规定在当时就可进行更新换代。我们的海军力量距离敌人允许我们保留的标准相差甚远。任何一支有自尊的海军都不会容忍这种现象的存在。海军面临的首要问题是，国家在其财力允许的情况下可以建造多少条新舰，和按照《凡尔赛条约》限制的吨位，如何确定建造方案，以使每一艘舰都能在其规定的吨位内获得最大的战斗力。海军部的每个人，以至于海军里每一个人，都深信应尽快重建公海舰队。老旧的舰艇对于海军已经没有什么存在的必要了。旧舰的唯一用途就是可以用作训练舰让舰员熟悉海区。

在考虑应最先更换哪类舰艇时，我们首选巡洋舰，因为它受《凡尔赛条约》的限制最少。因此 1921 年我们开始建造第一艘新式巡洋舰“埃姆登”号。在十分困难的情况下，我们才完成了这艘舰的建造。舰艇设计处的人员几乎快被抽调光了，所以不可能为“埃姆登”号提供一个完全新式的设计方案。因此不得不按照战时建造的最后一艘巡洋舰的设计方案进行建造。但无论如何，随着 1925 年该舰的下水，海军对于已取得的一些进展感到很高兴，国民议会也原则上同意必须通过建造新舰来取代老旧的舰艇。

1925 年后，议会又批准建造了一批轻巡洋舰。海军在建造这些舰时采用了新的设计方案和最现代化的工艺。由于我们采用了以焊接取代铆接的工艺，降低了舰体重量，从而能够承载更多火炮和增加航速。鱼雷艇的重新建造始于 1926 年。

重新建造巡洋舰和鱼雷艇给予海军莫大的鼓舞，接下来的关键就是什么时候开始建造新式战列舰和建造什么样的战列舰。由于吨位限制在 10 000 吨以内，因此有两种方案可供选择——一种是装甲厚、航速慢的海岸防御型战列舰，另一种是航速快、火炮数量和装甲厚度都处于中等水平、机动性好的战列舰。在讨论建造方案时列出了三种型号：一种是装备有30.5厘米口径舰炮，200毫米装甲，航速为21节的战列舰；一种是也装备有30.5厘米口径舰炮，但是有280毫米的厚装甲，只有18节航速的战列舰；还有一种有点类似战列巡洋舰，只有28厘米口径舰炮和100毫米厚的装甲，但是航速高达26节的战列舰。

1927年，我们在第一次讨论造舰方案的时候，意见就发生了分歧。当时我赞成建造厚装甲、低航速的战列舰，因为这对于将来有可能部署在波罗的海的这些战列舰来说最合适不过了，时任海军部长的邓克海军上将对此也深表赞同。后来，我们经过深思熟虑，又都转而赞同建造一种类似巡洋舰功能的战列舰，它的主炮塔装备有6门28厘米口径的舰炮，二层炮塔装备有8门15厘米口径的舰炮，舰体有100毫米厚的装甲，航速是26节。在火力和装甲防护方面，这艘舰优于其他国家海军的10 000吨级的巡洋舰，但航速没有它们快。另一方面，相对于敌人吨位较大、火力较强的战列舰，我们的这种战列舰会因其较快的航速在遭遇敌战列舰时能迅速逃脱。同时这种舰还采用了一种与巡洋舰不同的新型动力装置，由8台柴油机取代蒸汽机作为推进主机，因此该舰的作战半径有了显著增长。对这一改进贡献最大的是海军部设计局的技术顾问劳达，他是在奥格斯堡—尼恩贝格机械厂的协助下完成这项工作的。

战列舰的设计方案被批准通过后，随之开始了海军为建造A型袖珍战列舰在国民议会争取批准和拨款而展开的斗争，事实上我们本打算在这艘舰建造完工后将其命名为“普鲁士”号。

国民议会于1927年批准了第一批拨款，但是国民议会鉴于普鲁士政府的强烈反对，决定造舰的审批必须征得 1928 年 5 月 20 日选举出来的新国民议会的同意。实际上，A 型袖珍战列舰的建造审批在经过各政党长时间的激烈争论后，直到 11 月中旬才进行表决。其间还出现了“是要袖珍战列舰，还是要儿童食品”的争论，实际上他们没有考虑到造舰不仅为船厂的工人，而且为很多行业的工人提供了工作和面包。造舰的提案以 255 票赞成、233 票反对，艰难获得通过。

在担任海军部长以后，我发现包括国民议会在内的一些组织，对于海军建设的需求漠不关心。1929 年，我们申请拨款更换老旧的军火补给船“德拉赫”号（Drache）。同时我们想建造一种同时具备驱逐舰和军火补给船用途的新舰。随后，我就因被问及无数个关于为什么我们想要建造的替代舰比以前的大很多的问题而焦头烂额。一些国会议员显然并不理解在某些情况下，对于军事上所采取的安全措施很难给出充分的解释。

上述这些各式各样的经历使我坚信，现行的每年逐条逐项地对海军军费开支进行审批而后拨款的制度，不能彻底解决海军的问题。有关海军的提案能否通过，时常要倚仗党派政治和私下的政治交易，而且总是损害海军的自身利益。如果想更加系统、节约地搞好海军建设，就必须寻找另外的途径。

建造一艘主战舰一般需要好几年的时间。每年的造舰拨款必须及时到位，以便于在建造过程中及时采用当时改进后的新技术。不仅如此，考虑到主战舰的使用寿命至少有 20 年，如果你拥有一支只有 8 艘舰艇的舰队，那么就要通过系统地规划建造数量，每两三年建造一些新舰来及时替代退役的旧舰。为此，每年的海军军费开支中就应包含用于建造新舰的固定拨款，这不能因时局的动荡而受到影响。

因此，我们努力使“替代舰艇建造方案”获得通过。这是一个综合考虑了海军需要和国家实际财力的建造方案。如果这一计划获得通过，国民议会就不会每年为此而争吵，海军也能够按照方案更好地制定计划，这样就比从每年的短期计划获得拨款有利得多。

显然，国民议会和政府都不一定能接受任何固定不变的长期拨款方案，宪法要求国民议会对每年的国家财政预算进行审议，这一点是不容置疑的。但是如果这一方案得到了大部分议员的认同，那么就可以通过一个折中方案，原则上同意每年给予海军建造新舰的固定拨款。最终花了两年多时间才使海军的“替代舰艇建造方案”让大家接受。

由于我们 1928 年的海军军费预算提案未获通过，我就任命了忠诚无私、公关能力出色的巴斯天恩（Bastian）海军上校担任海军预算局的局长。该局长必须与国民议会和其下属的预算委员会，以及国民议会、政府，最重要的是要和财政部长及他的经济预算委员会的委员建立良好关系。在海军部的支持下，他通过这些部门领导向国民议会和政府中的有关部门施加个人影响。此后，他们对海军有求必应，这大都归功于一些人消除了最初对海军的偏见，开始对海军抱有好感。

次年夏天，我们的努力收到了回报。1929 年 5 月我在国民议会预算委员会的首次演讲受到了议员和国防部长格勒纳的好评。然而，争取在 1929 年获得第二艘袖珍战列舰的预算拨款看上去希望渺茫，到 1930 年也没有多大希望。其间，来自中央党的海因里希·布鲁宁（Bruning）1930 年 3 月 30 日被任命为总理，他和来自东普鲁士的国会议员格洛（Gayle）男爵一同建议为了更好地保卫从德国到东普鲁士海上航线的安全，对付波兰的威胁，应该建造第二艘袖珍战列舰。由于《凡尔赛条约》及后来的发展，东普鲁士处于德国领土之外孤立无援的位置。相应地，巴斯天恩海军上校和我不断与国会议员接触，试图向他们说明建造第二艘袖珍战列舰的必要性。令人吃惊的是，来自老汉堡商业同业公会的代表和卢贝克都反对建造这艘舰，但布莱曼喜欢它。虽然提议是在国民议会进行的，但国防部长向我们解释说，出于政治原因，1930 年的预算中不会包括第二艘袖珍战列舰的拨款。因此建造该舰的提议又出现在国民议会，这次获得了通过，但布莱曼这次投的是反对票。不管怎样，政府和国民议会还是拒绝了“替代舰艇建造方案”。

但我们办成了另一件事：政府承诺在 1931 年的预算中加入另一艘袖珍战列舰的拨款，并考虑海军提出的“替代舰艇建造方案”。1931 年，这一方案最终获得批准，其中包括 4 艘战列舰的长期建造计划，但是规定每艘舰都要分别获得当年的预算批准。B 型袖珍战列舰在我们的不懈努力下也获得批准。

自我到柏林任职之后，海军面临的政治氛围大为改观。“替代舰艇建造方案”得到了布鲁宁总理及其内阁以及国防部长格勒纳的大力支持。在国民议会中，来自麦克伦堡的蒂施本和莱茵兰德的汉姆阿克都在努力维护海军的利益。社会民主党的斯考普弗林、中央党的科罗克纳与我们也取得了共识。中央党的斯科雷博也是海军的一个坚定支持者。报告海军预算的社会党人斯达克伦说得非常客观。另外还有中央党的俄森也给予我们很大帮助。

这次“替代舰艇建造方案”获得通过让我与斯考普弗林成了好朋友。我对他评价很高，一直到 1943 年他 80 岁生日时，我们还经常保持联系。

在海军三番五次要求以新舰替代旧舰后，国际局势发生了变化。波兰在独立后很短的时间内就建立了强大的军队，不论在数量上还是装备上，都比我们强。但泽是根据和平条约从波兰脱离出来的，它是一个开放且不设防的城市。波兰一直寻求各种方法占领该市，不排除动用武力的可能。之后，波兰还可能会用同样的方法占领东普鲁士，它被波兰走廊与德国隔开。1920 年立陶宛志愿军占领梅默尔（Memel）、波兰志愿军占领维尔纳（Vilna）都没有引起其他大国的异议，所以同样的命运很可能会降临但泽和东普鲁士，除非德国立即进行有力的反击。因为波兰与法国有同盟，所以如果波兰对但泽或东普鲁士发动突然袭击，德国不得不考虑面对波法两国的军队。

20 年代，我们进行了三项独立的研究，解决遇到此类进攻时的防御问题。

1.“东普鲁士”防御。如果波兰进攻东普鲁士，德国如何反击。反击地点选择在波兰最大的海港和海军基地格丁尼亚（Gdynia），它紧邻但泽西面 10 英里的波罗的海边。海军负责整个行动，因为陆军在那里无法提供支援。除了用旧战列舰上的大炮攻击波兰岸防工事外，海军还可以使用水雷封锁格丁尼亚的入口，如果行动成功，就可以有效阻止波兰的进攻。

2. 波罗的海防御。防御波罗的海，特别是其入口处，阻止波兰海军以及来增援的法国海军。根据波法两国 1926 年的军事联盟条约，法国政府将派出 2 艘战列舰、4 艘巡洋舰、4 艘驱逐舰、3 艘潜艇以及 1 艘布雷舰保护波兰的波罗的海沿岸以及法军驻泊的港口。显然，对上述行动最有效的反击就是迅速执行第一项研究中的行动。这样，德国在波罗的海入口处的水雷和轻型海军部队就可以阻止法国战舰、运输船及远征部队进入波罗的海。

3. 保护德国海上贸易。这项研究是关于如果法国在战争中支持波兰，德国如何最大限度地保护本国的海上贸易。因为德国每天要通过海上运输进口 60 000 吨货物，从时间上考虑，德国海军无法提供太多的保护，而且这种情况至少在 3 艘袖珍战列舰建成之前不会有所改善。德国唯一的希望就是找到其他海上大国结成同盟，而英国保持中立对我们很不利。

在每一种情况下，我们都只设想了遭到进攻后的防御战。1926 年 4 月 26 日，政府签发了“保护国家及边界”的命令，但直到 1930 年才执行。在这种情况下，对于德国军队的领导人来说，没有比缺乏充分的作战资源对抗波法进攻更让人讨厌的事了。至于进攻波兰，这被认为是极度疯狂的事，因此根本没有讨论过。

海军应付三个问题的计划主要是由格鲁斯负责的海军参谋部准备的，其他还包括作战部舰队处的阿斯曼海军上校和波姆海军上校。各个计划的细节在小规模演习中都进行了验证。尽管目标及资源有限，研究还是极大地帮助了海军对战略战术的理解。

邓克海军中将在任海军部长期间也朝着这一目标努力。他致力于找出适合现有手段的战术。鱼雷艇重点进行夜间突袭训练，鱼雷艇与主力舰的配合也得到了重视，因为夜间作战可以弥补德国在军舰数量上与敌人的差距。战列舰的任务是突破敌人的防线让鱼雷艇有机会攻击。其他的训练包括射击和火力控制。

我们的装备陈旧且数量不足，一般来说作战效率上不可能有大的提高。演习模拟了官员们感兴趣的战术问题，这造就了一批水平极高的舰艇指挥军官。

这些研究还模拟了A型袖珍战列舰服役参战后的战术。与笨重的老式战列舰相比，新型战列舰快速、机动、灵活的特点使许多新战术成为可能。同时，我们的新型快速巡洋舰也将服役，旧的鱼雷艇也要更新换代。

作战模拟和其他研究显示大型舰艇编队的时代已经结束。各国空军的发展促使海军战术发生变化。因此，舰队司令格雷蒂斯科和他的参谋长波姆海军上校领导的舰队司令部提出了“特遣舰队”的概念并进行试验。特遣舰队的观点简单来说就是各种舰艇为了一个特别的战斗目的组成一个作战单位。例如，这样的特遣舰队可能由一艘袖珍战列舰、数艘巡洋舰及相应数量的驱逐舰组成，机动性很好，它由总司令全面指挥，独立作战。我们的官兵对新战术的热情相当高。

广泛地来说，我们的计划和训练的重点是波罗的海的作战任务，特别是波罗的海入口的控制。1930年，在英吉利海峡与挪威之间的北海，我们首次进行了大规模演习。很明显，装备新袖珍战列舰后的现代化舰队给海军带来了新生。之后，研究又扩大到大西洋问题上来。但我们的假想敌除了法国和波兰海军外，决不包括其他海军。即使在我们有袖珍型战列舰的情况下，任何跟英国海军开战的想法都会被认为是疯子。

海军航空兵的发展

我们迫切感到，需要一支与水上和水下舰队都能密切协同作战的海军空中作战力量，这些人员必须熟知海军战法和战舰的特点。由于受制于《凡尔赛条约》，我们既不能拥有空中力量，也不能有飞行人员。1928 年 10 月，政府同意了国防部长关于海军装备一些飞机的建议，但只能用来试验，不能用于组建空中力量。《凡尔赛条约》允许海军装备一定数量的防空武器。海军认为这就等于允许有机载的防空武器。因此，一个以“空中服务公司”名义为掩护的秘密组织成立了。它对于未来海军空中力量的发展起了很大的作用，自然，这个大秘密必须被保住，特别是武器的装配和试验都是在非常偏远的地方进行的。水面舰艇和空中力量的合同训练也是不允许任何局外人看到。

在灿德尔（Zender）上校的领导下，我们集中了一些一战时期的飞行员，此外还挑选了一批有潜力的学员，他们经过一年的飞行训练后加入海军部队，充实到飞行员队伍中来。这没有公开违反《凡尔赛条约》。但是在 1933 年戈林担任空军总司令并实际控制了德国空军后，这个计划被扼杀了，这对海军造成了非常大的伤害。

第八章 30年代初期

1931年，政府和国民议会批准海军建造B型袖珍战列舰，同时该年也是魏玛共和国新军建军十周年。在元旦的全国广播中，国防部长格勒纳强调，海军为了更好地履行使命，需要建造新舰来替换旧舰。他指出，德国的军费开支只占每年财政总预算的6.5%，而邻国，波兰和法国，军费开支已经占到了财政总预算的三分之一。他发表了如下的公开声明：

> 德国的军事政策只有两条路可走：要么放弃自己的军队，把国家的安全完全寄托于其他国家的大发慈悲上；要么坚决地利用一切我们可以利用的措施来壮大自己。一个不想保卫自身的民族，必将失去国家主权……军队没有这个权力，其他的人也没有这个权力。跟其他国家一样，德国所有的公民都是国防的坚强后盾。任何反对或嘲弄国防的人都会影响国家的安危……宪法给予人们思想自由的权利，但不能被滥用到叛变和颠覆国家的活动中去。

1931年5月19日，A型袖珍战列舰（“德意志”号）在基尔的德国造船厂下水，这对海军来说是一个喜庆的日子。布鲁宁总理在命名仪式上说：“在这个世界瞩目的典礼上，德国人民向全世界表明，即使身处各种枷锁和经济困难的情况下，他们也有力量保卫和平和捍卫尊严……如果《凡尔赛条约》能使人们抱有希望的话，我们会负责地和其他国家一起放弃武装，但是和平不能借由在国际会议上达成几个公正、安全的条约来实现。如果其他国家会像对待他们自己国家一样，给予我们相同的尊重，我们可以不去计较长期以来所受的苦难。”

兴登堡总统参加了“德意志”号的命名仪式，等它下水后，兴登堡总统搭乘巡洋舰“柯尼堡”号出海，观看其全舰操演。次日，舰队举行了一次军事演习，并组织了一次盛大的阅兵式，包括鱼雷艇、扫雷舰和辅助船在内的几乎所有舰艇都参加了。在基尔气氛热烈的军官聚餐会上，我有幸代表全体海军官兵对尊敬的总统出席这次命名仪式表示感谢。在他的回应演说中，总统以简洁而又令人印象深刻的军人作风，提醒军官们对国家应尽的责任。那是兴登堡总统最后一次视察海军。

同年，我还参加了威廉港海军造船厂的七十五周年庆典，现在它在艾兴尔（Eichel）海军少将的领导下，具备出色的紧急抢修能力，该船厂不像其他私人造船厂，当遇到大量临时性的维修工作时长时间地进行讨价还价，因此它对海军来说已经变得不可缺少。该船厂的主要功能是修理，但是不断有新项目在这里上马，以保留住熟练的工人。这里的工人总是可能随时被抽调去从事紧急抢修，而在私人造船厂中，为了保证良好的经济效益，这样的短期合同必须经过仔细审核后才能决定是否接受。

而且海军只有一个这样的造船厂具有安装维护和保养检修舰上的鱼雷、火炮、通信、航海系统的设备和技术人员。除此之外，海军造船厂自然也与港口和河流工程师保持着密切联系。一个国家的海军要从装备和训练上保持与世界各国海军同步，工厂、舰队和海军总部之间不间断的人员和技术交流是必要的。事实上，威廉港海军造船厂，就是一个融合海军和工程技术的组织。

一支忠诚稳定的工人队伍对于造船厂非常重要，为了达到这一目的，海军拨了相当多的福利费。除了良好的住房和一所专门医院之外，威廉港海军造船厂还拥有一家幼儿园，同时还为工人提供其他社会服务，出于战时防护的需要，每个工人在他的工作场所和家里都有一个防弹庇护所。结果，第二次世界大战期间，尽管威廉港海军造船厂遭受一百多次轰炸，但人员伤亡很小。作为威廉港地区中最大的企业，造船厂不但成为了社区活动的中心，而且把熟练工人从遥远的弗里西亚（Frislan）海岸吸引到造船厂来。它是战时海军取得的成就中一个不可缺少的组成部分，从来没有让人们失望。

1931 年 10 月，国防部长格勒纳成为布鲁宁内阁的内政部长，这样军队就能顺理成章地对国内政策施加影响了。但军政合一的后果是灾难性的，这几乎是一个不争的事实。在经过十年的努力以避免卷入政治纷争的军队，到如今还是被拖入了党派之争。

幸运的是，海军大部分的活动是在海上和海岸边进行的，这就比分布在全国各地的陆军更远离国内纠纷。除此之外，我们也反复教育海军官兵要远离党派政治。

总体上说，1931 年对海军是有利的一年。“德意志”号下水了，B 型袖珍战列舰的建造申请也被批准，海军长期的“舰艇替代方案”基本上也为各方接受。我就任之初，公众那种对海军的不信任态度也逐渐消失，布鲁宁总理当众表示要增进对海军和其他军种的了解，尽量满足他们的需求。他真诚和无懈可击的品质赢得了广泛的尊重和信任，我在各种场合的讲话中都会提到这一点。同时，我对新的一年充满了期待。

但事与愿违，1932 年我在工作和生活上都是麻烦重重。4 月和 5 月我的父母在几个星期内先后离我而去，5 月 25 日，我敬重的前任公海舰队司令希佩尔海军上将不幸去世。战争年代的紧要关头我们朝夕相处，并肩战斗，无论是在战斗还是在训练中，我都非常尊敬和热爱他。

8 月 18 日，另一位令我敬佩的海军前辈、前任海军部长——邓克海军上将去世。他的葬礼与为失事的训练舰“尼俄伯”号举行的悼念仪式一同进行。7 月 26 日，这艘训练舰在费马恩（Fehmarn）岛外航行时，被一股罕见的不可预知的暴风袭击，突然倾覆。当时大部分舰员——包括军官、学员和水兵共有 69 人丧生。在这一事故中，海军几乎损失了当年所有的指挥、医疗、工程专业的后备军官和后备士官。

整个德国沉浸在悲痛之中，为此我也非常伤心。虽然水兵因其职业，必须时刻准备在大自然不可抗拒的力量面前付出代价，但突然而至的灾难还是令人不知所措。为了弄清这场事故的详细经过同时也是为了总结教训，战列巡洋舰编队司令受命组织一个全权调查委员会。

调查委员会询问的证人包括两位帆船操纵专家——卡普夫（Krapf）海军少将和拉依斯航运公司的彼德斯（Petesen）船长，彼德斯常年驾驶五桅帆船“普鲁士”号航行。还有一个证人是德范特教授，他是柏林大学著名的气象学家和海洋学家，他将验证那场风是否跟他在“奥德巴夫”号（Oderbaff）上亲身经历的暴风相似。舒特（Schutte）博士是一位造船专家兼海军造船协会的主席，他负责调查“尼俄伯”号的设计方案。

“尼俄伯”号的前任舰长迈维斯（Mewis）海军中校，负责调查该船的航行能力。在充分尊重事故调查结果的基础上，调查结论表明在这场突如其来的风暴中，在天气观察、操舰和风暴预防工作中，没有发现任何应该责备的疏忽和效率低下的行为。如果说是为失去了“尼俄伯”号的舰长鲁福斯（Ruhfus）海军少校完全开脱罪责的话，那么这场悲剧只能认为是天意。

我对这次调查非常关心，因为调查结果将决定我们是否应该继续战后一直进行的帆船航行训练。这是一个世界各国海军中争论不休的问题。经过深思熟虑，我同意了海军专家们的意见，我们应该继续这种形式的训练。我个人认为，帆船航行训练对于培养军人的品质、勇气和智慧具有无可估量的作用。

我的决定实际上还受到了布洛姆和福斯造船厂的一艘新式帆船训练舰设计方案的影响。该舰采用了所有能想得到的安全措施，它的建造申请很快获得议会通过，被列入下一年的预算之中，海军也与布洛姆和福斯造船厂签好了建造合同。最后这艘舰被命名为“戈施福可”号（Gorchfork），它的服役成为了世界各国海军同类训练舰艇效仿的典范。事实上，巴勒斯坦对我们训练舰的设计方案也很感兴趣。

国内的混乱状态

海军开始逐渐稳定下来，但整个国家却不是这样。阿道夫·希特勒创立的德国社会主义工人党羽翼渐丰，开始登上国内政治舞台。他们首先向布鲁宁政府发难，接着又将巴本和施莱尔的过渡政府赶下台。政治氛围变成了一种公开冲突，几乎导致内战。

动乱状态的一个主要源头是冲锋队（SA，俗称褐衫队），一个由社会主义工人党追随者组成的半军事化组织。1932 年春，作为内政部长的格勒纳将军，开始认真考虑彻底取缔冲锋队的问题。当我和施莱尔将军、陆军首脑——哈默施泰因（Hammerstein）将军一同被召去与格勒纳部长就此事交换意见时，我表示如果取缔这个半军事化组织，那么也要相应取缔其他所有的半军事化组织。

然而，4 月 9 日，格勒纳部长不顾我和施莱尔将军的强烈反对，在征得布鲁宁总理的同意后，于 4 月 12 日适时宣布了由兴登堡总统签署的取缔冲锋队的禁令。

陆军对此反应迅速。施莱尔将军向军政部长报告，称所有的军区司令都反对这道禁令，说这将给陆军带来破坏性影响。他指责格勒纳部长“这次注定要完蛋”，那条禁令将导致内阁的下台。尽管各军区参谋长得到通知说部长办公室否认了禁令，但我作为海军部长，不会对作战部队发表这样的声明。我认为国防部长的下属采用这样的方式来否定他，就如同军事上的自相矛盾一样，是一种可耻的背叛行为。

5 月 20 日，格勒纳部长在国会遭到了国家社会主义党人赫尔曼·戈林的猛烈抨击，他在回应这些批评时一败涂地。随后，施莱尔将军让我劝说兴登堡总统要出于军队利益的考虑，免除格勒纳国防部长的职务。我再一次拒绝了他的要求，我确信这或许是政客的处事方式，但作为海军部长，我不应该这样做。兴登堡总统已经就军队涉足政治的问题上反复表过态，我知道如果处于我的立场，他会清楚应怎样回答此类没有任何根据的猜测。然而，正如我所预料的，陆军总司令在施莱尔将军的鼓动下，向总统提出了罢免国防部长的建议。

无论如何，格勒纳将军已经在5月12日辞去了国防部长的职务。

这样的结局虽然不是我的本意，但我还是被卷入了这场纷争。5月13日，我正在基尔短期休假，看到一份报纸的头条标题为："海军上将雷德尔将取代国防部长格勒纳！"

我从来没有听说这样的提议，事实上我知道施莱尔将军自信会成为下一任国防部长。显然有些人想利用我，他们想看着我取代格勒纳后，与布鲁宁内阁一起迅速在几周内垮台。我立即与我在柏林的参谋长卡尔斯（Carls）海军上校联系，叫他以我的名义在当天的晚报上发表声明，断然否认任何与我有关的谣言。在我毕生的事业中，我已经完全专注于军事事务，并尽可能地使海军和我自己脱离政治。

稍后，作为格勒纳部长继任者的候选人之一，哈斯（Hasse）将军的名字开始出现在报纸新闻上。现在我通过可靠情报得知，施莱尔将军因为我曾拒绝按他的意愿向兴登堡总统建议免除格勒纳部长的职务而对我怀恨在心，也是他把我从格勒纳将军继任者的名单中划掉的。几乎同时，与希特勒运动关系密切的我的老朋友冯·莱韦特佐退休海军少将，特意来告诉我说是施莱尔将军向纳粹党代表戈林说我并不适合当国防部长，原因是我"不够左"。这一说法很快便得到了证实，一些激进的左翼报纸刊登文章指出我不是国防部长最合适的人选。我通过报社编辑发现这个消息又是从部长办公室传出来的。

我更加坚定了远离任何政治活动的信念。在施莱尔将军的操纵下，布鲁宁政府垮台，巴本受命重组新内阁，我的名字不再出现在报纸上。如我所料，施莱尔将军被任命为新政府中的国防部长。但是我仍然很信任兴登堡总统，在短命的巴本内阁执政期间以及施莱尔将军领导下，我都平安无事。

巴本政府执政后，觉得稍许违反《凡尔赛条约》中的裁军规定在当时的国际形势下是完全可以的。因此，1932年11月，尽管当时国际海军裁军会议正在日内瓦召开，国防部长还是批准了我为海军制定的装备改进替换计划。这个计划包括三个阶段，分别是：1932年至1933年，1934年至1937年和1938年以后。将有以下一些新舰编入舰队：6艘战列舰或袖珍战列舰；6艘巡洋舰；6个鱼雷艇或驱逐舰中队、3个扫雷舰中队、3个摩托鱼雷艇中队；3个潜艇中队（包括16艘U型潜艇）；1艘帆船训练舰；1艘雷区警戒舰和一些所需的补给船，火炮训练舰及试验辅助船。同时还急需建立9个海军航空兵中队作为海军航空兵的主力，筹建潜艇部队，并开始为建造潜艇筹措物资。真正的U型艇建造合同招标还要看国际形势而定，特别是日内瓦裁军会议的结果。其间，1933年第一阶段的人员编制方案获得批准，增加了1 450名士官和士兵的编制。

海军的发展势不可挡。甚至在20年代中期，就有30 000到40 000名志愿者独自到基尔海军招募中心报名参军，但他们当中只有1 000人符合条件。现在来自德国各地和不同阶层的人都涌向海军。1932年我们收到了618份要求担任舱面军官的申请，但只有45个职位空缺。一个只有14个轮机军官职位空缺的单位收到了522份申请，同样有121名申请者竞争海军医疗部队的6个空缺职位。

这样，我们在招收军官和征募士兵时就可以从候选者当中尽可能地精挑细选。人事局在一位经验丰富的心理学者和负责训练事务的军官的大力协助下，逐个对志愿者进行挑选。人事局负责监督指导所有的专业训练、技术学校的课程教学和后备士官的选拔工作。

由于《凡尔赛条约》对军队人数的严格限制，许多军营，例如以前驻满军队的岸防工事，现在都分配给平民管理了，因为他们不受《凡尔赛条约》的约束。这样就使正规的海军部队从繁杂的日常任务中解脱出来，尤其是舰艇部队。此外，我们可以使用这些营舍为那些服役年满 12 年后退役的官兵提供就业岗位——这在 1929 年和随后的经济萧条时期是个颇有价值的替代选择。

海军兵员招募中心的主要职责之一是为每艘新服役的舰艇配备训练有素的舰员。一艘现代化军舰需要很多专业人员，因此舰艇的人员补充计划必须提前很长时间制定。

这不仅仅是把一群拥有不同军衔和级别及不同专业的舰员聚集到一起那么简单。新舰在试航的时候就要有一批受过良好训练并能胜任本职工作的舰员，因为试航时没有时间进行操练和组织军事训练。我们采用的体制是把那些因为维修和其他原因而停航的舰艇上训练有素的军官和士兵骨干调到新舰上去，在其余舰员的配合下，以这些骨干为核心带动新舰员达到工作上的标准要求。新兵在新舰服役前就要尽可能地提前跟随他们的新长官熟悉自身的部署职责。这一点特别适用于轮机部门，当舰艇还在舾装的时候，他们就在轮机长和其助手的亲自指导下学习部署职责，以便能更快地适应岗位需要。

我强调不能为了盲目追赶工期而让舰艇仓促服役。与其那样，我宁愿让舰艇推迟到战斗准备就绪前服役。

最近几年，海军学校技术课程的教学和海军部队平时的训练都是按照一个明确的指导方针实施的。在尽可能地以我们有限的资源和陈旧的舰艇跟上外国海军发展步伐的同时，我们也在努力创新自身的军事理论。我们研究了很多新的战术并通过了军事演习和训练的检验，我确信对海军战术革新的专注使我们能够远离岸上政治和社会事务的干扰。

我们的训练巡洋舰每年也开始出国进行例行的巡航训练。1931 年，“埃姆登”号巡洋舰出访了东亚和非洲，到处受到热情接待。德国路德教派牧师施拉德尔（Schrader），在南非的东伦敦写道：“通过这艘军舰，我们可以发现秩序和纪律仍存在于战后的德国。英国人对此印象尤其深刻，它极大提高了德国民众的民族自豪感。军舰的出访把遥远的德国拉近了，使南非当地的德国路德新教派精神获得了新生。”

1932 年，“卡尔斯鲁昂”号巡洋舰到西印度群岛、巴拿马、火奴鲁鲁、北美大陆两岸作了一次类似的巡航。这是一战以来德国海军舰艇第一次访问纽约，在那儿我们受到了最热诚的接待，在所有其他的前交战国港口也是如此。

从 1932 年出访挪威的港口、但泽港和加那利群岛开始，我们舰队的一些舰艇开始频繁访问外国港口。与外国的经常接触开阔了官兵的视野，也唤起了他们对无处不在的德国文化成就的自豪感。同时，这也让他们认识到对某个国家印象最深刻的主要还是它的军队，还有与此相关的军队实力、装备、效率、礼貌和纪律。我们的舰艇和舰员无一例外地都为德国赢得了荣誉。通过长年累月的训练和有关纪律及团队精神的教导，我们的海军官兵充分展示了他们的风采。

1932 年和 1933 年席卷德国的社会和政治动荡对海军是一次严峻考验。我反复表示我们完全相信最高统帅兴登堡总统的正直和他的政治才干，并设法使那些动乱煽动者冷静下来，坚定那些易受激进政治宣传影响的人的意志力。整个危机过程中海军始终保持着对祖国的忠诚，总统任命希特勒为总理和新内阁的出现都没有在海军引起摩擦和剧变。

海军与政治彻底分离的一个明显标志就是“科隆”号巡洋舰 1932 年 12 月 8 日离开威廉港，开始到远东和澳大利亚进行为期一年的巡航训练。在能干的施尼维德舰长的指挥下，军舰所到之处都受到了尊重和友好接待，无论是友国港口还是以前的敌国港口。没有一名补充舰员与哪怕是最微不足道的政治事件有牵连，也没有出现违反纪律的情况。

1933 年 2 月 2 日，在陆军总司令哈默施泰因将军家中，我第一次结识了新任总理希特勒，那天是外交部长诺伊拉特（Neurath）的 60 岁生日，他是两任内阁的元老。晚宴后，希特勒当着海军将领和陆军将领的面第一次发表讲话，他简要介绍了自己早期的一些经历，并阐述了他的军队政策。他强调自己现在身负对内和对外政策的双重责任，今后，军队将不再介入国内政治，相反，军队将把所有的注意力都放在军事训练以及抵御外敌入侵上。

希特勒的海军观

不久，当着新任国防部长布仑堡（Blomberg）将军的面，我第一次向希特勒进行正式汇报。我的汇报内容全部是有关海军建设方面的，包括海军的战备状态和使命任务。其间，希特勒向我阐述了他关于德国未来海军政策的一些构想，会谈结束时他坚决表示在任何情况下都要与英国、意大利、日本和平相处。“我从未想过与英国、意大利或是日本开战，”他说，“德国舰队要按照德国制定的欧洲大陆政策框架指导自己的行动。”

他从未提到可能成为敌手的国家。当时苏联的海军力量微不足道，在欧洲唯一能与德国舰队匹敌的就只有法国了。

法国海军在经验丰富的海军部长雷盖（Leygue）的领导下，长期以来一直在建造新舰和扩充人员——此后在继任海军部长皮特里（Pietri）、达兰·维耶尔（Duran Dviel）和达尔朗（Darlan）领导海军期间，这一发展势头得以继续保持。法国海军扩充最显著的标志要数“敦刻尔克”（Dunkerque）级战列巡洋舰的建造了。但不管在当时还是其后一段时间，德国都没有对战争准备事宜进行过实际讨论，甚至没有人认为存在与法国或是苏联开战的可能性。

此后不久，希特勒告诉我他无意与英国争夺和他们遍布世界的利益相称的海上霸主地位，事实上，他想通过签订英德海军协定来协调两国海军力量的对比，以此让英国人确信两国舰队完全不会发生冲突，这一点也是希特勒本人非常关心的。希特勒表示他认为作为对英国优势海军力量的承认，德国海军与英国海军之间的力量对比应为1∶3。这次谈话中，希特勒显示了他在这些问题上具有超强的预见性。蒂尔皮茨将军曾在1912年建议德英两国海军力量的对比为10∶16。

与英国签订这样一个协定完全是希特勒自己的主意，但与我不谋而合。然而出于实际考虑，我建议德国舰队采取的发展比率为35％，而不是33％或1/3，他立即接受了我的建议。

如果这个协定生效的话，就会立即对德国海军产生深远的影响。首先，它会立即消除有关海军在德国对外政策中地位和作用的所有争论。通过协调英德两国海军力量的对比，在未来的裁军或舰队会议上，德国就不会因开始军备竞赛而遭到指责。同样，通过这样一个比率，也为关注未来海军发展的议会和政府提供一个蓝图，从而确保海军持续稳定地发展。

显然，35∶100的比例对英国来说也是受益匪浅。既然德国海军的重新崛起在一定程度上是不可避免的，制定这样一个固定的发展比例也使英国从自身海军发展规划的长期不确定性和焦虑中走出来。我们对自身海军力量的限制也表明我们向大陆扩张政策的迅速转变——其他任何一个国家都不会自愿给自己加上这个限制。

自然，没有一些政治上的补偿和回报我们也不会作出这样的让步。英国接受这样一个协定，自然就表明德国海军所关心的《凡尔赛条约》的裁军条款已经失效了，它被一个自愿性的协定取代了。这是一个关系全局、利害攸关的重大决策。

希特勒欲与英国签订一个明智而友好的协定的念头与我个人的想法完全吻合。很遗憾我们一战之前没有与英国签订这样一个海军协定，我们很清楚当时是被英美的海上力量击败的，尽管陆军在陆战场取得了巨大胜利，俄国也崩溃了。我们不能重蹈覆辙。

任何关于未来与美国发生冲突的想法都被我们认为是愚蠢的，我们不能想象如果德国的大陆扩张政策将我们拖入与美国的战争将是个什么样的后果。因此，如果一项与英国的海军协定能够使我们避免与美国的冲突，我们就会避免一战前的外交政策带来的麻烦和危险。就我个人而言，我确信德国已经从以往的失败中彻底吸取了教训。

当然，在签署海军协定之前，我们必须避免采取任何可能被认为是违反裁军规定的举动。诸如：重整军备——此时我们仍受《凡尔赛条约》的约束。尽管1933年12月希特勒就同意将建造另一艘袖珍战列舰的计划列入1934年的财政预算当中，但是直到1934年6月，关于为1934年财政预算中计划建造的两艘袖珍战列舰增强火力（加装第三座28厘米口径三联装炮塔）的改装方案，希特勒并没有明确表态，尽管这一改装方案早已列入计划当中。他批准的只是原先的装备计划。1934年建造的战列舰为了增厚防护装甲致使吨位大大增加。虽然把主炮口径增加到38厘米对军事有利，但这在政治上却是不利的。不仅如此，为了将38厘米口径主炮安装到1934年计划建造的战列舰上［分别命名为“沙恩霍斯特”号（Scharnhorst）和“格奈森瑙”号］，必须对整个设计方案进行修改，这将极大地延误建造工期。不过，这样我们在为新舰“纽伦堡”号（“莱比锡”级）铺设龙骨，以及按照合同建造4艘后备驱逐舰的时候，就不会违反《凡尔赛条约》的规定了。除了设计建造上述几艘舰，我们终于可以开始建造第一批排水量为1 850吨的驱逐舰了。

但是海军并没有足够的军费按照“替代舰艇建造方案”的计划建造所有的舰艇。1933年海军军费预算为1.86亿马克，只比以前的预算略微多一些，这些钱中只有很少一部分用于造舰。1933年2月海军获得1 400万马克的额外拨款，4月又追加了2 170万马克，大部分来源于“造舰计划”。到4月底海军共收到超过8 000万马克的拨款，以后海军每年都可能得到相同数目的拨款。

如果海军想得到更多的拨款，就必须向大家证明海军把钱都用在了刀刃上。鉴于蒂尔皮茨将军时期的教训，海军把预算局直接置于海军部长的领导之下。

为了确保这些钱确实是按照议会的要求使用的，预算局必须清楚每项开支的去向，即使是数额很小的资金。我们的预算局工作效率很高，他们能及时向我汇报任何一项资金的开支情况，而且没有发生过一次超支的现象，也没有发生过一次违反财务规定的事情。鉴于“罗曼事件”的教训，我与财政部长保持着密切联系，并随时向他报告海军军费的使用情况，尤其是在有关为海军文职人员和雇员建造新宿舍的问题上。为了避免由于个人喜好和粗心带来的偏差而遭受他人指责，在确定一些职位的人选时，我经常和财政部进行商讨，并严格遵守政府在这些问题上的规定。同时，在这些部门中我们逐步减少民间雇员，增加海军人员，以防止这些部门滋长官僚作风。

每年我都召集下属各部门进行训话，要他们明白海军的工作重点就是建造新舰和培训所需的舰员，在这些事情上容不得半点拖延。我反复提醒他们，随着他们手中掌管的资金数目不断增加，他们担负的责任也在增大。

1934 年中期，我拟制了一个海军发展的整体规划，并估算了所需的资金。像其他军种首脑一样，我必须在 1934 年 8 月亲自到贝希特思加登（Berchtesgaden）向希特勒汇报，这个整体规划就构成了汇报的基本内容。由于我的报告提供了具体数据，因此得到了普遍好评，尤其是德国国家银行总裁斯卡特（Schacht），他认为海军提的要求很适度，没有脱离现实。这种认同使我们的后续计划变得相对容易了。

1934 年还发生了两件大事，尽管基本上都是政治事件，但都对德国海军产生了重要影响。第一件事是 6 月 30 日，我们的第三艘袖珍战列舰在威廉港造船厂下水。为了纪念施佩海军中将，这艘舰将被命名为“施佩伯爵将军”号。我曾经和施佩海军中将一起随老式的“德意志”号在远东服役。施佩将军在科罗内尔海战和福克兰群岛海战的英雄业绩，可见我参与编撰的《德国海战史》中的巡洋舰战争篇。我荣幸地被邀请去在命名仪式上致词。台下是海军各方面的代表，一大群观众，还有少数福克兰群岛海战的生还者。此役，施佩将军和他的两个儿子一同牺牲，我无限怀念那支老式巡洋舰中队和它勇敢的舰员们，还有令人难以忘怀的指挥官。随着施佩将军的女儿胡贝塔（Huberta）宣布将该舰命名为“施佩伯爵将军”号，这艘舰开始缓缓地滑入水中。

与此同时，德国的另一个地方却上演了戏剧性的一幕。一场所谓的由冲锋队的参谋长恩斯特鲁尔姆领导的叛乱，在希特勒的亲自指挥下被强行镇压下去了。最初有报道称，叛乱对国家构成了严重威胁，经司法部长居特纳博士正式批准，政府采取了严厉的紧急应对措施，而居特纳部长并不是希特勒的人。

国防部长布仑堡将军就此发表了声明，强调军队作为国家的保卫者，不能参与国内的政治斗争。当然，海军也不能与之有任何牵连。

然而，渐渐地，一些披露出来的消息和细节证实，政府采取的维持治安行动不仅明显有悖于道德和常理，而且严重违法。这使我比以往任何时候都更确信，海军和其他所有武装力量一样，必须彻底脱离政治纷争，同时我们要坚决反对任何企图劝我们不要这么做的行为。

第二件轰动全国的重要事件就是 1934 年 8 月 2 日，德意志共和国总统兴登堡元帅的去世。他是我们这个年代的伟大人物之一，我为能在他的领导下任职并历经五任内阁而感到万分荣幸。他的军人和政治家泾渭分明的思想，他对宪法始终不渝的忠诚，如同一盏明灯，指引着我前进的方向。

作为兴登堡总统的继承人，希特勒当然也成了全国武装力量的最高统帅，像布仑堡将军、炮兵将军福利特兴（Fritsch）男爵和戈林将军一样，我自然也向希特勒宣誓效忠。我们毫不犹豫地这么去做了。除了他是被广泛认同的兴登堡总统的合法继承人和深得兴登堡总统信任之外，任命他为总统已经是毫无疑问的了，德国民众也反复呼吁他们全都信任希特勒。事实上，当时公众对希特勒的能力是如此信任，以至于没有人能推举出另一个比他更适合担任德国元首的人。

在我们以书面形式向希特勒宣誓效忠之后，希特勒随即向我们保证，他不会对军队的结构作任何大的变动。的确，当时军队中没有人能预见未来的发展。

那时，海军的主要精力都集中于造舰和人员培训上。《凡尔赛条约》规定德国海军军官和士兵的员额不能超过 15 000 名，这些人即使全部分配到舰上也还是不够的，与我们 1933 年和 1934 年期望增加到的人数相比更是相距甚远。我们最缺的就是年轻军官，因为即使培养一名最初级的军官，也要花三年半的时间。

为此，我们采取的措施之一就是增加后备军官的数量，投入两艘而不是一艘训练巡洋舰来负责训练后备军官和后备士官。另一个措施是大量招募年轻的商船船员进行训练后加入海军。因为他们已经受过很好的海上航行训练，所以只需对他们进行短期的使用武器训练。德国航运公司非常慷慨，放走了所有申请参加海军的船员。这些商船船员都是当军官的好材料，其中许多人最后都在二战中崭露头角：如 U 型潜艇艇长普里恩（Prien）、恩德拉斯（Endrass）和布雷施拉德（Blechrodt）海军少校，鱼雷艇中队指挥官科尔诺夫（Kohlauf）和摩托鱼雷艇中队指挥官费尔特（Feldt）。

后备军官的筛选掌握在位于基尔的海军教育督察局手中，从事这项工作的军官在对年轻人的了解程度、对海军使命任务的理解及教育培养新学员的方式上都有独到之处。表现出色的帆船训练舰舰长后来成为辅助巡洋舰舰长或舰队其他部队的指挥官绝不是偶然的。

一旦军官完成了他的初期训练，他未来的海军生涯，包括晋级和任职，就掌握在海军部军官人事局手中了。这个局是我亲自掌管的，我让我信任的下属直接管理该局，他也会意识到接受这个职位就意味着重大的责任。到了选拔任命舰长和舰队司令的时候，我总是最后亲自作决定。

最令海军感到困难的一项任务是如何按照军官的个人意愿和专业特长将他们分配到最合适的岗位上去。我们并不能只根据每个人的经历和先前所受的培训而赋予他相应的职务，同时还要认真考虑他所担负的岗位职责和他在这些岗位上的现实表现。考虑到军官在性格、智力、爱好和健康状况上的差别，我们不可能对每个人都有深入的了解，这就导致在选拔任用军官时不可避免地时常出错。

我并不是要为自己在一些军官任用或晋升问题上所犯的错误开脱责任。尽管我认真听取了我的人事局长和其他顾问的意见，对军官的选拔任用问题进行了非常认真的权衡，但我还是意识到我的有些决定是错误的。但是说心里话，虽然有时我的决定对当事人来说很难接受，可他们并没有以此来反对我。因为海军中那种把大家凝聚到一起的战友情谊尤其深厚。为数不多的高级军官同样也是忠诚无私的，当我们在基本观点上出现分歧时，要么是我感到有必要放弃自己的立场，要么就是他们觉得应重新考虑自己的想法。我从不会让他们感到我会因为这些分歧的存在而丧失对他们的信任。

就像我能意识到有时我对一名军官的判断是错误的一样，我确信我有一个决定毫无疑问是正确的。1935 年，我看中了邓尼茨（Dönitz）海军上校，随即将他从“埃姆登”号训练巡洋舰舰长的位置上，提拔为我们新式潜艇部队的指挥官。他忠于职守、精力充沛，对潜艇部队领导有方，赢得了我的尊重和钦佩。他与我交往过程中一直保持着真诚无私的优秀品质，后来他成为我的继任者，我同样对他深怀感激。

我领导下的这些军官和文职人员之间能够坦诚相待经常令我感到很欣慰，特别是那些资深军官。他们不是“好好先生”，而是有个性的大丈夫，即使与我意见相左时，他们也毫不畏惧地敢于说出自己的观点。我很赞赏他们这种实事求是的态度。

1934 年，德国海军和外国海军的舰艇互访明显增加。英国的巡洋舰“阿基里斯”号（Achilles）访问了基尔，英国第二巡洋舰中队的旗舰“林德”号（Leander）在诺伯（Noble）海军少将的率领下抵达斯坦丁（Stettin）进行了为期数天的访问。还有英国第二驱逐舰中队的 5 艘军舰访问了斯维内明德。作为回访，我们派侦察舰队司令科尔伯海军少将率领旗舰“柯尼堡”号和巡洋舰“莱比锡”号访问了朴次茅斯（Portsmouth），这是一战后德国军舰第一次访问英国港口。无论英国海军还是普通民众，对我们的出访军舰都给予了热情接待。

这一点非常重要，因为它似乎可以为下一年早些时候在德国或英国举行的海军协定谈判营造一个良好氛围。

希特勒上任之初就告诉我他希望达成这样一个协定。经过初步接触，英国政府通知德国政府，他们准备在 1935 年 2 月

德皇威廉二世的游艇“霍亨索伦亲王”号在基尔赛艇会上

黑尔戈兰湾之战，德国巡洋舰“美因兹”号在黑尔戈兰附近沉没

多格尔沙洲之战，德国战列巡洋舰“布吕歇尔”号倾覆

1915 年，德国的战列巡洋舰炮击英国北部海岸

在日德兰海战激战中的德国巡洋舰“弗劳恩洛布”号

1936 年 10 月 3 日，“沙恩霍斯特”号在威廉港的海军造船厂下水

1919年，“兴登堡”号在斯卡帕湾被凿沉，1936年，它的船钟被正式归还给德国，海军元帅雷德尔代表德国接受了归还的船钟

海军上将阿尔布雷希特和海军上将卡尔斯在基尔的德国海军波罗的海基地向海军元帅雷德尔致意

1939 年 4 月，海军造船厂威廉港

“沙恩霍斯特”号战前在波罗的海作训练巡航

位于基尔的海军波罗的海基地办公楼

海军波罗的海基地的礼堂，海军元帅雷德尔在向贵宾作演讲

海军元帅雷德尔在检阅“沙恩霍斯特”号的舰员

海军元帅——埃里希·雷德尔

德国海军的威廉港造船厂

1940 年 6 月 8 日，英国的航空母舰“光荣”号正在沉没

德国的 Z-33 驱逐舰在挪威的一个峡湾抛锚

“沙恩霍斯特”号在北冰洋水域

战列巡洋舰“沙恩霍斯特”号在布雷斯特进行伪装

“欧根亲王”号在快速穿越英吉利海峡

战后的威廉港

装有应急舵的“欧根亲王”号

纽伦堡审判，雷德尔正在法庭上作陈述

1957年6月2日，海军元帅邓尼茨、海军牧师龙内贝格尔、海军元帅雷德尔和夫人在威廉港纪念仪式上举行完奉献仪式后正在离开教堂

早些时候开始全面讨论军备问题，旨在达成一个新的裁军协定来取代原有的《凡尔赛条约》。德国政府痛快地答应了，一个英国代表团不久将到柏林来商谈。

但在1935年3月16日，希特勒公开指责《凡尔赛条约》中的军备限制条款，并宣布重新对公民进行强制军事训练。两天后，英国政府对德国政府的单方面行动表示强烈抗议，同时召集英、法、意在施特雷萨（Stresa）召开盟国内部会议，会上英国的两个盟国也加入了反对德国的行列。

然而奇怪的是，英国虽然在3月抗议德国重整军备，但同时又问德国政府是否准备接受英国代表团到柏林就海军问题进行商讨。在得到德国政府的肯定答复后，英国外交部长西蒙（Simon）先生和掌玺大臣*艾登（Eden）于3月25日抵达柏林，与希特勒进行了那次著名的会谈。

希特勒开门见山地告诉他们，他想就两国海军的实力对比与英国政府达成一个协定，他表示德国海军的实力只要达到英国海军的35％，他就很满足了。英国代表团注意到了这个建议，但没有表示任何意见，但双方约定不久由两国的海军专家对此进行初步讨论。

要想了解英国为何积极地与德国进行这样的商讨，回顾一下1919年以来的海军军备竞赛状况就会一目了然。

一战前，英国主张作为传统的海上强国，它的舰队要比由

---

* 掌玺大臣：某些君主立宪制的资本主义国家内阁阁员之一。在英国，原来的基本职权是掌管英王御玺。1884年英国国会通过国玺法案，国库支出等事项不再加盖御玺后，已经不负掌玺的具体责任，只保留名义，出席内阁会议。常由首相委以特殊事务，并按惯例兼任执政党上院领袖。

两个稍弱于英国的海上强国组成的联合舰队强大。但是美国决定建立一支不弱于任何国家的舰队。面对这种状况，英国在1921年同意了美国提出的召集五个海军强国——英、美、日、法、意开会讨论国际军备问题。1921年和1922年在华盛顿召开的这次会议在军备方面没有达成任何协议，但是会议决定各国要按照一定比例限制主力舰的吨位，并且限定了各个级别的舰艇排水量和舰炮口径。英国的基地遍布世界各地，因此它提出要对各国巡洋舰的吨位和舰炮口径严加限制，但是美国因为基地较少，主张不应过多限制巡洋舰的吨位，美国打算建造吨位更大、火力更猛、作战半径更远的巡洋舰。法国和意大利拒绝对潜艇和辅助舰艇加以任何限制。最终结果是虽然各国暂停了主力舰的建造，但却开始了建造轻型舰艇的竞赛。

其后1924年和1927年分别在罗马和日内瓦召开的裁军会议，除了加深美英之间在巡洋舰问题上的分歧外，没有任何结果。

在华盛顿会议上，规定各国在十年内都禁止建造主力舰。在1930年由同样五个海军强国参加的伦敦会议上，英美提议把禁止建造主力舰的期限再延长五年，但是法国和意大利对德国已开始建造袖珍战列舰的行为当场提出抗议。英国随后努力劝说德国放弃建造袖珍战列舰，但是被布鲁宁总理拒绝。

五个海军强国的下一次裁军会议计划于1935年召开。其间，1933年五国在日内瓦举行了一次预备会议。在这次会议上，英国提出了所谓的“麦克唐纳计划”，即海军强国可以在特定的条约框架内继续扩充军备，但弱国要保持现有的军备水平。德国第一次被邀请参加裁军会议，五国试图说服德国将它的袖珍战列舰的建造计划推迟到1937年后。会议结果是“麦克唐纳计划”几乎被所有国家拒绝。

接着日本于1934年12月宣布，按照1930年伦敦协定要求的提前两年通知的规定，它将在1936年12月1日退出协定。

至此，英国试图建立的一个由它独自控制的海军裁军体系几乎完全破裂了。所以现在来自任何一方的支持都会得到英国的热烈欢迎也就不会令人感到惊奇了。德国自愿把海军实力限定为它的35％的建议正是给予了它这种支持。作为回报，德国只要求用新的海军协定取代《凡尔赛条约》中的裁军条款。

自然，达成任何这样的协定主要是出于政治而非海军的目的，因此这也就成了政府的自身行为。希特勒会见完两位英国代表后，就在等待时机。事实上，他在英国政府亲自开始正式外交谈判之前，对英国海军武官的询问根本没作任何反应。

显然，此时英国并不想匆忙与德国进行这样的谈判而冒犯他们《凡尔赛条约》中的盟友，因而他们的代表建议两国的海军专家进行预先会谈。

从海军方面考虑，我成立了一个以海军作战部长古斯（Guse）海军少将为首的专门小组，负责整理出我方的建议和立场观点。这项准备工作非常重要，因为率领德国外交使团进行谈判的里宾特洛甫（Ribbentrop）特使对海军事务基本一无所知。接着我又让我的副官布尔克尔（Burkner）海军中校将我们的问题向里宾特洛甫特使作了简要介绍，同时在会谈准备期间我们与在柏林的英国海军武官古尔德（Gould）海军上校一直保持联系。舒斯特尔（Schuster）海军少将和基德劳恩（Kiderlen）海军中校将代表海军参加去往伦敦谈判的代表团。

希特勒向我保证，在这次会谈上，凭借我们主动将海军的实力限定为英国的35％，德国海军就不会再损失更大的利益了。在预先的“专家会谈”中，只有当里宾特洛甫和英国外交部长思茅完成外交换文，取得政治上的成功后，我们才能透露目前正在进行的或下一步准备实施的海军建设计划。

为了确保里宾特洛甫理解这层意思，不会在伦敦会谈上对海军的利益作出任何让步，1935 年 5 月 31 日在慕尼黑希特勒的家中召开了一次秘密会议。我首先与希特勒私下交换了意见，接着外交部长冯·诺伊拉特、国防部长布仑堡、保密局长兰姆斯、里宾特洛甫特使和舒斯特尔海军少将一同参加了会议。经过一个半小时的商谈，与会者一致接受了海军的建议。于是我将这些建议记录下来，希特勒核准后交给了里宾特洛甫。希特勒对代表团强调，宁可中断会谈立即回国，也不能对这些条件作任何让步。

德国代表团在伦敦受到了最热情的接待，一两天后，在 6 月 3 日，他们参加了国王生日庆典游行。谈判在第二天开始，德国大使成功确保了英国外交部长出席首次会议。这直接符合德国认为的这次谈判政治目的大于军事目的的判断。

但是英国却另有想法，他们认为在谈及任何政治问题之前，应先行召开由海军和其他军事专家参与的协商讨论，因此英国外交部长随后离开了会议。但是，两天后，英国内阁突然宣布赞同德国的政治立场，两国海军专家之间的讨论也随即开始。德国的观点主要由德国驻伦敦海军武官瓦斯纳（Wassner）海军上校准备，谈判进行得迅速而顺利。

但在最后的关头，英国外交部却作出了一个出人意料的举动。签字前，英国代表团的法律顾问突然声称要检查所有达成的协议条款是否合法。很明显，英国方面的这一举动预示着协议将被再次限定在《凡尔赛条约》框架内。这时，代表英国海军部参加会谈的李特（Little）海军上将和外交部次长克力格（Craigie）先生及时进行干预才避免会谈陷入僵局。

《英德海军协定》于 1935 年 6 月 18 日签署，以英国外交部长霍尔（Hoare）先生和德国大使里宾特洛甫先生交换签字协议为证。碰巧的是，签字那天正好是滑铁卢战役 120 周年纪念日，在那场战役中，拿破仑被英国和普鲁士组成的联军击败。

协定包括以下主要内容：德国海军的实力被限定在英国海军实力的 35%，这里指英联邦的所有海军力量；舰艇的大小和战斗力要符合先前英国与其他国家达成的协议标准；在潜艇兵力上，德国取得与英国同等的地位。不过，德国所同意的 35%的限制不只是海军的总实力，同时也适用于各个级别和类别的舰艇——这对英国非常重要，因为它在这一问题上与法国有根本的不同。德国也宣布了它没有建立超过英国 45%水下力量的计划，而且如果它感觉出于外界因素迫使它超过那个百分比的话，它会在开始额外建造潜艇之前与英国进行友好协商。

在当时，或许并没有多少德国人认识到《英德海军协定》的重要性，部分原因是由于英国代表团要求尽量少在报纸上报道海军协定的签署。英国人怀疑他们的前盟友——尤其是法国不会同意英国与德国签署单方面海军协定。

签署这个海军协定对德国来说是一个政治上的胜利，因为英国主动用一个协定取代了《凡尔赛条约》的严格限制。这不仅意味着所谓“施特雷萨阵线”（Stresa Front）的破裂，而且允许德国此后可以重整军备。从那以后，德国将再也不会被指责违反《凡尔赛条约》了。

不过英国政府从中也收获颇丰。迄今为止，在海军军备问题上它不得不单枪匹马地与其他国家谈判，因此只能一个个地与其他国家签署单独的限制条约。现在，它可以指望在不久将要举行的海军军备各方会谈中取得德国的支持。

看来只有这样，才能最终使两国海军和睦相处。德国海军初建时期在很多方面都是模仿老牌的英国海军。最初，大多数德国军舰都在英国船厂建造，到19世纪末，德国海军花费大量时间参观了英国港口。德国海军的礼仪和舰艇习俗都是沿袭英国海军的，比如德国海军的《舰艇条令》就是参照英国皇家海军的条令而制定的。英德两国海军的技术进步也经常是同步的，到第一次世界大战时，两国政府的政治分歧并没有在两国海军之间产生一道无法逾越的鸿沟。两国海军都是相互理解和尊重的。在第一次世界大战中，德国和英国的舰队更像两个强硬的对手，而不是无情的敌人。德国战败后，英国海军忠实履行英国政府的政策，很少故意去做任何会令战败的德国海军感到耻辱和悲痛的事。

两国海军间的默契关系有一次确实得到充分了展示：那就是在德国公海舰队投降的时候。罗伊特海军少将在斯卡帕湾将所有的德国舰艇凿沉，避免了这些舰艇成为将来互相争夺或个人仇恨的牺牲品。罗伊特海军少将自豪地对当时在场的英国海军将军说："处于我的位置，任何一位英国海军将军也会别无选择地这样去做。"这是一种英国人也能完全理解的自豪感。现在签署的这个《英德海军协定》会让这些斯卡帕湾沉舰上的英灵得以安息了。

我认为，英国海军对我们的同情和理解应主要归功于约翰·杰利科海军上将，这位伟大的水兵因在斯卡格拉克海峡海战中全程指挥英国大舰队而备受尊敬，后来他成为英国首任海军大臣。在他身处海军要职期间，总是为能在英国和德国之间达成共识而努力。他是一战后第一个和德国海军恢复联系的英国人。同样，在他的提议下，英国退伍军人协会邀请舍尔海军上将的参谋长——特罗塔海军中将参加他们 1927 年的会议。次年，杰利科将军写信给他在斯卡格拉克海峡海战中的对手——舍尔海军上将，提议双方会面，“讨论一些双方的历史作家都遗漏的问题”，他机智而又亲切地提出这样的建议。不幸的是舍尔海军上将不久就去世了，一战中的两位海军名将之间的会晤就这样夭折了。

我积极利用各种方式尽可能地改善两国海军的关系，哪怕只是部分地改善。除了加强两国间的海军舰艇互访外，我在一个新基地重新开始了传统的“基尔周”活动，举办了一系列的“海军杯”帆船比赛，邀请各国海军参加。英国人对这些比赛很感兴趣，通过这些活动，两国海军军官之间的密切关系与日俱增。

这是具有重要意义的一年，在《英德海军协定》签署的五个月内，英国大舰队司令杰利科勋爵于 11 月 20 日去世。英国政府在伦敦圣保罗大教堂为他举行了葬礼，英国最伟大的海军英雄——纳尔逊勋爵也安葬于此。自 1898 年年轻的我在远东舰队服役时，就对杰利科将军早有耳闻并尊敬有加，当时他是英国巡洋舰“百夫长”号（Centurion）的舰长。现在我想说的是，德国海军不仅对已故的英国海军将军怀有万分崇敬之情，同时也希望两国海军未来继续保持友好关系。因此我发表了一篇缅怀我们尊敬的对手的悼词，由于公事繁忙不能离开柏林，我就指派公海舰队司令弗尔斯特（Foerster）海军中将代表德国海军出席了杰利科将军的葬礼。

英国海军明白了我的用意，他们从最杰出的军队和海军将领中选出 12 人作为护柩者，并从中为弗尔斯特将军安排了一个位置。葬礼后，威尔士亲王代表生病的国王乔治五世对弗尔斯特将军表示感谢，同时以他父亲和英国人民的名义，重申了他对德国人民的友谊。

按照我的进一步指示，在这位一战中的英国大舰队司令、斯卡帕的子爵、南安普敦卜洛柯的伯爵——约翰·拉什沃思·杰利科海军上将下葬的时候，所有的德国军舰，无论是在国内还是在国外，一律降半旗对这位伟大、英勇的前对手表示最后的敬意。

现在回想起来，这是海军发展和我个人期望达到的顶点。我认为，与英国签署的海军协定，将为德国和其他欧洲国家未来和平共处提供一个良好基础。凭借与各国的友好关系加上从《凡尔赛条约》的严格限制下解放出来，我想国内的骚乱也会平息下来。自第一次世界大战结束的 15 年来，德国海军通过把自身限制在自己的使命范围内，避免了卷入当时的政治斗争和社会冲突，在履行保卫国家海岸线的使命上也取得了实际进步。我认为我有理由对未来充满信心——特别是作为德国政府首脑的希特勒，自此以后不时强调与英国开战是不可想象的。

然而，这却是我一生的悲剧，我们的未来已走上了一条完全不同的道路。

第九章 《凡尔赛条约》的枷锁

只有曾经在那段困难时期生活过的德国人，才能够深刻体会《凡尔赛条约》带来的灾难性后果。这个条约标志着一场四十年和平之后爆发的战争的结束——一场德国大众并不认为自己应该对之负责的战争。每个德国人都憎恨这个条约，因为这个条约主要的一点就是要求德国承认他们的战争罪行。其中还有一些强制规定令德国人无法理解。例如，一些最古老的德国领土被强占，莱茵河以西的德国领土永久非军事化，并被外国军队长期占领；但泽被划为一个单独的政治实体；德国所有的殖民地都被瓜分一空。奖给波兰的德国领土，特别是被称为“波兰走廊”的那部分，甚至令法国元帅福熙都感到震惊，他声称“那里埋藏着未来战争的种子”。

不仅如此，德国最重要的煤铁生产区——萨尔，将脱离德国 15 年，甚至是永远。德奥同盟被拆散，而这个同盟是两国人民都盼望的，且在两国的宪法里都做过准备。德国的军备和防御力量受到严格限制，德国将处于一个永久依赖他国的境地，同时德国被一个由外国军事同盟和军事力量组成的系统包围，目的是使这个国家始终处于军事压力之下。

最后，实际上德国所有的商业海运船队都被剥夺了，同时协约国还无理地要求德国承担额外的物资和资金上的赔偿。

此时的德国处于多事之秋，祸不单行，我们今天很难再现这个国家在一战后所面临的各种难题。那个时代所有的德国政府——特别是格勒纳将军担任国防部长的时期——都始终处在担心受到波兰侵略的恐惧之中。德国是如此地毫无戒备，以至于当 1923 年法国军队进占鲁尔区时，德国除了消极抵抗外束手无策。这一占领持续了两年多，而外国军队对德国莱茵区的占领则维持到 1930 年方告结束。

胜利的协约国一方的政治家们想单凭《凡尔赛条约》就想永远束缚德国人民的想法是完全不切实际的。这种征服，包括强占领土，实行军事管制，漠视国家主权，羞辱其政府，只会导致反抗的浪潮。

战后，德国民众组织了无数的政党，其结果就是德国自身的分裂。强制隔离和经济状况恶化引发了无法控制的通货膨胀，使许多人破产并将整个国家变得一贫如洗。失业人数与日俱增，并伴随着共产主义的威胁。那些穿制服的士兵和水兵是政府唯一可以信赖的保护者，他们承受着共产主义者的诽谤中伤和人身攻击。但他们也同样未能幸免于正在国民议会上辩论的政治领袖以及其他人的类似攻击，尽管他们始终是埃伯特总统、兴登堡总统和军队统帅诺斯克、格斯勒、塞弗灵、海尼格、布鲁宁、格勒纳、朔普夫林和埃尔兴的忠实拥护者。

对于协约国领导人来说，这是一个悲哀的注释，尽管他们拒绝了魏玛共和国提出的希望就调整《凡尔赛条约》的不公正条款进行讨论的提议，但他们却毫不犹豫地与希特勒的纳粹党政府进行了这样的讨论，此前他们曾经拒绝给予魏玛政治家的支持，现在全都给予了希特勒。

值得注意的一个现象是，历届德国政府都毫无疑问地得到了军队的支持，这些政府不管其组成如何，只要他们代表的是德国民众的意愿，军队就会支持它。

除了卡普暴动期间个别人少许玩忽职守的行为外，海军也一直都是这样做的，在就任海军部长的第一天起我就反复强调这一点。对我来说，德国海军不是外籍雇佣军，它是整个国家和民族不可分割的一部分。海军确保稳定和忠诚是它训练和纪律的一部分，这在魏玛共和国早期就开始了。在这以后，曾有纳粹党人声称在纪律和专业上取得的这种成就完全是因为受到了该党领导人的影响。毫无疑问，海军从国家获得的不断增加的资助和支持当然起了一定作用，但是如果没有魏玛共和国打下的基础，海军是不可能取得后来的成就的。

作为德国人民的代表，海军官兵在《凡尔赛条约》的严厉制裁下痛苦挣扎。他们无法作为——这只是渴望自由的表现而已，这种表现在任何强盛的民族和任何理智的个人身上都会出现。

后来，在二战结束后的纽伦堡（Nurnberg）审判期间，盟国禁止任何对《凡尔赛条约》及其后果的讨论，甚至提到它们也不行。由于这种需要一个“铁腕人物”来领导德国的政治氛围，出现一位“领袖”来带领德国摆脱困境，仅是敌人在1918年确定的政治格局所导致的直接后果。国家社会主义的出现，被认为只是为了摆脱这种背景，随着他们不断对这个束缚性条约进行指责，以及提出了自己的党章，这些在每个失望的德国人心中都产生了强烈反响。

只要国家社会主义处于上升状态，纪律严明的德国海军就将继续对其效忠，如同它曾经在魏玛共和国时期效忠所有的前政府一样，并没有任何变化。如果有的话，我就会立刻严厉制止他们。新政府的就职无论如何都是一个既成事实，并且希特勒的政党在选区里是支持率最高的单一政党，这也符合宪法。兴登堡总统如果要阻止新政府就职，身为总统和军队总司令的他就不得不违反自己的誓言，宣布支持魏玛宪法。然而，1933年1月，从施莱舍到希特勒的政府交替避免了内战。

希特勒内阁控制政府后，并没有立刻插手军队，军队依然处于国家首脑——总统的领导之下。从新政府的组成上看，政府并未做剧烈的人员改组，此时只有几个新部长来自国家社会主义工人党。然而，各种各样的民意测验和选举表明新政府获得了社会各阶层的有力支持。1933年3月24日，除社会民主党之外的所有政党在国会大厦就赋予新政府处理紧急事件权力的立法进行投票。7月，德国与梵蒂冈签署的协定也得到了公众支持。政府实施的大范围救助行动缓和了失业形势，很多领域总体上有了好转，民众感到满意，并给予政府热情的支持。国内状况确实全面改观，许多魏玛政府时期开始进行的项目现在已结出累累硕果。在公众眼中，希特勒取得了前任政府未能取得的显赫成就，在与魏玛政府的争论过后，他赢得了德国民众的喝彩和信心。

军队很快注意到公众对军队职责的理解不断加深，其中也包含着对军队的赞许。在海军的造船厂中，这一现象显得尤为突出，在那里，海军士兵和工人们有着密切的接触。但这并不意味着所有的事情都进行得很顺利，海军人员与纳粹党之间偶尔还是会发生摩擦的。指挥官们经常面对带有偏见的命令，他们不得不在保护自己的同时，解决一些棘手问题。但在海军内部，这样的争吵就无关紧要了，而且基本上不用我干预即可解决问题。

自然，一个人的见解和个性会对他与纳粹党的关系产生重大影响。尤其在那些比较老的军官中间弥漫着重重疑虑，但是他们可以完全自由地表达出他们的怀疑或批评，而不用担心遭到报复。我知道有很多军官与纳粹党的政见并不一致，但他们敢毫不犹豫地说出自己的想法。只要这些军官恪尽职守——并坚持到战争结束——他们就不会失去任何人的尊重，也不会遭到敌视。不管人们的看法如何——狂热地支持、谨慎地保留还是公开地反对——重要的是整个海军给予了新政府同样可靠的忠诚，就像以前曾经给予过魏玛共和国时期历任政府的那样。

从我的立场和原则来看，军队没有任何理由不对适时当选的政府负责。我的职责就是合作和忠实服从——这是海军和德国民众的普遍态度。但如果我感觉到我在良心上并非如此，我就会立刻辞职，因为如果我不忠诚于国家，就无法要求海军忠诚于我。

在我看来，我的职责在于训练和教育海军人员，维持和改善海军发展所需的物质条件，尽到海军在维护国家安全方面应尽的责任。在那些日子里，没有人能够预见到这一进程的未来，但在这个过程中是我领导着整个海军，因此我对海军的发展负有全部责任。

新政府与英国签订的海军协定促使海军对自身的使命任务进行了重新定位，以及为履行好这些使命任务规划自身的发展。

在人员问题上，我们有了一个良好的开端。尽管《凡尔赛条约》将海军每年的新兵人数限制为 1 500 人，但我们通过灵活的安排和训练，拥有了一个由纪律严明、训练有素的军官和士官组成的核心。这些军官和士官的素质如此之高，以至于后来随着海军的扩充，其中很多人都晋升了军衔和级别，同时也担负了更大的责任。

还有一件鼓舞人心的事就是英国对待德国在海军协定中新位置的态度。这一态度可见诸海军上将贝蒂伯爵1935年6月26日在英国上议院所作的演讲中，他曾经是英国战列巡洋舰分舰队的司令，后来成为英国舰队总司令，第一次世界大战中他亲身经历了与德国海军的最重要的海战。“我认为，”他就海军协定说，“我们应该感谢德国人。他们伸开双手欢迎我们，并且主动接受了海军力量35∶100的比率。如果他们提出其他方案，我们可能也无法阻止。但至少我们不必与世界上的一个国家展开军备竞赛这件事是值得我们感激的。”

这并非夸大的描述。德国主动接受35∶100的海军力量劣势对于英国确实是非常重要。我们之所以作出这样的牺牲是因为我们想通过它消除任何与英国为敌的可能性——同时我们还希望，如果情况允许的话，它最终能保护英国的盟友。1938年至1939年冬天，在希特勒的一个招待会上，我、诺伊拉特男爵与英国大使内维尔·汉德森先生进行了交谈，我们讨论了海军协定，我说英国看起来把它当作一个再自然不过的事情。大使强调事实并非如此，并认为在殖民地问题解决后，英国的态度将变得更为明朗。这是我第一次听说关于主动解决殖民地问题的说法。

海军协定签订后，为了组建德国舰队，我们将有大量的工作要做，这支舰队也正是我与希特勒进行首次正式会谈时，他向我描述的新德国大陆政策所需要的力量。鉴于1922年签署的《华盛顿裁军公约》中的海军裁军规定，以及随后根据变化又进行的修订，它们将于1936年失效，并且几乎不可能续订，英国迟早会发展其海军力量，同时也就按比例自动提高了德国海军的实力。

当时——1935 年前后——英国的海军实力包括：12 艘战列舰、3 艘战列巡洋舰、8 艘航空母舰、19 艘重巡洋舰、35 艘轻巡洋舰、19 艘舰队驱逐舰、150 艘驱逐舰和 54 艘潜艇。根据 35％的比率，用吨位来衡量的话，德国将可以拥有 184 000 吨的战列舰、47 000 吨的航空母舰、51 000 吨的重巡洋舰和 119 000 吨的轻巡洋舰和驱逐舰。在潜艇方面，由于限制比为 45％而非 35％，因此我们可以立刻建起一支总吨位为 23 700 吨的潜艇兵力。但在当时那个特殊时期，战后的德国海军拥有的现代化军舰仅为 3 艘“德意志”级战列舰，总吨位为 35 000 吨，再加上 6 艘轻巡洋舰，总吨位为 40 000 吨，和 12 艘驱逐舰，总吨位仅为 11 000 吨——并且没有潜艇。

在公开造舰计划和一些打算之前，我们其实就已经决定要完成并装备战后第一艘德国潜艇。在制定 U 型潜艇的建造方案时，我们极其小心谨慎，并已完成了三种不同型号的设计方案——分别是 250 吨级、500 吨级和 750 吨级。此外，我们事先已经开始了为 250 吨级的小型潜艇预制部件的工作，因此潜艇的装配、下水和服役只用了很短的时间。事实上，到 1935 年 9 月 27 日，第一支潜艇中队已经形成战斗力，其中有 6 艘编入了舰队，另外 6 艘则在潜艇学校开展训练。这支 U 型潜艇中队以一战中著名的 U 型潜艇指挥官维迪根的名字命名。开始这个中队由邓尼茨海军上校指挥，但随后我很快任命他为整个潜艇部队的指挥官，并让他负责研制新型潜艇武器的工作。

为潜艇部队挑选军官尤其受到了重视。应邓尼茨的要求，泰德森（Thedsen）海军中校被任命为中队工程师，后来升至潜艇部队总工程师。他在一战的潜艇战中表现突出，二战中他作为潜艇部队的总工程师被提升为海军少将。高德（Godt）海军少校从新近参加培训的艇长中间脱颖而出，被任命为潜艇部队司令的参谋长，整个二战期间他都一直担任这个职务。对潜艇部队建设贡献卓著的海军人士还有舒尔（Schuer）、布鲁金（Broking）、阿施莫奈特（Aschmoneit）、迪斯特梅尔（Diestelmeyer）、斯普林（Sperling）和弗莱舍（Friese）。

1935 年 7 月 9 日，我们首次宣布新潜艇服役，以及舰队未来的发展规划：

根据与英国海军签订的海军协定，为使海军达到英国海军实力的 35％的水平，下述建造计划已经开始实施或在整个 1935 年实施。

1. 2 艘排水量为 26 000 吨的战列舰，装备有 28 厘米口径舰炮。

2. 2 艘排水量为 10 000 吨的巡洋舰，装备有 20 厘米口径舰炮。

3. 16 艘排水量为 1 625 吨的驱逐舰，装备有 12.7 厘米口径舰炮（其中大部分已经在 1934 年和 1935 年完成）。

4.（a）20 艘排水量为 250 吨的潜艇（1 艘已经服役，另有 2 艘已经下水）；

（b）6 艘排水量为 500 吨的潜艇；

（c）2 艘排水量为 750 吨的潜艇。

建造德国第一艘航空母舰的计划正在制定当中，同时还要为在 1936 年额外建造的战列舰制定计划，以及随后几年中按照协定提供的比例制定造舰计划。

这时，法国海军已经建造出 2 艘“敦刻尔克”级战列舰。每艘排水量为 26 500 吨，拥有 8 座 33 厘米口径舰炮，航速为

30 节。这被认为是对德国建造的排水量为 10 000 吨、装备有 6 座 28 厘米口径舰炮和航速为 26 节的战列舰的回应。除此之外，法国还打算在 1935 年 11 月开始建造排水量为 35 000 吨的战列舰。

按照总实力计算，法国舰队约相当于英国舰队的 60%。在潜艇方面，法国有 96 艘潜艇在役，还有 15 艘潜艇正在建造当中，远超过英国在役的 54 艘潜艇和 6 艘正在建造的潜艇数量。如果法国舰队仅仅将老旧舰船替换掉，那么毫无疑问他们的实力将是德国舰队的两倍，尽管我们已经是按照《英德海军协定》规定的最高标准执行的。因此，无论是从允许德国建造的舰艇数量还是从吨位来看，法国都没有任何理由对这个协定感到不安。

对于英国民众来说，他们对于这个协定唯一感到不满的可能是在两国进行友好协商后允许德国很快拥有相当于 45% 的英国潜艇实力的条款，这意味着两国在潜艇实力对比方面已经势均力敌。但是英国第一海军大臣波尔顿·埃雷斯·马塞尔在下议院发表声明消除了这种担心，他声称德国已经宣布将要签署有关潜艇战的国际协议，其中将禁止在未经警告的情况下击沉商船。1936 年 9 月 23 日，德国履行诺言正式签署了这些协议，即《伦敦潜艇协议》。

协议中关于潜艇战的限制是一战中无限制潜艇战的直接产物，它不仅在军事上同时也在国际法上具有重要意义。不同国家的海军领导人、政治家和国际法律专家对潜艇战看法不一，特别是在武装商船这个问题上更是争论激烈。在 1921 年至 1922 年的华盛顿海军会议上，就曾对潜艇在与水面舰船作战时要不要遵守与上述协议内容相同的规定展开了讨论。英国、法国、意大利、日本和美国都曾签署过这样一个协定，但是法国政府拒绝批准这一协定，因此 1934 年日本也退出了这一协定。

在 1930 年的伦敦会议上，再一次讨论了潜艇问题，并建议作几项改动。一方面，法国反对把违反这一协定的潜艇艇长作为海盗处理。法国认为如果潜艇艇长执行的是军事命令，按照国际法应该由政府负责，而不是潜艇艇长。值得注意的是，在二战后针对德国军队指挥官的国际审判中，法国政府早先的这一观点完全被忽略掉了。

无论如何，法国和意大利都不会认可 1930 年的《伦敦海军公约》。因此，1936 年，五个海军大国再次重新集会讨论潜艇战问题。最终只达成了一个关于潜艇战的单独条约，就是德国也签署了的这个《伦敦潜艇协议》。这个重要协议的条款被作为德国海军捕获规定的一部分，构成了二战初期德国 U 型潜艇作战时必须遵守的指示的基础。

1935 年至 1936 年的伦敦会议对于德国海军其他方面的建设也很重要。1921 年至 1922 年的《华盛顿海军公约》和 1930 年的《伦敦海军公约》如果不在 1936 年底前续订就将失效。因此，五国代表在 1935 年底就提前碰头了。

德国，由于它的复兴和与英国签订的海军协定，被认为是一个未来的海军大国。有人提议邀请德国参加会议，德国也表示如果《公约》续订的话，它很乐于接受这样的邀请。但是，法国拒绝这样去做，它认为如果这样就等于宣告《凡尔赛条约》的终结。这个难题是这样得以解决的：除了五个海军大国签署的正式公约外，英国将与德国单独签署一个条约（其中包括上述五国签署的正式公约的条款）。苏联也通过与英国签署了一个类似的双边协定加入了这个公约。

1936 年的《伦敦海军公约》彻底抛弃了原先的海军实力对比的旧比例。仅保留了对舰艇吨位和舰炮口径的限制，以及禁止建造 10 000 吨以上的重巡洋舰和战列舰。否则，每个海军大国都可以根据其地理位置和实际需要建造任何海军战舰。

日本没有参加这个会议，意大利拒绝签署最后的协定，因为英国和法国在埃塞俄比亚战争期间对其实施了制裁。至于德国，因自愿接受《英德海军协定》中与英国海军实力对比的有关规定而受到限制。

然而，德国由于在五年之内没有建造排水量低于 17 000 吨的重巡洋舰和战列舰而损失惨重。其他海军大国已有大量的这类舰艇在役，而德国甚至都不能继续建造像“德意志”号或“施佩伯爵将军”号这样的舰艇。而且，苏联还要求建造属于禁止建造级别范围内的 7 艘战舰。

相应地，德国通过与英国签订一项特殊协定而达成妥协，德国除了已经建造的两艘袖珍战列舰外，还可以多建造两艘以上的重巡洋舰。但是，德国只有在万不得已的紧急情况下才能建造这些舰艇，用德国人自己的话说，“不想做任何导致军备竞赛的事情”。

这些形形色色的协定勾画出德国新舰队的总体框架和所需的不同种类的舰艇。然而，在实际确定建造计划之前，还要考虑方方面面重要的因素，不仅要从海军和技术的角度，而且还要从外交政策的角度。

首先应该确定的是是否为了一个明确而有限的目的创建德国舰队，以应付可能出现的任何情况。一国海军的规模和特点主要取决于将来在战争中可能遇到的对手。假如一支海军最有可能面临的敌人是一个陆上强国，它就应该重点建造近岸型军舰——驱逐舰、扫雷舰、小型潜艇和高速摩托艇。如果它将与一个海上强国交战，它就应建造适应海战的军舰，例如航母，作战半径大、航速高的水面舰艇，大、中型潜艇和补给船。但是很少有哪个国家能准确地预测它的对手，并针对这些对手制定整个海军建设计划。总而言之，一个国家所能做的只是建造一支能应付多种情况的海军。

我们自己的海军建设计划是基于希特勒与我第一次正式会谈中所讲的那样，就是“永远不想与英国、意大利和日本开战，因此德国舰队的扩充要符合德国的大陆政策”。

这个政策的表述自然不包括把上述国家作为最终对手，并且由此推论，也可以把美国排除在外。在欧洲大陆政策的限度内，仅有苏联和法国——还包括法国支持下的波兰海军可能会成为我们的对手，我们在扩充海军时必须考虑他们的实力。在这几个国家中，苏联主要是一个陆上强国，而法国既是一个海上强国，又是一个陆上强国。但是我必须反复重申，无论在当时或是多少年之后，没有一个德国领袖准备或者可能侵略这些国家的任何一个。

而且，希特勒向我反复重申他怀着与英国和平相处的强烈愿望，我确信这是他当时的一个基本政策。考虑到这两个国家的军事实力和地理位置，发动针对英国的海战简直是荒谬至极，我会对此立刻反驳。无论什么时候，我都会指出这么做的话，取胜的希望是多么渺茫。

基于那个时代海军要优先发展空中力量的思想，我们在制定海军建设规划时对不同种类的军舰进行了搭配，使它们既互为补充又相互依存。对于只有少量港口和浅水海岸的德国这么做尤为重要。我们的潜艇只有在扫雷舰把航道清理干净后才能驶离港口。扫雷舰在返航时需要亮光，有时还需要强大的掩护兵力使它们免遭敌军驱逐舰和巡洋舰的袭击。驱逐舰和护卫艇要担当重型战舰的掩护力量，掩护军舰进出港、布雷和执行其他无数的勤务。对我们来说，合理的战略选择是建造一支比例合理、功能互补的舰队。因此我们计划建设一支均衡发展的海军，而不只是针对某个敌人。尽管在始料未及的 1939 年至 1945 年的对英战争中，我们发现急需潜艇，但在我们早期的建设计划中潜艇只占很小的一部分。因为在我们签署的国际协定中，潜艇作为一种有效武器，其使用已经受到了很大限制。此外，我们在海军扩充的初期并没有确定发展哪种潜艇。海军最高指挥部 * 中的许多军官都深信在未来战争中潜艇应该独立地远离本土作战，就像一战一样，因此就必须建造大型潜艇。另一方面，潜艇部队司令邓尼茨海军上校认为我们需要一种有良好机动性的中型潜艇，我们可以大量建造这种潜艇并且将潜艇吨位保持在海军协定规定的限制之内。这样他就可以集中成群的潜艇袭击敌人的护航运输队，即使国际法禁止这么做，但商船在无任何警告的情况下极易遭受攻击。不仅如此，邓尼茨海军上校还建议可以在海上或是岸上的司令部直接指挥他的潜艇。他的观点被采纳，随后潜艇编队的战术运用，或称为“狼群”战术，在二战中取得了辉煌战果。

邓尼茨海军上校全身心地投入了潜艇武器的研制工作当中。他心胸宽广，从不计较个人恩怨，即使后来升任海军总司令时也是这样。虽然如此，我还是要对整个海军系统全面的发

---

* 随着德国海军的规模不断扩大，原先的“海军部”就改称为“海军最高指挥部”，海军部长现在就成为了海军总司令。

展负责，确保海军融入整个国家的政治和经济发展进程当中。我必须考虑到造船厂的能力、工业的产量、港口码头的发展以及舰员的征召和训练。我最重要的责任之一是把海军的建设规划纳入政府的决策之中——与陆军和空军展开竞争，在这一点上，迫使希特勒给予海军和其他军种相同程度的关注。

在海军最高指挥部内，造舰计划要经过大量辩论之后才能最后确定，在这期间司令部的所有成员都可以自由发表意见。我尤其要感谢海军军械局长维特则尔（Witzell）海军上将、工程部长舒尔茨（Schulz）主任、博克哈德职员和布兰德斯职员、指挥局长古斯海军上将、我的参谋长丹什（Densch）海军上将。

7 月 9 日，我们公开宣布 2 艘战列舰下水，分别被命名“沙恩霍斯特”号和“格奈森瑙”号。同时我们放弃继续建造“德意志”级袖珍战列舰，我们已经有 3 艘该级别的袖珍战列舰下水，法国此时开始建造的“敦刻尔克”号和“斯拉斯伯格”号战列巡洋舰比我们的袖珍战列舰吨位更大、航速更快、火力更猛。国外海军的发展趋势就是建造火力强、装甲厚、航速高的战列舰。因此，我们必须重新设计“沙恩霍斯特”号和“格奈森瑙”号，给它们装备功率更大的动力装置，以便它们比其他 3 艘袖珍战列舰拥有更高的航速，同时增厚它们的装甲。完成这些改装，它们的排水量就将增加到 30 000 吨。在战列舰分类条约中，“沙恩霍斯特”号和“格奈森瑙”号在坚固性方面与“敦刻尔克”号和“斯拉斯伯格”号相当，但航速相对比后者高一些。另一方面，2 艘法国战舰舰首装备有 2 座四联装 8 门 33 厘米口径舰炮，这可能优于我们舰上装备的 3 座三联装 9 门 28 厘米口径舰炮。经过打靶试验，我们确信我方的28厘米口径舰炮凭借其专门设计的高爆火药和穿甲弹一定会对法国军舰造成有效损坏。另外，我们的三联装火炮比法军的四联装火炮射速更快。最后，我们的武器专家还怀疑法军的四联装火炮在齐射后可能会导致炮塔的结构性损坏。

我们自然要考虑增大主炮的口径——可能用6门38厘米口径火炮代替9门28厘米口径火炮——但是这样会严重耽搁军舰的建造进度，而且会造成强烈的政治反响。在计划建造下两艘战列舰“蒂尔皮茨”号和“俾斯麦”号时，我们最初的设计是装备有38厘米口径主炮的35 000吨级的军舰。我们集中精力为这两艘舰专门设计了一种舰炮，它能穿透当时建造的任何战列舰的装甲，当然那时建造的战列舰各方面指标都要受到条约的限制。

或许我们最重要的问题是安装在“沙恩霍斯特”号和“格奈森瑙”号上的动力装置的型号。我们花费大量时间，克服重重困难设计出一种柴油发动机，安装在袖珍战列舰上，性能非常优异。柴油发动机节省燃油、非常经济，能使军舰的续航力大大增加，特别适合远离本土基地的海上作战。柴油发动机研制的成功应归功于我们的技术军官和轮机部门的官兵，尤其要感谢海军最高指挥部的设计师劳达恩（Laudahn），他在MAN公司的帮助下对研制工作贡献卓著。

最近在这方面出现了新的进展——适用于岸上工厂的高温高压蒸汽机的引进。至于这两种发动机的优缺点以及使用高温高压蒸汽机可能带来的危险，出现了严重分歧。

当然，正常做法是把这两种动力装置安装在试验船上进行测试比较。一战之前我们引进蒸汽涡轮发动机时就是这样做的，在袖珍战列舰装备柴油机之前我们也进行了类似的试验。不幸的是，现在已经不可能进行这种费时的系统试验了。

尽管继续发展高温高压蒸汽机对于 MAN 公司来说是首选，但并没有事实能够证明这种发动机能使新型战列舰航速提高。但静等其进一步的发展会延误新型战列舰、巡洋舰和驱逐舰的建造完工，这是我们无法接受的。我必须立即作出决定。我决定冒一次险，直接用高温高压蒸汽机代替涡轮蒸汽机。

我们首先把新型蒸汽机的锅炉接到造船厂试验车间的标准辅助试验发动机上，著名专家鲍勒·布莱曼教授在岸基条件下对此进行了反复试验。未来将在舰上操纵这些机械的轮机军官也参加了试验，这给他们留下了深刻印象。

起初，我们把这些新型发动机装在快速扫雷艇、护卫艇、新型驱逐舰和补给船“格里勒”号上。新型发动机立刻暴露了它的缺点，主要是与它的重量和尺寸有关。同时需要训练有素的舰员认真进行操作和保养，才能保证新型发动机的正常运行。然而，新型发动机的设计者和技术专家称：在发动机研制使用过程的初期不可避免地会出现这样那样的问题，但这些缺点很快就会被克服掉。

我们在轮机部门人员的系统培训上煞费苦心，反复进行了各种试验，一旦从中有所收获，我们就力图使每个人都学会。然而，直到战争爆发，这些人的表现还不够出色和稳定。看来只有通过实战取得经验，才能最终克服这些缺点。

尽管轮机长和他的士兵确保了在紧张、高速的战斗机动中军舰所需的动力保障，但他们并没有因此得到过多的赞誉。在战争的头几个月里，他们付出了大量心血才使发动机保持高效运转。

然而，甚至在那之前，重巡洋舰“尤金亲王”号（Prinz Eugen）上的发动机就比装备在“布吕歇尔”号和“希佩尔海军上将”号上的发动机有了显著改进。尽管新型发动机有速度快、重量轻、体积小的优点，但是它不能像老式柴油机那样使舰艇拥有更远的巡航半径和较低的油耗。我认为，采用第一种高温高压蒸汽机可以作为过渡，以便今后研制出能满足我们所有海军技术要求的发动机。我必须作出这个决定。因为看上去我们只有采用这种新型发动机作为动力装置，才不会耽搁“沙恩霍斯特”号和“格奈森瑙”号的建造。

第十章　海军的扩充

《英德海军协定》缓和了紧张的国际局势，尤其是英德之间的关系。1936 年初，海军各部门的乐观情绪达到了高潮。为了培训更多的军官和士官，3 艘训练舰经常出海进行航海实习，到处受到友好热情的接待。我们的舰长带回了非常好的关于与英国海军、法国海军和美国海军发展友好关系的报告。当袖珍战列舰“舍尔海军上将”号在 1936 年 6 月访问斯德哥尔摩时，瑞典国王古斯塔夫五世作为特邀嘉宾登舰参观，受到舰长和部分军官的欢迎。10 月，保加利亚皇帝鲍里斯参观了位于黑海瓦尔纳港的巡洋舰“埃姆登”号。

与此同时，外国海军也开始访问德国港口。在 1937 年的夏天，法国训练舰“贞德”号访问了基尔，这是一战结束以来第一艘法国军舰进入德国港口。在那个夏天，由 3 艘美国战列舰组成的一个中队在基尔港待了一周，阿根廷的战列舰访问了汉堡港和威廉港。基尔港 30 年来还首次接待了一艘日本海军巡洋舰“足柄”号来访，它的舰员还曾到柏林作过短途旅行。瑞典的巡洋舰、驱逐舰和潜艇更是德国波罗的海港口的常客。

1936 年在柏林举行的第十一届奥林匹克运动会上，德国海军负责同年 8 月在基尔港举行的帆船比赛，借此机会我们也同外国海军进一步发展了友好关系。罗格海军中校是我们最好的帆船选手之一，他还是国际帆船裁判委员会的成员。

不久以后，基尔港接待了两艘瑞典海军训练舰、意大利的巡洋舰“格里奇亚”号和英国巡洋舰“海王星”号（Neptune）的来访。“海王星”号的贝德福德舰长此行有一个不寻常的任务。两年前，德国把在一战期间缴获的戈登高地人的战鼓还给了英国的伊恩·汉密尔顿将军，现在作为回敬，英国海军部派贝德福德舰长来归还战列巡洋舰“兴登堡”号的船钟。这个船钟是从斯卡帕湾沉船上打捞上来的，随后英国人把它放在了他们的战列巡洋舰“复仇”号（Revenge）上。

我认为我在基尔港接受了这个船钟，不仅是为了表达我个人对此的感激之情，同时也是增进两国和两国海军之间相互理解的一种渴望。我们最新式的袖珍战列舰“施佩伯爵将军”号参加了 1937 年为庆祝乔治六世加冕典礼而在斯比特角举行的国际海军阅兵式。在威斯敏斯特宫举行的加冕典礼上，陆军元帅冯·布劳格代表德国军队出席了仪式，一战中的 U 型潜艇王牌艇长、现为海军上将的奥托·舒尔茨作为海军特别代表也一同出席。

在签订海军协定后的两年里，我们的海军日益壮大。1936 年 10 月，陆军元帅冯·布劳格为新舰“沙恩霍斯特”号命名。两个月后，陆军总司令弗里奇将军为刚下水的“格奈森瑙”号命名。

1937 年 2 月 6 日，当我们的第一艘新型重巡洋舰“希佩尔海军上将”号在汉堡的布洛姆和福斯造船厂下水时，为纪念希佩尔海军上将这位伟大的巡洋舰指挥官，我和我的妻子亲自为这艘舰命名。显而易见，对于整个海军来讲，用一位同时具备勇敢品质和进取精神的伟大水兵的名字来命名我们的第一艘新型重巡洋舰才是最理想的。我从来没有这样敬佩一位真诚、直率、自信、勇敢的上级，即使在最危急的时刻，他也能镇定自若地履行自己的职责。作为希佩尔海军上将的参谋长，我与他共事五年，朝夕相处，出生入死，我对他非常了解。我不会忘记在最后决断的时候，无论谁提出什么样的建议或意见，他总是当机立断，毫不迟疑。冯·希佩尔海军上将从来不会逃避责任。

然而，即使在海军迅速扩充的时期，我们也没有忘记战后就开始强调的训练和教育的重要性。首要的问题是纪律和士气，还有就是建造新舰和提高战备等级。其他的事都是次要的。

这也是我们分配海军经费的原则。海军作战部和预算局在技术、行政部门的帮助下，按照任务和优先顺序制定出最初的方案，随后由我作最后的决定，我们总是力图用最少的钱办更多的事。

我们做的所有决定都要考虑许多因素。举个例子，在选择舰艇型号的问题上，首先要考虑作战需求：这艘舰打算用于执行什么样的任务，以及针对任务需要什么样的性能。外交政策形势和各国海军之间的实力对比也是重要因素。在确定这些因素之后，技术人员就要决定怎样达到这些要求，以及在多大程度上达到这些要求。这些海军军官和技术人员是这样解决难题的——他们总是根据能够应对任何可能的敌人的目的，综合考虑各种因素，设计出最符合我们自身需要的舰艇。只有对整个海军负责以及在战时真正使用这些舰艇的人，才能最后作决定。

但一支海军不仅仅是由舰艇组成的。舰艇需要人去操纵，海军还需要军需品、食物、燃料和其他补给物资。事实上，燃料也许是战略和战术领域内决定性的因素。当涉及人员时，官兵的福利和住房以及他们家庭的福利保障也是一个重要问题。

在军需品方面，一个重要因素就是水雷战的影响。一战中所有参战国都使用了水雷。敌人试图用水雷封锁我们的航道和海峡出口，而后我们必须尽力清除水雷。我们也在敌方海域和我方近岸海域布设了水雷作为防御屏障。

1918 年夏，英国海军在佛兰德斯海岸附近布下的一种新型水雷极大地推动了水雷战的发展。在此之前，水雷都是用锚链固定，刚好淹没在水面以下。敌舰如果触到，水雷就会被引爆。但是英国的新型水雷是沉在海底或河底的，当敌舰靠近或通过时，其产生的磁场就会引爆水雷。但这种磁场作用仅在一定范围内有效，这些水雷只适合用于浅水区——我们的北海和波罗的海沿岸的水文条件就是这种水雷理想的使用区域。

战后，我们才意识到没有给予水雷战应有的重视。早在 1920 年，海军就成立了水雷战研究中心。我放手让水雷战研究中心开展工作，他们仅仅取得了一些一般的研究成果，但我已经很满足了。

我们在改进完善自己的磁性水雷方面也取得了相当大的进展。它的引爆装置十分有效，但还存在其他问题，例如：清除磁性水雷仪器的问题还有待解决。1931 年我们开始试验飞机布雷。我们从有限的海军经费中拨出很大一部分款项专门用于水雷的研制和试验。在我们的战略和战术研究、军事演习和舰队训练中，同时也考虑了水雷的破坏能力和道德影响。我们所有的巡洋舰、驱逐舰、鱼雷艇上都有布雷装备，它们也都进行正常的布雷训练。

我们用的扫雷艇主要是 500—600 吨的“M 艇”，它是在经过一战实战检验的扫雷艇的基础上设计出来的。1929 年，我们还建造了一种 100—150 吨的大型摩托扫雷艇，被称作“R 艇”。这种艇无论是用于扫雷，还是用于其他用途，都非常成功。我们最终建造了 400 艘这种级别的扫雷艇。建造 700 吨级的“护航”型快速扫雷艇的计划被放弃了，因为这种艇的性能达不到设计要求。

1933 年，第二扫雷艇中队成立，受扫雷部队司令指挥。我们努力从在扫雷部队长期服役的军官中选择人选担任扫雷舰艇的指挥官和扫雷中队司令，因为这样可以利用他们的实际经验，并继续保持扫雷部队的传统。随着征兵制的恢复，预备役军官和临时舰员也要接受训练，这样一旦战争爆发，我们就会拥有足够的受过训练的预备役人员及时补充到征用的辅助扫雷艇上去——例如拖网渔船和小帆船。

每年我们都要开展大规模的布雷和扫雷训练，并尽可能地模拟实战环境。1939 年 6 月，我亲自参加了在黑尔戈兰湾举行的一次演习，视察了每一艘舰艇以了解他们的训练情况，同时要让这些舰员感觉到上级很重视他们的工作。在战时单调乏味的例行性工作中保持高昂的士气是十分必要的，而且是不可缺少的。

扫雷舰中队的表现非常出色，主要是因为扫雷舰中队司令鲁格海军准将领导有方。

德国海军可能在水雷战方面比其他国家做了更多的工作。德国海军比较弱小，它的近岸海域深度很浅，并受限制，是敌人布雷的理想区域。由于德国海军对水雷有着浓厚兴趣，我们的武器库中最终拥有了许多不同类型的水雷：磁性水雷；音响水雷，一旦附近有螺旋桨的噪音就可以引爆；压力水雷，当附近有船经过时引起水的压力变化就会引爆水雷。最后，精确的延时装置或舰艇感应装置可以被安装在任何一种水雷上，装有这些装置的水雷会在预先设定的时间内起爆或者在一定数量的舰艇从其上方通过后引爆。通过把不同的引爆装置和不同的水雷相结合，我们就可以为敌方的扫雷舰艇布下一个充满噩梦的雷区。

我们在研制探雷装置和清除我们遇到的任何一种水雷的工作上花费了大量精力。在海军、技术人员和科技专家的共同努力下，我们在这个领域中处于领先地位，无论是攻势布雷，还是防御布雷。

在电子学方面——特别是在无线电通信和定位的方向和距离上，我们进展不大。

早在一战时期，无线电报技术在作战中就起了相当重要的作用。但是科学的发展却和它的重要性不成比例。在那场战争中，标准的做法是尽量降低信号能量以使敌人不能侦测到。阻止敌人破译截获的无线电讯号的密码系统被认为是很原始的方法。但是 1914 年底前，英国得到了一份德国密码本的副本，而直到我们 1917 年更换全部密码之前，他们一直都可以破译我们的电文。德国海军的情报机关也在破译敌人的密码方面取得了较大进展。

我们认识到了无线电通信的重要性，但在战后一段时间内，我们既没有人员也没有资金来做这项工作。我们所能做的只是在一些业余爱好者和民间人士的帮助下，组装一些设备。举个例子，1924 年正在进行环球航行的巡洋舰“汉堡”号上的短波收发报机就是由一位业余爱好者组装的。对此感兴趣的业余爱好者和民间人士在德国海军的无线电军官和商船无线电操作员的帮助下，在短波领域做了大量工作。1926 年，德国电报公司为海军制成了首台短波发报机，并在基尔港投入使用。

1928 年，私人企业同样对译码机的研制作出了重要贡献。这种机器不仅提高了译码速度，而且可以保护自身不受外界干扰，据我所知，整个二战期间敌人没有一次成功破译德国的密码。1940 年，法国战败后，我们可以从缴获的法国海军部文件中发现，直到那时为止，英国和法国无论如何都无法成功破译德国的密码。

1929 年，我们派了一名军官到情报部门，他的任务是截获和分析敌人的无线电通信，这一行动对于评估二战中敌人的无线电通信对于我方作战行动的影响十分有价值。整个军队都急需受过良好训练的无线电通信专家，无线电通信军官和操作人员的训练已成为整个舰队训练和演习中不可缺少的一部分。

在装备方面，我们通过与私人企业合作也取得了进展。在 30 年代初期，德国电报公司为摩托鱼雷艇部队、扫雷舰部队和其他小型舰艇研制了一种紧凑、高效的无线电台。这种电台性能出色，可以大批量生产，空军在 1935 年也装备了这种无线电台。

从 1932 年开始，海军采取了先把无线电信号传送到与我们进行合作的商船上然后由他们再转发给其他舰艇的办法。这不仅可以用来估计无线电通信可能的作用范围，而且可以确保商船与祖国保持紧密的联系。因此，一旦国际出现紧张局势，我们就可以立刻向所有的商船发出命令。1936 年的西班牙革命就是体现这一措施价值的绝好例子。

我们深信不疑的一件事就是，在未来战争中，海军无论身处何地，岸上的司令部都可以通过无线电发布命令直接指挥作战。这些司令部就能真正成为海上编队的司令部。我们取得的研究成果可以使我们在二战中几乎可以实时指挥在世界各地的水面舰艇和潜艇，因此二战期间的海上作战也与一战时的情形迥然不同。

早在30年代初期，德国海军的通信实验室就已着手研制能用来确定目标距离和方位的电磁装置——盟军也在进行研制，并将其命名为雷达。战争爆发之时，我们的研制工作已经取得了很大进展，并准备在舰艇、岸上和飞机上安装这一装置。然而不幸的是，战争的突然爆发使我们的研制水平没能赶得上敌人。他们通过细致系统的研究，研制出了比我们更合适的波长。战前还不是很先进的英国新型雷达很快在性能上就超过了我们的雷达，并且这些雷达还可以安装到飞机上。

是否更深入地开展科学研究以及为这一研究提供更多的资金，以保持我们在雷达技术上的领先优势，是一个有待讨论的问题。这是海军最高指挥部和我的责任。盟军在雷达技术上取得的发展以及在侦察系统上的广泛应用，特别是作为飞机的一种侦察手段，已经对大西洋海战产生了决定性影响。

这二十年中，我们不得不在资金和人员极度匮乏的情况下从事电子装备的研制工作。我们取得的成功应归功于那些热心的青年军官、士官、技术人员和科学家，归功于与我们开展合作的民间企业——无数人为这一伟大事业献出了他们的智慧、劳动和对祖国的热爱。

食品、被装和其他补给按照民间企业与政府签订的合同，并在政府的监督下源源不断地向我们提供，然而，海军最关心的是石油的供给。

在一战结束后的十年中，由于海军的规模很小，我们可以很容易地获得足够的燃料来维持舰艇在海上的活动。工厂从产于德国中部的褐煤中提炼出的柴油可以满足我们整个舰队的需要。此外，我们出国航行时所需的柴油也可以通过购买获得。

但是到 1934 年以后，随着舰队的扩充，对柴油和燃油的需求也成倍增长，因此不得不限制用外汇进口燃油，从 1934 年开始，财政部已不再批准海军用外汇进口国外的原油。

石油是海军的血液。和平时期，训练需要燃油；战争年代，没有燃油就没法作战。平时没有经过训练的舰队到战时就会变成一堆废铁，海军的武器——水雷、火炮和鱼雷——都必须运到战区才能发挥作用。因此，燃油的储备和源源不断的供应，是我们扩充海军时面临的重要问题。

这些问题不时地折磨着我。不管冲突的性质如何，我们必须认识到战争期间我们不可能从国外进口石油——即使能进口，也是极端困难的。唯一的解决办法就是提高国内的石油产量，并为海军提供合适的份额。我们也需要通过中立国的港口和战时仍对我们开放的路线获得石油，同时我们还要提前尽可能多地储备燃油。

弗雷泽（Fetzer）博士是海军最高指挥部中非常关心石油问题的一位官员，他经验丰富，熟知世界各地的油田，而且他也是在国内外有重要影响力的人物。他对海军贡献卓著，我与他唯一的一次争执是他有一次想登喜马拉雅山探险——他是个登山爱好者。我坚决反对他的这个想法，因为他对海军来说是必不可少的。

我们的部分燃油是从产于德国中部的褐煤中提取出来的，我们与工厂签订了一项长期购买合同，这不仅能保证我们获得一个固定的燃油份额，而且可以使工厂增加生产设备。然而，从褐煤中提炼不出优质柴油，所以我们通过一种双重交换的方式来获得燃油。鲁尔地区的焦油不能提炼出适合海军需要的燃油，但是却很容易卖给煤焦油工厂。因此，我们将从鲁尔区获得的焦油卖给美国的煤焦油工厂。通过这种交易，我们每卖一吨煤焦油就可以换取四吨柴油。后来在战争期间，我们通过同样的实物交易方式从中立国那里得到外汇。

临近战争爆发时，出现了一种可以从沥青煤中提炼适合海军需要的燃油的新方法。通过与在埃森的焦油生产协会和在波莱维茨的褐煤精炼企业签订合同，海军确保了这种燃料不断的供应。

并不只是海军需要燃油。随着德国重整军备，陆军和空军也变成了石油消耗大户，同时，随着国内经济状况的不断改善，私人企业的不断发展也增加了石油需求。考虑到这些因素，再加上德国的通货膨胀，我们采取了名为“四年计划”的措施。这个计划导致国内的燃油生产企业大量增加。国内新建立了专门为陆军和空军生产燃油的加工厂，而海军仍限于从与它签有合同的公司获取燃油。很显然，德国国内所有的燃油生产企业是不够的，未来一段时期内不能满足军用和民用的需要。

因此，海军必须从国外获取大量石油以备舰队未来发展所需。我们的解决办法是从国外进口大量原油，然后把它们储存于地下油罐中，需要时就取出精炼后使用。

为此，海军首先与在基维厄利的爱沙尼亚石油公司签订了一份长期合同。这份合同通过柏林的曼德尔松银行，并在道恩教授的技术协助下，可保证海军大量稳定的石油供应。这种质高价低的石油可以直接在爱沙尼亚石油公司的港口码头装入海军的油轮，然后运抵德国存入我们自己的储油罐。

1936 年，海军打算购买英国石油发展公司很大一部分股份，这个公司享有在底格里斯河西部的伊拉克油田的独家开采权。事实上，这些股份是柏林的德累斯顿银行在海军最高指挥部的鼓动下购买的。这也是实物交易的一种方式。海军用德国马克偿付德国公司出口的货物。这意味着德国财政部将会为德国出口公司的出口货物保值，并补偿他们在交易中遭受的损失。然而，财政部坚决反对这一计划，他们认为德国在国外油田投资是多余的，因为在“四年计划”中，德国国内的石油需求完全可以自给自足。

当海军打算取得墨西哥的波萨里卡（Posarica）油田特许开采权的时候，又遇到了同样问题。这块油田的价值已经被德国权威的地质学家本斯（Bentz）教授证实，我们再次在德累斯顿银行的帮助下与墨西哥政府签署了临时协议。这份协议规定我们可以用德国产品换取波萨里卡油田的原油——而后我们再用德国马克支付制造这些产品的德国企业。在财政部和“四年计划”执行者的反对下，这项计划又中途夭折，他们完全不了解海军的紧急需求。

这种无知是令人震惊的。“四年计划”仅仅是一种应急措施，计划本身并不是目的。海军的每一个人都清楚海军迫切需要石油。我们必须及时填补国防上出现的漏洞。1918 年 11 月 23 日举行的协约国庆功会上，英国外交大臣克准说：“我们在石油的海洋中游向胜利”，他的话使任何政府官员都感到了获取石油资源对于未来的重要性。但是“四年计划”的执行者却对海军的抗议充耳不闻。

由于所有这些试图投资外国油田的尝试都失败了，海军被迫同意通过支付德国马克或德国产品从外国公司那里购买柴油和石油。通过这种方式，我们从美国、苏联、罗马尼亚，尤其是墨西哥获得一部分石油供应。特别是我们的巡洋舰在外国港口补充燃油时，不必再从捉襟见肘的外汇中拿钱出来支付燃油费了。

我们在国外购买的燃油大都通过德国的油船运回德国，这其中包括诸如汉堡的埃斯伯格航运公司的油船。J.T.埃斯伯格是这家航运公司的创始人，他是首先认识到德国拥有独立的油船船队对于经济的重要性的人之一。

到 1939 年底，海军已经储备了 65 万吨柴油和 35 万吨燃油，大部分都储藏于地下储油罐。我们在储备这些油料时，总是优先储备柴油，因为一旦德国遭到封锁，燃油可以通过在国内提炼褐煤进行生产，而柴油却不行。

据我们估计，我们的石油储备，尤其是燃油，会随着国内煤产量的增加而增加，它可以满足整个海军的需要，甚至可以支持海军进行一场持续几年的大规模战争。但是，战争刚一开始，德国主要的工业企业就严重缺乏柴油。而且，总部不顾我的强烈反对，在 1940 年德军西线进攻开始之前，将 30 万吨海军柴油拨给了陆军，还有 3 万吨拨给了春耕的农民。之后，从 1941 年开始，意大利作为我们的盟友加入战争后，我们还必须给他们的海军提供燃油。

甚至在战争开始后，我们仍能从国外获得一些燃油，其中大部分是用我们储蓄在中立国银行的外汇来购买的。加那利群岛和墨西哥对于这条燃料运输线非常重要。但在敌人实施封锁之后，实行了准运证制度，特别是美国参战以后，我们就无法从外国进口原油了，同时我们的舰艇也无法在中立国的港口里补充燃油。但是我们与爱沙尼亚的联系没有切断，因此在整个战争期间我们都可以从爱沙尼亚进口页岩石油。我们还可以从奥地利和罗马尼亚的油田里获取有限的石油，但是海军期望从苏联那里获得石油是不可能的，甚至在我们的陆军控制了大片苏联领土之后也不能。

除了建造储油罐和使用德国商用油轮外，我们还建造了大量的海军油轮从海上运送石油。我们的设计部门研制出一种既可运油又可运货的两用船，并于 1937 年开始服役，实践证明这种船在战时非常有用。它可载重 12 000 吨，大部分用来运油，也可以装载其他货物，它可以 21 节的航速航行相当远的距离。

在确保舰队燃油供应这一重要的工作中，我们与地方官员和技术人员进行了密切合作。在他们和我们的轮机军官及轮机部门全体人员的共同努力下，我们确保了向前线的海军部队源源不断的燃油供应，直到战争结束。

没有合适的港口和基地设施，无论多么强大的海军都是没有用的。我们一战时的港口设施是绝对不够的。现在我们首先考虑的是在哪里为我们的新舰队修建基地，以及怎样使这些基地在很长一段时间内保持可使用的状态。我们正在建造的两艘战列舰——“沙恩霍斯特”号和“格奈森瑙”号——比海军以前建造的任何舰艇都大，后续建造的——“俾斯麦”号和“蒂尔皮茨”号将会更大。而且，要想赶上其他国家的海军，我们必须建造更大的战列舰，包括航空母舰。

对于这些未来的战舰来说，包括基尔在内的波罗的海不能立即成为他们的基地，因为通往北海的必经之路——威廉大运河，容不下这么大的战舰。拓宽运河的费用太高，即使能在理想的时间内完成这一工程。巨大的带状地带是唯一适合大型舰艇进出的波罗的海出海口，但是它对于舰艇的航行有诸多不便，而且还处于外国的领海内。剩下的唯一可能就是一些德国河流在北海的入海口，这其中唯一符合海军要求的就是杰得河。

在自然条件上，无论是深度、宽度还是潮汐，杰得河都比埃尔伯河、威悉河和埃姆斯河的情况理想。早在 1908 年，在能干的港口工程师克鲁格（Kruger）的指导下，海军就已经开始建设它的航道设施。但是直到一战，杰得港内外仍未建成一条达到规定深度的航道。1914 年 8 月 28 日海难的一个重要原因就是威廉港通往外航道和开阔海域的出口不能通行大型船只。一战后尽管有《凡尔赛条约》的限制，但在河道工程总管埃克哈德（Eckhardt）的领导下，继续进行了航道修缮工作，同时还新建了不少设施。到 1929 年，我们建成了一个浅水处深达 10 米的宽阔航道连接杰得河与北海。

连接威廉港内港水道的潮汐闸仍然没有建成。“沙恩霍斯特”号和“格奈森瑙”号还可以勉强通过最大的第三道闸门，但“俾斯麦”号和“蒂尔皮茨”号要想从这里通过的话，对这两艘舰和闸门都存在严重威胁。

唯一的解决办法就是新建一个闸门，无论在宽度还是在深度上，都能使后续建造的舰艇通过。痛定思痛，海军决定沿河建造新闸门，通过在潮汐闸外部建成一个足够宽的河段，使大型舰船迅速通过。

埃克哈德负责计划和实施这个巨大工程，他现在被提升为海军最高指挥部军港建设局的局长。他是一位幽默乐观、精明能干的管理者，我很乐于跟他打交道。他凭借着自己天才般的头脑制定出了一个计划，尽管这个计划的规模令人吃惊，但它几乎完全可以解决旧军港面临的所有困难。

埃克哈德亲自向希特勒陈述了他的闸门修建计划，当时我也在场，希特勒在认真听完他的陈述后，并没有问及工程所需的费用，而是问："现在的闸门真能够达到那么大吗？"

在这一点上，我们要他放心，1936 年春天，我们开始建造防波堤以阻止海水流入我们新挖的航道内。次年开始浇注水泥。这个闸门是如此之大，以至于它的六个钢制滑动门中，每个门都重达 2 200 吨，闸门顶部的水泥防护罩厚达 4.5 米。

第四道闸门的修建面临巨大困难。在开始修建之前，整个地区的地下水位必须降低 23 米以上——这意味着所有相邻的城市地区都要受影响。但是通过艰苦的劳动、大家的齐心协力和工程师的智慧，只用了六年半时间就圆满完成了这项工作——令人惊讶的建设成就，浇注了 100 万立方米的水泥和钢筋混凝土，花费了整整 2.5 亿马克。

新建的威廉港船闸室远远超过艾默伊登和荷兰港的通海闸门，直到现在它还是世界上最大的闸门。每个船闸室 60 米宽，350 米长，16.75 米深。我们估计在未来一段时间内，现有的以及将要建造的军舰都能在 15 分钟内轻松地通过这些闸门，而且不用担心潮汐的状况。

这道闸门是在 1942 年 11 月 7 日"埃姆登"号巡洋舰通过时启用的，我有幸亲自打开了它。我借机代表海军向建筑公司、技术人员、工程师和建设者，以及对这项工程作出过贡献的海军官兵和民间人士表示感谢，尤其要感谢海军总建筑师弗朗兹·巴克先生、工程总监贝克先生和柏林—夏洛特敦技术协会的水力工程教授阿迦兹（Agatz）先生。

早在魏玛共和国时期，在海军人事工作方面，我们就打下了良好的基础。但是，真正能够鼓舞海军官兵士气的是能够为海军官兵及其家属服务的高效医疗队和充足的医疗设施。我对此感受至深，因此我一直热衷于建立海军医护部。

从 1934 年开始，海军的将军级外科医生不仅是海军军医中的最高长官，而且还掌管着海军最高指挥部的医药局。1928 年我就任海军部长时，这一职务一直由闻名全国的穆索尔（Moonsauer）博士担任。我与他密切交往长达 11 年之久，后来我与他的继任者菲肯特舍博士也一直保持联系。他们继承了杰出的前辈乌泽曼博士和巴赫曼博士开创的事业，把当好一位医术精湛的医生与当好一名海军军官两者有机地结合起来，为下属作出了榜样。

由于海军员额限制，直到 1935 年，我们只能从 12 名申请者中选出 1 名海军医疗队的后备军官，但是到 1938 年海军扩充的时候，我们就能够从 130 名至 150 名申请者中选出 30 名后备军医。他们在与舱面后备军官一起接受简单的军事教育后，就被送到医学院完成学业。他们的每个暑假都是在军舰上度过的，在成为真正的海军军医之前，他们必须通过正式的国家医学考试。1934 年到 1940 年，他们在柏林军事医学院学习，但 1940 年之后他们则被送往新成立的海军医学院接受专业训练。

海军军医的职责广泛，他们不仅要在军舰和岸上的医院上履行职责，护理病人，他们还要充当体育方面以及护渔船上的医疗监护；有的还要到海军造船厂工作。总之，他们要负责军舰和海岸地区的医疗卫生事项。

大部分海军军医在工作数年后会被送往大学的门诊部、地方一流的医院或汉堡热带卫生研究所（海军与该研究所关系密切）攻读研究生。除了能在德国主要的医学权威指导下工作外，他们还有机会出国留学。例如，二战爆发时，我们有一位热带医学专业的海军军医正为荷属东印度群岛殖民当局工作。

舰艇和岸上医院中的医疗设备都有受过高级专业训练的军医操作。除了扩大现有医院的规模和对其进行现代化改造之外，海军还成立了许多新医院，满足了各地对专家治疗的需求。甚至小型船只上都配备了护士和医疗设备，所有的舰艇上都有配备了最现代化的X光机的手术室。我们将工作重点放在舰员的预防性医疗和舰艇的卫生防疫上，并就相关医疗事项定期开展讲座和说明。所以，海军官兵的健康状况出奇得好。

战争一开始，海军就能够召集到许多后备军医，因此海军所有的活动都配有专业医疗保障。在海军医护局的指导下，这些后备军医表现非常出色。

在两次世界大战中，德国海军军医与世界上任何的同行相比都毫不逊色。他们可靠的助手、医疗兵和海军护士也获得了同样的赞誉。

海军军法局对于保持官兵的士气同样非常重要，但却是通过一种不同的方式。该局的军官通过严格贯彻海军的条令条例来维护纪律。军队内部之间联系的紧密程度比民间社会更甚，因此需要加强法治和维护公正。纪律和团队精神是任何军队都不可或缺的基础，一旦一名正直的战士感到奖罚不公甚至黑白颠倒，这两项基础都将不复存在。因此，海军军法部门的人员不仅要深刻理解法律，而且还要崇尚公正，热爱军队。只有这样，他们才能赢得海军官兵的尊敬和爱戴。

早在 300 年前，德国军队的军法部门就以正直闻名。但在一战后，“人民代表委员会”解散了基层的军事法庭。1920 年 8 月，除了海军的军法部门得以保留，仍被允许对舰艇上的人员进行必要的训诫外，整个军队的军法部门都被撤销。其实就连那些对军队没有好感的政党都承认民事法庭（尤其是有女法官或女陪审员的法庭）根本不能对海军舰艇上发生的案件进行判决。

与陆军和后来的空军不同，当 1934 年军事法庭重新恢复之时，海军已经拥有了一个由经验丰富的军法官组成的小型核心。然而，军队的法律系统必须适应社会和政治形势的变化才能得到认同，于是，海军成立了与民事法庭相对应的新军事法庭。1936 年，军事法庭委员会正式成立，并成为军队的最高法庭，委员会主席由海军最著名的军法官塞尔默先生担任。

作为海军总司令，和平时期我只是从总体上指导海军法庭的工作，同时拥有部分的赦免权。但我不想拥有——也不想得到——任何干涉法庭具体判决的权力。我主要关心的是一种特殊的犯罪案例——即容易对士气和士兵的纪律产生严重影响的案例。就这种案例我会向高级军官和他们的军法官询问并与之探讨。我尤其关心上级对下属的虐待事件，我指示一定要将类似这样的虐待事件全部曝光，不论任何人、任何级别，只要被证明虐待下属，就必须从严惩处，绝不饶恕。

海军军法局由海军首席大法官罗德尔斐（Rudophi）领导，他是一位刚正不阿、能力出众的法官，我总能从他们那儿得到好建议。1937 年，军务部成立后，所有司法部门和军纪部门之间的合作就显得至关重要。两个部门的早期负责人，后来成为海军上将的施艾温德（Schniewind）和瓦泽拉，从一开始就密切合作，即使在战争中最困难的时期也是如此。

1938年以前，海军新法庭都能够顶住外界的政治压力，秉公断案，但布仑堡—弗里奇危机，以及国防军总司令或称作三军总司令的新职位出现后，这种政治压力开始加大。很多纳粹组织和官员开始公开反对法庭，他们声称法庭对纳粹老党员的审判标准太过苛刻，而对非纳粹的海军人员却极其宽松。在他们看来，这些海军人员要么就是不同情纳粹党，要么就是反对他们。我于是下令就此展开调查，但却发现海军法庭不存在任何错误。因此，在我的建议下，三军总司令与元首的代表达成共识，今后纳粹军官的任何不满要先通过元首代表才能反映到各军种司令那儿去。这就避免了纳粹党的底层官员采取任何直接、非法的手段干涉军事法庭的工作，以使这类问题得到统一解决——尽管这会给已经非常繁忙的军务部和海军军法局带来更多的工作负担。

1938年后，元首就试图亲自插手国防部的军法会议理事和高级法官的任用。三军总司令被迫让出了选拔军官的最后建议权，但直到战争行将结束时，我们也没有让纳粹党企图控制所有军官任免的阴谋得逞。这就已经很不简单了，纳粹党的中央机构及其下属单位一直就在策划怎样夺取军事法庭中的最高职位，他们为此进行了长期单调乏味的调查——纳粹官员未找到任何有利于他们的理由。

战争爆发后，纳粹党开始将干预海军司法程序的企图付诸行动，甚至在纳粹党的最高层也开始这样做了。例如，1942年夏天，一个海军军事法庭释放了几名想乘拖船逃回国的挪威人。在法庭宣判之前，挪威占领区的德国最高行政长官特波文就认定这是一起政治事件并亲自打电话给希特勒，结果该军事法庭的判决结果立刻被否决了，不仅如此，希特勒还要求海军最高指挥部上报三名军事法官的姓名，并打算惩处他们。在我的指示下，海军没有这么做，因为法官这么做只是履行他们的职责而已——希特勒也未再提及此事。

在 1942 年的另一起事件中，一名随军牧师受到另一位牧师的指控，但因证据不足，海军军事法庭就释放了这位牧师。经调查，原告牧师是秘密警察盖世太保的爪牙。我认为在这种情况下，不仅要释放无端受到指控的牧师，而且必须开除那个肆意指控他人的牧师。纳粹党的头目之一马丁·鲍曼对此强烈不满，他竟然霸道地要求我们开除那个无辜的牧师，给那个实际上是盖世太保的牧师复职，并且要撤销主持这次审判的法官的职务。当然没人理会这些无理要求。

由于被传唤的指挥官和高级政府部门的干预，军事法庭的上诉和重审都无法展开，矛盾公然激化，因此在海军法律工作方面，我自感责任愈加重大。但是，这些经验丰富、公正无私的高级法律军官在优秀法学家的协助下，工作无可挑剔。

然而，对于涉及海军人员的严重违纪或犯罪的重要案件，都是由我作最后决定，除非该案件由三军总司令亲自负责。此外，我还要求下面的海军单位要获知案件的所有实情，为以后判决时打下基础。我还将这些案件发给与之有关的海军最高指挥部各局传看，并要求他们向我提供建议和信息，使我能够对这些案件作出最公正的裁决，尽管并没有任何规定让我这样去做。出于某些原因，我的这个要求是以“军事法庭命令”的形式下发给海军各司令部的。

战时我不得不作出很多困难的惩罚决定，但作为补偿，我拥有很大的赦免权，为此我甚感欣慰，因为我能在不破坏纪律和影响士气的情况下“仁慈地维护公正”。还有一个补偿就是整个战争期间，海军司法系统在无法向其他国家咨询的情况下，克服重重困难，建立起一个比作战部队都毫不逊色的档案记录，这一工作得到了各界的承认，而且这些档案资料不断地被人引用。

第十一章 西班牙内战时期的德国海军

1936年夏，海军受领了一项任务，其后两年中海军都为此而忙碌。西班牙发生了令人不悦的国际纠纷。人们注意到这种混乱的背后潜藏着日益增强的布尔什维主义的影响。布尔什维主义的影响可见诸很多方面，他们进行了反教权主义立法，压迫教会学校，剥夺教会财产。西班牙社会党政府变得面目全非，各派别斗争激烈，许多城市都发生了流血冲突和起义。阿斯图里亚斯省（Asturias）宣布成立了共产党政府，在卡塔洛尼同时出现了共产党和加泰罗尼亚分离主义者。最后局势发展成为公开内战，佛朗哥将军在西属摩洛哥发动军事政变，宣称他率部起义是为了反对马德里的所谓“人民阵线政府”，随后就入侵了西班牙本土。

西班牙内战极其残酷，其影响远超出西班牙本土，成为欧洲政治的重要话题。一直试图颠覆西班牙的苏联，把这次内战视为对其实力的一次考验和为其在通往世界革命的道路上夺取一个重要的欧洲堡垒而进行的决定性斗争。它支持“人民阵线政府”。德国和意大利采取反共立场，因而支持佛朗哥将军。英法则采取不干涉政策，但他们显然同情红色西班牙这一边。

冲突、起义和恐怖逐渐使外国人根本无法继续在西班牙生活。只有民主政府才受到关注，“人民阵线”被认为是一个非法的阵线。在许多社区，共产主义者、工会主义者和无政府主义者夺得了权力。正如有机会到西班牙港口城市作调查的海军指挥官们后来报告的那样，耸人听闻的暴行时时发生。关注自身安全的欧洲大国们被迫采取措施自我保护，形势的不确定性和红色政府的不可靠性迫使西班牙各省市只能依靠自身力量采取防御性措施。

西班牙的地理位置使得采取这样的行动成为一个难题，尤其是海军。因为在西班牙的德国领事馆和生活在西班牙的德国侨民发出了无数请求援助的呼吁，德国政府效仿英、法、意、美等国，同几个海上小国一起，决定派海军到西班牙海域。同时，德国政府还着手保护其他国家的侨民，比如奥地利和瑞士两国就请求我们保护其侨民。我同意外交部长诺伊拉特男爵对形势和海军应采取的措施的分析，派军舰到西班牙保护德国侨民是很自然的事情。令人费解的是让希特勒同意使用海军并不容易。当他出席拜罗伊特音乐节时，我让他的海军副官普特卡莫海军中校向他告知此事。希特勒唯恐发生国际纠纷。后来，一想到德国军舰为了采取必要行动而进入红色西班牙的港口，希特勒就忧心忡忡。由于不知道这次任务的具体情况，我命令袖珍战列舰编队的指挥官卡尔斯海军上将于 1936 年 7 月 23 日下午立即率袖珍战列舰“德意志”号和“舍尔海军上将”号出海。这两艘舰中止了在北海的演习，连夜在威廉港进行了补给，次日早晨就出海了。几天后“科隆”号巡洋舰和四艘鱼雷艇跟随而至。无论是在西班牙民族主义者控制的港口，还是在拥护西班牙现政权的人控制的地区，我们的舰艇都受到了和平的接待，我们能够确保德国侨民和其他外国人的安全。在最初的几个月里，大约 15 000 名德国和拥有其他各国国籍的难民从红色西班牙控制区撤出，处于德国军舰的保护之下。此外，我们还为受迫害的西班牙人开设了收容所，因而得以挽救他们的生命。这些难民中有喀他赫纳年老的主教桑托斯（Santos）。

当战争正在这个不幸的国度蔓延时，几乎所有的德国人以及他们的西班牙亲戚都从西班牙撤出。德国商船以一种很典型的方式帮助战舰执行这项任务。这些商船在接到海军指挥官的无线电请求后，被派往西班牙民族主义者或是拥护西班牙现政权的人控制的港口，在那里，德国战舰正在执行撤出难民的任务和与西班牙官员进行必要的外交谈判。为了完成这个任务，这些商船中止了前往累范特和东亚的航程，转而将那些从西班牙蜂拥而出的德国人和他们的家人安全送至西班牙民族主义者控制的地区、意大利或是法国港口。由于德国商船的船长们都没有为此跟他们的航运公司请示，他们这么做完全是出于自愿，因此这种高度的责任感应该受到赞誉。撤出工作的规模显而易见，举例来说，仅仅几天时间就有 2 000 名难民从拥护西班牙现政权的人控制的地中海港口阿尔玛丽亚（Almeria）撤出。

正是由于我们的战舰和商船及时进行干涉，在西班牙内战中死伤的德国人才很少。德国海军指挥官和商船船长采取的冷静而坚决的行动，尽可能地保护了德国家庭和他们的财产，即使在共产党统治下的港口也是这样。由于德国海军的存在，德国商船也受到了保护，从而得以免遭西班牙当局海军的干涉。

由于战争爆发后，西班牙舰队中的大部分人都支持西班牙现政权，因此很引人注目。通过在舰员中搞渗透颠覆和谋杀大部分军官，西班牙现政权使得任何反叛投靠佛朗哥的行为都变得不可能。拥护西班牙现政权的海军禁止佛朗哥从海上将在摩洛哥的军队运往西班牙大陆。因此军队只能通过空运，然而有限的飞机数量使得空运非常费时。佛朗哥只有通过增加新服役的军舰和向西班牙民族主义者控制的港口开辟航线来逐渐增强自己的兵力。从长远来看，西班牙现政权的舰队中难以继续保持他们的优势，因为他们杀了很多军官，因此缺乏训练有素和经验丰富的军官的指导。

1936 年 9 月 30 日，佛朗哥将军被推举为“西班牙政府和国家领导人”。他的部队开始进攻马德里，西班牙现政府被迫迁至巴伦西亚。在这之后不久，1936 年 11 月，德国和意大利宣布承认佛朗哥政府，并共同签署了防止共产主义向西南欧蔓延的意向。英国和法国直到 1939 年 2 月佛朗哥取得最后胜利之前才宣布承认佛朗哥政府。美国在西班牙内战结束后不久也紧接着在 1939 年 4 月 1 日承认佛朗哥政府。

尽管如此，苏联依照其政治原则从一开始就全面支持西班牙现政府。来自欧洲各国的共产党志愿者大量涌入西班牙，并为西班牙现政权提供了战争物资和粮食供给，这些都有效阻止了佛朗哥在马德里取得最初的胜利。这些对西班牙现政府的援助大都通过来自黑海港口的苏联和法国的蒸汽船。

接着德国政府决定通过海上运送军事物资和派遣由德国志愿者组成的秃鹰军团抵达西班牙。德国海军向民族主义者控制的西班牙政府出售了最先进的海岸炮、高射炮、地雷探测器和地雷。物资运输有条不紊地进行着。我认为对佛朗哥的直接援助是必须的，特别是派遣秃鹰军团和提供战争物资，这么做是出于德国的外交政策，其目的就是阻止在西班牙建立共产主义国家。虽然德国对西班牙的援助进行了伪装，在陆地和空中进行的活动都打着西班牙的旗号，但实际情况尽人皆知。德国军舰的存在和产生的精神作用是不容忽视的。很多船只穿梭往来，为西班牙内战的双方运送物资和志愿者，西班牙民族主义者和现政权一方都宣布了封锁禁令，但各国军舰的出现，以及外国势力关注的共同利益，均为产生摩擦和国际冲突提供了种种可能。随着战争的进行，这种可能性就越来越大。

德国海军的行动自然不能在所有细节问题上都听从柏林的指示。值得肯定的是，我们根据第一次世界大战的经验对作为通信用的无线电频道进行了认真而系统的改进后，效果非常不错。然而，从最后的分析来看，海军部队的成败主要依靠指挥官的独立判断、对政治形势的理解以及他们作决定时的主观愿望。特别是海军上将卡尔斯、博洛姆、费舍尔（Fischell）和马沙尔（Marschall）以及其下的中队指挥官和各舰艇长，他们能够及时应对不断变化的形势和突发事件。除了向他们简要介绍一下德国政府的政策和海军最高指挥部的总体意图，以及安排好必要的救援和补给之外，我无须干涉在现场的海军指挥官作出的任何决定。那些年长的、经验较为丰富的舰长和年轻的鱼雷艇和潜艇艇长们均采取了机智果断和计划周密的行动以应付各种复杂情况。特别是，为了随时使舰艇处于待命和航行状态，他们向轮机部门人员下达了严格的命令，这些命令都得到了很好的执行。整个战争期间，尽管在西班牙水域执行特殊任务，他们仍没有忽视舰员的个人训练，虽然他们不能进行正常的海上训练。但在意大利海军的帮助下，我们得以使用他们的训练设施，舰艇在地中海进行了部分必要的舰炮射击、防空、鱼雷发射训练，并在那不勒斯的意大利海军船厂进行了例行的检修。西班牙民族主义者控制的海军也将其在加的斯和埃尔费罗尔的船厂设施提供给我们使用。

聚集在西班牙水域的各国海军没有因各强国在西班牙问题上采取的不同政策而互存偏见，相反，他们相处得非常融洽。英国、美国、法国、意大利和德国真正关心的是其国民的安全和财产。他们互相帮助，进行人道主义援助。类似的这种合作非常广泛。举例来说，在巴塞罗那，无政府主义者拥有权力，五国军舰在法国让苏尔（Gensoul）海军中将的统一领导下，共同制定了一个针对陆地上可能发生的流血冲突的应急行动计划。我们的军官发现很多英国海军军官毫不掩饰他们对佛朗哥政权的同情，尽管英国的指挥官坎宁安（Cunningham）海军中将表面上自然要代表英国政府的立场。更令人欣喜的是，在与法国海军频繁接触后，他们的海军军官对我们的军官表现出兄弟般的热情。比如说，1936 年 11 月，我们的第三鱼雷艇中队前往西班牙的时候，“狼”号鱼雷艇的舵因一场暴风雨而损坏，编队被迫在法海军港口布雷斯特停靠。在那里，他们受到了不带任何政治偏见的、礼貌和友好的接待。珀蒂（Petit）海军少将领导下的法国船厂竭尽全力为我们的舰艇迅速进行了全面的检修，德国的军官和舰员接到了大量的法国军舰及岸上单位的正式和非正式的邀请，到处洋溢着对德国的友好气氛。针对整个西班牙问题，支持西班牙内战双方的外国势力最后成立了一个“不干涉委员会”，欧洲列强都参加了这个委员会。为防止发生战争摩擦，各国决定对前来西班牙的各国海军实行统一监督，这个决定于 1937 年 3 月 12 日生效。监督行动由英国、法国、意大利和德国四国海军共同实施。但这种监督毫无效果，因为实施监督的这些部队本身就偏袒内战中的一方或另一方。德国和意大利的海军部队在西班牙东海岸海域实施监督行动。“不干涉委员会”分配给德国海军和意大利海军的在西班牙东海岸实施监督的任务由西班牙现政府接替，理由是有可能出现蓄意进攻性的行动而导致冲突。

最初几个月的监督巡逻过后并没有发生不愉快的事，然而在1937年5月29日，西班牙现政权的飞机对在伊维萨（Ibiza）湾的巴利阿里（Baleric）岛抛锚的德国袖珍战列舰“德意志”号发动了突然袭击。这架飞机下午在太阳方向出现，所以没有被及时发现，而且它伪装成西班牙民族主义者政府的飞机，因此没有人怀疑它采取任何敌对行动，结果这架飞机在“德意志”号上的高射炮开火之前从容地投弹。两颗炸弹命中了该舰。尽管对军舰本身损害并不大，可是造成了严重的人员伤亡，31名舰员被炸死，78人受伤。

必须对这一前所未有的偷袭予以报复性还击，否则我们还会无缘无故地遭到袭击。

刚乘飞机离开柏林的希特勒听到这个消息后立即返回。德国政府决定对西班牙现政府控制的阿尔玛丽亚港进行报复性攻击。1937年5月31日，袖珍战列舰“舍尔海军上将”号向西班牙现政府控制下的阿尔玛丽亚港倾泻了大量28厘米口径炮弹。西班牙现政府的炮兵仓促进行了还击。在德国指挥官未将炮击的情况向柏林报告之前，一些不友好的外国媒体上就已经出现并且谴责德国对“不设防”城市阿尔玛丽亚的炮击。

我和冯·布仑堡将军立即被召集到希特勒那里，他正为那些谴责德国的新闻报道感到恼火。恰巧那天由于天气不好，我们与驻西班牙部队的无线电通信效果极差，来自那里的德国海军指挥官的正式报告费了好长时间才传到柏林。希特勒一直在焦急地等待着这份报告，直到报告传到柏林他才平静下来。报告称阿尔玛丽亚进行了火力还击，因而报纸上关于德国轰炸

"不设防"城市的指控是完全错误的。

1938年夏，得土安（Tetuan）的伊斯兰教首领——穆雷·哈桑在正式参观停靠在休达（摩洛哥北部城市）的"德意志"号的时候，对我们在西班牙实施的这次突然炮击行动不以为然，他对西属摩洛哥的部队说："我以神的名义，沐浴在这么多死伤者的鲜血中，我为能够支持西班牙与那些不信神的人战斗而感到自豪。胜利一定属于我们。"

英国对"德意志"号遭到轰炸一事表示非常同情，尽管他们官方的西班牙政策是反对我们的。这种同情尤其表现在他们在直布罗陀为袖珍战列舰上的死者举行异常庄严的葬礼上，以及在那里的英国医院对德国伤员的友好接待上，英国专门用飞机从本国调来医护人员为这些伤员实施精心护理。出于对死者家人的慰藉，希特勒命令将这些死者的遗体运回德国安葬，这些遗体被抬到"德意志"号上运回了威廉港。英国直布罗陀总督伊文斯（Evans）海军上将对德方的要求立刻作出了礼貌的回应，将已经下葬的遗体又都挖了出来。

鉴于"德意志"号遭受袭击一事，德国政府向"不干涉委员会"提议，如果参加监督行动的国际海军部队受到进一步攻击的话，各国海军应联合采取反击措施，但这一提议遭到了拒绝。因此，我们和意大利随后就退出了联合监督巡逻行动。从那时起，外国海军都将自身的行动限制在例行性的观察和显示存在，以及保护本国特殊利益的范围内。

然而，这时佛朗哥的军队——西班牙民族主义者——占据了军事上的优势。在佛朗哥夺取巴塞罗那和加泰罗尼亚，迫使西班牙现政权的军队逃亡到法国后，内战就结束了。1939年5月28日，西班牙民族主义者的军队进入了马德里。德国海军在此之前就已经缩减了在西班牙水域的兵力，1938 年底他们完全撤出了。

在西班牙内战的两年间，德国海军经常将作战舰艇配属给在西班牙海岸附近水域的舰队司令部指挥。随着舰艇不断进行换防，很大一部分德国海军都有机会参加在西班牙的行动。因此，舰艇不可能在这段时间按照舰队的训练计划进行正常的训练，特别是单舰的训练也无法开展，但舰队总司令和我并没有因此而后悔。舰队在西班牙行动中获得的在理解判断力、政治敏锐性和自信心上的提高足以弥补我们在战术和训练上的缺陷。舰艇执行的这次特别任务激励了这些舰艇长和其他的军官训练舰员的主动性。这些军官比其他舰员更加深切感受到海军的任务是如此广泛，即使是在和平时期。跳出了北海和波罗的海狭小的限制，德国海军被纳入一个更广阔的外交框架之下执行重要的任务。与外国海军打交道和到外国港口访问对他们来说已经是习以为常了，在处理新问题的过程中，他们获得了更多的知识和经验。由于执行的任务广泛，并且远离基地，舰员必须使他们的舰艇时刻处于战备状态，随时准备巡航和战斗。共同的任务和舰员之间的相互依赖增强了他们的纪律观念，增进了他们之间的战友情谊。海军对自身重要性和能力的认识更加清楚，海军的责任和未来现在已经得到了各方的承认。

通过执行巡逻任务，我们的舰员也带回了其他人难以带回的“无价之宝”：西班牙各阶层人民的同情和感激。德国海军和西班牙一直保持着良好关系。一战后我们的军舰频繁访问西班牙的港口，每次受到他们热情的接待都使我们感到执行这种任务很愉快。现在海军很高兴能在西班牙海域行动的两年中，用实际行动回报了西班牙的恩惠。

第十二章　海军航空兵之争

早在第一次世界大战期间，德国海军的序列中就编有海军航空兵，不过早期主要利用飞艇进行侦察和空袭。海军同时也在发展自己的飞机，一战期间，德国海军总共制造了大约2 500架飞机，分别用作侦察机、战斗机和鱼雷机。当时尤其重视使用飞机进行侦察。战争结束时，海军已经制造出并正在试验一种四发远程侦察机。总体说来，德国海军的飞机与任何敌人的飞机相比都毫不逊色。

但是《凡尔赛条约》结束了这一切。德国把所有的飞机都交给了协约国。德国被禁止拥有任何空中力量。民用飞机的制造也受到严格限制，从而使德国的飞机制造业根本无法赶上国外的发展速度，也无法同国外的飞机进行商业竞争。主要的飞机制造商和设计师纷纷移民国外，因为在国外可以不受约束地设计和制造飞机。在这些移民者中就有在战争期间专门制造水上飞机的公司。

比如，1921年，道尼尔（Donier）公司在意大利比萨建立了一个飞机制造厂，在那儿研制Do-Wal飞机，这种飞机成功地用于了1925年亚孟森的极地飞行中，1926年巴尔博在穿越大西洋到达南美洲的飞行中也使用了这种飞机，德国海军飞行员冯·格罗瑙海军少校（退休）在越洋飞行中使用的还是这种飞机。该公司凭借四发的Super-Wal又进一步研制出了Do-X，它是一种拥有12个发动机、重达50吨的水上飞机。

同样，罗尔巴赫（Rohrbach）博士也把他的公司搬到了哥本哈根，1923年，恩斯特·海因克尔（Ernst Heinckel）也在瓦尔纳明德（Warnermunde）建立了他的商用飞机制造公司。他的第一份大订单是与胡戈·斯蒂内森的德国公司签订的“为南美洲建造10架飞机”的合同。实际上这是一份为德国海军定购的伪装订单，飞机的部分零件在瓦尔纳明德制造，然后用船运到瑞典装配，再秘密将这些飞机运进德国，装入箱子中隐藏起来，以备将来使用。

到1926年，尽管《凡尔赛条约》仍然禁止德国拥有任何空中力量，无论是空军还是海军，但部分解除了对民用飞机的限制。

不过，海军对发展水上飞机抱有浓厚兴趣，从1924年开始，海军就命拉斯海军上校和海军运输局长罗曼海军上校负责在航空界寻找合适的发展项目。罗曼海军上校通过海军运输局的预算资金和一些装备资助那些能够制造水上飞机的德国公司。拉斯海军上校假装成一个私人客户为海军购买了这些水上飞机。同时在海军部中也成立了相应的组织，作为海军航空兵的前身。这些杰出的海军军官和职员当中就有拉斯海军上校和赞德海军上校（后来成为空军元帅）。

但是《凡尔赛条约》确实允许德国海军拥有防空炮。防空炮练习射击时，就必须配备用于拖曳目标靶的飞机。因此，我们创建了一家特别的“塞韦拉”公司，装备有民用飞机专门配合海军训练。1928年，“德国联合航空公司水上飞机试验站”在特拉沃明德成立——它由莫尔海军少校（退休）领导，奇怪的是，这个人后来竟成为了空军中将。1927年至1930年间用作试验的水上飞机都是在德国公司或者是外国公司制造的，在海军部的鼓动下，这些飞机全部由交通部出面购买下来。

1928 年，就像我在前文中描述的那样，罗曼的任务完成后，海军从事的这些秘密交易就面临着被终结的危险。于是我请示了米勒总理和格勒纳国防部长及其他政府要员，得到批准同意后，这些秘密交易才得以继续进行。

建立一支正规海军航空兵所需的技术基础 30 年代初期就准备好了，只等政治形势明朗以后正式公开。与此同时，通信试验研究所改进了飞机的无线电通信设备，这套设备非常好用，成为海军在第二次世界大战期间的制式装备。

到 1932 年，我们已经设计成型一种多用途飞机，它既可用作投弹、布雷、鱼雷攻击，同时还可以当作战斗机使用。同时海军正在研制、试验一种俯冲轰炸机，准备以后在航母上使用。基尔的德国造船厂已经制造出一种有效的舰用飞机弹射器，在埃肯弗德的鱼雷试验研究所，海军新研制的机载鱼雷正处于试验阶段，在瑞士的厄利康公司，海军正在对新型的 2 厘米口径炮进行测试。

海军航空兵未来武器的发展主要归功于那些已经把青春奉献给这项事业的海军早期的飞行员们，同时这项工作也受到了德国航空工业的热情支持。

然而，我们没有仅仅将目光停留在航空技术和飞行上，海军部和舰队司令部都致力于使所有的军官都能够应对因海军航空武器的不断使用而产生的各种新问题。在实际使用飞机的军事演习中，我们研究了航空兵在战略和战术上的运用，其中使用的一些飞机来自“塞韦拉”公司。尽管困难重重，但所有的工作都在认真地进行着，当《凡尔赛条约》的限制解除时，我们所掌握的航空技术和训练有素的航空人员，再配备上我们已经准备好的武器装备，就能立即建成一支具有强大攻击力的海军航空兵。

然而，1933 年，德国单独组建了空军，这就给陆军和海军都提出了一个难题，他们是应该各自保留独立的空中力量，还是由第三支空中力量——空军来接管陆海军的空中任务呢？

海军根据国内外的经验对这个问题进行了多年研究。在日本和美国，海军航空兵和陆军航空兵有明确分工，事实证明这样编制非常成功。在法国也采取了类似的办法，法国海军司令达尔朗海军上将后来告诉我在他们那儿也取得了成功。只有在英国，尽管海军是传统强势军种，但也不得不为在海战中保持足够的空中力量而进行艰难斗争。在这场争论中，关键一点就是海军航空兵必须要有航空母舰、专用飞机和自己的飞行员。

世界上所有的大国海军都一贯认为：海军所有的组成部分，无论是水面舰艇、潜艇，还是航空兵，必须只能由一个总司令指挥，所以海军航空兵也是海军整体的一部分。在德国，空军司令戈林和他周围的人再三宣称“所有能飞的都属于我们”，这样的集中对飞机发动机的研制、正常的飞行训练和航空工业的扩大是有利的，但是戈林的支持者们显然无法理解飞机和空军在陆战中的使用与他们在海战中的使用完全不同。在陆地上，进攻和防御必须符合陆战规则，因此飞行员必须掌握陆战的方法和战术。海战则要求飞行员、飞机和战术要适应海上作战的特点，这种要求很难达到，因为海上环境与陆地环境完全不同。随之而来的两者在空战战术上区别很大，只有经过专门的海军战术训练，按照海战的方式和习惯训练过的飞行员，才能在海上实战中真正发挥作用。

海军的一个显著特点就是具有良好的机动性和广阔的活动范围，因此它可以在最短的时间内在最令人意想不到的地区出现展示威力，因此进行远程侦察是十分必要的。一份侦察报告经常可以改变总司令关于总体形势的看法。因此，这样的侦察报告最为基本的就在于它的准确性，因为无论这份报告来自巡洋舰、驱逐舰、潜艇，还是飞机，指挥官必须依靠它才能作出正确判断。只有经过大量的训练和长期积累经验，才能完成准确的侦察报告。不仅如此，因为飞机比舰艇的航程更远、速度更快，因此比舰艇侦察的范围更大，而且飞机还可以进行航空照相，这样的空中侦察可以提供比潜艇和任何水面舰艇更快、更有价值的情报。但是只有当侦察员知道要侦察的是什么，以及怎样判明情况，才能形成一份好的报告。直到 1933 年，我们的海军飞行员一直都反复训练这些技能，尤其是在思想上，由于他们长期在海军部队中训练、生活，因此逐步熟悉了海军的习惯和规则。

整个海军对于航空兵的看法都是相同的，所有的参谋人员、部队的指挥官都与我的观点一致，那就是飞机在海战中的重要性不亚于水面舰艇和潜艇，甚至未来将更加重要。我们在一战中主要依靠飞艇进行侦察时，就已经认识到了海战对于空中力量的依赖性。我们与所有先进国家的海军都深信，空中力量的鼎力支持不仅对使用海军兵力非常重要，而且这种支持经常起着决定性作用。但是没有哪架飞机和哪位飞行员能做到今天深入敌人领土进行攻击，明天再对地面部队进行战术支援，后天又作为海军的组成力量全力以赴对敌作战。

为了有效支持海军部队作战，单架飞机或一个飞行中队不仅要熟知敌我双方飞机的性能特点和海战的战术原则，而且还要了解海军的信号系统和指挥术语。

随着飞机和航空装备的飞速发展，飞机开始遂行以前仅由舰艇遂行的很多职责。在侦察中，这是必不可少的；在掩护舰艇防空、反潜和反水雷方面，飞机的作用等同于驱逐舰或是护航舰；在敌方水域执行布雷任务时，飞机是潜艇和水面舰艇的亲密伙伴。在与敌人海上兵力的作战中，战斗同时在空中、水面和水下展开。由于这些兵力之间要展开密切的协同，相关的空中力量必须听命于负责整个海上作战的司令部指挥。同样，协同海军作战的侦察机、战斗机和鱼雷机作为整个海军力量不可缺少的一部分，必须服从统一指挥。即使这些兵力不直属于海军航空兵，但在训练和使用的问题上，他们必须只听命于海军指挥官。

尽管这些原则对于每个海军人员来说都是不言自明的，但是出身于前陆军飞行员或陆军军官的戈林和他的部属，主张必须建立一支无所不包的、独立的空军，陆军和海军的空中力量都应隶属于空军。他们认为飞行本身是最重要的，而陆军或海军出于自身目的而进行的特别训练只是第二位的。

但是一名陆军飞行员加入海军或者一名海军飞行员加入陆军，并不能通过这种方式实现彼此之间的融合，在其他军种中接受的简短训练和担负的有限职责，并不能为飞行员提供基本的、必需的培训。最后飞行员只能感到自己待在哪个军种里都不自在。

一般来说，即使是最困难的问题，也可以通过相关各方公平和共赢的妥协来解决。但不幸的是，空军对于海战最基本的需求都一无所知，因此海空军也就缺乏开始商讨的共同基础。事实上，问题的解决常常是依赖于权威的意见，看来空军总司令一直认为这才是最重要的因素。

由于希特勒的决定与海军的意见相左，海军不得不请求空军总司令组建专门用于海军作战的空中兵力。1935 年原计划组建 25 个中队，约 300 架飞机，但这一兵力太过弱小。第二年海军在计划中又增加到了 62 个中队，并通报了戈林。戈林回复我们说他很愿意建立一个专门的空军机构——空军海上指挥部——并让其接受海军总司令和舰队总司令的战术指挥。但这个仅限于战术领域的指挥并不能令海军完全满意，因为这样的话，海军的航空兵力在其他所有方面还是属于空军的。但不管怎样，海军还是要求在飞行员的选拔、训练、教育以及分配上拥有发言权，但空军对此无法接受。戈林甚至根本就没考虑过海军想要获得专用飞机的愿望。

然而，即使是一个有缺陷的组织，如果其成员之间能进行充分、愉快的合作，也能够有效开展工作。因此，海军向空军输送了所有具有飞行经验和背景的军官，同时我还希望通过他们能够使空军更好地关注海军的利益。我亲自给每一位被输送到空军的海军资深飞行员写了一封信，解释说将他们输送给空军是最符合海军利益的，并要求他们在未来执行任务时要牢记这一点。但不幸的是，这些到空军的海军飞行员并没有全部被安排从事与海军相关的工作，有一些人被派去执行与海军毫无关系的任务。

但空军也有一些部门确实在为海军飞行事业工作。在空军学院和其他空军学校中，海战学被列为指定课程。教授这节课的是格拉迪斯海军上将，还有一名海军军官被任命为空军通信部的联络官，在那里他们彼此协调的合作使双方受益匪浅。

尽管空军和海军之间不时达成妥协，但空军对海军的态度并没有发生根本变化。即使我进行了最大的努力，我们的海军也无法像其他国家的海军一样保护自己的空中力量，空军内部从未真正考虑过海战的重要性。会见与会议一个接着一个，但除了摩擦、额外的工作和一直的拖延外，没有得到任何结果。

直到 1938 年以前，我们始终坚持要有 62 个飞行中队专门用于海军作战，随后我们与戈林达成协议分两步完成这一计划，最终于 1942 年完成部署。然而，即使是在作出承诺的 1938 年，戈林仍声称空军对发生在海上的空战以及与海军在海上进行的联合作战负有全部责任，空军已经制定了相应的作战计划。因此，他说海军要拥有属于自身的用于战斗和侦察的空中力量的要求不会得到批准。同时，他还补充说，他确信用于海军作战的 13 个空军中队比海军自己要求拥有的用于战斗和侦察的中队更符合需要。

海军无法接受这个观点，于是海空军之间的矛盾不断升级。我和我的副手尽可能地寻找机会对空军总司令这一不切实际的观点表示抗议，但收效甚微。我无法从陆军那里得到支持，他们所受到的威胁远未达到如此程度。我甚至几次将此事私下向希特勒进行汇报，希望他能够作出一个有利于海军的决定，但显然戈林私下里早就对希特勒进行了说服，并向希特勒卖弄了他打算建立的强大空军的诱人前景。通常，希特勒对于海军扩充的计划是接受的，他不但倾听我的建议，而且还经常提出自己的看法。但是在海军航空兵的问题上，他则站在了另一边，我无法争取到任何不利于戈林的决定。而希特勒平息两派争论的一般做法是让双方都认识到争论的结果比达成一个友好协定更为有益。一个典型的例子就是三军对于工人和原料的争夺——不过其后果并不符合希特勒的理论。

按照海军的观点，空军在海军航空兵的问题上是唯一的裁决者，海军因此处于悲惨境地。作为最后一搏，同时也是为海军挽回一些利益，我期望与空军总司令签署一个书面协议。我们在 1939 年 1 月 27 日实际签署了这一协议。协议中规定，将有 41 个飞行中队专门用于海军空中作战，同时也规定了这些兵力的使用方式和活动范围。但是空军依然牢牢掌握着在海面上空作战的权力，这里包括航空布雷和攻击敌水面舰艇、潜艇、敌海军基地和岸上设施。海军拥有的为数很少的航空力量只能用于侦察和为舰艇编队提供近距离的空中掩护。海军原有的空中力量完全被破坏了。

大概是出于帮助空军工作的需要，空军专门派了一名将军到我的司令部担任联络官，海军少将盖斯勒（Geisler）也被派往空军总司令那儿担负相同的职责，他曾经是海军飞行员并长期担任海军军官。但形势的发展已经完全不适应战争的需要了，这个事实是无法改变的。我们所能做的就是希望以后会朝好的方向发展——尤其是当我们正在建造的航母服役之时。我们希望，航母对于飞行中队的需求有助于证明海军完全有理由拥有自己的空中力量，就像英国海军那样。

在我看来，整件事情对海军，对国家的最高利益都是不利的，我考虑再三，准备用我的前途来赌一次，迫使最高统帅部作出决定。但是希特勒早就宣称拒绝介入这场争论，而且他也可能反对海军的意见——这会进一步巩固戈林的地位，而我的继任者，无论是谁，都将无能为力。即使我勉强获胜，我也知道戈林绝对无法接受有悖于他的愿望和野心的解决办法。

第十三章　海军，希特勒和纳粹党

前面已经提过了，我和希特勒第一次真正会见是在陆军总司令冯·哈默施泰因将军家中的一次私人宴会上。那是 1933 年 2 月 2 日，除了希特勒本人和外交部长冯·诺伊拉特外，出席宴会的都是各军种司令。宴会结束后，希特勒向我们详细阐述了他作为新任德国总理的施政方针。

简单地说，他在对冯·兴登堡总统进行一番极力吹捧之后，宣布了他的主要目标就是打碎《凡尔赛条约》的枷锁，为日耳曼人建立一个强大的德意志帝国，消除失业现象。之后，这一思想在德国广为流传。希特勒本人将会亲自指导德国的外交以及国内政策，他指出军队将不再充当警察去解决内部事务，而是要将全部精力集中于维护德国的领土安全和抵御外敌入侵上。军队将是唯一可以携带武器的组织。

我完全同意他的这些政策，尤其是将军队置身于政治之外的观点更是与我不谋而合。

希特勒其人

希特勒早年对海军并没有明显的偏爱。他在《我的奋斗》一书中极力批评了帝国海军以及海军上将冯·蒂尔皮茨的舰队方案。我们后来才得知这些诽谤材料实际上是由一名与希特勒进行合作的军方人士提供的，但他根本不是海军专家。冯·莱韦特佐海军少将（退休）是一位出色的海军军官、纳粹党的早期党员，一战中我曾与他一同在战列巡洋舰编队共事过，他决心让希特勒更好地了解海军。他指出，一支脱离了党派政治的、纪律严明的海军是合法政府可以完全信赖的国家机器。

甚至早在1933年以前，希特勒就热心研究过海军事务，他还表示就个人而言，他支持海军重建。

大约在这一时期，英国海军上将哈勃（Harper）出版了他的斯卡格拉克海峡海战的研究著作——《日德兰之谜》。希特勒让鲁道夫·赫斯（Rudolf Hess）为他翻译了这本书。从第一天中午到第二天天亮，希特勒就一动不动地坐在那里看完了整本书。他的案头一直放着英文版的《简氏战舰》以及德文版的译本——《魏尔舰队手册》。通过不断地阅读加上惊人的记忆力，他掌握了大量海军知识，这就为他以后作决策打下了非常好的基础。在某些方面，他的认识甚至超过了公认的专家。在最初几年中，他总是乐于采纳我提出的各种建议，认真倾听我所说的所有问题。我经常发现比起国防部长冯·布仑堡，我与希特勒更容易达成共识，而冯·布仑堡总是只从自己本军种——陆军的角度出发看待军事问题。

尤其通过一件事，我对希特勒佩服得五体投地，他对前几十年的政策有很多不同看法，并从中找出了它们存在的通病，其中也包括海军的问题。

希特勒曾不止一次强调他的基本政策就是不会再和英国进行军备竞赛，我们应该和英国建立密切友好的关系。因此他行事极为小心谨慎，不仅是在和英国缔结海军协定之前，即使是在其后，他也绝对不愿因海军事务给外交政策带来任何麻烦。

因此我不得不对我的建议和计划时常进行调整，其调整程度之大令我很难接受。特别是在袖珍战列舰后继舰的设计方案上，他的态度更是如此。接下来在建造“沙恩霍斯特”号和“格奈森瑙”号战列舰时，我们与希特勒进行了长时间争论后，他才同意在2艘舰上装备3座主炮而不是先前的2座，但是他断然拒绝了我们提出的将舰炮口径从28.5厘米增加到38厘米的建议。我当时负责海军的战斗力建设，因此这一决定令我非常沮丧。同样令我们感到沮丧的是《英德海军协定》中的条款，它将我们的海军实力永远限制在英国海军实力三分之一的水平。

然而，希特勒限制海军发展的决定也使我更加坚信我们应该奉行温和谨慎的外交政策，这才是处理国际事务的明智之举。

在具体工作上，希特勒完全让我放手去干。尽管他对各种舰艇、武器装备和技术细节都非常感兴趣，但他很少干涉海军事务。同样，在军官和士兵的教育训练问题上以及对待军事司法系统的态度上，他都是如此。开始阶段，对于人员的选拔任用问题，他从不施加任何压力，甚至连任何个人喜好的暗示都没有。其实即使他那样做了，我也会坚决抵制，因为作为一个军种的负责人，有些责任我无法和他人共同承担。

那时希特勒留给我的印象和其他人都是一样的——他天生就是一位非凡的领导者。他博览群书，学识渊博，他不仅能记住知识的内容，而且对这些知识都进行了很好的消化吸收。他一眼就能洞穿问题本质的能力以及从最复杂的事物中总结出共同特点的本领着实令人惊奇。他能用深入浅出的语言明确表达自己的思想，同时针对不同的听众，他也会相应使用不同的、最恰当的措辞。难怪德国人民会如此爱戴希特勒，不仅对他充满希望，而且坚信他会带领德国摆脱《凡尔赛条约》带来的萧条和困境。为了这个目的，他们可以赋予希特勒任何必要的权力。我也只能赞同这种观点。

由于职务和年龄的关系，无论是在正式场合还是私下里，希特勒对我一直都很尊敬。即使是和我的观点不一致，他也会认真听取我的意见——从一开始我就对他敞开心扉，没有隐瞒任何事。我从不回避那些引起争论的话题，只要是为了海军的利益，我都会据理力争。

其他有机会向希特勒当面汇报的海军军官也都是如此。有一次，"卡尔斯鲁昂"号巡洋舰舰长冯·哈斯多夫海军上校向希特勒讲述了他率舰出访时，普遍受到了各国的友好接待，同时他也对纳粹党的一些外国分支机构的恶劣行为表示强烈不满。希特勒听后允诺会采取补救措施。

我的印象是这种坦率要比回避难题好得多。希特勒天性多疑，他对别人任何模棱两可或是逃避责任的话都非常敏感。因此尽管他有时对一些毫无价值的情报和建议不太感兴趣，但他至少能够耐心听下去。我相信我公开向他靠拢赢得了他的信任。如果海军要想达到自己的目的或是想在与其他军种的竞争中赢得支持，取得希特勒的信任是极其必要的。

即使在我和戈林有关海军航空兵问题的争论中，我有时也感觉希特勒私下里对我的支持更多一些。

开始，我尽量争取和希特勒进行定期会谈，以便让他尽早获知海军建设的需要以及海军取得的进展。偶尔我甚至要求和他共进晚餐，这样我就可以在吃饭时与他进行亲切交谈，我可以向他反映海军建设中的一些问题，而不是通过国防部长间接向他反映这些问题。但是我渐渐感觉和希特勒过度亲密的私人关系存在着潜在的危险。希特勒的个人魅力超乎想象，他能轻而易举地取得别人的支持。我经常看到他赢得怀疑者的支持——不仅是各个阶层各种职业的德国人，而且连外国人甚至是外交官员也不例外。

希特勒在决定和他人保持什么程度的关系时有着难以置信的第六感。后来我们之间经常出现严重分歧，有一次我不得不提交一份有悖于他本人愿望的报告。尽管我提的问题总是很尖锐，但他总是诚恳而又虚心地听取我的意见，以至于我感到是我自己弄巧成拙。我想，他这种非凡的个人魅力与他取得的成功有很大关系。

起初，我就本能地抵制这种个人崇拜的风气，随着时间的推移，我开始采取坚决措施对这种风气敬而远之。思想上的独立对我至关重要，没有它我就不能履行好自己的职责。因此我开始减少向希特勒汇报和拜见他的次数，尤其战争开始后，我尽量避免那些需要我亲自参加会见的场合。当我确实需要去的时候，我会带上一份明确的日程，上面有需要我作出的决定。

希特勒通常会对所要研究的课题进行讨论，询问一些问题以显示他浓厚的兴趣，往往还要亲自深究问题的细节。除了那些正在汇报的部门人员外，希特勒很少让各部门间展开讨论。很长一段时间之后，我才明白这并不是把个人的喜好作为制度。他的目的是使各个部门之间保持独立，从而使他们不能结成统一战线。相应地，各部门也必须独立作出决策。通过这种方式，没人会提出涉及他人领域的问题。如果有人企图这样做——在一些场合我曾经尝试过——希特勒就会根据他所掌握的大量信息迅速而有效地答复，没人能轻易驳倒他。

而且，我也开始意识到他在要求自己获得详细情报的同时，对我应该掌握的一些情报，却总是保持沉默，不给透漏半点风声。甚至我和陆军总司令被吸收到内阁中后，一次也没被邀请参加内阁会议。除了偶尔参与讨论一些与海军有关的事务外，我从没有参加过任何讨论外交及国内政策的会议，然而1939年与英国开战后，即使这样的讨论机会也没有了。

这样一来，要想知道希特勒的任何一点想法和意图，或者准确了解希特勒本人任何一点思想动向都变得非常困难。他精通雄辩术并且擅长虚张声势，讨论中他总是有很多巧妙的借口和托词，使你无法了解他真正的动机。最终我放弃了试图揭开这个谜的想法，但我却了解到，尽管他保持低调，不喜张扬，但他自然的想法是想通过学习找到最根本的解决办法。

希特勒在一些正式问题上的缄默态度也是有过之而无不及。他令人不安的坦率在一些公众场合近乎严重的失误。在一些大型宴会上他经常肆意批评，妄加评论国内外的重要人物——甚至包括一些大公司老板。战争期间，每次在采取行动之前汇报计划时为了保密，我都是异常小心谨慎。

然而，总的来说，早期我还是能客观对待与希特勒的关系，并且那些有价值的方案也确实能从他那里得到满意答复。

与纳粹党的关系

就纳粹党而言，我总是力图使海军对其敬而远之。在那些日子里，我经常听到纳粹党和秘密警察的丑行，以及一些令人难以理解的政府声明，比如，他们中的一些人攻击教堂，盖世太保一些令人发指的恶行——但通过希特勒的言行，我相信这些行为并不是希特勒指使的，而仅仅是某些纳粹党成员所为，这些行为并没有得到希特勒的授权。

当然，在涉及海军事务时，在人事任免等问题上我总是自己作决定，从不考虑要提升的这些人与纳粹党的关系或是他们对纳粹党政府的态度如何。我任命帕齐希（Patzig）海军上校为新式袖珍战列舰的舰长，他是最高统帅部现任情报局长卡纳里斯海军上将的前任，尽管他和盖世太保、党卫军以及纳粹党的主要官员之间存在严重分歧。后来我又任命他为我的人事局长，直到战争爆发，他一直担任着这一职务。还有一次我解除了希特勒的私人海军副官的职务，因为他做事不得体，缺乏绅士风度。但是我并没有为此遭到任何报复。

由于海军方面巧妙周旋，海军和纳粹党之间发生的其他摩擦基本上都被敷衍过去了。在与纳粹党打交道的过程中，海军的情况要比陆军好得多。海军主要集中在几个大型海军基地，在那里海军的人数占有绝对优势。而陆军的分布却极为广泛，在他们的驻地，平民的人数远远超过军人，因此他们和当地纳粹党成员发生矛盾的可能性非常大。此外，海军和纳粹党在军事行动上不存在任何竞争，然而陆军却遭受了盖世太保头目希姆莱领导的希特勒的贴身卫队 SA（褐衫冲锋队）和 SS（黑衫冲锋队）的敌视。

海军的一些下级部门与当地纳粹党的领导人发生争执时，我一般直接通过海军最高指挥部和纳粹党的较高一级组织进行谈判来解决问题。也许是因为我总是大胆地替海军辩护，因此在这些争执当中海军总能获胜。除此之外，海军一贯的爱国精神和对国家无私奉献的优良传统，使得纳粹分子也不敢攻击。事实上，纳粹党内部认为和海军争吵并不是什么体面的事。

给我造成最大麻烦的是两个纳粹官员，一个是盖世太保的副总管及纳粹党卫军安全部队头目赖因哈德·海德里希，另一个是空军总司令戈林元帅。我感到自己必须时时提防着他们。海德里希本人曾经也是一名海军军官，他 1922 年参加海军，但 1931 年当时还是海军上尉的他，由于和一个年轻女孩的可耻行为而被开除。为此他对我一直怀恨在心，而且很可能还影响到了他的上司希姆莱。

海德里希总是不失时机地向纳粹党总部甚至希特勒本人告我的状，最典型的一次就是我为教区牧师尼默勒（Niemoller）辩护时他竟然也攻击我。因为他的指控经常是毫无根据或是完全错误的，我直接写信给希姆莱解释清楚，就轻而易举地挫败了他的阴谋，使他非常尴尬。海德里希断绝了与所有海军战友的来往，战争爆发后，他加入了空军而不是海军。

在希特勒所有的亲信中，戈林是与我矛盾最大的一个。不论在思想上，还是在个人的态度上，我们完全就是两个冤家对头。尽管他是一战中骁勇善战的飞行员，但他缺乏指挥一个军种的必备能力。戈林爱慕虚荣，好大喜功，尽管与其本人另外一些重要品质相比这个缺点是可以原谅的，但好大喜功背后随之而来的勃勃野心就很危险了。他喜欢炫耀，生活奢侈，给空军树立了一个很坏的榜样，空军本应集中精力于怎样搞好自身的建设，从而更迅速地完成任务。

起初，戈林表面上对海军态度非常友好，但是从他完全照搬海军最好的措施来建设空军这一点可以看出，他对海军非常嫉妒。同时，我们很快发现他经常偷偷到希特勒那里告海军的状，对海军和我本人进行肆意诽谤。我相信希特勒早就看穿了他的阴谋，但是这正好适合希特勒利用戈林来达到自己的目的。我认为希特勒蓄意让戈林过多地担负空军职责以外的任务，从而阻止这位野心勃勃的元帅成为他危险的政敌。很自然，面对这么多应接不暇的任务，戈林实际上无法真正完成其中的任何一项任务。

戈林表面上对希特勒极为忠诚，但背地里却经常发表一些对希特勒极为不敬的言论。我不知道是不是由于长期的同志关系使希特勒对此总是视而不见。但是不管怎样，从希特勒手里夺权是不可能的，而且最终吃亏的只能是戈林。

由于戈林能量很大以及他对希特勒的影响力，我不得不一直想方设法挫败他打算牺牲海军来建设空军的种种企图。我和戈林的关系可以通过我最终辞去海军总司令时对希特勒的忠告来形容："请保护好海军以及我的继任者免遭戈林的迫害！"

1938 年我第一次改变了对希特勒的早期看法。冯·布仑堡事件及其后果动摇了我对希特勒的忠诚。

陆军元帅冯·布仑堡，是当时希特勒内阁中军衔最高的陆军军官和战争部长，他举行了一次颇具争议的婚礼。希特勒和戈林作为证婚人参加了他的婚礼，很自然他也被认为是职位很高的新郎。随着对新娘的了解，希特勒强烈反对他们的婚姻。

我很难理解当时的形势下，在严重违反军官的婚姻传统后，陆军元帅冯·布仑堡竟然还指望继续担任三军总司令。他应该先辞职，然后私下低调结婚。让我更难理解的是，他竟然邀请希特勒当他的证婚人。

我之所以也卷入了这一事件，是因为当希特勒要求我推荐合适的人选担任战争部长的继任者时，我推荐了当时任陆军总司令的冯·弗里奇将军。

我和冯·弗里奇将军相识很久了，我对他一直很敬佩。当

1934年兴登堡总统指定他接替冯·哈默施泰因将军担任陆军总司令时，我就非常高兴。实际上，当总统的儿子冯·兴登堡少将征求我的意见时，我就表示倾向于让冯·龙德施泰特将军或冯·弗里奇将军接替冯·哈默施泰因将军的职务。我知道如果是那样的话，我和冯·弗里奇将军的关系将会非常融洽，因为我们的很多观点都非常一致，比如在对待教会的态度上，以及我们都努力使本部门尽量避免涉足政治。同时，他也像我一样，对戈林没有什么好印象。

冯·弗里奇将军自始至终留给我的印象就是机智敏锐，老到干练。当1935年希特勒提出要晋升我为海军上将（Admiral of the fleet，即一级上将）时，我委婉地拒绝了。因为当时冯·弗里奇才是陆军一级上将，我不想在军衔上高出他许多。鉴于海军还没有相应的一级上将军衔，因此我建议在海军设立海军一级上将（General admiral）军衔，1936年我接受了希特勒将我的军衔晋升为海军一级上将。1936年12月8日，冯·弗里奇将军欣然接受我的邀请，在“格奈森瑙”号下水仪式上致词，使我倍感荣幸。只有像他这样品格高尚、大公无私的军官，才会在演讲的开头引用陆军元帅格奈森瑙的抒情诗：“只有履行义务的人才有资格享有权力！”

然而，希特勒对我的关于冯·弗里奇将军接替冯·布仑堡元帅的建议明确表示反对。当希特勒告诉我冯·弗里奇将军本人也因为道德问题而受到指责时，我极为震惊。

回顾整个布仑堡结婚事件，毫无疑问，希特勒容易轻信流言蜚语。他还说多少年来他就对冯·弗里奇将军道德败坏的指控有所耳闻，但他一直都不予理睬，但是现在，鉴于布仑堡事件的发生，以及对冯·弗里奇将军又有新的指控，他已经下令对此进行调查。最后他决定由冯·勃劳希契将军接替冯·弗里奇将军担任陆军总司令。

我常听说由于冯·弗里奇将军天生保守的性格，希特勒对他一直不怎么欣赏，但是事情发展到如此地步使我感到无比震惊——更糟糕的是我也被指定为调查法庭的成员。另外两个人是调查法庭的负责人戈林和新任陆军总司令冯·勃劳希契将军。

后来我得知，司法部长居特纳（Gurtner）博士曾经下令法庭应首先撤销对冯·弗里奇将军的秘密指控。

在调查开始时，很容易就能看出那些指控仅仅是一个与盖世太保有密切关系的无耻恶棍的错误证词。其他的证人要么来自陆军，要么来自希特勒青年团，所有的证词都对冯·弗里奇将军有利。甚至戈林也开始加入为冯·弗里奇将军洗脱罪名的行列。他巧妙而又一针见血地指出，对于冯·弗里奇将军的指控仅仅说明他与整个事件的唯一关系就是他和另外一名劣迹斑斑的军官同名。

在法庭一致投票宣判冯·弗里奇将军无罪后，我立即迎上前去握手祝贺他得以洗清罪名。我向他保证没人会阻止他留在军中，而且也不会仅限于陆军。我还告诉他我准备采取一切他认为必要的措施为他恢复声誉。然而，他根本不让我采取任何措施，也不让我插手他的个人事务，他铁了心要辞职，并递交了辞呈，随后获得批准。

那年的6月13日，希特勒再次召集2月4日庭审时在场的陆海军将领，他指出调查法庭充分说明冯·弗里奇将军完全是清白无辜的，他的人格是没有任何污点的。希特勒对于下令对冯·弗里奇将军进行调查表示深深的歉意，但当时形势所迫，他不得不采取必要的措施。那个作伪证的家伙已经被枪决，同时为了弥补对冯·弗里奇将军造成的伤害，他可以提出任何要求。但是他强调，让冯·弗里奇将军官复原职是不明智的，因为他认为冯·弗里奇将军不会再像以前那样信任他了。

尽管我相信希特勒所说的完全属实，但是我也意识到冯·弗里奇将军绝对不会奢求彻底地为他恢复名誉。由于整个事件属于高度机密，仅有极少数高层知道此事，所以没有办法发表任何恢复名誉的声明。对于他的无辜，官方唯一的补救措施就是任命他为德国一支声名显赫的陆军团的“名誉团长”。

考虑到海军应该表示对冯·弗里奇将军的信任，我邀请他作为嘉宾乘“格奈森瑙”号战列舰参加 1939 年 6 月举行的舰队演习，他曾经参加过“格奈森瑙”号的命名仪式。冯·弗里奇将军和他的副官在舰上待了整整一个星期，其间他一直保持着严整的军容。尽管他已退出现役，离舰时波姆海军上将以军队最高的礼遇向他表示敬意。在舰队所有高级军官参加的送别早餐会上，波姆海军上将热情称赞了冯·弗里奇将军，并以海军最高规格的鸣放 17 响礼炮的礼仪再次向其表示敬意。

回想起布仑堡和弗里奇事件中的一些特殊情况，我开始怀疑戈林和这些事脱不了干系，而且可能也极不光彩。冯·布仑堡由于这次不明智的婚姻被解除了包括三军总司令在内的所有职务，野心勃勃的戈林对这个位置垂涎已久。而最有可能成为其继任者的冯·弗里奇将军也辞职了，为戈林消除了最强有力的竞争对手。然而一旦戈林为此蠢蠢欲动，他的阴谋注定会破产，因为希特勒太了解这个野心勃勃、只顾自己的家伙了，所以不可能把他放在这么重要的位置上。希特勒直接废除了三军总司令这个职位，并亲自担任军队的最高统帅——这是陆军元帅冯·布仑堡辞职时提出的建议。

令我越想越高兴的是，我拒绝了希特勒叫我担任三军总司令一职的建议。我之所以这样做，有两点原因：其一，由于我缺乏在陆军和空军工作的必要经历，因此在陆军和空军事务上我就很难作出正确的决策。其二，我已经表示过打算退休的想法。实际上早在1934年，我就因一连串的麻烦差点被逼退休，幸运的是后来我得以官复原职。

希特勒在布仑堡和弗里奇事件中扮演什么样的角色，我一直有点想不清楚。如果说希特勒对于被骗去参加冯·布仑堡的婚礼而异常愤怒的话，这一点还是可以理解的，那么他除掉冯·弗里奇的做法就很令人费解。冯·弗里奇将军的喉咙一直有问题，为此他曾于1937年至1938年的冬天到埃及休病假，这本应该成为希特勒让冯·弗里奇将军退休的最好借口。同时，我也看不出希特勒曾经采取过任何措施以避免冯·弗里奇将军卷入这场阴谋。

至于顽强的冯·弗里奇将军，战争一开始，他就作为“名誉团长”上了前线。在波兰战役中，他给自己找了个机会，像战士一样光荣地牺牲在前线。

在此之前，我的一部分工作就是向希特勒提建议，有些建议他并不采纳，而且有时他还经常提出一些我无法满足的要求。不过，我们之间的讨论总是生动而有趣，而且往往会达成一致的意见。但是现在我们之间发生了严重的分歧。比如，1938年11月底我向希特勒提交了海军的造舰计划，并向他展示了新式舰艇的设计方案。总参谋长凯特尔将军当时也在场。不知为何希特勒突然变得非常无礼，把“俾斯麦”号和“蒂尔皮茨”号的建造计划批得一无是处。他认为这两艘舰的主炮威力不够大，航速又太慢。然而正是这种舰型的“俾斯麦”号，它的火力、速度特别是抗沉性，使得英国和美国都确信我们在造舰过程中掌握了某种核心机密。

我后来得知，希特勒的这种无礼行为是由于某个心胸狭隘的小人私下事先向他提供了错误情报。然而当时我并不了解这一点，他的肆意诬蔑使我非常生气，以至于我一下站起来要求他解除我的职务，说完我就走了出去，因为显而易见希特勒是在责备我作出的决策。

希特勒立即起身跟着我到门口，抓着我的袖子，要求我回去。他努力进行辩解并恳请我不要辞职。但是我告诉他我在这个位置上已经干了十年了，而且我已经62岁了，应该让年轻人来接替我。

希特勒连忙把我的参谋长舒尔特·蒙特因海军上校叫了进来，让他来说服我留下来。舒尔特·蒙特因曾经是我的助手，后来成为我的参谋长，他深得我的信任。舒尔特·蒙特因坚定支持我的立场并最终得到希特勒的承诺：我完全拥有舰队扩充方案的处置决定权。同时希特勒坚持以书面形式记下我们的分歧——以表明他对历史有个交代。但是他要求我继续担任海军总司令。在接下来的几周里，他对我尤为客气。我想可能就在那个时候，他有了晋升我为海军元帅的想法。

然而，1939年5月我和希特勒又爆发了一次激烈冲突。当时希特勒的新任海军副官按照正常程序申请结婚，我自然予以批准。但之后不久，一名地方官员报告说根据当时的情况，这个婚姻应视为无效。经过调查，证明这个报告是正确的。那么解决的办法就是，要么这个婚姻视为无效，要么这名副官必须辞职。然而希特勒的决定却是这个婚姻有效，同时继续留任他的海军副官。

我的看法正好相反，我认为应将这名军官从海军开除出去。希特勒与我的意见相左，为此我亲自给他写了一封信，在信中表明了我的观点，在我看来这名军官已经不配穿那身海军制服了，如果希特勒一意孤行将他继续留在海军的话，那么我就要求辞职。为了保证此事不被耽搁，我派了一名参谋直接把信送到希特勒那里，同时直接将他的答复带回。

两天后，希特勒答复说他不会再要求那名军官继续留在海军了，但是他会安排那名军官加入纳粹党的组织，并继续担任他的助手。对此我很满意，但是很明显随着战争的临近，希特勒不会允许其他海军副官担任他的参谋了。

1938 年和 1939 年的几次遭遇使我越发感到我应该退役了。我一点也不在乎担任海军总司令带给我的荣耀。纳粹党政府及其官员的虚伪行径和夸大其词使我更加不愿意把他们吸收进海军。我拒绝了一些好心人提出的让我成为众人瞩目的焦点的建议。1938 年至 1939 年期间，我几次请求希特勒批准我在 1939 年 10 月退休。但是希特勒的答复却是要在 1939 年 4 月 1 日威廉港举行的“蒂尔皮茨”号战列舰下水仪式上晋升我为海军元帅。

意料之外的荣誉并不能打动我，但我确实感到应该全方位考虑退休的问题。首先，只要我能确保海军博得希特勒的好感，同时保证我本人的独立自主，海军建设就可以获得所需的人员和物资。只要我在这个位置上干，当海军建设受到任何威胁时，我就可以直接干预。而且除了移交指挥权，我的辞职不会取得任何效果，对海军也没有半点好处。我还清楚地记得冯·布仑堡将军的辞职就直接导致了刚刚设立的三军总司令这一职位的撤销，同样，冯·弗里奇将军的辞职也没有给部队带来任何好处。在这两起事件中，他们刚一辞职，继任者就立即到位了，我非常清楚那些纳粹分子对这些职位早已垂涎三尺，恨不得立即填补空缺，将更多的要职置于纳粹党的控制之下。担任空军总司令的戈林就是一个很好的例证，同样，秘密警察总头目希姆莱也是一个例子。

因此，我感到只要我能在现在这个岗位上履行好职责，留任现职就是我应尽的义务。海军所有的高级军官对这一点都深信不疑。

影响我作出这个决定的最重要因素是：十年来我在这个位置上成功赢得了纳粹党和希特勒本人的尊重。同时通过我的努力，德国海军和英国海军签署了海军协定，帮助德国取得了外交上的成功，这一切都使我相信只要我在这个位置上待一天，我就可以影响希特勒，或许还可以为增进英德之间的友好关系作出贡献。此外，由于我长期致力于维护英德两国的友好关系，我还在国外赢得了不少信任，尤其是当冯·诺伊拉特男爵不再担任外交部长后更是如此。

所以，我自然会尽一切努力阻止我和希特勒不和的消息泄露到海军或是公众当中去。海军的整体利益与此息息相关。但是随着 1939 年战争的爆发，我辞职的想法就全部落空了。作为海军总司令，我不能在危急关头弃海军而去。

然而，我和希特勒以及纳粹党之间在两件事上存在着不可调和的矛盾，他们的所作所为同我的个人信仰产生了严重抵触，我想我们迟早会因此而分道扬镳。这两件事就是纳粹党袭击基督教堂和迫害犹太人。

第十四章　海军和宗教问题

从幼年开始，我就长期接受父母严格的基督教义灌输，对基督教有着虔诚的信仰，对基督教会怀有深厚的感情。父母曾定期带我去参加宗教仪式，并在家里讨论一些宗教问题，特别是他们经常以身作则向我灌输基督精神。作为基督徒，我获得了个人生涯中承担责任的力量，最重要的是，我能够鼓足勇气去面对一切困难，经受住了纽伦堡审判的煎熬，并在施潘道（Spandau）监狱度过了近十年的囚禁生活。

很早我就知道无论领土边界纠纷和政治分歧有多大，信仰和基督教都具有把各个国家和人民团结到一起的能力。没有任何历史事件、战争、冲突、文化潮流，能像基督教这样对世界产生如此深远的影响力和推动作用。也许基督教不为人知的作用在于它对人们灵魂最深处产生了巨大影响，对伦理道德和社会文化都具有普遍的约束作用。基督教义和伦理道德以及社会文化三者构成了西方的社会基础。

我一直认为像我们这样一个国家，必须自觉地把基督教作为立国之本。同时必须支持和促进基督教的发展，通过这种方式来加深人们对宗教信仰的认识。同样，在军队也是如此。

据我所知，在旧帝国海军中对于宗教仪式有明文规定，这些要求可见诸 1903 年颁发的《海军天主教和路德教信徒守则》中。每个人通过参加宗教仪式就可以有机会思考宗教问题。教会和军队之间的这种密切关系加深了人们对基督的信仰。

旧海军中军舰上同时有路德教和天主教的牧师提供宗教服务，随着海军的不断扩充，牧师的人数也随之增加。路德教牧师和天主教牧师关系非常融洽，因为这种同舟共济、相互依赖的舰艇生活使得他们之间不可能因信仰不同而导致不和。两个教派可以同时为舰上的官兵服务，如果舰上没有正规的牧师，那么高级军官就不得不亲自肩负起牧师的责任。当时作为“科隆”号巡洋舰舰长的我不得不经常履行路德教牧师的职责。当时海军还编有正规的牧师团，这些牧师长期在海军服役，对海军生活非常了解，海军官兵对他们都非常尊重。这些牧师在一战中的表现证明他们无愧于这种尊重，他们在炮火纷飞的战斗中忠于职守，经常被授予勋章。如龙内贝格尔牧师（后来成为海军总牧师）在公海舰队被拘禁于斯卡帕湾期间，还一直坚持在舰上服务。

战后，随着魏玛共和国的建立，德国民众中存在一种新认识：宗教完全属于个人事务。军队也不再强制要求军官和士兵去教堂或去听圣经课。唯一能够影响海军人员参与宗教活动的方式就是个别人作表率了。

根据《凡尔赛条约》规定，海军仍可编有六名海军牧师，其中四名路德教牧师和两名天主教牧师，这些名额总是被占得满满的。1903 年版的信徒守则经过修改后于 1929 年重新颁布，更名为《军队天主教和路德教信徒守则》。该守则规定禁止强迫军队人员信教，如果本人愿意，在不违反信徒守则的情况下，可以给予他们参加宗教活动的“自由时间”。不仅如此，所谓的“兵营时间”可以使官兵有更多的时间找牧师帮助解决宗教和道德方面的问题。

随着1929年海军重建的开始，海军中的牧师力量也得到了很大加强，牧师成为所有舰艇的固定编制，尤其是那些长期航行于外国海域的训练舰。在外国港口，我们的海军牧师经常给那里的德国侨民提供宗教服务。他们主持婚礼或者孩子们的洗礼仪式，如果停留时间较长的话，牧师有时还会给他们上基督教的坚信礼课。

他们非常胜任这些工作，我们的牧师在加入海军前，都具有在岸上的平民教区担任牧师的实际工作经验。

无论是在舰上还是在岸上，我们的牧师都会像民间牧师对待平民信徒一样为官兵们提供宗教服务。如果缺少正式的海军牧师，官兵要么可以到岸上的民间教堂举行宗教活动，要么舰上就制定计划，定期请岸上的民间牧师上舰给官兵提供宗教服务。

从某种程度上讲，我对海军官兵的精神福利如此关注也许是受到海军总牧师芬格尔的影响。他在斯卡格拉克海峡海战中表现英勇，不顾自己的伤病一直坚持在海军服役。我一直认为每一位军事领导人的才能主要体现在他的人格上，如果没有宗教作为基础，他不可能有坚定独立的人格。我和我妻子曾非常荣幸地接受过一些牧师的布道，他们宣讲的基督教义实用而又容易理解，对于所讲的教义内容我完全赞同。

1933年，希特勒、纳粹党和国家社会主义党政府的出现并没有给海军和其他军种的宗教活动带来任何明显的变化。纳粹党曾宣称把“积极的基督教义”作为其党章的一部分。军队中的牧师还是一如既往不受限制地开展宗教活动。

1933年5月，当希特勒视察基尔时，我曾直率地问他为什么会选择军区总牧师穆勒作为他的特别顾问。穆勒一度在海军非常活跃，后来调任东普鲁士军区总牧师，但是在我看来，他还远远没有达到宗教领袖的境界。希特勒回答说他对其他的军队牧师了解甚少，在柯尼堡时他就认识穆勒，而且他认为穆勒是一个精力充沛的路德教牧师。同时希特勒还告诉我他打算把在魏玛共和国期间一度衰落的路德教提升到与天主教平起平坐的地位。我不知道他的这番言论是否受到了新政府与罗马教皇签订的政教协约的影响。但无论如何，我感觉他当时确实是这么认为的。

然而，纳粹党中的其他人对宗教却没有这么尊重。我因为试图调解他们与宗教的争端，而遭到了约瑟夫·戈培尔博士的敌视，他是纳粹党的宣传部长和"全国启蒙运动"的领导人，他给我贴上了"党最讨厌的人"的标签。他和他的同党打着"德国宗教运动"的旗号，其实他们似乎更信奉神秘而具有北欧民族特征的神，而不愿信奉温和的耶稣。

很快，纳粹分子和教会之间就爆发了冲突。由于路德教派内部发生分裂，缺乏强有力的组织领导而陷入困境，相反，天主教派由于领导得力以及得到了其遍布世界各地的信徒的支持，情况就好得多。此外，1933 年 7 月 22 日德国政府与罗马教皇之间签订的政教协约，在一定程度上对德国的天主教徒也起了保护作用。

军队中路德教派的形势也岌岌可危，我感到有义务利用个人威信和手中的权力来保护海军牧师的人身安全和宗教自由。我还试图鼓励军官和教会之间加强联系。在军官集会上，我强调不能因受"德国宗教运动"政治诱惑的影响，而放弃真正的基督教信仰。我反复强调我是个基督徒而且永远都是。

1934 年 8 月 17 日，希特勒在汉堡讲话时指出，"国家社会党支持积极的基督教。我将竭尽全力保护宗教的特权，使他们的教义免受非难，同时协调好宗教与现政府的关系”。我抓住这个机会向全体海军官兵表明了我的立场：“根据希特勒的讲话精神，我将不予理会其他纳粹党官员与此相矛盾的言论。军队中的宗教法令是正式的规章制度，我不能忍受任何违反这些规章制度的行为，比如，仅仅为了做样子给外界看就脱离教派。不能向元首和‘德国宗教运动’的代表等军队以外的人谈及这方面的问题。特别是，我禁止任何人参加‘德国宗教运动’。”

我努力使军队的宗教事务免受外界干扰，在这方面我得到了陆军总司令冯·弗里奇将军和其继任者陆军元帅冯·勃劳希契的支持。陆军和海军领导人达成坚定的统一阵线是非常必要的。在其他军种，比如说空军，就缺乏一套完整的牧师体系。三军路德教派的主教实际上名不副实。

在海军，我任命龙内贝格尔和埃斯特万特（Estevent）两位牧师分别担任路德教和天主教的总牧师，他们俩都是威望甚高、能力出众的宗教领袖。在宗教界内，他们的上级分别是路德教和天主教的主教。然而，我坚持要亲自掌控他们在海军的正式活动，并尽可能地使他们免受最高统帅部宗教权力机构的影响，然而在对待宗教事务的态度和行动上，我与最高统帅部分歧很大。

我经常从我非常信赖的老朋友那儿听取大量的关于宗教问题的建议，比如我经常请威廉港的龙内贝格尔牧师到柏林来参加会议。自从一战中他登上战列巡洋舰“唐”号担任战列巡洋舰编队的牧师起，我就与他相识。同时我还与天主教总牧师埃斯特万特和驻威廉港的天主教牧师布罗舍（Breuer）保持着密切联系，我经常与他们讨论天主教事务和其他一些宗教问题。

此外，我不时地与宗教事务部长科尔（Kerrl）博士有过一些来往。他非常理解路德教派和我们海军的牧师所面临的困难，他还推心置腹地给我看了他写给希特勒的备忘录，上面写着他向希特勒提出的解决教派问题的建议，在我看来这个建议非常可行。然而，他自我解嘲地说他很少有亲自晋见希特勒的机会，所以他直到死都不会看到希特勒对这一建议的肯定。

在选择海军牧师时，我们唯一要考虑的就是看他们能否胜任这份工作，其他的因素我们一概不考虑。因而，尽管珀奇牧师由于坚决抵制纳粹党的活动而被解除了萨克森教区牧师的职务，但我依然在1938年任命他为库克斯区的常驻牧师。另外还有三名海军牧师遭到了纳粹党的排斥，其中两名甚至遭到过纳粹党的逮捕，但是我依然对他们委以重任。

我反复告诫我们的牧师一定要远离所有的政治活动，甚至要避开与路德教派本身存在争议的问题。每一个新牧师在就职之前，我都会与他进行一次私人会谈，指出他应承担的责任和履行的义务。其中最典型的是1937年12月霍尔茨（Holzer）牧师加入海军时我要求他的："不要在海军挑起任何宗教政治纷争，这不是你的职责。不要对国家社会主义者挑起的任何事件发表评论。作为牧师，你的职责就是全心全意地传经布道，绝不妥协，永不停歇。"

尽管起初得到过希特勒的保证，但我还是渐渐感觉他对教会的态度有所变化。部分原因可能是他与尼默勒牧师发生的争执所致。

1910年，马丁·尼默勒成为一名正式的海军军官，他以实际行动证明自己是一名能力出众的军官。实际上他在战时的最后职务是潜艇艇长。战后他加入了教会，1931年后他成为柏林—达勒姆地区路德教派的一名牧师。尽管最初他还是一名纳粹党员，但是当纳粹党企图以极权方式控制教会时，他领导牧师紧急状态联盟为保卫路德教派而斗争，从此他就和纳粹党完全决裂了。

随后，尼默勒遭到了迫害，我就到希特勒那里为他求情，希特勒表面上答应网开一面。但实际上尼默勒的电话又遭到了窃听，然后就有人向希特勒呈交了一份对尼默勒非常不利的诽谤材料，结果导致 1937 年他被关进了集中营。对此，希特勒给我的解释是尼默勒已经严重损害了路德教派的利益，而他本人也不再信任尼默勒了。

然而我始终没有放弃营救尼默勒。在征得希姆莱和海德里希的同意后，我让我非常信任的老朋友冯·兰斯海军上将到奥拉宁堡（Oranienburg）集中营去探望尼默勒。作为依然健在的旧帝国老海军军官之一，冯·兰斯海军上将赢得了所有人的尊重。我起初盼望冯·兰斯海军上将能够说服尼默勒写一份书面声明，保证不再从事任何与宗教无关的政治活动，这样他肯定就会被释放。然而，尼默勒拒绝发表任何此类声明，尽管我再次进行斡旋，但他们再也不同意冯·兰斯海军上将去探望尼默勒了。

有迹象表明纳粹党对海军宗教事务的攻击有增无减。他们为此采取了最卑劣的手段。正常情况下免费发放给每个人的赞美诗集竟然也使用完了。海军总牧师龙内贝格尔被派去做出版新版《海军路德教赞美诗》的准备工作，天主教总牧师埃斯特万特也领受了同样的任务，组织编写《海军天主教赞美诗和祈祷书》。但是当路德教赞美诗编写完成后，宣传部长戈培尔博士却不允许印刷。于是我们就私下出国到海牙、雷瓦尔和奥斯陆的一些印刷厂印刷，驻当地的陆军新闻官为我们提供了纸张和印刷设备。战争爆发后，纳粹党官员还篡取了通知阵亡官兵家属和照顾没有独立生活能力的战争幸存者的权力。

我们认为和那些阵亡家属保持联系是海军牧师的职责。为此，我的妻子和海军军官夫人协会一起将这些阵亡家属的名单和住址都一一记录下来，这样海军就可以经常与他们保持联系。我们给每一位阵亡家属送上了一本小册子《给阵亡家属的慰问书》，它是由路德教总牧师龙内贝格尔撰写的。每逢圣诞节或者其他具有特殊意义的纪念日，我们还会采取其他方式进行相互问候，我们认为所做的这一切都是天经地义的。

1942 年，纳粹党又采取了新的迫害活动。牧师霍尔茨被指控对政治领袖发表过不敬言论。揭发者是一名巴伐利亚教会的海军牧师，军事法庭就这项指控进行了审判。盖世太保企图把这个案件转到他们自己的法庭审理，被我拒绝了，因为涉及海军牧师的案件只有海军军事法庭有权审理。经过调查发现，那个揭发者不仅撒谎，而且还是盖世太保的密探。法庭当庭宣判霍尔茨无罪，而我不但支持这个判决，还立即开除了那名作伪证的牧师。

战争期间我们在德累斯顿以及德国和法国的其他地方召开了很多次牧师大会。在路德教和天主教牧师大会上，都有杰出的宗教领袖致词并提出一些建议。尽管两个教派的海军牧师们有各自的信仰，但是他们都能够相互支持，团结一致，共同抵制外界的干预。海军上将施尼温德和瓦热哈，以及所有的海军军官都能够与海军司令部充分合作，他们不仅对我的工作非常支持，对我的继任者也是一样。我明确指示，可以完全不用理会最高统帅部的关于限制牧师从事宗教活动的命令。作为一名基督教徒，能得到天主教主教拉卡奥斯基（Rarkowski）阁下的支持令我非常满意，他告诉我说，军人们能自由信教主要归功于海军的坚定立场。

我认为我能在海军宗教事务上取得成功，很大程度上是由于从一开始我就得到了希特勒的支持。1942 年，戈林这样对我说："雷德尔的海军很不错——但是雷德尔快成牧师了！"我趁机向希特勒重申了我对宗教的虔诚信仰。不知是我对宗教的态度让希特勒在宗教问题上变得小心翼翼，还是由于别的什么原因，希特勒决定不再禁止军队的宗教自由，海军的宗教活动也因此变得异常活跃，而且在战争中随着海军人数的增加，牧师人数也在不断增加。从《凡尔赛条约》规定的 4 个路德教派牧师编制增加到了 1939 年的 10 个，到战争结束前达到了 74 个。天主教派牧师的数量也有了同比增长。

海军在哪里作战，哪里就有牧师忙碌的身影——无论是在国内、被占领土、前线，还是在舰艇上。战争期间，海军共有 5 名路德教牧师和 3 名天主教牧师牺牲在战场上。

我们与纳粹党发生争执的另外一个原因就是——犹太人问题——这不仅关系到海军，而且关系到全体德国人民。

就海军中的犹太人而言，我个人完全站在他们一边，并成功地对他们实施了保护。根据《纽伦堡反犹太人法案》，两名犹太海军军官被迫退役，但我们给他们安置了较好的工作。战争爆发后，他们被立即召回海军中，重新被授予了军衔，他们出色的工作表现和勤恳的工作态度证明我们将他们召回是完全正确的。与此同时，我还试图劝说希特勒和赫斯允许那些优秀的犹太军官继续留在军中服役。

任何一名海军军官如果因为他的非雅利安人血统而使自己

的前途受到威胁的话，他的上司都会为他据理力争，使他获得与别人一样的待遇和提升机会，即使是高级军官也是如此，这体现了海军内部团结一致的精神和高昂的士气。很少有人知道哪些方面又会出现血统问题。但在战争期间，每一名犹太血统的海军军官都表现得相当出色和尽职尽责。

我甚至愿意为海军以外的犹太人求情，当然这些完全是我的个人行为，并不代表官方。我也非常清楚我的任何言行都不可能改变法律和最高指示，同时我的这些举动只会把海军卷入政治和社会事务中去，而这种场面是我不愿看到的。通过希特勒和其他一些纳粹党高层官员的介入，我成功保护了我认识的一批犹太人免遭迫害，甚至还将部分犹太人从集中营里救了出来。

一次，我甚至有机会建议改变政府的主要政策。当时是1938年11月，发生了捣毁犹太人商业机构和犹太教会堂的事件。这些恶劣行径在海军引起了普遍愤慨，很多军官纷纷向我提出抗议，对此表示愤怒，他们中有人事局长帕齐希海军少将和我的参谋长舒尔特·蒙特因海军上校。舰队总司令弗尔斯特将军向我报告说，鲁特金海军上校和邓尼茨海军上校也向他提出了抗议。我的其他参谋军官纷纷指出这些反犹太人的暴行将在国际上产生恶劣影响。

我亲自向希特勒报告了这些情况，并指出这些暴行不仅是犯罪行为，而且会给德国的声望带来巨大损害。

希特勒向我保证并强调说，他的计划和政策甚至他的个人信念也被这些非法行为打乱了，但是这仅仅是对德国驻巴黎大使馆的一个人被犹太人杀害事件的报复行为。他还指出纳粹党已经失去了对局势的控制，他本人不仅没有授权采取这次围攻行动，而且事前他对此一无所知。最后他说他已意识到了此事对德国声誉造成的损害，因此他会采取相应的措施。我无论如何也不满意他的这番解释，但希特勒坚决否认与此事有关，再加上戈林又在旁边作证，所以我也只好就此罢休。

至于其他的发生在集中营里的那些野蛮兽行和犯罪行为，我完全不知情。希特勒和我初次会见时就已经保证，他不会让军队参与任何国内事务，在这一点上他做得相当成功。如果海军中有人怀疑在集中营里发生的暴行，我肯定也会有所耳闻，因为向我报告这类事件是卡纳里斯海军上将领导下的情报局的特殊职责。直到纽伦堡审判时，我才得知那些已被证实了的可怕的暴行，即使是在当时，我也不敢相信德国人会用这么残忍的方式对待这些无助的少数民族。我们没有任何理由犯下这样的滔天罪行，就像每一个正派的德国人一样，我为他们感到无比羞愧。

第十五章　危急存亡的岁月
——1938—1939 年

自从 1935 年签署《英德海军协定》，它就成为了我们战略构想的基础。与英国开战是不可思议的，我曾严令不准在演习和训练中把英国当作假想敌。

陆军元帅冯·布仑堡曾向希特勒报告过他参加英国国王加冕典礼的情况，希特勒的反应使我第一次对他略微产生了怀疑。冯·布仑堡作为德国官方的代表参加了英王乔治六世的加冕典礼，在他看来，英国对于德国的态度是十分友好的。英王乔治五世的遗孀玛丽皇后曾与他亲切握手，恳请他竭尽全力阻止两国再次出现 1914 年那样的战争场面。冯·布仑堡向希特勒汇报时我也在场，在我看来，希特勒对此的态度是将信将疑。

英国的某些社会阶层是反对英德友好的。因此我们与那些亲德的英国人士保持联系，让他们了解我们的困难，同时尽可能地给予他们支持就变得非常重要。但不幸的是，海军上下一致认为我们的驻英大使里宾特洛甫先生并不能担此重任。

作为德国的全权代表，的确是他在 1935 年与英国签订了《英德海军协定》。但是在他接手这项任务之前，海军和外交部就已经开始了谈判。事实上，我敢保证里宾特洛甫在国内接受了非常明确的指示，他无权对海军协定作任何修改。由于英国自己也想和德国建立友好关系，因此里宾特洛甫在英国获得了成功，但我不知道希特勒是否对里宾特洛甫“敏锐”的外交洞察力进行了赞誉。

1937 年 12 月 5 日，当希特勒再次开会讨论时局的时候，我又一次感到了不安。在场的人有陆军元帅冯·布仑堡、冯·弗里奇将军、外交部长冯·诺伊拉特、戈林元帅、霍斯巴赫(Hossbach)将军和我。那时苏台德问题和德奥联盟问题已成为国际社会关注的焦点。希特勒坚决表示德奥联盟的必要性，以及最迟在 1943 年至 1945 年间吞并捷克斯洛伐克。尽管他的措词比较尖锐，但我感觉他并无意将此前进行和平谈判的政策升级到威胁发动战争。此外，他并未提及扩充海军的问题。

在希特勒的讲话结束前，冯·布仑堡元帅和冯·弗里奇将军告诉希特勒，德国与英法之间发生任何武装冲突，其后果都是不可想象的，因为我们的武装力量远不具备发动一场战争的能力。正打算离开的冯·弗里奇将军提议立即起草必要的防御性预先作战计划，希特勒回答说不必那么着急，并让冯·弗里奇将军提前离开会场。希特勒进一步表示，他相信英国不会继续与德国保持和平状态，而且法国也不会。

会前，戈林告诉我，希特勒这次讲话的真正目的是敦促陆军加快重新武装的步伐，听完希特勒的讲话后，我确信戈林所说的没错。临走时，冯·布仑堡元帅再次向我保证整个事态并不是那么严重。不管怎样，我并未感到我们的对外政策即将发生改变。

但是随着国际局势不断趋于紧张，我们不得不对此前的一些计划进行修改。无论之前与英法的冲突看起来是多么地不可能，但现在我们确实已经处于战争的边缘了。对任何一场可能发生的战争进行研究，做好计划和物质准备是每个国家武装力量的责任，不管爆发战争的可能性有多大。

1938 年 2 月 4 日，里宾特洛甫取代冯·诺伊拉特男爵担任外交部长，这十分令人震惊。冯·诺伊拉特进入希特勒内阁是兴登堡总统的愿望。他具有丰富的外交经验和非凡的勇气，在外交事务上威望甚高。我相信如果冯·诺伊拉特继续留任的话，他会提出与里宾特洛甫迥然不同的政策，并会找到实施这些政策的办法。

1938 年 5 月，希特勒第一次与我就军事问题展开了讨论，他说一旦局势恶化，我们必须要考虑对英法作战的可能性。他要求 F 级和 G 级战列舰（即后来的“俾斯麦”号和“蒂尔皮茨”号）必须在 1940 年秋天以前服役。另外，6 个可供建造大型舰艇的船台必须准备就绪，以免使海军扩充的计划受到影响。同时，造船厂应立即做好建造潜艇的准备，以便一旦命令下达，就能开工建造性能与英国相匹敌的潜艇。

1935 年的《英德海军协定》中也提到了与英国潜艇的均势问题。加速建造战列舰和扩建造船厂也与协定中的条款吻合，因此尽管希特勒有时会发表措辞强硬的讲话，我仍然没有理由相信他会抛弃与英国保持友好关系的谨慎策略。1938 年 9 月，他与英国首相张伯伦在慕尼黑举行会谈，会后发表了《英德互不侵犯声明》。12 月 6 日，德国又与法国签订了类似的条约，这更加坚定了我的看法。苏台德和奥地利问题的顺利解决，看上去仅是希特勒通过外交手段取得的又一个令人惊叹的政治胜利。

尽管我个人认为德国在捷克斯洛伐克问题上的举动破坏了我们与英国的关系，但希特勒认为这并没有对英国造成实质性的伤害。他仍然相信现在正是充分利用海军协定给予我们扩充海军的良好时机。

按照计划，我们行动的第一步是要在 1943 年冬季前建造拥有 129 艘潜艇的潜艇舰队——与英国的潜艇力量不相上下，这是在与英国政府进行友好协商后达成的协议所允许的。英国皇家海军的安德鲁·坎宁安海军上将和汤姆·菲利普斯海军上校应邀在 1938 年 12 月来到柏林与我们就新协定进行磋商。我方主要的谈判代表是海军作战部长施尼温德海军上将。我们顺利地签署了新协定，解决了有关潜艇均势的问题，对应英国的造舰计划，我们可以额外建造两艘重型巡洋舰。谈判结束后，我宴请了坎宁安海军上将和他的同事，我们发现他们的态度非常友好。

但是除了开工建造潜艇、巡洋舰和战列舰外，希特勒私下又向我提出了一个特别的要求：我们每一艘新造的舰艇都要比相同类型的英国海军舰艇具有更强的战斗力。

我在多次交谈中不失时机地提醒希特勒，我们的舰队正处于起步阶段，即使造船厂 24 小时马不停蹄地连续工作，我们也别想在 1945 年甚至 1946 年前赶上英国海军。

1938 年 9 月，我专门成立了一个研究委员会，制定海军扩充的计划，以应对来自英国海军可能的威胁。但是这些计划都是建立在我们能有较长的和平时期加以实施的基础上的。在一两年内建立一支能与英国海军相匹敌的德国海军是不现实的。希特勒反复向我们保证，最早也要到 1944 年才能将舰队派上用场，在这之前我们要尽力维持和平的氛围。尽管如此，我想尽早增强舰队的实力是我的责任。

那年冬天，我向希特勒汇报了两种海军建设模式。如果我们只建造潜艇和中型战列舰的话，我们可以在最短的时间内建立一支足以对英国的海上贸易构成威胁的舰队，而海上贸易是这个岛国的生命线。但是这样的舰队用途有限，因为它不能用于与强大的英国舰队作战。要建立一支能与英国舰队进行一番较量的舰队要耗费更长的时间。这样的舰队必须拥有火力最强的战舰，才能够使其不仅能打击英国的海上贸易，而且在与英国舰队对阵时，胜算更多一些。然而建设这样一支海军，无疑需要更大的政治和军事上的承受力。但是，我对希特勒强调说现在是建立这样一支强大舰队的关键时期，如果次年战争爆发，我们可用于作战的只能是弱小和发展不平衡的海上力量。

希特勒再次向我保证，出于政治目的，在 1946 年前他不需要使用这支舰队，他甚至还说政治形势的进展会使我们有足够的时间不急不慢地实施海军扩充方案。他说他宁愿选择更强大的舰队，尽管建设这样一支舰队比较耗时，他指示我要以此为基础制定建设海军的计划。

因而希特勒没有采取威胁现有和平的政治举措。尽管我开始意识到希特勒的保证可能有误导性，而且他善于隐藏真实意图，但我还是无法相信如果他采取了与英国开战的政策的话，他怎么会给我这样的保证和指示呢？如果他采取了这种政策的话，他应该会积极地要求建造潜艇和其他的舰船用以打击敌人的海上贸易。他并没有这么做，这就使得我更加确信，他并未背离与英国的友好政策。我仍然记得 1935 年《英德海军协定》签署后，他曾激动地对我说：“今天是我人生中最快乐的一天。首先，医生刚刚告诉我的喉痛疾病并没有恶化，现在我又刚刚得知《英德海军协定》已经签署完毕。”

直到战争爆发，希特勒一直反复向我强调，他的政策目标是与英国达成谅解。英德联盟意味着巨大的成功，否则他对此就不会那么热心。他的确表示过他想拥有一支强大的德国海军，因为当我们和英国或与其他国家出现政治纠纷时，就不会顾忌英国是不是与我们对立了。

出于政治目的建设一支舰队体现了希特勒的海军建设思想。他对军舰非常关注——尤其是战列舰，仅仅由于它们是力量的象征。希特勒对于战列舰的部署以及其在实战中的使用并不感兴趣。他并不了解海权的间接作用以及其处于有利的地理位置会给敌人造成持续的压力，早在 1937 年 2 月初，我就向他和冯·诺伊拉特、冯·布仑堡、赫斯以及其他纳粹高层官员详细介绍了海战的原则，并指出我们应从上一场战争中吸取的教训。

不幸的是，希特勒对技术有明显的嗜好，他喜欢把德国军舰的速度、大小、装甲和火力与其他国家相应的舰艇作比较，从中得出的结论经常是纯理论性的。他从未真正意识到其他许多因素——诸如海军基地的位置、国家经济对海上运输的依赖性和海外盟友的支持——对于评价一支舰队作用具有重要意义。希特勒从未充分认识到英国不仅拥有强大的海上力量，而且拥有最佳的地理位置，因此英国在海上处于绝对的优势。我一直试图警告希特勒不要采取任何与英国的优势海上力量直接对峙的政策。

在后来的纽伦堡审判中，我被控犯有准备侵略战争罪——一个我保证任何人都不会再相信的控告。我所做的一切是任何一个负责任的军官需要做的。当以希特勒为代表的德国政府认为，国家确实需要一支任何敌人都不敢轻视的舰队时，海军的任务就是为建设这样一支舰队拟定详细的计划。尽管在拟定计划当中可能会将英国舰队列为我们的潜在对手，但这并不意味着我们与英国的和平关系处于危险当中。把英国海军列入我们的研究范围只是为了扩大我们的研究领域。并不是说进行研究或采取军事防御措施就会引起战争，战争是由政治家的野心、行为、疏忽和错误引起的。

通过认真研究，我们很快确信在与英国的战争中，应将重点放在打击英国的海上贸易上，利用一切我们可以利用的方式——潜艇、水面舰艇、海军飞机。英国每年需要进口5 000万吨货物和原料，这些货物和原料对于英国的经济非常重要。如果战争爆发，打击这条贸易生命线，理应成为德国舰队的首选目标。出于这一作战目的的需要，德国舰队不仅需要具备相当强的战斗力，而且还要具备能在广阔的大西洋上进行机动作战的能力。由于德国缺乏海军基地，以及处于被英国岛屿包围的不利地理位置，德国的这些军舰必须拥有较大的巡航半径和较快的航速，以免被强大的敌军捕获。

我们正在进行的名为“Z”计划的海军建设计划的核心是建造6艘新式战列舰，这些战列舰在很多方面都处于技术领先水平。每艘战列舰的排水量约有5万吨，采用柴油机动力装置，主炮的口径为40厘米。为了袭击敌方的海上补给线，我们还要建造3艘新式战列巡洋舰，每艘战列巡洋舰的排水量在3万吨左右，采用高温高压蒸汽涡轮发动机和柴油机联合动力装置，航速可达34节，计划使用口径为38厘米的主炮，这种战列巡洋舰的性能将超过外国海军的同类巡洋舰。鉴于要在大西洋作战，计划建造的轻巡洋舰将采用蒸汽涡轮发动机推进，并拥有较大的巡航半径。同时还要额外建造新型驱逐舰、鱼雷艇和其他舰船，作为这些主力战舰的补充。最后还将建造249

艘潜艇。我们在着手开始实施这项宏大的造舰计划之前，需要立即与英国进行政治磋商，以便对 1935 年的《英德海军协定》进行修改。

在“Z”计划背后，我们的海军战略是这样的：

英国的海外贸易将遭受到成群的战列巡洋舰和轻型巡洋舰以及潜艇和辅助舰船的攻击。为给他们的商船队护航，英国海军将不得不派出比轻型舰艇战斗力更强的作战兵力，这些兵力用来对付德国的潜艇和辅助巡洋舰绰绰有余。为实现这一目标，英国人会拆散他们的重型海军兵力，使其散布于整个公海之上，这就会严重削弱和损耗英国主力舰队的实力。但是笨重的英国战列舰赶不上德国的战列巡洋舰和快速轻型巡洋舰，而德国的战列巡洋舰可以抵御任何英国海军轻型兵力的袭击。强大的德国超级战列舰凭其航速和作战半径，足以支援袖珍战列舰和普通巡洋舰抵御敌战列舰的攻击，甚至可以制服担负护航任务的敌战列舰。通过这一计划建成的德国重型舰队将会使英国人面临一个全新的战略问题。

1939 年 1 月中旬，我将“Z”计划呈交希特勒，并告诉他整个计划将于 1948 年完成，他批准了这项计划，但是要求这个计划必须在 6 年内完成。这样他就会优先考虑海军的建设计划。

为了循序渐进地实施该项计划，我随即下令首先开始建造战列舰和潜艇。作为舰队的核心作战力量，战列舰的建造耗时长，因此必须提早动手。而加速建造潜艇能在最短的时间内为处于劣势地位的我们提供有效的作战力量。由于加快了建造速度，远程 U 型潜艇和布雷潜艇的建造计划将于 1943 年完成。

然而，这一建造计划的绝大部分并未得到落实，我们只完成了其中很小的一部分。一方面，重型舰队的扩充需要事先在政治上精心做好准备，另一方面，它会占用全国所有的造船厂和大部分军工厂很长的时间。更糟糕的是，由于战争提前爆发，我们不得不转向急需的海军短期建设计划，这就给实施“Z”计划带来更多的困难。我曾经谨慎地向希特勒指出，在实施这项长期计划的过程当中，我们能够出海作战的舰艇是一支非常弱小的兵力，因此不能出于政治上的需要而挑起武装冲突。希特勒可以发表富有煽动性和挑衅性的演说，令各国搞不清他的真实意图，但事实上在接下来的6至8年中，与英国海军作战是完全不可思议的，对此希特勒也非常清楚。猜测希特勒的真实意图给我带来了很大压力。我多次向希特勒强调过这一点，一直到战争爆发前，他也经常赞同我的观点。但即使在这时，他也没有直接要我们放弃长期计划，立即实施短期建设计划。我和全体海军官兵不得不认为，希特勒深知我们的海军力量与英国相比处于弱势，这就促使他在处理与英国的关系时非常小心谨慎。

如果我们扩充海军的新计划确实能见实效，而不仅仅是引起了一场正常的军备竞赛的话，这些新建造的舰艇就必须尽快完工。同时，这些舰艇的航速、装甲、火力以及其他一些性能，直到最后都属于高度机密。在一战前，英国就是采取这种方式突然将新型的无畏级战列舰公之于众，从而遥遥领先于世界各国海军的。希特勒对这一观点深表赞同，他说当我们完成“Z”计划后，将既成的事实突然展示在英国人面前，会博得他们的理解，特别是到那时，我们与英国之间可能已经在某些领域发生了分歧。

为了避免实施这项计划时发生延误，就有必要让某个人全权负责整个计划的实施，并赋予他必要的权力。我发现富克斯（Fuchs）海军上将是最合适的人选。6 艘战列舰的建造任务全部交由布洛姆和福斯造船公司负责。第一艘舰于 1939 年 7 月 15 日在汉堡船厂下水，第二艘舰于 8 月 15 日在不来梅的德施迈格下水，第三艘舰将在基尔的德意志船厂建造，但在铺设龙骨之前，战争就爆发了。因此，前两艘战列舰的后续装配工作也被迫暂停，因为造舰的原料必须用于其他更为紧急的项目。

1939 年春，随着“Z”计划及其时间表的确立，我想获知在德国军队开进捷克斯洛伐克以及英法宣布要确保波兰的安全后，希特勒对于时局的看法。1939 年 4 月 1 日在威廉港举行的“蒂尔皮茨”号的下水典礼上，希特勒在广场发表了公众演讲，威胁要终止《英德海军协定》。但当我向他问及与英国开战的防御措施时，他明确指出不需要为这场战争做任何准备。4 月 28 日，在事先对我没有任何暗示的情况下，希特勒突然在国会宣布废除《英德海军协定》，这令我异常震惊。

然而，与此相矛盾的是，5 月 23 日，希特勒在其亲信当中就波兰问题发表了前后完全不一致的谈话。他宣称造舰任务必须按照计划实施，三军中其他重整军备的工作必须在 1943 年或 1944 年前完成。他并未提及要改变原先的与英国发展友好关系的观点，从他的谈话中我唯一搞清的一点是，他打算在正规的参谋机构外，成立一个专门小组研究波兰问题。

随后我立即单独会见了希特勒，我告诉他，我认为现在一方面要相信与波兰开战的可能性，但同时还要力图和平解决，这两者是完全矛盾的。希特勒回答我说我可以让大脑放松一下了，因为政治局势尽在他的掌握之中，他仅想收回波兰走廊，英国不会为此与我们开战。

他的保证如此明确，消除了我的任何疑虑。6 月，我派新战列舰“格奈森瑙”号去大西洋进行为期数周的试航。由于这次航行的主要目的之一是射击训练，因此该舰携带了大量教练弹而不是实弹。

哪怕是在最和平的时期，也没有哪一艘战舰会未做好充分的战斗准备就离开本国海域。如果我意识到战争即将来临，我绝对不会允许“格奈森瑙”号不做任何准备就出航。无论是战列舰舰队司令，还是舰队总司令，都没有向我提出对此事的忧虑。

同年 6 月，在黑尔戈兰湾举行了一场大规模扫雷演习，我告诉扫雷部队司令鲁格海军上校他可以休假了——去年由于苏台德危机，他没有休假——这次他可以放心地休假去了。

随后，7 月在基尔举行了年度的“海军杯”划船比赛，外国海军组织了异常强大的代表队参赛。来自英国、意大利、瑞典、西班牙、荷兰、丹麦、罗马尼亚和爱沙尼亚的海军军官们在友好的气氛中参加了这次比赛，最后英国选手夺得了“兴登堡总统挑战杯”。按照我的习惯，我参加了这次划船比赛，并款待了各国海军军官。

尽管去年出现了政治危机，以及英法宣布对波兰进行保护，但我的大多数顾问与我的看法一致，这个夏天不会出现战争的阴影，但有些人对整个政治形势并不持乐观的态度，比如潜艇部队司令邓尼茨海军上校经常表示，他担心战争的来临，他还告诉我，他的部下与他有同感。如果战争提前爆发，他的潜艇由于数量有限而无法做好充分准备。后来我将这一问题向希特勒作了汇报。但他告诉我潜艇军官可以放心了，因为不会有任何战争。

6 月中旬，在演习间隙我视察了潜艇部队，发现他们的训练水平很高，邓尼茨海军上校发明的进攻战术极为有效。次月，我向邓尼茨海军上校和其他官兵的出色表现表示祝贺，并告诉他我将在海军的下一轮建设计划中增加潜艇的数量。同时我还告诉这些潜艇军官我已经知晓他们对于战争的担心，我以希特勒的名义向他们保证英德之间不会爆发战争——因为这样的战争只能意味着德国的灭亡。随即，邓尼茨海军上校马上按计划去旅游胜地休了数周假。

然而，8 月 22 日，希特勒在奥柏沙兹堡（Obersalzberg）召集了几乎所有的军事领导人开会。后来在纽伦堡审判中，控方出示了两份文件，据说是希特勒在这次会议上的讲话记录。但是这两份文件既没有署名也没有日期，控方也不清楚这两份文件的来源。事实上，全程参加了这次会议的舰队总司令波姆海军上将的陈述证明这两份文件都是错误的。在我的印象中，波姆海军上将在纽伦堡法庭上的证词不仅是对希特勒讲话形式和内容的精确复述，而且也是当时所有与会者脑海中留下的印象。在我看来，希特勒想在军事领导人面前捍卫他决策的正确性，因为现在爆发战争的可能性非常大。他强调波兰要对此次危机负责。他试图让我们相信英法两国不会为波兰冒险与我们开战，因此，波兰也撑不了多长时间，它会通过和平谈判解决问题的。无论如何，希特勒强调和平解决的大门不会关闭。

希特勒的讲话让我们觉得，我们已经处于战争的边缘，但同一天希特勒又告诉我们外交部长里宾特洛甫已经启程去莫斯科，与苏联签署互不侵犯条约，就像希特勒告诉我们的一样，这一条约是通过谈判成功达成的。我们再次感觉到希特勒在政治上的确棋高一招，他会像以前一样再次赢得和平。

希特勒的讲话一结束，我马上就去见了海军参谋长施尼温德海军上将，我发现在关于英国政府是否会像希特勒估计的那样就此息事宁人，而不愿因为波兰与我们开战的问题上，我们俩都表示怀疑。我再一次提醒希特勒，但他又向我保证局势完全在他的掌握之中，波兰问题要通过和谈而不是战争的方式来解决。

接下来的几天内发生的外交政策上的变动似乎也证明了这一点。如同 1938 年危机那样，希特勒亲自参加了所有的和谈。我们期望将冲突控制在地区范围内，因此在动员其他军种进行战备的同时，我们完全没有动员海军。8 月 26 日，希特勒下令部队已经开始了的预先战备工作继续进行，这似乎再次证明了他的先见之明。

随后 9 月 3 日发生的事件如同一颗重磅炸弹，震惊了全世界。那天在总理府希特勒告诉我，英法两国根据他们对波兰的承诺已经向德国宣战，这对他来讲是最令他感到不快的事情了。对于他的错误判断，希特勒感到很尴尬，他不得不向我承认："我没能避免对英国的战争。"

从那以后，我很自然地经常责问自己为什么没能早一点看清事情的真相。当希特勒决意废除《凡尔赛条约》中重新划分领土的规定时，武装冲突的可能性就已无法避免了，这一点不容忽视。由于我深知弱小的德国海军如果与英国进行海上角逐的话，决不可能取胜，因此我想尽办法劝说希特勒避免冲突。我清楚短期建设计划与长期建设计划相比较，两者有各自的优缺点，因此确定海军的扩充方式就是我的责任。国家的军事力量和军备状况必须和其外交政策相一致。我曾试图对希特勒施加影响，将政治策略与海军装备发展程度两者有机结合起来。

事实上，我相信希特勒个人并不希望与英国开战。但是尽管他再三向我保证，但他采取的政策还是不可避免地导致了战争的爆发。

希特勒的自欺欺人和其政策给海军带来了灾难性后果。他所确定的海军长期建设计划完全不符合现实的政治形势。发生了大幅变化的海军扩充方式是否切实可行，只有等到所有的文件解密后才能确定。只要希特勒继续遵守《英德海军协定》中的规定，我们还有挽回的余地，因为协定框架限制了我们扩张的范围。在希特勒的保证下，海军制定了长期建设计划，我们所有的造船厂和军工企业都被动员起来，准备建设一支发展均衡、拥有重轻型水面舰艇和潜艇的舰队。

如果希特勒意识到对英国的战争提前的话，我们将不会实施"Z"计划，而会将所有的资源全部用于在最短的时间内建造最多的潜艇。此举在政治上意味着违背了《英德海军协定》。然而，希特勒采取的外交政策完全背离了他曾对我作过的保证，同时也蔑视了我给他的所有忠告。海军及整个德国的败局已经注定。

直到 1938 年 8 月 22 日，海军在希特勒的会议上才真正将英国作为自己明确的对手。根据希特勒的指示，我们开展的研究也是集中围绕和波兰的战争，研究的题目被命名为"白色事件"（White Case）。在这些研究中，有关英国的问题及"Z"计划的进展情况仅被看作是由波兰问题衍生出来的补充内容。在这些补充内容的研究中，舰队总司令波姆海军上将、潜艇部队司令邓尼茨海军准将和我都认为——如果公开地舰对舰、舰队对舰队进行较量，德国海军不可能战胜强大的英国海军。我们所能做的就是袭击英国的海上运输线。我告诉我的两个顾问，我必须不断提醒希特勒，在与英国任何的战争中，德国海军都无力作战。

9 月 1 日，邓尼茨海军准将交给我一份备忘录，证实使英国屈服的唯一有效方式就是打击它的大西洋航线，由于我们没有足够的水面舰艇，这项任务大部分得靠潜艇来完成。即使我们有一支大型的水面舰艇舰队，对付英国海上贸易最有效的武器还是潜艇。但是我们没有足够数量的潜艇。在打击大西洋航线的作战中，要想取得任何实质性的成功，至少需要 90 艘潜艇，这意味着我们实际上需要 300 艘潜艇来完成这一任务。邓尼茨通过 1938 年至 1939 年冬季演习的结果验证了所需的这一比例。比如 1939 年 9 月 1 日我们实际拥有 57 艘潜艇，但我们可实际用于大西洋航线作战的只有 26 艘潜艇，剩余的潜艇要么不适于担任这种远程巡逻的任务，要么就被用于斯卡格拉克海峡和北海的防御。而用于大西洋破交战的这 26 艘潜艇中，只有 8 艘或 9 艘会被实际用于攻击敌方船队，其余的 17 艘或 18 艘要么正在进行航渡，再不就是返回了基地，或是进厂修理或是留作备用。邓尼茨提出了很实际的要求——应优先建造潜艇，甚至可以为此削减或停止其他造舰计划。

我个人对于时局的估计就是这样。9 月 3 日英法参战，我将我个人关于德国海军与英国作战可能性的观点记录在官方的文件中。

注意到希特勒向我们保证过 1944 年前将不会有战争，以及直到最后一刻，他仍然相信即使他不得不推迟波兰问题的解决也要避免战争的事实，我认为我们所能接受的与英国海军开战的最早日期应该在 1945 年“Z”计划完成之后。在战争中我们与英国的力量对比极不平衡。必须承认的是，1935 年以来，我们在短期内组建了一支结构合理、训练有素的潜艇部队，但这支力量太弱小，并不足以起决定性作用。我们的水面舰艇在性能和数量上都远远逊于英国舰队，如果与英国舰队硬拼，它们只能做无谓的牺牲。

近乎残酷的分析并不意味着海军不敢或不愿接受这不可避免的挑战，那将与海军的精神背道而驰。在随后的战争中，海军的勇气和效率对敌人来说才是一种真正的威胁，尽管我们一直缺乏足够的原材料，而敌人在数量上又占有压倒性的优势。我在海军呆了 45 年，我对这些完全了如指掌，海军官兵的奉献精神和取得的成就远远超出了我的想象。

战争初期双方水面舰艇数量的对比可以表明德国海军当时所面临的形势。英法两国有 22 艘战列舰，而我们只有 2 艘战列舰和 3 艘袖珍战列舰。此外，敌人还拥有 7 艘以上的航母，而我们 1 艘都没有，尽管我们正在建造的“齐柏林伯爵”号航母即将完工，但由于空军没有研制出合适的舰载飞机，航母的建造被迫停止。盟国拥有 22 艘重巡洋舰和 61 艘轻巡洋舰，而我们只有 2 艘重巡洋舰和 6 艘轻巡洋舰。英法两国的驱逐舰和鱼雷艇加起来有 255 艘之多，而我们只有 34 艘。

在地理位置上，我们现在的情况也比一战时强不了多少。我们的确可以在短期内使用部分兵力对海峡和北海以外的敌海上贸易航线进行打击，尤其是如果我们对补给船、油船和其他辅助船进行改装的话，我们就可以对水面舰艇和潜艇进行连续补给，使其不必每次袭击完敌人后专程返回基地进行补给。但是，这个优点被敌人装备的远程飞机抵消了，远程飞机对于打击试图从北海突破进入大西洋的我方水面舰艇来说是一种非常有效的武器。

由于敌人在数量上占有10∶1的绝对优势，再加上敌人拥有数量众多、地理位置优越的军事基地，我们唯一的希望就是集中力量切断他们的海上运输线。海上进口是英国的一个弱点，这也正是我们要攻击的地方。我们必须详细计划，周密协调潜艇、巡洋舰、袖珍战列舰和辅助巡洋舰、驱逐舰及摩托鱼雷艇进行破交作战。直接成功当然是我们的首要目标。但同时我们也需要考虑到对敌大西洋海上运输线的袭击，以及我们单个的水面舰艇对遍布全球的敌方船队的打击可能产生的间接后果。我们必须抢占先机，通过迅速机动，在尽可能多的地方偷袭敌人，在尽可能多的地区快速行动，瓦解敌对我方潜艇和袖珍战列舰的攻势行动。

在这个问题上，如果空军与海军进行坚定、机智的合作，将会对海军有很大帮助。正在制定战略计划的最高统帅部于8月31日发布了第1号作战命令。命令中要求海军负责“打击敌人的贸易，尤其是英国的海上贸易”。空军的主要职责是“阻止敌方空军袭击我方陆军和德国领土”。此外，空军还负责“摧毁英国的军工企业、海上贸易和正在运往法国的英国远征军；同时可以寻机集中兵力攻击英国的舰队，尤其是战列舰和航空母舰”。

根据最高统帅部的命令，打击英国的海上运输线仅是空军的次要任务，很快就有迹象显示，空军总司令对这类作战行动的重要性没有给予充分重视。结果海军在打击英国海上贸易的作战行动中几乎没有从空军那里得到多少支援，尽管空军无论在数量上，还是在实力上，都与敌人相当，甚至超过了敌人。随后，海军只能依靠自身的力量与英军进行海战。在这种情况下，海军参谋部一致同意，必须将潜艇作为主要武器，其他海军兵力都被用于支援和协助潜艇作战。

我们的海军力量处于如此的劣势，我们的舰艇不可避免地迟早会因为战斗损失，或者因为进行维修而长期不能作战。建造新舰来替换报废和损坏的舰艇对于我们是最重要的。这就意味着“Z”计划的终结，取而代之的是能在最短的时间内建造出数量最多、战斗力最强的造舰计划。这样的舰艇主要是潜艇。因此除了即将完工的“俾斯麦”号、“蒂尔皮茨”号战列舰和“欧根亲王”号巡洋舰外，其他大型舰艇的建造工作都必须立即停止。只有这样，才能缓解造船厂的工作压力，使之集中力量建造潜艇。

然而，这还远远不够：由于原材料和熟练工人的匮乏，陆军和空军对工业的巨大需求，政府方面支持海军优先建造潜艇的态度就变得非常重要，甚至不惜为此放慢其他军种的建设速度。

尽管不断有人建议希特勒将 U 型潜艇的建造工作摆在重要位置，但他并不打算这么做，因此海军不得不为获得原料、工人和其他工业设施来完成潜艇的建造工作而继续进行斗争。

希特勒采取这样的态度也有他自己的原因，尽管我对此并不赞同。名义上，他希望避免与西方的全面战争。他相信陆上战争会迅速取得胜利，从而可以巩固他的地位，我们就会与西方大国重新进行和谈。

在战争初期，希特勒的这种观点极大地束缚了海军。比如，8 月下旬“波兰走廊”问题愈演愈烈，经希特勒批准，我在 21 日和 24 日分别派袖珍战列舰“施佩伯爵将军”号和“德意志”号及 1 艘补给舰出海。战争一旦爆发，他们所处的位置可以立即对敌人实施攻击，这仅仅是一般性的防御措施，这就像去年秋天英法两国在捷克斯洛伐克危机期间动员海军力量一样。我的观点依然没有改变——《苏德互不侵犯条约》签署后，只要政府采取明智的政策，就会避免同英法的战争。

希特勒认为，给敌方海军造成损失会伤及英国作为一个海上帝国的尊严，就会丧失与西方进行和平谈判的机会。因此希特勒指示，战争爆发后，袖珍战列舰没有特别命令不得出现在作战海区。U型潜艇的使用也同样受到了严格限制。

毫无疑问，希特勒的小心谨慎使海军丧失了许多有利战机，因为遍布世界各地的敌方商船队经过一段时间就会转入战时状态，比如采用战时护航运输体制和进行反潜侦察。

尽管我并不认同希特勒与西方国家和谈的态度，但海军不得不执行政府的决定，因此我拟定了一些必要的命令。有时我甚至说服自己相信不对英法船队和海军力量进行猛烈打击也会使我们最终获胜。我尽全力劝说希特勒解除对海军的束缚限制，但他只是一点一点地让步。同时我们的海军指挥官，特别是U型潜艇艇长面对着这些变化无常的命令而陷入尴尬的境地。

为了赢得政治上的胜利而限制海军作战在短期内可能是有道理的。但即便如此，我们也应该为长期艰苦卓绝的斗争做好准备，而且这种可能性非常大。加快U型潜艇的建造就是我们最好的准备措施，但希特勒没有认清这一点，这在后来对他是一个深刻的教训。

一个值得注意的现象是，尽管希特勒富有想象力，而且我将所有的情况都向他作了汇报，但他从来不在乎英国对我们的态度，他目睹波兰战役中事态正迅速朝着于我们有利的方向发展，同时他也清楚我们在东线进攻波兰时，法国可以在西线对我们发动攻势。不仅如此，他也肯定考虑过，波兰战役结束后进攻法国的问题。但显然他未考虑过英国作为一个海上强国也会攻击我们。对于英国舰队的影响，他从未给予足够的重视，英国的战略地理位置对我们的政治、军事的压力，以及他们可能通过另一种方式得到美国总统罗斯福的支援，这些因素希特勒都没有认真考虑过。

只要波兰战役还在进行，我们就面临着东西两线作战的危险。希特勒对法国可能进攻德国的担心也是可以理解的。我们拥有出色的将领、训练有素的军队和良好的装备，因此我们在波兰能够迅速取胜，在这之后，海军难以抵挡英国进攻的危险就应该发生了。我们应尽可能地采取一切措施来打破英国的海上优势，但希特勒却从不采取相应的行动，尽管我们在多次交谈中，观点都非常一致。我只能这样认为，他这种危险的拖延政策是由于他和他的许多顾问们都持有的一种带有偏见的陆战观点所致。

不管希特勒怀有怎样的与西方强国进行和谈的梦想，波兰战役后，西方强国对于他和谈建议的当即拒绝，迫使他不得不回到现实中来，首先考虑与英国海上力量作战的必要性。我不断提醒他，无论从现在还是从长远来看，英国都是我们最危险的敌人。

英国的海军力量建设于两个基础之上。第一，英国岛屿呈方形分布于德国港口和北海进出公海的出口处，英国舰队在其空军的支援下可以有效地封锁这些出口，尽管不是百分之百的严密封锁。第二，英国舰队可以在任何海域作战，即使不开一枪一炮，他们也完全可以隔断我们与海外的联系。

德国的海上贸易实际上很快就陷于瘫痪。尽管如此，我们的许多商船因战争的突然爆发而被困在海上，他们为避免被英国捕获，通过迂回曲折的航线最终艰难地回到了德国的港口。在这一壮举中，商船船长和船员们充分展示了他们丰富的经验、灵活性和高超的航海技术。德国的商船队和捕渔船队用自己的方式积极支持海军作战。这些商船的水手们坚强、勇敢、富有奉献精神，他们与海军一起肩并肩作战，很多人不幸英勇牺牲。

鉴于我们的海外贸易几乎全部自动停止，我们不得不全力打击英国的海上贸易。由于我们数量上不占优势，因此我们会尽力避免与英国海军进行正面交战，而是将力量散布到世界各处，在敌人的海上防御体系中找到缺口。我们希望在敌人调动优势兵力进攻我们之前能出奇制胜。

在这种类型的战争中，陆上的海军指挥机构和海上的作战部队都需要大量的情报。有一些因素显然对我们是有利的。比如说潜艇，因为它能够潜入水下，甚至可以成功地在敌控制海域实施作战。袖珍战列舰由于采用了经济型的柴油发动机，因此拥有很大的巡航半径，并能够远离本土作战。采用了高温高压蒸汽机推进装置的“沙恩霍斯特”号、“格奈森瑙”号战列舰和驱逐舰拥有很高的战斗航速，同时在这种高战斗航速下，它们还具有很大的续航力。虽然我们这些兵力与敌军相比较弱，但在经过巧妙伪装的辅助巡洋舰支援下，以及我们拥有大规模的能为潜艇和水面舰艇进行连续补给的供应体系，使我们看到了成功对敌实施海上贸易战的良好前景。

但其结果怎样，没人能够预测。但是计划做得越详细，兵力运用得越熟练，打击敌人的成效也就越大。即使水面舰艇和潜艇最后被损耗殆尽，也不能影响任务的完成。作为弱势的一方，我们不能等时机成熟或对我们完全有利时再去进攻敌人，这样会使主动权落入敌人手中。从一开始，我的想法——整个海军也赞同我这个想法——就是使用一切可能的手段最大程度地打击和扰乱敌人。为了达到这个目的，我准备冒更大的风险。

根据这个决定，海军参谋部赋予了单个舰艇中队和 U 型潜艇的指挥官更大的职责。他们要尽可能多地取得胜利，同时他们会长期在海上待命，只要抓住战机就立刻出战。他们接受的作战命令就是要避免与敌人的优势兵力交战，这作为一条原则，甚至与实力较弱一些的敌人作战也是不允许的。此外，舰艇长们要时刻牢记他们的燃料和武器弹药供应有限，要仔细衡量取胜的希望和需要冒的风险。敌人数量上占据优势，并且有众多的基地，他们可能会采取冒险行动，因为他们知道可以将损坏的战舰拖到某处港口进行修理。但对于我们来说，每损坏一艘舰就报废一艘舰——报废的舰实际上也没有新舰进行替换。

最后，我们必须考虑到中立国的船只和他们的同情心，避免任何不幸的事件发生。所有这些因素加起来使得我们的打击范围变得非常狭窄，因此指挥官们不得不在海上临时作出决定。

在海战中，成败只在一念之间。一个错误的决定、一分钟的延迟、一条讯息的错译、天气的变坏、一次误击——所有这些因素都能使胜利转瞬间变为失败。同样，一场无望取胜的战斗由于敌人的失误，很可能使我们赢得最后的胜利。作为“陆地上的一个心理学家”，希特勒无法领会这些海战的重要因素。因此，一方面当我们的主力舰出海时，他总是很担心；另一方面，他总认为我们军舰的主要任务就是与敌人的军舰作战，而不是袭击敌人的商船队。他所分析的任何不利因素，都被看作是海军不愿进行实际作战的证据。

我前面曾提到，尽管我方袖珍战列舰“德意志”号和“施佩伯爵将军”号在战争爆发前几天就被派往大西洋，但希特勒要求直到9月底才允许他们参战。当他们采取行动后，立即对英国的海上运输线产生了影响，当然，我们也遭遇了强烈的抵抗。

11月底，“德意志”号在北大西洋完成一次不大成功的巡航后返回了母港。但“施佩伯爵将军”号在极其能干的朗斯多夫舰长指挥下，击沉了许多商船，然后他们熟练地离开了自己的作战海域，从南大西洋驶入印度洋。朗斯多夫舰长打算年底返回母港进行紧急修理，但他临时决定对南美东海岸敌人繁忙的海上运输线进行偷袭。

不幸的是，1939年12月13日在离开拉普拉塔（Rio la Plata）河口后，他遇到了由海军准将哈伍德（Harwood）率领的包括“埃克塞特”号（Exter）重型巡洋舰、“埃阿斯”号和“阿基里斯”号轻型巡洋舰组成的英国舰队的侦察兵力。战斗刚开始，“施佩伯爵将军”号的炮击非常准确，打得“埃克塞特”号失去了动力，舰体严重受损，除剩下一门舰炮仍可使用外，其他的舰炮全部陷于瘫痪。“埃阿斯”号的两个炮塔和中桅同时被击毁。但是“施佩伯爵将军”号也遭受了重创，伤亡惨重。当英军向东部撤退的时候，负伤的朗斯多夫舰长也将受损的战舰驶往附近的蒙得维的亚（Montevidieo）进行修理。

这艘舰只有进行彻底的修理，才能经受住北大西洋冬季风暴的考验驶回德国。朗斯多夫舰长迫切希望能在蒙得维的亚的中立港口进行必要的维修，他为此向德国海军参谋部发出了无线电报进行请示。但是，乌拉圭政府迫于英国强大的压力，拒绝将维修该舰的时间延长超过 72 小时，这个时间太短了，根本不可能做任何有效的维修。

这对朗斯多夫舰长来讲是一个沉重的打击。英国海军与“施佩伯爵将军”号保持在一个安全的距离范围内，对其进行跟踪，并已获知“施佩伯爵将军”号正驶往拉普拉塔港。朗斯多夫舰长在电报中向海军参谋部汇报说，敌人强大的舰队正潜伏在入海口处等待他出来。这其实是狡猾的英国情报机关故意泄露的错误信息，此时英国的航母、战列巡洋舰和其他的舰艇可能还在很远的地方待命。

但朗斯多夫舰长和海军参谋部对此都一无所知。于是朗斯多夫舰长指挥“施佩伯爵将军”号驶入了蒙得维的亚，他认为这是他唯一的逃生之处，这样他就可以避免与他想象中的静候在河口处的敌人强大的警戒兵力进行交战了。

当朗斯多夫舰长决定进入蒙得维的亚的时候，海军参谋部并没有干涉，因为他们觉得在现场的舰长比他们更了解当时的形势和舰艇的状况。朗斯多夫舰长汇报了他想突围的企图。但同时他又请示我们，如果他不能赢得战斗，他是让该舰被拘押，还是在浅水区将它炸毁。我将这一情况亲自向希特勒作了汇报。

希特勒同意了我关于批准朗斯多夫舰长突围的建议，但他不想听到战舰被拘押的消息。如果“施佩伯爵将军”号突围不出去的话，它至少要在自沉之前击毁一艘敌舰。

在最后的分析中，决定由“施佩伯爵将军”号的舰长自己作出决定，因为只有他最清楚当时的情况。

朗斯多夫舰长认为由于战舰毁坏严重，弹药供应短缺，要想突破想象中的敌人强大的兵力构成的重重包围是毫无希望的。如果战斗爆发在浅水区，全体舰员都会随着战舰一同牺牲，或者更糟糕的是，由于船员无法炸毁战舰，失去行动力的战舰会落入敌手。因此舰长决定亲自炸毁战舰，以确保它被彻底毁坏并拯救全体舰员的生命。

12 月 17 日，朗斯多夫舰长将战舰驶入领海外的浅水区，引爆了该舰的弹药库。随后专门租用了拖船和其他船只将全体舰员都安全转移到布宜诺斯艾利斯（Buenos Aires）。作为舰长，朗斯多夫在完成他最后一次痛苦的使命后，自尽身亡。

尽管我与希特勒讨论过该舰面临的形势和问题的所有细节，但他对朗斯多夫舰长的决定感到非常不满和愤怒，尤其是对海军参谋部下达给朗斯多夫舰长的命令，他更是大为光火。他坚决反对为了执行更为重要的破坏敌方海上贸易和补给线的任务，而命令舰艇避免与敌舰交战。希特勒毫不关心袭击敌人补给线所产生的间接作用，他强调战舰——尤其是大型战舰——应主要用于与敌人的舰队进行交战。他赞成使用潜艇、辅助巡洋舰和其他轻型舰艇袭击敌人的海上补给线，但在这类作战行动中，巡洋舰和袖珍战列舰很少发挥作用，而且根本就不应该将战列舰也用于这类任务中。希特勒确信少部分的潜艇能够以较小的代价取得较大的胜利，但他丝毫没有意识到大型舰艇造成的威胁可以牵制敌人的兵力，削弱他们的防御，迫使敌人必须为商船队护航，从而扰乱他们的补给体系，使敌人不得安宁，疲于奔命。但希特勒想要的是全世界都能看到的胜利。

不仅如此，希特勒还认为，一旦一名舰长率舰与敌人交战，他就应该坚持到最后一刻，并尽可能多地消灭敌人，甚至不惜牺牲自己的战舰。在一定程度上，这种观点是合理的，但事情并不是这么简单。在广阔的海洋上没有任何维修基地，也没有任何援助，我们所有的舰艇包括在战斗中遭受重创的舰艇之所以能够支撑下来，都是为了能给敌人的海上供应线造成威胁。因此每一次与敌人遭遇时，我们的舰长都很难作出决定。

就“施佩伯爵将军”号而言，我认为这位舰长的真正错误在于擅自卷入了与敌舰的战斗。粗略地估计一下，我们为数不多的水面攻击舰艇牵制了敌人 8 支独立侦察编队，共 22 艘舰艇，其中有巡洋舰、战列巡洋舰和航空母舰。

不幸的是，朗斯多夫舰长发现哈伍德海军准将率领的舰艇编队后，错误地将其看成是只有 2 艘驱逐舰和 1 艘巡洋舰的护航编队，因此他打算先消灭护航舰艇，然后再攻击商船队。这个决定完全可以证明朗斯多夫舰长战斗热情很高，但这与海军参谋部下达的正式命令背道而驰。不仅如此，“施佩伯爵将军”号刚被炸毁，正在搜寻它的众多的英国军舰——不下 5 个作战舰艇编队——立即就被派去执行其他的紧急任务了。

然而，希特勒却认为，无论是朗斯多夫舰长最后下达的作战命令，还是他最后所采取的行动，都表明他缺乏战斗热情。而且，希特勒还偏激地认为海军的高级军官将过多的精力放在考虑战略问题上，而对作战问题关注太少，在这一点上他们还不如勇敢、年轻的驱逐舰舰长和潜艇艇长。我认为我和希特勒在海军战略和战术上的分歧是导致我们后来争吵的主要原因之一。

除了打击敌人的海上贸易外，海军在战争初期采取了很多措施。其中第一项措施就是保护我们进出黑尔戈兰湾的航线。9 月 3 日，战争爆发的当天，海军西线作战集团司令萨尔瓦特海军上将接到命令，立即在北海布设一组防御水雷区——即所谓的“西部屏障”。这道水雷屏障从泰尔斯海灵岛开始，向南绕过荷兰，到合恩礁，再伸向北，直达丹麦海岸，蜿蜒形成一条巨大的弧形。这道水雷屏障与第一次世界大战中布设在黑尔戈兰湾外的跨度很小的水雷封锁线有很大的不同。这片新水雷区保护了我们很长一段海岸以抵御敌人的入侵，尤其是阻止敌布雷舰船的进入。除了布设用于对付水面舰艇的常规水雷外，我们在战略要冲海域布设了水雷用以打击在此通过的敌潜艇。我们在“西部屏障”中还留有一些向西和向北的安全出口。同时，我们在雷障外还开辟了一条用于中立国船只航行的安全航道，并将轻型舰艇配置在航道起始处作为标志，但我们却对外公布这里是危险水域。

这些防御雷区是在战争初期由侦察舰队司令丹施（Densch）海军中将率领的巡洋舰、驱逐舰和舰队补给舰“格里”号费尽艰辛在夜里布设的。出乎我们意料的是，英国对此并没有采取反击措施，因此我们最初在西部划定的警戒区域很快就不断向北延伸，从而能够为我们进出黑尔戈兰湾的船只提供非常好的保护。整个战争期间，我们开辟的这些用于中立国船只航行的安全航道一直没有遭到敌舰的破坏。

防御雷障布设完毕后，我们就开始使用驱逐舰和潜艇在英国海岸外实施攻势布雷。这些驱逐舰利用自身航速较高的优势以及冬季日落较早和黑夜漫长的特点，夜间航行到英国海岸，而没有遭受任何损失。但不幸的是，德国空军的一架飞机因没有及时接到作战命令，而将我们的两艘驱逐舰误认为是敌舰，将其双双击沉。残酷的事实证明，在海战中把空中打击兵力的指挥权置于海军之外是非常错误的。

利用德国空军的飞机在英国沿岸布雷也是这次布雷作战计划的一部分，但是很快空军总司令戈林元帅和我在关于何时开始布雷的问题上就发生了分歧。海军的水雷已经准备就绪，我认为趁着夜里时间还足够长，我们实施布雷的驱逐舰可以借助夜色往返于北海，趁着英国还没有布设防御雷区阻止我们进出之前，尽早布设这些水雷对于我们至关重要。但是空军却想等到航空水雷大批量生产以后再开始布雷。最终我们与空军实施了联合布雷，但不幸的是，一架飞机把一枚最新型的水雷错误地投到了沙滩上而不是水中，英国人立即将这枚水雷拾获，并对其进行了分解研究。很快，英国人就研究出了必要的防御措施，结果我们水雷战的效果大打折扣。

我前面已经提过，希特勒为避免与中立国发生意外事件，对开展潜艇战进行了严格限制。根据他的命令，我们的潜艇必须严格按照《捕获规定》进行作战，这个规定是根据国际法和有关潜艇战的协议制定的。然而，尽管我们非常小心，但是在宣战后仅几小时就发生了一起非常严重的伤害事件。一艘德国潜艇违反命令击沉了英国邮轮“雅典娜”号，造成众多的人员伤亡，其中包括很多美国人。这艘 U 型潜艇是在正常客轮航线以外的海域偶遇这艘邮轮，而且“雅典娜”号采取了“之”字形路线航行，并实施了灯火管制。因此潜艇艇长认定他是在对付一艘英国辅助巡洋舰，而且为了避免被英国的反潜兵力用无线电定位，他们在击沉“雅典娜”号后一直保持无线电静默。所以海军参谋部收到的唯一报告是来自国外的报道，海军认为此前已经给 U 型潜艇下了指示，“雅典娜”号被击沉不可能是德国潜艇所为，同时相应地对此事件发表了一项声明。直到这艘潜艇返回母港，我们才知道整个事件的真相。然而，出于政治上的考虑，希特勒坚持事件的真相不能公布于众，对国内和国外都要保密。他不想因为这起事件而导致与美国的关系恶化，但无论怎样后悔，事已至此，已经无法挽回了。海军所能做的就是遵照他的指示严格对此事保密。

然而，完全出乎我意料的是，没过多久，宣传部长戈培尔博士竟宣称"雅典娜"号实际上是英国海军大臣丘吉尔下令击沉的，为的是挑起英美两国的冲突。这种幼稚的宣传伎俩，缺乏海军常识又事先没有征求海军的建议，其结果只能是适得其反。

无论我们怎样采取补救措施，"雅典娜"号的沉没直接给海军带来了损害，而宣传部的愚蠢行为只能让事情变得更糟。我们海军所能做的就是更加严格地执行现在的指示，我们甚至下令，不得攻击敌人的客轮，即使是有军舰为他们护航也不行。尽管国际法中对于我们这样特别的处置措施并没有法律规定，但直到 1940 年 8 月，我们一直遵照这条规定执行。

我们下达给每一艘出海作战的 U 型潜艇的命令都严格遵守 1930 年的《伦敦潜艇协议》，德国在 1936 年签署了该协议。根据协议规定，潜艇必须像水面战斗舰艇那样对商船采取先令其停船，然后再对其实施检查的措施。只有在能确实认定这些船只为敌人的兵力运输舰船，或是由敌军舰和飞机护航的商船，或是参与了敌对行动，被用来向敌人传递情报的商船时，才可以在不经检查的情况下将其击沉。这样，潜艇不用事先发出警告就能将其击沉的只是那些积极参与敌对活动的商船。甚至敌国的武装商船，只要他们将武器仅用于自卫而不是用于进攻的话，也被视作和平商船。所有这些条件，再加上其他一些国际协定，都被包含在我们的《捕获规定》当中，这一规定是海军在与外交部、司法部和国际法协会的代表密切配合下制定出来的。

然而我们对潜艇的限制并不仅仅局限于此。比如，出于政治原因，我们的潜艇不能攻击法国的任何舰船。另一方面，英国海军部指示要将更多的商船投入作战，这迫使我们要对应地采取反击措施。几乎是在战争刚刚爆发的时候，英国商船就被要求一旦发现德国潜艇，就要立即用无线电报告其位置。这样的话，他们就直接成为了英国情报部队的一部分，因此我们不得不下令：如果停船接受德国潜艇检查的敌人商船使用无线电向上级报告潜艇的位置，德国潜艇就可以对这些商船实施攻击。当英国命令他们的商船在夜间关灯航行时，我们被迫命令潜艇对这些摸黑航行的舰船一律实施攻击，因为在夜间很难将敌人的商船和辅助巡洋舰区分开来。1939 年 9 月 26 日，英国海军部宣布武装其商船，10 月 1 日，命令商船可以攻击或撞击任何遭遇的德国 U 型潜艇。出于自卫，我们也不得不允许潜艇可以攻击任何看上去已经经过武装的商船。实际上，这个命令已被扩大到可以攻击任何商船，因为暗藏在这些商船上的火炮对于在水面执行临检任务的潜艇来说是非常致命的。然而，即使在这种情况下，敌人的客轮也很少遭到我们的攻击，对于那些被我们的 U 型潜艇击沉的船只，我们的官兵会尽可能地去营救落水人员。

事实证明，我们从一开始就采取这样的应对措施是非常必要的。战争开始的头三个月，有 1 000 艘英国商船装备了火炮和其他武器，在宣战后的几天内，就有一艘德国潜艇遭到了一艘英国蒸汽船的炮击。几乎在所有的情况下，英国商船只要发现德国潜艇，就会立即用无线电报告潜艇的位置，结果英国的反潜兵力会在最短的时间内赶到现场。事实证明我们对敌商船队采取的行动是完全正确的和符合国际法的，后来在纽伦堡审判过程中，控方试图证明我们的行动是错误的起诉都遭到了失败。国际军事法庭发现邓尼茨海军元帅和我都没有违反潜艇战规定。

尽管我们对潜艇进行了严格限制，但他们一开始取得的重大胜利还是超出了所有人的想象。仅 1939 年 9 月，他们就击沉了 40 艘船，登记吨位总计为 153 000 吨。此外，还有 9 艘敌船因触到了我们用潜艇布设在英国港口的水雷而沉没，总计吨位为 31 000 吨。

波兰战役后不久，我劝说希特勒去视察威廉港的潜艇基地。我的目的是想通过他与潜艇部队司令和潜艇艇员之间的交流，引起他对潜艇的兴趣，从而更积极地支持 U 型潜艇打击敌人的海上交通线。有几艘潜艇刚刚完成第一次战斗巡航从海上归来，所有的艇员排成一排站在那里，胡须没刮，看起来蓬头垢面。就在几天前的 9 月 17 日，U-29 号潜艇刚刚在英国西部岛屿附近海域击沉了英国“勇气”号（Courageous）航空母舰，U-29 号潜艇的艇长舒瓦特（Schuhart）海军少校也在这些接受检阅的人当中，他亲自向希特勒描述了整个战斗过程。

此行给希特勒留下了非常深刻的印象。10 月 19 日，U-47 号潜艇在英国的斯卡帕湾海军基地内击沉了英国的“皇家橡树”号（Royal Oak）战列舰，事后艇长巩特尔·普雷恩海军少校和他的艇员有幸到柏林向希特勒汇报，并受到了市民的热烈欢迎，希特勒也因此进一步加深了对潜艇部队的印象。

这次令人难以置信的突入英国严密防守的斯卡帕湾心脏地带的行动是海军少将邓尼茨的杰作，他和他的参谋人员经过精心研究之后发现这次突破行动是可行的，因此他亲自制定了作战计划。然而，战争初期由于我们的潜艇数量很少，而且力量分散，因此邓尼茨的“狼群战术”并不能有效实施。很明显从一开始我们就对潜艇部队司令的战术技能、进取心和领导水平都非常信赖。只要海上可能有潜艇作战，邓尼茨就会通过无线电直接指挥这些潜艇。

通过同样的方式，我们也与出海作战的所有水面舰艇随时保持通信联系。只要海军参谋部愿意，它可以派一艘指挥舰直接指挥任何一场战斗，但它总是避免这样做，因为海军参谋部担心这样会干预海上指挥官的决策自由。坐在地图旁和在海上指挥完全是两码事，现场的指挥官对如何正确使用战术通常有着更为深刻的理解。但他不能将个人观察分析得出的结论传回海军参谋部，除非他已与敌人实际交战，否则他不可能在发送无线电报时不暴露自己的位置。另一方面，他还可以充分利用海军参谋部多方筹集来的情报。

像其他所有的高级军官一样，我也希望尽可能多地给海上指挥官发送有价值的情报，尽量不给他们下达特殊的命令，以免造成他们决策上的困难。只有在非常紧急的情况下，我才允许高级指挥机构下达特别指示，但在这种情况下，我要求下达这些命令的指挥官要对作战后果负全部责任。

在德国海军的指挥体系中，海军参谋部只负责直接指挥打击敌海上交通线的兵力行动，包括指挥负责向这些打击兵力提供补给的油船和补给船。所有的潜艇都直接由潜艇部队司令指挥——当然这和海军参谋部负责总体指挥是完全一致的。在北海和波罗的海作战的水面舰艇分别受海军西部作战集团司令部和东部作战集团司令部直接指挥。

这两个司令部是我们在和平时期经过研究后决定设立的，他们负责组织配属的兵力进行战前准备和部署。当这些兵力在海上时，这两个司令部的任务就是负责将他们通过空中侦察，截获敌方无线电信号和其他手段获得的情报传送给在海上的这些兵力。同时他们还要负责近岸水域的安全警戒，使用猎潜艇、扫雷舰、巡逻艇和其他防御兵力为来往的运输舰船护航——这样就大大减轻了海军参谋部繁重的工作负担。

将海上的兵力置于相应的岸上司令部的控制之下，可以尽可能地为这些兵力传递情报和各种命令、指示，而不需他们向上级询问。这样他们就会产生一种自信的感觉，认为他们接受的是上级权威的命令，而且通过持续不断的密切联系，上级对他们面临的困难也非常清楚。当他们被授权可以根据自己在现场的观察和判断自行作决定时，这种自信也就随之增加了。

阿尔布雷希特海军上将领导的海军东部作战集团司令部成立于1938年10月，当时主要是为了应对波兰局势，它在波兰战争中的海上短期作战中充分发挥了作用。为了应对北海的局势，海军西部作战集团司令部在战争爆发后刚刚建立起来，舰队司令部和北海战区司令部都在其指挥之下。

直到现在，舰队总司令和舰队司令部仍是最高一级的直接指挥海军兵力的指挥机构，舰队总司令还可根据需要亲自出海指挥作战。在任何情况下，他都牢牢掌握着整个作战指挥权。但在新的体制下，作战指挥权转移到了作战集团司令手中，在战前准备等其他一些工作上，舰队司令部要受作战集团司令部的领导，这样不可避免地出现了两者的权限如何区分的问题。

只有经过相当长时间的实践检验之后，这种将作战指挥机构分离，在海军参谋部和舰队总司令之间插入一个作战集团司令部的指挥机构才能显示出它的优势。

回想起来，不幸的是，直到我们从和平状态转入战时状态的时候才刚刚着手建立这种新的指挥机构。这一时期各种新情况、新问题层出不穷，如新型舰艇服役、巡逻警戒兵力的发展及整个指挥机制的改革等。经过有关各方的通力合作，我们在战争中避免了数次严重的失误，但是舰队司令部和作战集团司令部在关于使用驱逐舰在英国海岸布雷的问题上发生了很多分歧，导致关系日趋紧张。作战集团司令部想在 1939 年冬天，派驱逐舰趁夜色直接到英国海岸布雷，不需要舰队主力提供支援。而舰队总司令波姆海军上将则坚持要求亲自指挥重型舰队与完成布雷任务返航的驱逐舰会合，在返航途中为其提供掩护。他认为有重型舰队在场提供有力支援，一旦驱逐舰出现故障不能航行，就能得到及时保护——因为在这些高速度的作战行动中，驱逐舰的整个机械系统因过度疲劳极易产生故障。

海军参谋部赞同作战集团司令部的观点和他们对这一问题的分析及指挥方式，但不幸的是，这却导致了波姆海军上将和我个人之间出现了争执。结果，波姆海军上将要求辞职，这就给我出了一个很大的难题，因为他是最有经验的海军将领之一，从第一次世界大战以来，他就被看作是一名出色的水兵和斗士，享有很高的声誉。但除了同意波姆将军的请求，我找不到其他的解决办法，而我个人对他的信任依然没有改变，我决心将来在海军中给他安排一个重要职务——然而事态的发展甚至比我预想的还要快。

第十六章 “威悉河演习”
——占领挪威

虽然英国海军已经完全破坏了我们的海外贸易，但是德国并没有被完全封锁住。我们仍有两条贸易航线保持畅通：一条沿着挪威海岸北上至纳尔维克（Narvik），另一条经过波罗的海到达瑞典及波罗的海沿岸各国。

通过这些航线，我们获得了至关重要的物资，尤其是每年炼制钢铁所需的1 000万吨原料——瑞典铁矿石，它是战时经济的命脉，没有它，我们的军工厂就会在一夜之间倒闭。这些铁矿石从瑞典北部的矿场经过拉普兰铁路运抵瑞典在波罗的海的港口吕勒奥（Lulea）以及挪威在北海的纳尔维克港，在那儿装船运往德国。纳尔维克港全年都不结冰，但在波罗的海最北端的吕勒奥港从当年12月至次年的5月将会结冰。因此，大约三分之一的铁矿石——每年大约200万至400万吨——通过纳尔维克港运输，在那儿装船，而后沿挪威海岸南下。在这些海域内，只要盟国尊重挪威的中立，这些运送铁矿石的船只将不会遭到敌人攻击。出了挪威领海，运铁船就进入了德国控制的海域。

这种贸易进行得如此顺利，我们都觉得不会出现什么问题。

因为直到与英国开战，我们才真正关注起这场战争，此前我们一直都没有认真考虑挪威到底能在多大程度上保持中立，以及一旦英德战争爆发，纳尔维克运输线所面临的安全问题。我很快觉察到，即使是包括希特勒在内的政府首脑，也都丝毫没有考虑过这个问题。战争刚一开始，我们就正式照会挪威政府，德国将完全尊重其中立；同时，我们也相信，挪威将保持中立，不允许任何国家的侵犯。这份照会实际上是在英国宣战的前一天，也就是 1939 年 9 月 2 日递交给挪威政府的。海军完全没有参与这份照会的起草，在战争的第一个月里，海军乃至整个德国的很多人都没有对挪威问题进行深入思考。

对这个问题重新进行思考的动因来自外部，在 9 月底的时候，由国防部情报部长卡纳里斯海军上将写给我的一份报告引起的。在这份报告中，卡纳里斯海军上将指出，一些不祥的迹象显示，英国的部队正准备在挪威登陆。来自情报部门的这份报告重重地压在了我的心头，因为卡纳里斯海军上将亲自将这份报告交给了我，这对他来说是极其例外的情况。与此同时，海军东部作战集团司令卡尔斯海军上将写给我的一封信中，也提到了这个问题。卡尔斯对英国人进入挪威可能带来的后果表示极大的关注，他建议海军参谋部对能否在条件允许的情况下，将德国的军事基地前移至挪威境内来应对眼前的危机进行研究。我随即下令立刻对这个问题进行深入研究。

研究很快得出了令人信服的结论。

（1）从各方面来说，目前的形势对我们极为有利，因为只要挪威保持中立，并且盟国不侵犯其中立的话，我们就可以继续不受限制地获得瑞典铁矿石。我们的运铁船可以继续在挪威领海内，几乎是在英国舰队的鼻子底下不受干扰地行动。再有，波罗的海也不受敌人空袭的威胁，除了狭窄的石勒苏益格—荷尔斯泰因（Schleswig-Holstein）地区外，敌人飞机将不得不飞越中立国领空。因此，中立的斯堪的纳维亚国家在北方保护着我们，保持他们的中立对我们各方面都十分有利。

（2）如果英国无视挪威的中立而在挪威境内建立海空军基地的话，情况就将完全不同。英国的海空军将从两翼威胁北海北部，除了潜艇外，我们在北海北部就将寸步难行。我们的水面舰船将失去进入大西洋的机会，并且如果敌人像一战中那样布设水雷障碍的话，即使是潜艇由此前出至大西洋，也将变得极度危险。

（3）对铁矿石运输的影响将变得更为严重。由于经由纳尔维克的沿岸航线遭封锁，德国只能通过吕勒奥港运输急需的瑞典铁矿石，并且只能在每年未封冻的 6 至 7 个月中进行。

再有，英国对挪威任何形式的占领都将给瑞典带来极大压力——英国人肯定会千方百计地阻止瑞典铁矿石运往德国。一旦英国在挪威建立了基地，就有可能接着向瑞典境内渗透，并建立基地。敌人在那儿开辟的新战线不仅会将整个波罗的海置于其有效控制之下，而且也使得我们波罗的海沿岸各省处于敌人空军的作战半径内。由于新增的北部及西北部的这些威胁，我们将不得不减弱西线的攻势转而来防备这些威胁。这一连串的事件很可能意味着我们输掉这场战争。

所有的情报均证实了英国人的企图。要击败他们，只有一条路可走：在敌人到达挪威之前，抢先在那儿建立我们的战略基地。

如何获得这些基地我们当时还不是很清楚。通过外交谈判，《苏德互不侵犯条约》使我们能够使用摩尔曼斯克（Murmansk）湾。但外交谈判对挪威起不起作用我们却并无把握。

不管我们如何取得这些基地，都必须要有军队来守卫这些基地。由于英国海空军的不断进攻，光凭这些基地不可能确保穿越挪威领海内的海上航线安全。为了保卫这些基地，我们将不得不消耗过多的力量，而这些分散的基地仅能为海军的作战行动提供物质支援，对航空侦察的帮助或许更大一些。我们这样做将会得不偿失。因此，在挪威建立基地并不是明智之举。我们后来对挪威的占领并不是出于在那里建立基地的目的而进行的。

简单地说，目前的状况对德国最为有利。挪威坚定而可靠的中立满足我们各方面的要求。只要这种中立得以维持，我们不想有任何改变。

但是，只要敌人出于自身利益而无视这种中立，或者敌人在挪威建立基地的话，那么我们整个北部前沿将处于极大的危险之中。问题的关键在于盟国是否会尊重且在多大程度上尊重一个其利益与英国一致、对英国抱有很大同情心的小国家的中立。

不管我们怎样分析、结论如何，我们都要随时向希特勒报告研究的进展情况，以便于他自己最后作出决定。因为海军参谋部很快发现挪威问题本质上是一个政治问题，应由政府来解决。

有鉴于此，我请求希特勒听听我的汇报。1939 年 10 月 10 日，我向他汇报了整个问题的来龙去脉。我还向他出示了有关英国人企图的最新情报，并且指出，如果英国在挪威建立了基地，对德国赢得战争的希望将会产生致命的影响。因为即使我们能够在挪威沿岸建立基地，也必定会与英国不断发生海上冲突。从长远来看，我们并没有足够强大的海上力量在有限的时间内进行这样一场战争。因此，对我们来说，最好的事情就是挪威的中立能够得到绝对的保证。

我并不期望这次会见会有什么结果，事实上也没有任何结果。我只打算让希特勒意识到危险的存在，并且向他指出，在特定的情况下，我们必须采取自卫行动。基于对整个问题的政治性判断，我没有提出任何建议，也没有提议在挪威建立基地。事实上我强调，并且后来多次重申，我们可能会因建立这些基地而失去整个海军，并且如果能将损失降低到三分之一的话，我都觉得是特别幸运了。10 月 10 日的会见表明，希特勒并没有对挪威问题进行多少考虑。他说，他对海战的情况不是很熟悉，因此还难以对整个问题形成正确的观点。他答应会认真考虑这个问题，并且让我将报告留给他，以便他进行深入研究。同时，他要我等待进一步的指示。

几个星期过去了，我没有从他那儿听到任何消息。

与此同时，越来越多的情报显示，许多挪威人都在期待着英国的登陆。最初的情报显示登陆地点将会在挪威中部和南部，但现在，纳尔维克正越来越成为登陆的重点。这其中有部分情报来自我们驻奥斯陆的海军武官施莱勒上校，他对挪威的形势非常熟悉，与许多挪威人保持着友好交往。他的报告简明扼要，非常清楚，显示出极强的观察判断能力。

接着，1939 年 11 月 30 日，我们当时的盟友苏联入侵芬兰。多方情报显示，盟国打算通过挪威和瑞典派遣军队援助芬兰。对我们来说，结论很清楚：通过两个中立国派遣军队，其结果是其中一部分军队将会留在那儿，建立空军基地，一条对抗德国的全新战线将会形成。到 1 月初的时候，有关盟国即将支援芬兰的消息甚至出现在了外国报纸上。

这次危机因为挪威前国防部长吉斯林（Quisling）来到柏林而发展到了一个新阶段，他自己组建了一个政党。12 月 11 日，该党的主要理论家罗森堡（Rosenberg）请求我会见吉斯林。

我与罗森堡唯一的接触是以前很偶然地与他有过一次一面之交，但我从来没见过吉斯林。与此同时，我的参谋长向我报告说一位叫哈吉林（Hagelin）的先生前来转达吉斯林要求与我会面的请求，希望与我讨论挪威的形势。

我答应了会面的请求，因为我认为或许从中能得到有价值的情报。

与吉斯林的会谈时间很短，问题主要集中于挪威形势。据他所讲，挪威政府态度明显偏向英国，英国也制定了在挪威登陆的详细计划。他声称，他之所以给德国报信，是因为对布尔什维克主义的恐惧，由于在苏联生活多年，他对布尔什维克主义非常熟悉。他相信只有德国才能够抵御来自东方的这种威胁，如果盟国占领挪威进而征服德国的话，那将会是西方文明毁灭的开始。

我答复他说这是一个政治问题，超出了我的能力范围，但我会将他的意思转达给希特勒。

次日，我向希特勒详细汇报了此次会谈的情况，并建议他亲自会见吉斯林，以便弄清这个挪威人的真实想法。同时我提醒他对吉斯林这样的政客最好小心为妙，他可能会有不可告人的个人企图。我再次警告说德国如要占领挪威，将会冒极大的风险，并且从长远来看，将会非常不利。希特勒于 12 月 16 日和 18 日分别亲自与吉斯林和哈吉林进行了会谈。两次会谈我都没有参加。

正当最高统帅部着手进行“北方研究”计划并制定初步方案的时候，海军参谋部内却就英国是否很快会真的占领挪威存在着意见分歧。海军作战部长弗立克海军少将和他手下的几个参谋均认为英国采取这样的行动将会招致苏联强烈的政治抗议以及德国从丹麦和瑞典方向上实施的反击行动，英国是否会采取行动至少是值得怀疑的。我不同意这种看法。我们的很多情报都显示盟国很快就会直接采取行动。情报显示盟军总部的军官正在挪威活动，他们对港口、机场、铁路以及公路等设施情况特别感兴趣。英国各使领馆的海军武官也非常活跃。与此同时，英国媒体也开始了大规模的宣传活动，似乎在为什么事情作铺垫。

接着，1940 年 1 月 20 日，英国海军大臣温斯顿·丘吉尔邀请地处北方的中立国家加入盟国。虽然各国均拒绝了他的要求，但显然当初进行“北方研究”的基础已经不再适用于当前更具危险性的新形势了。因此，1 月 27 日，希特勒下令在最高统帅部内组建一个特别工作组，制定一份行动计划，以便必要时占领挪威。工作组由陆、海、空三军各派一名相应级别的高级军官组成。

英国对挪威中立的侵犯在 2 月 16 日达到了顶点。那一天，英国驱逐舰“哥萨克”号（Cossack）在约新峡湾（Jossing Fjord）公然袭击了德国的补给船“阿尔特马克”号（Altmark）。当时，非武装船只“阿尔特马克”号在南大西洋对袖珍战列舰“施佩伯爵将军”号进行了油料和食品的补给后，正经由挪威领海返回，舰上载有从“施佩伯爵将军”号上转运过来的大约 300 名战俘。虽然“阿尔特马克”号伴随有挪威的鱼雷艇护航，英国驱逐舰还是趁夜派人强行登舰，解救出这 300 名战俘。在登舰过程中，7名德国人被杀，却没有一艘挪威鱼雷艇采取行动以维护挪威的中立。只有挪威“谢尔”号鱼雷艇的艇长提出了抗议，但“哥萨克”号舰长维安（Vian）海军上校却不予理睬，声称英国海军部严令他们即使挪威政府反对，也要采取行动解救“阿尔特马克”号上的战俘。

毫无疑问，这一事件表明即使挪威政府希望维护自身的中立，也只是心有余而力不足，而且在挪威并不是所有的强力部门都希望这样做。这就进一步印证了为解救战俘，英国政府根本不会顾忌挪威的中立。现在几乎可以肯定的是，因为挪威沿岸的基地将会为英国赢得这场战争提供决定性优势，如果不动用武力的话，英国将会毫不犹豫地占领这些基地。

现在我们必须要慎重考虑抢在敌人前面进入挪威的必要性了。因此，2月21日，尼古拉斯·冯·福肯霍斯特将军受命做好对挪威的作战准备。这次作战行动的代号为“威悉河演习”（Weser Operation）。

2月23日，“阿尔特马克”号事件后仅一个星期，我再次向希特勒重申我坚信保持挪威的中立对我们最为有利，但如果英国占领挪威的话，我们是难以忍受的。一旦英国人占领了挪威，我们将难以将其赶走。瑞典不仅会在英国的压力下切断我们所有的铁矿石供应，而且战争还可能蔓延到瑞典境内，危及我们的后院——波罗的海。

3月1日，希特勒批准了“威悉河演习”行动计划草案。陆、海、空三军按照分工各自进行准备。希特勒没有对这次行动下达明确指示，也没有确定行动开始的具体时间。这些重要决定取决于斯堪的纳维亚半岛每天不断变化的形势。

英国人在挪威海域的活动次数突然增加以及截获的英国无

线电通信内容均显示盟国的行动正在实施之中——其目标显然是在挪威登陆。

但是，3 月 12 日，芬兰突然与苏联媾和，苏芬战争结束，使得盟国在挪威登陆以帮助芬兰抵抗苏联入侵的借口不复存在。挪威和瑞典两国均反对盟国借道他们两国派遣军队援救芬兰，而来自挪威的情报清楚地表明英国对挪威仍抱有进攻的企图。

德国仍然非常希望挪威能继续保持中立并且维持现状。事实上，我们并没有使用政治、经济或军事手段影响或是迫使挪威保持中立。我们倚仗的仅仅是挪威政府企盼保持中立的良好愿望。不幸的是，“阿尔特马克”号事件证明挪威并没有针对英国人侵犯其中立的行径采取反抗的坚定态度，也不打算使用武力来反抗这样的侵犯。如果相信挪威除了彬彬有礼的无效抗议之外还能够或还会采取其他方式来反抗盟国侵犯其中立的话，那纯粹是自欺欺人。

显然，看着德国运送铁矿石的船只从纳尔维克畅通无阻地航经挪威领海，英国人会感到非常不安，又觉得异常生气。根据国际法，英国人找不到一点借口来拦截这些运铁船。而如果要使封锁有效，他们又必须切断这条对我们非常重要的运输线。因此，占领挪威对英国人来说比对我们更为迫切。即使这样的占领会违背挪威政府官员的意愿，导致挪威政府的抗议，那也仅限于抗议而已。挪威不会进行军事抵抗，因此英国及其盟友进入挪威时将不会遇到任何值得一提的军事风险。一旦在那儿上岸，他们将会利用新的基地对德国大举施压，这一点对盟国来说开始显得尤其急切，因为他们断定，德国将会在春天从西线发动大规模攻势。

上述这些分析最后归结为一点，那就是德国所能考虑到的任何应对措施必须立即付诸行动。

自然地，就像许多预防性措施一样，我们必须权衡利弊。有人建议先让英国人登陆，然后我们再发动强有力的反攻将他们赶入大海。海军参谋部也对这一建议进行了讨论。因为太过危险，这条建议很快被排除在外：因为那样不仅会在北方形成一条对我们不利的新战线，而且要想从挪威南部经过山区把早已部署到位的盟国军队赶入大海将是非常困难的。再有，在这样的行动中，盟国会发现通过其控制下的北海进行补给和增援要比我们从德国实施补给和增援容易得多。

正如后来所证实的那样，德国经过极其艰苦的作战后才得以占领挪威，如果不是德国的西线攻势最大限度地牵制了盟国，使他们难以对挪威北部进行增援的话，我们对挪威的占领可能永远都难以实现。

一个明智的选择就是抢在英国人之前进入挪威。

但是，任何诸如远离国内基地、跨越敌控海域的作战行动都与德国舰队最基本的作战原则相抵触，我们将不可避免地遭受重大损失。对海军参谋部以及对我个人来说，这都是一个非常困难却又不得不作的决定，因为德国别无选择，唯一解决问题的办法就是抢在敌人前面进入挪威。

直到 1940 年 2 月，海军参谋部才开始考虑占领丹麦。占领那个国家似乎在军事上毫无必要，在政治上也意义不大，在我给希特勒的详细报告中，我甚至都没有提到它，更不用说建议去占领它了。我认为一旦占领了挪威海岸的战略要地之后，英国对丹麦的影响将会自然而然地消失。但是，戈林元帅的空军却坚持要使用设于日德兰的丹麦空军基地，否则，从德国至挪威的距离太远，空军难以飞越。因此，丹麦最终被包含到占领计划之中。

作战计划的关键是选择最为有利的攻击时间。漫长的黑夜对行动成功至关重要，因为从德国至挪威的长途航行中我们要保持隐蔽。这一点在用驱逐舰输送狄特尔将军的山地部队抵达目的地时显得尤为重要。因此我建议希特勒选择在下一轮新月期采取行动，并且推荐 4 月 7 日或其前后能满足我们要求的某一段时间。4 月 2 日，希特勒下达命令将于 1940 年 4 月 9 日实施“威悉河演习”。

我与希特勒又因登陆挪威的计划产生了分歧。他要求海军在登陆部队上岸后，在挪威港口内继续停留一段时间为登陆部队提供火力支援，同时也不至于使登陆部队感到他们与国内失去联系，处于孤立无援的境地。但与之相反，我却坚持所有的海军部队必须在补充完燃料后立即返航，以免他们在其后单纯的支援行动中遭受重创。我希望整个舰队都要做好准备以应对敌人可能进行的反击，同时也要为未来的海上战争尽可能地保存实力。

希特勒认为海军留下来支援纳尔维克和特隆赫姆（Drontheim）的登陆行动非常重要，我很难劝说他放弃这一想法。然而，事实不幸被我言中。为驱逐舰加油的油船在驱逐舰加满返程所需的油料之前就被击沉了，没能按计划离开，被英国的优势兵力封锁在纳尔维克湾内，最终全部被击沉。他们优秀的指挥官邦迪海军准将也随舰以身殉职，这也正是他们返航受到延误时我担心发生的事。但是，大部分驱逐舰舰员——约有 3 000 名官兵获救，并加入了狄特尔将军的登陆部队当中，组成了非常宝贵的支援兵力。我们与在那里登陆的盟军展开的拉锯战中，这些支援兵力对于击退敌人的进攻，扭转当时的危急形势发挥了关键作用。

德国对挪威的占领是一次非常成功的行动，因为陆海空三军首次实现了密切的战术协同，官兵间的配合也异常默契。陆军和空军对于占领挪威最初表现得并不积极，他们觉得那会干扰正在计划实施的西线大规模进攻行动。但最后，专门研究此问题的三军参谋特别工作组还是就占领挪威行动的必要性达成了共识。特别工作组里的海军代表克兰克（Krancke）海军上校对于达成这一共识贡献尤为突出。

由于在这次成功的作战行动中各自出色的表现，陆海空三军都受到了表扬。

行动初期——快速输送和上陆阶段，海军承担了绝大部分作战任务。鉴于英国拥有北海的制海权，海军不得不冒很大风险。海军在这过程中受到的损失也严重影响了随后的战斗行动。但是，相对于战斗目的的重要性而言，这些损失是完全值得的。

空军对英国人的反攻予以痛击，基本粉碎了他们企图将德军赶出挪威的企图，并多次在危急关头，支援我们的部队坚守阵地。至于陆军，它的部队在北方地形非常复杂的作战中的出色表现远远超过了敌人。

占领挪威对于德国极为有利。从纳尔维克将瑞典铁矿石用船运到德国就有了保证，实际上整个战争期间几乎都没有中断过。与此相反，英国被完全切断了来自北方的矿石和木材供应，英国的矿场尤其急需木材。德国在挪威建立的前进基地使得其突击兵力更加接近苏格兰和英格兰北部。英国人本来已在挪威和苏格兰之间的北海出口处建立了一道防线，而现在英国人不得不将这条防线退至苏格兰至冰岛一线——一条200英里宽的航道，离英国基地距离甚远，因而很难将其封锁。现在，英国人不得不放弃任何利用连续不断的水雷障碍封锁德国从北海进入大西洋出口的想法，因为冰岛外海的海水太深，布设这样的雷区根本不现实。为了尽量缩小有德国舰艇活动的冰岛出海口的航道宽度，英国人于1940年5月10日强占了丹麦的法罗（Faroe Islands）群岛以及冰岛。但从总体上来说，德国人现在进入大西洋比占领挪威以前绝对要容易得多，因为现在，英国人根本没机会封锁住我们的潜艇。

不久，德国占领了法国并获得了法国西海岸的海军基地。但从北海进入大西洋的北部出口仍然非常重要。现在我们的舰艇和飞机就可以离开新的北方基地与英国作战，并能够集中兵力彻底封锁英吉利海峡狭窄的瓶颈处——多佛尔海峡。

占领挪威对德国的最大好处就是阻止了英国在挪威取得立足点，因此消除了盟国可能在北方建立第三条战线的危险。实际上，直到后来苏德战争爆发，盟国开始通过北部海域和苏联的摩尔曼斯克港将大量战争物资运给它们新盟友的时候，我们获得在这一海域行动自如的能力才完全显示出它全部的价值。从我们在挪威的新基地出发，潜艇、水面舰艇以及航空兵可以对盟国来往于摩尔曼斯克港的护航运输队实施致命的打击。从总体上讲，这也会牵制很大一部分英国舰队和敌人的防御兵力，从而严重削弱敌方的战争潜力。在占领挪威的时候，我从未想到会出现这些结果，就像我从来未想过会与苏联开战一样。

从敌人手中缴获的或是从挪威其他地方获得的文件毫无疑问地表明，英国和法国不仅做好了占领挪威的准备，而且在我们先敌一步展开行动的时候，他们的行动早就在进行之中了。1940 年 4 月 8 日早晨，甚至在我们的战舰进入挪威的港口实施登陆以前，盟国的布雷舰就已经在挪威的领海内布下了水雷。随着水雷障碍布设完毕，盟国紧接着便打算占领挪威沿岸的数个基地，后来只是由于敌人已经发现我们的舰队早已抢在盟国海军部队的前面占领了挪威，盟国才放弃了占领这些基地的企图。而装载着盟国远征部队的舰船也返回了港口，并暂时让这些部队下船。

缴获的文件进一步表明，早在 1940 年 2 月 5 日，盟国最高战争委员会就在法国开会，决定派一支英法联合远征部队在挪威登陆。紧接着第二天，英国外交大臣就通报挪威驻伦敦大使说英国希望在挪威海岸拥有一些基地以便阻止德国从纳尔维克运送铁矿石。3 月 28 日，盟国就已经开始在挪威领海内布设水雷了，而实际登陆挪威的部队 4 月 5 日就出发了。几乎是在马上行动的最后关头——4 月 3 日，盟国的行动时间又被推迟到 4 月 8 日。要不是盟国令人难以置信地推迟了行动时间，我们是不会幸运地抢在盟国之前在 4 月 9 日实施登陆行动的。

战后纽伦堡国际军事法庭对德国将领进行审判时，我因为参与了占领挪威的行动，连同其他事情一起，被控犯有参与侵略战争罪。我以上文提到的文件为基础，在辩护时出示证据表明，盟国不仅针对挪威制定了与德国类似的占领挪威的计划，而且已将该计划付诸行动。同时，盟国的行动只是由于最后一分钟盟军部队意外的拖延才被我们抢了先。不管怎样，国际军事法庭还是基于“手上现有的证据”，判定我因为实施了对挪威的侵略战争而有罪。

作出这一判决的法官们只要询问一下盟国那边的当权者

们，就会很容易弄清本案的事实真相。作为当时的英国海军大臣以及英国政府的一员，同时也是盟国针对挪威行动的策划者的温斯顿·丘吉尔，在他多年后的回忆录中，毫不脸红地完全承认了当年盟国的企图。英国官方的历史资料以及其他的文件也完全证实了这一点，因此，纽伦堡的判决很快就被发现与事实相矛盾，虽然就我个人而言，这并不会给我最后的命运带来哪怕是最小的变化。

在盟国放弃了将德军赶出挪威的失败企图之后，挪威战役以 1940 年 6 月 10 日最后一支挪威部队的投降而宣告结束。对挪威人来说，投降条件非常宽松：所有战俘都会被释放，而挪威军官只要声明在德国占领挪威期间不再参与反对德国的军事行动或其他敌对行动，就允许他们保留武器。

这是把侵占行为在挪威人民中造成的不良影响降至最低的一次绝好机会，所有的部队在发布命令时都强调要采取恰当的行为方式。我任命波姆海军上将为德国驻挪威海军司令，他举止稳健而又通情达理。我确信他会对挪威人采取灵活的怀柔政策——至少从海军的角度讲是这样。

希特勒也早就宣称他将会对挪威采取怀柔政策——实际上，他最初希望能够像对丹麦实行的无争议的有限占领一样，通过类似的和平谈判与挪威达成协议。但是由于挪威国王及其政府飞往英国并且声明他们将在英国国土上继续这场战争，这个希望已成泡影。那时，吉斯林企图组建一个挪威新政府以恢复法律和秩序。不幸的是，他的企图因希特勒的国务秘书哈比希特（Habicht）的拙劣表现而完全落空。

这个家伙是被派往挪威了解并向柏林报告当地形势的，同时也兼作政治顾问。但他却完全误判了当时的形势和普通人民的感受，并且未经授权就利用他手中的特权迫使吉斯林辞职。这一切都发生在 4 月的后三个星期内。那个月月底，希特勒重新任命特波文（Terboven）作为德国驻挪威最高行政长官。

特波文自己告诉波姆海军上将，希特勒在他离别时曾对他声称：“你能带给我最大的快乐就是赢得挪威人民的友谊！”但特波文的政策及其所作所为却与挪威人民和希特勒希望的恰恰相反。

很快，特波文就与波姆海军上将之间产生了严重分歧。波姆海军上将在挪威任职期间一直按照我的指示，对挪威人民采取温和而友好的态度。但是，最后一支挪威部队刚刚投降，特波文就通知德国驻挪威的三军司令官冯·福肯霍斯特将军、施登夫将军和波姆将军，称他打算对政策进行大幅变动。他说他计划立即召集挪威议会，迫使它作出废黜国王、整个王室以及前政府的决定。他又补充说，他会让挪威的政治领导人及议会议长明白，如果他们拒绝这样做的话，德国将剥夺挪威所有的自治权利，将其变为德国的保护国。在这样的威胁之下，挪威议会在尽其所能地进行了抵制后，被迫同意召开这样的会议。

波姆将军对特波文的这一计划立即表示反对，并告诉他因为全体挪威人都知道议会是被迫这么做的，因此任何这样的废黜都将是无效的。他还告诉特波文，他有责任把最高长官的计划向海军总司令汇报，因为他知道我对此很感兴趣。

我立即将波姆的报告呈送给了希特勒。在综合考虑各方面的情况后，他作出如下决定：不要召集议会，也不要采取像废黜国王这样的荒唐措施。但是除国家青年党外的所有政党都必须解散，并且要由该党成员或其他无党派人士组成一个国民议会。

显然，希特勒不同意德国驻挪威最高长官的政策。但特波文却觉得他没有必要辞职，而希特勒也没有解除他的职务。从那时起，特波文与我的分歧就公开化了，与波姆的分歧更是如此，他千方百计地想让希特勒将波姆撤职。

随后，挪威事态的发展对我来说是一个不小的打击。随着波姆将军不断向我提供情报，我抓住一切时机劝说希特勒采取措施补救特波文的错误行为。一个民族永远都不会忘记国土被强占的历史，但我们可以让他们觉得因为军事方面的原因，他们在自由和独立上受到的限制已经被控制在最低程度，以此来减轻他们的怨恨，他们的荣誉不会受到侵犯，作为一个国家，他们的未来不会受到威胁。我们自己也曾遭受过莱茵河地区被强占、在《凡尔赛条约》的严格限制之下生活了多年等诸多不幸，所以我们比任何其他人都对挪威人民的处境表示理解与同情。我一直很难理解像特波文这样的人为什么不能从我们的遭遇中吸取教训，在占领区的问题上他为什么不采取较为人道的政策呢？

波姆将军在他的《英德夹缝间的挪威》一书中详细描述了所有这些政治策略上的致命错误，这些错误也一直都让我感到不安。有许多次，尤其是在 1942 年，我都曾力劝希特勒与挪威缔结一个明确的和平协定。我提议作为改变政策的一个初步保证，他应该用波姆将军取代特波文担任德国驻挪威最高长官，而波姆将军也曾表示他愿意接受这一重任。但希特勒没有采纳我的任何建议。德国和挪威之间的关系难以改善，这最终也成为我 1943 年辞职的主要原因之一。

鱼雷危机

在“威悉河演习”中，海军表现出了各方面的综合实力：

官兵的创新精神和卓越的战斗素质，超强的独立应付突发事件的能力。但这些却使得其唯一真正的弱点——潜艇发射的无数鱼雷都出了问题——显得格外抢眼。

我们一些特别优秀的U型潜艇艇长报告说，他们在非常有利的情况下反复对敌目标实施了攻击，本来肯定会命中的，但是目标却毫无损伤，因此他们失去了很多成功的机会，而这将会对未来的海军作战产生重大影响。毫无疑问，如果我们鱼雷不出问题的话，相当一部分敌人的舰船，从驱逐舰、运输船到巡洋舰、战列舰等早就被击沉了。

这是一个与海军关系重大的问题，我们采取了紧急措施以找出麻烦究竟出在哪里。潜艇部队司令邓尼茨海军上校据此提出，如要派他的部队去执行任务的话，提供给他们的鱼雷必须是可靠的，并且要求就此问题尽快展开调查。因此，1940年4月20日，我成立了一个鱼雷问题特别调查委员会，由科技和工业部门的专家组成。这些先生和他们的同伴一起，为我们查出失败的原因提供了极大帮助，其中一些问题早已存在。

许多年以来，海军在埃肯弗德（Eckernforde）的鱼雷试验站是一个鱼雷设计和改装研究中心，拥有大批经验丰富的技术人员和海军军官。虽然战后人员和物资奇缺，但在很长一段的和平时期内，这里还是研制出了许多先进武器。从潜艇部队的角度出发，其中最重要的就是不会在水面泄露航迹的电力推进鱼雷，以及与此相适应的发射时不会产生大量气泡到水面上的发射方法。同时，他们还发明了一种磁力引信装置，当鱼雷航经敌人舰船底部的时候，利用敌人船体的磁力场将其引爆。普通的引信装置要求鱼雷直接命中目标才能将其引爆，与之相比，装有磁力型引信装置的鱼雷，即使从敌人舰船下面数英尺处经过，仍然能够通过水下爆炸将其摧毁。

在战争初期，艇长们的报告使我们对磁力引信装置的可靠性产生了怀疑，因此我们暂时使用效能相对较低的触发引信装置代替磁力引信装置，直到找出它失效的原因并加以改进。不幸的是，在挪威战役中，即使是装备触发引信装置的鱼雷，也有相当多的失败记录，如果鱼雷的航行深度过大，就难以对敌人造成损伤，依此来看，很明显鱼雷定深器也失灵了。

鉴于问题严重，我们立即采取行动，召集了海军内外所有与鱼雷设计、改装、制造及试验等相关的部门共同解决这个问题。研究夜以继日地进行，其间，热心的潜艇部队司令也给予了极其宝贵的帮助。研究结果清楚地表明，德国海军的鱼雷无论是深度调节装置还是引信装置，都不符合要求。

解决这个问题分为三步进行：消除失效的原因、在战争经验的基础上不断改进以及大幅提高鱼雷的生产数量。

首先，最重要的一步就是找出并消除失效的原因。由于形势紧迫，海军鱼雷部的人手增加了，物质设施也有了很大改善。大学的科研机构、工业部门的实验室以及海军自己的研究机构都竭尽全力进行攻关，甚至前线的技术专家也被紧急召回参加研究活动。激烈的竞争很快产生了效果，当年年底以前，就找到了失败的原因。在鱼雷部长孔末茨（Kummetz）海军中将的有效领导和管理下，我们生产出了足够数量、性能可靠的鱼雷。改进后的新鱼雷在对敌护航运输队的作战中发挥了极其重要的作用。其中最重要的是“航迹回转”鱼雷，它能够在敌人的船队中来回航行直到锁定一个目标为止，以及“声自导”鱼雷，它能够循着敌舰船螺旋桨的噪声驶向目标。

U型潜艇上的最佳武器开始时出现的问题，从物质上说是对我们战争努力的一次打击，同时也对潜艇官兵的心理产生了很坏的影响。但不管怎样，所有的部门——包括军械局、鱼雷部、工业和科技部门——都意识到了问题的紧迫性，齐心协力攻克难关，直到问题解决。虽然我们意识到失败的部分原因是由于《凡尔赛条约》的限制导致的人员和资金短缺，但无论如何我们还是有时间解决这个问题的。但是我们也要看到，一些个人缺乏主动性，表现很差，也难辞其咎。在某些情况下，他们应该被送上军事法庭。但是令我感到遗憾的是，真正这么做的情况是少之又少。

第十七章 “海狮行动”——入侵英国计划

1940年夏季战役的胜利和法国的投降使得我们获得了法国西部大西洋沿岸的良港。从这些港口我们可以直达公海，能直接打击敌人的海上贸易，海军的境况也因此有了极大改善。

谁都没想到我们在西线会取得这样决定性的胜利。1939年秋天，海军从陆军总司令那里得知很快将会有血腥的战斗，而且将会持续很长时间。我们最初估计能够打到我们在第一次世界大战中曾经到达的地方，甚至可能会占领英吉利海峡法国这一边的几个港口。

不管怎样，西线攻势结束后，海军参谋部就开始集中精力加紧准备对英作战。因为我们战前的计划和准备都没有考虑会与英国开战，所以我们现在研究对英作战问题时必须结合战局的发展，并随时准备应对与英国问题有关的突发事件。

针对于此，1939年11月，我特地成立了一个特别参谋小组开展前期工作。除了考虑整个海军以及其他可能遇到的军事问题外，主要从登陆兵力海上输送的需求出发，研究了入侵英国的可能性。这项工作是在极为秘密的情况下进行的，仅有少数几个人知道。

我这样做的理由很充分。因为英国人虽然从一开始就担心会有敌人入侵，但他们却从来未想到会是德国。然而，军队的统帅们终究有一天会注意到这个问题。到那时，我希望我手中掌握的一些经过认真研究的详细资料，至少可以为他们研究这个问题打下一个坚实基础。

因为涉及大规模渡海登陆输送的问题，所以在入侵行动中要优先考虑海军。我们首先要决定入侵行动能否实施，以及在什么样的条件下才能实施。因为入侵行动将会极大地牵制海军的精力，而我们的主要任务——打击英国的海上贸易——必将受到影响。

直到此时，我还是尽最大努力使希特勒和军队将领相信德国应该倾其所能，集中力量打击英国的海上贸易。因而，对本来就已经捉襟见肘的海军兵力来说，如果再让它去执行别的任务的话，将会大大影响针对英国的海上作战。而只有当登陆英国的行动不需要冒太大风险或实施起来没有太大的困难时——那几乎是不可能的——我们才能改变原来的战争目标。

问题涉及的所有方面和基本假设都包含在最初的研究计划里，这项研究是由海军参谋长施尼温海军中将和作战部长弗立克海军少将负责的，他们俩都是我的得力助手。

从 1939 年冬天起，西线的进攻行动不断地被推迟，一直拖到 1940 年 5 月 10 日。但是当西线攻势真正开始后，法国战役进展如此迅速，以至于 10 天之内我们就打到阿布维利（Abbeville）附近的英吉利海峡，在英国陆军和法国陆军主力之间打开了一个巨大的缺口。

现在，我不得不将海军入侵英国行动的研究情况向希特勒汇报以引起他的注意——必须抢在某些不负责任的人之前提出有关入侵行动的建议。在后一种情况下，希特勒可能会匆匆作出决定，其结果是海军将面临一些不可能完成的任务。与希特勒打了这么多年交道，我深知必须抢在某些不称职的人说服希特勒之前，将我们自己关于形势的看法告诉他。

再者，我们刚刚跨越广阔的海域，成功地完成了一次针对挪威的两栖作战行动，因此，可能很多人会认为实施一次类似的针对英国的作战行动也会取得成功。

天气好的时候，从法国这边可以清楚地看到英吉利海峡的对岸。乍一看，横渡英吉利海峡似乎比登陆挪威的危险要小得多。但是任何有经验的海军将领都知道，情况恰恰相反。如果要入侵英国，必须提前很长时间做好精心准备。

这样的一次登陆将会极其困难，并且具有很大的危险性。不过，可用于作战和运输的飞机的出现却是以前战争没有的一个新的有利条件，因此，入侵行动成功的可能性也就不像从前那样渺茫了。一支强大而顶用的空军"或许"会为入侵行动创造有利条件，至于空军能否做到这一点，那就不是海军参谋部所能左右的了。

在 1940 年 5 月 21 日和 6 月 20 日我给希特勒的报告中，我指出空军夺取英吉利海峡的绝对制空权是任何登陆企图的首要条件。而且，德国的空中优势除了制空权外，空军还必须毁伤大量的英国舰船，尽管还不能完全阻止英国海军前来参战。如果做不到这些，那么这次入侵行动的风险就太高了，不值一试。同时我还指出，德国征用大量的远洋、近海和内河船只输送登陆部队也将严重影响国内经济。

希特勒听了我所说的一切，但他当时却没有表态，只是命令暂时不要为登陆行动做任何准备。但是不管怎么样，希特勒目前已经意识到任何针对英国的登陆行动都必须首先进行认真研究，然后仔细做好行动计划。

很显然，到目前为止，除了海军，没有任何人考虑过这个问题。但是就在我6月20日递交了第二份报告后不久，最高统帅部突然开始表现出令人意想不到的兴趣。占领法国之后，战争下一步将朝什么方向进行的问题就自然而然地出现了。挪威最后一批抵抗者于6月10日放下武器。至此，挪威也落入我们手中。同一天，意大利加入战争，站到了我们一边。6月21日，随着与法国签订停战协议，我们剩下的唯一对手就是英国人了。

虽然战略形势发生了变化，但我却比以前更加坚信我们对付英国最可靠、最有效的办法就是打击其海上贸易。为此我再次请求希特勒优先建造潜艇。从新夺取的法国大西洋沿岸的基地出发，我方潜艇的作战效能将大大提高。如果通过法国北部的空军基地加紧对英国海上及港内舰船进行空袭，同时加快建造潜艇，不断增强潜艇部队的实力，那么我们将可以进一步加大对英国贸易的打击力度，甚至会对英国产生决定性影响。在这个问题上出现任何偏差都可能是致命的。

我们在法国取得的令人眼花缭乱的胜利，可能会使一些人认为入侵英国的行动也会轻而易举，所以在此之前，我就将海军的分析和所持看法呈送希特勒。这种做法起到了一些效果。在7月2日最高统帅部的命令中第一次提到可能对英国实施入侵，称“只有在特定的条件下才会考虑在英国登陆，其中最重要的就是取得制空权”，并且整个事情仅仅是“一个计划，还没有作出任何决定”。希特勒对此仍犹豫不决。

数天后，在7月11日，我再次向希特勒重申入侵英国的行动只是最后不得已而为之的行为。我告诉他，我认为目前最有效的手段是不断加强U型潜艇的有效攻击行动，其次是空袭护航运输队以及其他重要目标，比如利物浦港。与挪威战役相反，我建议不要在英国登陆。除了取得绝对的制空权，还要开辟一条完全不受水雷威胁的可靠航道来输送登陆部队。即使开辟出这样的航道来，谁都难以确定那将要花多长时间，或者如何确保它不被敌人的飞机重新布上水雷。再有就是整个航道两侧都必须由我方布设的强大而有效的水雷区保护起来。

最后我提请他注意的是，将普通船只改装成运输船和补给船也将是一项冗长而艰巨的工作，而且将会导致正常的水路交通陷于停顿，我们的军工生产和国内经济也会受到严重影响。在明确作出决定之前，进行任何实际准备工作都是完全错误的。希特勒对此表示同意。他强调掌握绝对制空权是行动的先决条件，增强潜艇部队的实力同样也很重要。

令我吃惊的是，7 月 15 日，海军参谋部得到口头通知，要求立即进行战斗准备，以便在 8 月 15 日以后的任何一天都能实施行动。就在第二天，陆海空三军都收到了一份由希特勒签署的命令，指示要全力以赴做好入侵英国的准备。命令显示此次行动将采用宽正面突击登陆的方式，并且很明显，行动日期也早已确定——出乎意料之早——因为陆军总参谋部清楚，从 10 月开始，将很难再有合适的天气。

两天后，我与陆军元帅勃劳希契（Brauchitsch）会晤时才得知事情的原委。我了解到总参谋部已打消了最初的强烈疑虑，他们觉得现在困难相对较小，或者说，至少不是难以克服的。

而我则告诉陆军总司令这次行动存在巨大的危险性。我指出，在挪威登陆行动中，整个海军已经是冒了极大风险，而在这次行动中，我们极有可能全军覆没。又过了两天，7 月 19

日，海军参谋部呈送了一份详细的备忘录给最高统帅部，指出海军将要承担的任务与其实际力量完全不相称——这些任务好像也不应由陆军和空军担负。

备忘录接着详细解释了这次行动中存在的困难：（1）这次作战将要使用的法国港口不是在最近的战斗中遭到了严重破坏，就是因为其他原因不适合使用；（2）英吉利海峡中实际用于横渡的那段海域由于受气象、海流及巨大的海浪等因素的不利影响，会使登陆行动出现很多难题；（3）第一波入侵部队将要从开阔的英国海岸上陆，但没有合适的登陆舰船；（4）难以保证登陆输送通道完全不受敌人水雷的威胁；以及（5）在取得绝对制空权之前，运送部队和补给的舰船甚至都难以在装载港集中。

就连海军自己都怀疑是否能够确保入侵部队横渡海峡时的安全。情况与挪威战役时完全不同。在那里，突然性是我们行动中最重要的因素。即使我们没有达成突然性，因为行动规模巨大，在这么多港口同时展开大范围行动，敌人就很难判断我们的真实企图。

但就英国而言，却难以达成这样的突然性。我们拥有的大部分运输舰船都是用于内河航运的，这些船在开阔海域航行很困难。实际上，许多船自身没有动力，需要拖带航行。为了按时做好准备，这些舰船与入侵部队必须在同一时间集中于同一装载港口。这样的大规模行动难以逃过敌人的空中侦察，更不用说骗过活跃于整个被占领土上的间谍了。因此，海峡那边的那个强大的、无所顾忌的敌人，深知处境险恶，必然预先察觉我们的入侵企图，而且可以精确算出我们的登陆地点，进而倾其所有的防御力量来进行反击。

海军参谋部详细的分析显然给希特勒留下了深刻印象。在1940年7月21日一次有三军总司令参加的会议上，他承认入侵英国是极度冒险之举。他承认我们没有实现突然登陆的希望，对手不屈不挠，并且还控制着我方必经的海域。同时他也承认，上陆后，对大约40个师的入侵部队实施补给也将非常困难。空中的绝对优势、登陆输送通道两侧有效的雷障保护加上置于多佛尔海峡法国一侧的重炮支援是整个行动的先决条件。他最后总结说，因为季节已经错过了，必须在9月16日以前成功完成主要作战行动，如果不能按时完成所有的准备，并在9月1日开始登陆的话，那么我们就将考虑其他的方案。

希特勒承认了这些，表明他原先的看法已经发生了很大改变。他最终意识到入侵准备的时间远比预期的长得多，而且难以达成突然性。但是，他依然固执己见，坚持这一研究必须继续下去，最后要确定直接入侵能否使英国屈服。

尽管我认为入侵英国是否成功取决于那些几乎是难以实现的条件，但不用说，海军还是尽其所能地去完成“海狮行动”——入侵英国行动的代号——计划中所担负的任务。为了获得足够的运力，我们从德国的内河及沿海港口征集了所有的运输船、驳船、拖船甚至汽艇和渔船。这些船艇首先要进行改装，以用来运送部队，在此之后，一些通过运河，另外一些经过海上前往比利时和法国海峡沿岸的装载港口集中。最后，在安特卫普和勒阿佛尔之间的指定装载港内，海军集中了155艘较大的船，共有700 000吨，再加上1 200艘驳船、将近500艘拖船以及1 100多艘汽艇。另外，海军还准备了大约30 000枚水雷、深水炸弹及其他用来封锁海上输送通道的物资。最后，由于海军还担负着海岸防卫任务，因此在格里斯—尼兹角及其他正对着多佛尔的法国海岸线上各处架设了多门重型岸炮。

显然，在指定的 8 月 15 日以前将很难全部完成这些工作，因此，7 月 30 日，海军参谋部报告最高统帅部，海军难以在 9 月 15 日以前完成准备工作。如果到了那一天我们顺利完成这些工作的话，那将是一个只有依靠船厂、行政官员和无数海军官兵的拼命工作和精诚合作才可能实现的伟大成就。

甚至在此之前的 7 月 25 日，我就曾向希特勒指出，9 月中旬将是海军做好准备的最早时间，我这样做同时也是为了让他注意到，这次行动使德国正常的水上交通运输担负了繁重任务，以及船厂担负了极大的工作量。直到现在我仍认为德国并没有取得制空权。此外，我还强调，陆、海军总司令之间因为登陆部队的规模和登陆地域的大小问题存在着极大的意见分歧。陆军要求运送 13 个登陆师大约 260 000 人，虽然这比最初计划的 25 至 40 个师要少得多，陆军仍然坚持他们应该从很宽的正面海岸登陆。海军现有的力量与防卫这样一个宽正面登陆地域的要求还相去甚远，并且如果满足陆军这个要求的话，那么东西两翼的运输船只将因此失去有效掩护。因此，海军参谋部提出，登陆应尽可能在窄的战线上展开。我们只能选择多佛尔海峡两侧的有限区域。

除了在登陆部队规模大小和登陆地域宽窄这两个问题上存在分歧外，关于何时实施登陆，我们也存在不同看法。

从陆军的角度讲，他们提出的要求合情合理。但是海军可以轻而易举地证明难以组织足够的船只在这么宽的正面横渡海峡。西半段海峡的宽度是陆军计划登陆地域宽度的一半，这样的话，需要掩护的距离就太远，海军难以为输送船队和补给船提供掩护，也不能保证必需的增援和额外的补给。

7 月 31 日，我再次亲自向希特勒重申海军的立场。当着陆军总司令和总参谋长的面，我向他说明了海军的困难，并且提醒他注意秋天中海峡的天气将变得异常恶劣这个事实。

我强调，英国海军毫无疑问肯定会出现，所以应该重点考虑部队的安全输送问题。由于空军难以有效保护分布在 100 公里海岸线范围内的三个滩头阵地，因此，我认为登陆行动应该仅限于多佛尔这一区域，并且陆军和空军都要集中兵力用于这一狭窄区域。最后我断定，将入侵行动推迟到 1941 年 5 月才是上策。

然而，希特勒仍决定要尝试一下，并且将登陆日期定在 9 月 15 日。但要等到空军集中对敌人南部海岸实施整整一周的空袭后才能真正开始行动。如果这些空袭奏效，就会进行登陆，否则，登陆将推迟到 1941 年 5 月。但是，不管怎样，在无视海军警告的情况下，登陆准备还是照陆军的宽正面登陆计划进行。

最后一个问题再次引起了陆军和海军之间的激烈争论。8 月 13 日，我将问题直接摆到了希特勒面前，请他亲自决定入侵行动是按陆军的计划在宽正面上展开，还是如海军所说的在狭窄正面上进行。我再次重申，只有与英国确无和平谈判希望的时候，我们才能考虑将“海狮行动”作为不得已而为之的对策。

希特勒同意了我的意见，但想再同陆军总司令谈一谈，因为登陆正面的宽窄可能是整个登陆行动成败的决定性因素。那时，英国军队的人数估计有 150 万，其中 30 万人是刚从敦克尔刻撤退下来的英、法和加拿大的军队，另有 15 万人是从法国西海岸各港口撤回的。他们都被重新武装起来，将为保卫英伦三岛而战。

陆海军关于登陆正面宽窄的对立看法因最高统帅部提出的一条折中建议而暂时达成一致。希特勒最后决定，陆军在制定作战计划时必须考虑海军的实际能力。

空军能否取得绝对制空权仍是一个悬而未决的问题。8月末，根据空军的报告，形势看上去不错。但实际上，德国空军并没有取得对皇家空军的决定性优势。虽然敌人的防御力量明显遭到削弱，但是英国的战斗机、轰炸机，最重要的是布雷飞机仍然满天飞。我们的对空防御并不能阻止敌机在海峡内港口上空的持续活动，结果我们的集结舰船和装载区域都处于敌人的直接监视和攻击之下。仅9月13日一天，由于敌人空袭，我们就损失了80艘驳船。

空军并没有像海军希望的那样，取得登陆区域的制空权，尽管海军认为这是登陆行动的先决条件。戈林越来越多地将空军用于空袭伦敦，而没有将注意力继续集中在横渡海峡和登陆行动上。

到9月中旬的时候——预先确定的登陆时间——海军参谋部意识到空军实际上并没花多大力气来对付活动于海峡区域的英国舰队，空军实际上已经背离“海狮行动”，按照自己的想法与英国展开了一场全面战争。不仅如此，戈林非但没有完成控制海峡、确保登陆行动安全的任务，反而在伦敦之战中遭受了巨大损失，从此以后，他一蹶不振。毫无疑问，从海军角度来讲，任何成功横渡海峡的可能性都已消失了。

希特勒本人也同意空军的任务发生了变化。和戈林一样，他也想通过全力以赴轰炸伦敦征服英国，而不需冒入侵英国本土的风险。

对我来说，想让他放弃这样的想法看起来毫无希望。我本来是勉强同意“海狮行动”的，并且从一开始我就怀疑入侵计划成功的可能性。

到 9 月 17 日，甚至希特勒自己都承认，此时已经不可能采取入侵行动了，因此，入侵行动将不得不推迟。然而，为了对英国公众继续施加心理影响，推迟行动的决定将不会公布出来，登陆威胁将与对伦敦空袭一起，继续在总体上发挥作用。

我不得不同意希特勒给出的原因，但对我来说，最合适的解释就是，随着登陆行动的推迟，登陆行动可能永远都无法实现了。表面上看，直到 10 月 12 日所有的准备行动都在继续进行，希特勒私下通知我们说，整个冬季都将继续进行准备行动，不过仅仅是为了保持对英国军事和政治上的压力。他说，来年如要重新实施这一行动的话，他将下达必要的命令。我认为，此举肯定是为了消除我对入侵英国行动的所有反对意见。从一开始，海军参谋部就认为横渡海峡的入侵行动太冒险了，它只有在其他所有针对英国的措施失败后，作为最后的行动来加以考虑。海军参谋部在这一点上从来都没有让步。

海军参谋部一直都认真地尽其所能使登陆英国的行动成为可能，但无论我们怎么看，只要英国舰队能够进行决定性的干涉，我们所要冒的风险就太大了。自从开战以来，我们比以往任何时候都急需一支能够令敌人望而生畏的德国舰队。德国空军的优势并不能抵消英国的绝对制海权。我觉得没有实施这次入侵行动真是万幸，如果实施的话，我们将遭受灾难性打击。准备这样一次大规模跨海入侵行动不可能在数周甚至数月内完成，1944 年盟国在诺曼底登陆时所遇到的困难毫无疑问地证实了这一点。他们用了两年时间进行准备。登陆行动有整个美国的工业能力作为后盾，并且还有经过太平洋战争检验过的两栖技术优势。虽然盟国那时毫无争议地拥有制空权和制海权，诺曼底登陆中还是不止一次出现过非常危急的情况。

希特勒从来都没有下定决心全力支持“海狮行动”。相反，他在计划“海狮行动”时一点也不积极，把主要兵力都投到了其他行动中。实际上，他主要是想把准备行动看成是对敌人施加沉重的精神和心理压力的一种方法。他想通过于此，再加上对英国首都进行大规模空袭，迫使英国人回到谈判桌上来。

虽然那种情况有可能，但计划和准备登陆行动却牵制了过多的军事和经济力量，而这些力量正是其他地方急需的，最终它们被浪费掉了——毫无效果。

但备忘录中最重要部分是，到目前为止，英国并没有将它的舰队全部投入战斗。对于英国人来说，德国的入侵是生死存亡的事情，他们将会毫不迟疑地投入所有海军力量，全力以赴地为了生存而战斗，直至最后一艘船，最后一个人。不能单纯指望空军来保护我们的运输线免遭英国舰队的攻击，因为即使没有其他的原因，空军的行动还有赖于天气状况。海军可以尽最大能力保护登陆输送编队，还可以布设保护性雷区以及对敌人实施牵制性进攻等。但雷区并不能保证我们免遭这样一个不顾一切的对手的攻击。甚至即使是我们第一波部队顺利航渡并成功上陆的话，敌人还可能从他们所在的位置攻入登陆海区，切断先头部队与后援部队之间的联系。

我们难以期望空军能助一臂之力，哪怕时间很短。但是如果这个最重要的先决条件不能满足，而其他所有条件也都不能满足的话，那么海军面对的将是一个不可能完成的任务。

在我与希特勒所有有关“海狮行动”的分歧中，我一直都在强调我们应当优先考虑打击英国的海上贸易，因此，加紧建造潜艇就显得异常急迫了。抽调一部分工业力量为登陆英国做准备，只会削弱我们进行潜艇战的能力。在西线取得胜利后不久，我就建议应优先考虑建造更多的U型潜艇。

第十八章 “巴巴罗萨行动”
——对苏作战

海军在挪威战役和入侵英国计划中都扮演了重要角色，因为这两次行动只有通过海上作战才能达到目的。在涉及基本上都是陆上作战的问题时，与海军的关系就不大了。

在法国大西洋沿岸占领的基地给我们带来了巨大优势。虽然我们的舰队还没有强大到能在海上与英国一决雌雄的程度，但我们现在非常有希望赢得对英国的海上贸易战。我们的潜艇往返于作战区域与基地的距离缩短了，因此可以有更多的潜艇参加实战，在作战区域逗留的时间也延长了。随着我们战胜了法国，我希望希特勒能够履行他早先允诺的优先建设空军和海军的诺言——尤其是后者的潜艇部队。

实际上，1940 年 6 月初，当我对希特勒抱怨说潜艇项目得到的支持太少时，他向我保证说一旦解决了法国问题，他就会削减陆军的规模，遣散所有超龄的老兵，然后集中人力物力优先建设海军和空军。

那时，入侵英国的问题仍然是公开的，事实上也是那样，准备横渡海峡的部队和运输船只也在公开集结。有了法国和挪威的新基地，海军打击英国生命线的前景似乎比以前更光明了。

因此，当我 8 月听说有大批的陆、空军部队正被调往东部边界时，感到非常惊讶。我询问希特勒此次调动的目的，他说那只是为了掩护我们计划中的登陆英国行动而实施的佯攻。我没有理由怀疑这一点，因为德国东部边界的安全对于我们整个战争努力是必不可少的。希特勒自己也常说我们现在的战略环境比历史上任何时候都有利，德国不必两线作战。

在我看来，在后方的东线不受敌人的任何威胁是至关重要的，不管为此付出多大代价，都必须确保它万无一失，因为在第一次世界大战中德国战败的主要原因就是因为在东部出现了第二条战线和第二个敌人。

而且，即使法国已退出了战争，西线也并非无战事。英国集中了其在世界各处的资源顽强地抵抗着我们。如果这时允许东部出现第二条战线，对我来说简直是疯了。

另外，德国海军也从 1939 年战争爆发前刚签署的《苏德互不侵犯条约》中受益匪浅。我们不再像以前那样担忧波罗的海以及我们那里的“后院”，尤其是在波兰海军已被消灭的情况下。我们的波罗的海沿岸不再受到威胁。铁矿石运输船可以安全地往返于瑞典和本土之间，不需要海军从北海派兵来保护它们。

除此之外，苏联人已经允许我们使用摩尔曼斯克沿岸的不冻港波利亚尔内作为德国的海军基地，同时允许我们经由北冰洋进入太平洋。在战争最初的数周及数月内，能够使用波利亚尔内港对我们一些企图从海外返回本土的商船非常有利。先前，为了突破英国的封锁，大部分商船不得不采取偏远的北部航线，沿着冰山航行，因此经常遭受北方风暴的袭击。而现在，它们可以在波利亚尔内港进行修理和补给，而后航经挪威领海返回德国。快速邮轮“不来梅”号就是这样一艘曾经历过冒险航行的船只，它中途停留波利亚尔内港进行必要的休整、维修和补给。1940 年 8 月，德国的辅助巡洋舰“希夫 45”号也是从该港出发前往太平洋的。在占领挪威行动中唯一一艘驶抵纳尔维克给予我们及时增援的油轮也是从波利亚尔内港出发的。

现在，尽管我们已经占领挪威，不再需要波利亚尔内港了，但不管怎样，我还是发电报给苏联海军总司令表示感谢。

事实上，多年以来我们与苏联海军的关系也不都是一帆风顺的。苏联人通过占领波罗的海沿岸各国的基地不断向前推进，使得两国之间的关系有些紧张，但我们的政治领袖尽可能地避免采取任何增加双方紧张关系的行动。我们没费多大劲儿就将我们在《苏德互不侵犯条约》中允诺送给苏联海军的物资送到了他们手中。双方海军一直都在小心翼翼地履行着已达成的协议，并没有发生大的摩擦。

希特勒第一次以不友好的方式向我提起苏联是 1940 年 3 月 9 日，那时，我正在和他讨论占领挪威特罗姆索港的可行性，希望苏联人会知道我们是为了他们的利益才没有这样做。我甚至表示，让特罗姆索港落入苏联人手中比允许英国人在那儿建立一个基地要好。法国海军总司令达尔朗海军上将后来告诉我，早在 1939 年 12 月，盟国在其控制整个海岸线的计划中，实际上就在讨论占领特罗姆索和纳尔维克了。

然而，在占领挪威行动中，希特勒命令我们的部队在占领其他港口的同时也一起占领特罗姆索港，他的理由是“不希望苏联人离得太近”。

那时，希特勒的回答并没有引起我真正的重视，因为当时我只关心如何阻止英国人抢先占领特罗姆索港。但从后来事情的发展来看，我敢肯定，那时希特勒就已经在考虑后来与苏联的决裂了。

我说不出他是什么时候开始认真考虑对苏联作战的想法的，因为他知道我坚决反对任何在东部开辟第二战线的做法，他也小心地尽量避免与我讨论相关的问题。实际上，在1940年7月21日一次有三军总司令参加的会议上，他说到了英国可能寄希望于美国改变政策或苏联参战。但他又说后一种情况不大可能发生，即使苏联加入我们一方，形势对我们也不利。

几个星期后，9月6日，在给希特勒的一份战况回顾报告中，我试图把他的注意力引向地中海这一很有希望的战场。我指出，直布罗陀海峡和苏伊士运河在对英战争中占据至关重要的战略地位，同时如果我们能占领法属西非达喀尔港的话，也会相应地给我们带来好处。

在这次对话中，希特勒也没有表现出丝毫敌视苏联的想法。但9月中旬，他却向我承认，他确实考虑过进攻苏联的计划。

我想应在任何进攻苏联的计划确定下来之前找机会表明我的立场，9月26日我与希特勒进行了一次私人会谈，其间我反复阐述了我的观点。当我有特别重要的意见希望他采纳时，总是习惯于要求与他进行这样的私人会谈。在这种场合下，他比有其他人在场时更容易亲近，也会更仔细地听取不同意见。

我带了一份海军参谋部准备的特别备忘录，准备引用其中的内容来论证我的观点：

(1) 从整个世界形势来看，英国人仍然认为地中海是其世界帝国的战略中枢，他们正从整个英帝国往那里集结强大的海上力量和众多的其他部队。

（2）面对英国的强大力量，意大利可能会发现在力量对比上它已处于劣势，在地中海举步维艰。

（3）为了恢复该地区的平衡，我们应在美国参战救助英国之前，集中最强的力量击败英国人。直布罗陀、苏伊士、近东及加那利群岛——这些对于控制地中海都至关重要，英国如果削弱其中任何一点的防守，都可能产生决定性的影响。

然后，我接着重申我一贯的主张：我们应该集中力量攻击英国，它是抵抗的核心。为此，我们应从大西洋基地出发实施全面的海上作战，同时，如果能得到法国默许的话，我们应该将基地扩展到非洲西海岸。如果能得到法国的积极配合，并在意大利的帮助下，我们就能控制地中海和直到苏伊士运河的非洲海岸地区。英国通往印度的地中海交通线将被切断。同时，我们也可以将北非纳入欧洲经济体系，因为欧洲也急需非洲的物质支持。

我指出，我们向地中海推进也可以对苏联施加压力，使其在考虑对我们采取敌对行动时会更加慎重，进而我们就不必在北方与苏联开战了。

我觉得希特勒的任何关于进行两线作战的想法都是值得怀疑的，在此之前，他曾多次宣称帝国政府1914年采取的类似行动是愚蠢的。既然《苏德互不侵犯条约》可以确保我们不必两线作战，那么我们在任何情况下都不应违反该条约。

最后，我指出，虽然对苏联作战主要是陆军和空军的事情，但海军也不可避免地将会受到影响。将战争扩大到波罗的海，我们就得派出大量的轻型舰艇——扫雷舰、布雷舰、摩托鱼雷艇、摩托扫雷艇及巡逻艇等等——前往该战场保护我们的港口、运输线，防御苏联人的进攻。但我们早就开始缺乏这类轻型舰艇了，保护我们在大西洋新获得的基地也急需这些轻型舰艇，它们对于我们打击英国贸易的决定性作战至关重要。抽调这些舰艇前往波罗的海的做法将极大削弱我们在大西洋所做的主要努力。无论如何，我们都不应对苏联开战。

我的详细分析显然给希特勒留下了深刻印象，他告诉参谋人员说根据我所陈述的情况，他可以确定他的判断是否正确。看起来我已经说服他放弃了对苏联冒险，因为此后一段时间，我再也没有听他谈起这件事。除了在波罗的海和巴尔干地区一些实际利益冲突外，我们与苏联的关系看上去非常稳定。那年11月，苏联外长莫洛托夫来到柏林进行了为期数天的访问。他离开的那一天，我因为一些日常事务也在希特勒的办公室。我借机再次力劝他暂时搁置任何可能与苏联的争执，指出苏联人此时还不大可能会给我们制造麻烦。

我的劝说及警告都白费了。1940 年 12 月 18 日，希特勒通知陆海空三军总司令说他下定决心在 1941 年进攻苏联，以免日后它可能成为欧洲大陆上的一个危险。

通常，在作这样的宣布以前，希特勒都会确定一个最后期限，然后就不允许三军总司令再对他的决定有任何异议。但关于12 月 18 日进攻苏联——代号“巴巴罗萨行动”——的命令中却没有这样的期限，也没有行动可能开始的时间，只是一个预先号令。但现在任何试图劝说希特勒放弃其决定的希望都变得非常渺茫了。

德国转为进行陆战和在东部开辟第二战线改变了整个海军的形势。如果真的开始对苏联作战，近期任何加紧对英国海上作战的机会都会消失。但大家却听到了许多关于实施一次短暂的闪电式战役而后取胜的议论，但谁也不知道在军事上这样做的可能性有多大。

接着，在12月末，东地中海的形势不断恶化，我再次提出了紧急建议。整个秋天，英国大大加强了坎宁安海军上将率领的地中海舰队，他偷袭了在塔兰托港内的意大利舰队，通过一次空袭给其造成了严重损失。此外，英国还设法将急需的弹药、给养、人员和飞机运入了正遭围困的马耳他，同时还沉重打击了意大利驶往利比亚的护航运输队，仅12月就击沉了21艘船。而美国的援助也在源源不断地增强着英国人的实力。

此时，我们急需要切断英国的海上交通运输线，同时我告诫希特勒，在加强潜艇部队建设和扩充海军航空兵实力的事情上，我们鲜有作为。我坚持我们必须采取一切措施强化对英作战——这就意味着增加海军和空军的作战行动。在我们击败英国人之前，任何对苏联的战争都将削弱我们在西线的战争努力，从长远来看，其影响将是灾难性的。

希特勒同意有关U型潜艇建造计划进展太慢、建造数量太少的看法，他说他打算尽最大可能加强潜艇部队。但他接着又说，目前的政治形势以及苏联企图卷入巴尔干事务都使得他必须先解决欧洲大陆上这个最后的敌人后，才能“集中力量”对付英国人。因此，目前必须优先考虑加强陆军。解决了这个问题后，就轮到海军和空军了。

然而，由于墨索里尼对希腊草率的进攻遭到失败，所有突袭苏联的计划都不得不暂时搁置起来。与墨索里尼期望的速胜相反，奋起的希腊人不仅将入侵的意大利部队赶出了希腊，而且一直追击他们至边境线。因此，1941年4月初，希特勒下令在德国军队恢复南斯拉夫和希腊的形势之前，停止对苏联作战的准备。

那年初春，日本外相松冈洋右访问了柏林。我知道他对有点紧张的德苏关系现状很感兴趣。当我问希特勒时，他对我说他告诉日本外相，“只要苏联表现友好，并且遵守《苏德互不侵犯条约》，没人会碰它的”。

然而，1941年6月22日，希特勒却动用陆军和空军对苏联发动了突然袭击。他已下定决心——选择对苏陆上作战，而不是对英海上作战。

6月15日，他在对军队所有高级军官所作的一次长篇讲话中，解释了必须进攻和击败苏联的原因：德苏之战不可避免；作为预防性措施，我们现在就必须发起战争，而不是等苏联人准备好了以后来进攻我们，那时我们会因为其他原因而难以分身。

因为我知道希特勒的辩论手法，所以我和我的少数几个参谋并没有受到多大的影响。但有一点显而易见：根据我所掌握的事实表明，战争中最重要的一个决定可能已经定下了——无视我的劝说与警告。

希特勒关于对苏作战的第一个命令是以这样一段话开始的：“德国军队必须在对英战争结束之前以速决战击溃苏联。”对于海军的任务，命令写道：“即使在东部战役期间，海军作战的重点仍然是针对英国。”

这与我的观点完全一致，因为现在和以前一样，我认为英国才是我们的死敌。我现在的职责就是尽可能地少调动我的部队前往东部前线，因为我们还要像以前那样连续不断地攻击英国的海上交通线。

陆军没有要求海军对其实施特别的支援，因为很显然，这次针对苏联的速决战，他们并不期望从海军这里获得多少实际的支援。我们接到的命令强调海军的主要任务是防止敌人从波罗的海逃窜。

“在我们占领列宁格勒以后，苏联波罗的海舰队就因失去最后的基地而身处绝境，”命令写道，“这样也就可以避免前期的大规模海上作战。消灭了苏联海军之后，海军首要的任务将是保护波罗的海的海上交通线，包括掩护为北翼陆军运送物资的船只。”

换句话说，我们的主要任务将是扫雷和布雷。

作为防范苏联舰队的第一个措施，我们开始在芬兰湾西部布设密集的水雷区，以防止苏联海军从其母港渗透进入波罗的海。结果，苏联舰船很快就从汉科和雷瓦尔的基地撤走，它们在抵达喀琅施塔得和列宁格勒的保护圈以前遭受了重大损失。它们的撤退让我大大松了口气，因为如果苏联的水面舰艇袭击我们波罗的海的海上运输线，尤其是袭击从瑞典吕勒奥港驶出的铁矿石运输船的话，我们将极为困难。

不久，我们就发现苏联的战列舰抵达列宁格勒时已经受到了严重的损伤。因此，我们没有必要派出主力舰队前往了。我们还了解到苏联潜艇在我们的水雷区中损失惨重，已不再构成真正的威胁。事实上，除了极有限的几艘外，它们再也没能突入波罗的海，它们所取得的战果也根本不值一提。

由于我们的轻型舰艇部队采取了大胆的攻势行动，我们在波罗的海作战的最主要目标——保护波罗的海的海港和海上交通线——得以完全实现。在大量的巡逻艇和水雷舰艇的配合下，我们的巡洋舰“莱比锡”号、“埃姆登”号和“科隆”号在占领波罗的海中的苏占奥谢尔岛、穆恩岛和达格岛行动中发挥了重要作用。直到 1944 年秋天，芬兰退出战争，我们不得不从陆上撤退时，才失去了波罗的海的控制权。

我们不仅在波罗的海开辟了对苏作战的海上战场，在东南部的黑海以及北部的北冰洋都可看到水雷和鱼雷在爆炸，听到炮弹和炸弹在呼啸。

在黑海，苏联拥有 1 艘战列舰、数艘巡洋舰以及大量的驱逐舰和鱼雷艇。我们的盟友罗马尼亚力量非常弱小，难以对付苏联，因此急需我们海军的支援。我们在罗马尼亚海岸沿线重要位置建立起了海岸防御基地，另外还加派了相当数量的小型潜艇、摩托鱼雷艇以及摩托扫雷艇前往黑海。这些艇首先通过公路从德国运出，而后再经由多瑙河运往黑海。这一极富创造力的临时措施是各部门、官员以及民用企业通力合作的结果。

我们在对苏作战的第三个海上战场——北海北部和北冰洋——实施了极其重要的作战行动。在这些行动中，我们在挪威获取的港口发挥了至关重要的作用。我本来还打算占领摩尔曼斯克沿岸的波利亚尔内港，但我们手中却没有可用的兵力了。因此，我们只要从挪威北部的基地出发，就可以向苏联在北冰洋的海军部队，以及向苏联运送紧急物资的盟国护航运输队进行攻击。我们的海军和空军部队从这些基地出发，对敌人持续施加压力。

盟国通过三条路线运送急需的弹药和物资给其苏联盟友。部分货物通过铁路从美国东部的工业区横跨美洲大陆，然后通过船运横越太平洋，抵达苏联在西伯利亚的港口。这条线路距离远，效率也不高，但它的有利之处是可以避免我们的袭击。其他货物则通过海路运抵伊朗的港口。1941 年 8 月，英国和苏联军队强占了伊朗，并迫使伊朗国王退位，新政府也被迫配合它们对德作战。占领该国后，盟国扩展了其铁路和公路系统，因而开辟了第二条通往苏联的运输路线。这条路线也处在我们任何实质性攻击的范围之外。

第三条路线是从美国的大西洋港口出发，经过北大西洋和北冰洋抵达苏联的摩尔曼斯克港。这条路线就很容易遭到攻击。该路线通过摩尔曼铁路与列宁格勒相连，比其他两条路线距离更短、效率更高。但它同时也处于我们在挪威的海空军基地作战半径之内。从这些基地出发，我们可以用大量 U 型潜艇和强大的海空力量持续作战。因为担心受到攻击，敌人的运输船不得不尽量靠北航行——航线迂回、耗时过多——以尽可能地远离我们的攻击范围。当敌人把这些运输船编成护航运输队以便更好地实施护航时，就不得不派出重型舰队以抵御我们主力舰队的攻击。为组成护航编队，敌人从大西洋主战场撤走了部分最好的作战舰艇。但即使敌人组织强大的护航兵力，他们的“摩尔曼斯克之旅”还是损失惨重。最惊人的当数盟国 1942 年夏季从冰岛驶往阿尔汉格尔（Archangel）的 PQ-17 护航运输队了。7 月上旬在接近大陆的海域，这支护航运输队的 33 艘运输船在三周多的时间里，遭到了 U 型潜艇和空军的致命打击，最后只有 11 艘船陆续驶入苏联港口，其他 22 艘船都被击沉，损失了无数的人员和价值数百万美元的物资。

这证明了我们当初不让盟国在挪威建立基地的做法是正确的。如果有了这些基地，盟国运往苏联的物资就可能大大增加，人员和船只的损失却小得多。但是由于我们从挪威的海空军基地出发不断发起进攻，敌人只能将很少的物资直接运抵苏联前线。盟国的舰船只有在经过很长时间并遭受重大损失后，才能成功驶抵苏联。

在北冰洋袭击这些护航运输队时的作战条件变化明显。夏天，长长的白昼有利于我们的攻击，增加了我们取胜的可能性。而在严酷的寒冬，无尽的黑夜、恶劣的风暴以及严寒给我们的舰员和飞行员带来了极大困难，但同时也给敌人造成了相同的甚至更大的困难。我们坚持这类作战行动证明了这条路线对于保持苏联的前线作战能力非常重要。它也说明挪威的基地在提高我们U型潜艇和水面舰艇的作战效能方面正发挥越来越大的作用。

有关在遥远的北方部署重型舰艇部队的问题成了我与希特勒之间出现激烈争执的原因之一，同时这也是这场战争的独特之处。

第十九章　海上之战
——1941—1942年

占领挪威极大地改善了我们的战略态势，但我们为此付出的代价也同样巨大，尤其是损失的驱逐舰以及数艘严重受损的大型战舰。同时在这次战役中，我们的U型潜艇也从大西洋战场作了必要的部分的撤退。不管怎样，海军参谋部一直坚持最初的立场：海外贸易是英帝国最脆弱之处，我们应千方百计对其实施打击，从而分散敌人的海上兵力，让敌人疲于奔命地进行海上巡逻，进而拖垮他们。敌人的兵力如此分散，因此就很难在任何关键之处集中兵力来攻击我们了。

由于我们在数量上处于劣势，所以必须不时地想出新办法以弥补这一不足。这就要求海军参谋部的人员要敢于冒险，对行动充满热情，但在更大的程度上来说，还要求海军领导人和每艘舰的指挥官也是如此。我们所有的作战目的就是要尽可能多地击沉敌人的商船，不仅要使敌人失去武器装备，而且要使敌人丧失军工生产中必不可少的原料。

但我们不仅要以击沉敌人商船吨位的数量来衡量破坏贸易战的成功与否，而且还要看敌人因此被牵制住了多少海军兵力，以及对其整个经济系统所造成的损害程度大小来定。虽然很难立即对后者的效果作出评估，但毋庸置疑，它还是可以通过许多方面表现出来。

比如，为了应付我们水面和水下的攻击，敌人不得不在广阔的大西洋海域实施连续侦察，并且范围在不断扩大。执行此类任务的飞机——基本上都是远程飞机——也就不能再用于像轰炸德国城市这样的攻击行动了。我们的潜艇也牵制了很大一部分敌人在大西洋的空中力量，从而极大减轻了国内战线的压力。

我们给所有在远海作战的海军舰艇的指示只有一个：就是打击敌人的海上交通线，而不是敌人的舰队。要不惜一切代价避免与比自己强大的敌舰作战。袖珍战列舰“施佩伯爵将军”号被击沉后，我与希特勒的争执促使我从多个角度重新审视了这一问题，但还是得出了相同的结论。

在广阔的大洋上作战要求海军参谋部能够实施集中统一指挥。它必须独立掌握必要的情报信息——所有的细节、政治情报、敌人无线电通信的情报——以及独立掌握广布海外的后勤供应体系。我们早已将大批快速供给船——油船、军火船等诸如此类的船只——编入现役，以便为我们在海外的U型潜艇和水面作战舰艇提供补给，使它们不必返回本土基地就可继续作战。但还有一件事我们不能掉以轻心，那就是要不时地将俘获的敌商船人员转移至运俘船上，从而保证我方舰上人员的生活及卫生条件。

我们自然不能精确预测这种形式的作战能够在多大程度上取得成功，但至少它让我们拥有了主动权，使我们不至于被迫疲于应付敌人的攻势战术。尽可能长地保持行动自由对我们来说是绝对必要的。

当然，从一开始我和参谋人员就没有幻想我们的水上攻击行动一直会持续下去，因为我们知道敌人优势巨大，如果他们集中力量保护其生命线免遭我方攻击的话，总有一天会让我们的水上攻击行动难以进行。我们的水面舰艇迟早会不可避免地被消耗完，它们在整个战争中的重要性也将降低。但我希望到那时，我们的潜艇部队已足够强大，并能够取代水面舰艇对敌人发起更猛烈的攻击。

因此，我们要尽可能长时间地组织这些水面舰艇兵力实施攻击行动，取得更大的战果——尤其是考虑到我们的政治领导层和海军参谋部都认为美国参加对德作战仅仅是时间和时机的问题。

从一开始，美国总统富兰克林·罗斯福的反德倾向就非常明显，很显然，他支持盟国一方。尽管德国政府尽力与美国保持一种尚且过得去的关系，而且美国的中立法禁止任何的官方干涉，美国还是明显支持我们的敌人，尤其是其海军部队所采取的行动。

例如，南、北美洲各共和国于 1939 年 9 月底在巴拿马举行了一次会议，会上产生了“中立区”的概念。依据地理位置的不同，“中立区”从美洲大陆沿岸向外延伸 300 海里或 1 000 海里。在这一区域内，交战双方不得进行作战行动。其目的之一当然就是为了限制我们的水面舰艇和潜艇的活动，因为最佳作战区域都被划入了“中立区”内。美国海军在“中立区”内实施“中立巡逻”，偷越封锁线的德国船只几乎不可能在不被发现的情况下突破这一“中立区”。而美国海军巡逻舰艇的做法是，只要发现我们的船只，就会立即通过无线电广播其外形特征和位置。结果是我们有大批的商船遭到敌人的拦截并被击沉。

此后，在 1940 年 9 月那次著名的以驱逐舰为主的交易中，美国政府交给英国 50 艘超龄但仍可使用的驱逐舰，英国急需这批驱逐舰在北大西洋与我们的 U 型潜艇作战，执行护航任务。受损的英国战舰也是在美国船厂修理。并且从 1941 年 4 月开始，美国海空军部队开始使用明语无线电广播报告其发现的所有德国或意大利船只的位置。

意识到美国政府支持这些行动，德国政治领导层和海军参谋部从一开始就下达了最严厉的命令，避免与美国舰船发生摩擦。虽然我们没有正式承认“中立区”，但在实际行动中，我们都严令所有的作战舰艇和潜艇要避免在“中立区”内采取任何带有战争性质的行动。我们的舰艇长都意识到即使不是由于他们的过错而引发了此类事件，也肯定会导致我们与美国之间严重的政治冲突。每个人都清楚，尽管避免美国参战是完全不可能的，但尽量推迟美国参战的时间非常重要。然而，不管我们如何努力，还是发生了一系列事件。

毋庸讳言，海军参谋部极其关注美国参战的可能性。毫无疑问，它将对我们在大西洋的作战产生不利影响，这是我们首先要考虑的。因此，我们要在美国投入所有海上力量支援我们的敌人之前取得战争的胜利，这一点非常重要。

幸运的是，1940 年，我们在挪威和法国取得的基地非常有助于我们在大西洋对英国海上运输线实施的作战行动。同时我们设计建造的具有特殊用途的辅助巡洋舰也已完工。这些巡洋舰由商船改装而成，我们依据在一战中的经验大幅度提高了它们的性能。这些是首批被编入现役、用于执行海军参谋部下达的远程作战任务的舰船。

为更好地指挥这些在远海独立作战的水面作战舰船，在挑选舰长时，除了要经验丰富、技术过硬、善于领会上级意图、对战斗充满热情之外，还要求能够独立制定作战方案，最重要的是他要能激励其手下上百号官兵，因为他们在为期数月、漫长而又令人疲惫的海上巡逻之中，一直被限制在狭窄的船舱内。感谢我们的选拔体系，这些被选中的辅助巡洋舰舰长无一例外地都非常胜任本职岗位。

考虑到他们将要完成的任务非同寻常，我们完全放手由这些舰长挑选他们所需的舰员，而通过这些舰员的表现，反过来又证明了这些舰长在选人方面的智慧。为了进一步协助这些辅助巡洋舰舰长的工作，我们还为他们每个人配了一名经验丰富的商船船长，以便处理商船事务时向他们提出专业建议。

1940 年至 1942 年，这些辅助巡洋舰成功击沉了将近 100 万吨的船只，事实证明这些措施非常有效。除实际击沉的这些吨位外，这些辅助巡洋舰还极大地扰乱了敌人的商业船运，使得敌人不得不派出大量海军作战兵力用于保护其海上交通线。

这些辅助巡洋舰的作战行动在海军战争史上书写了辉煌的一页。这些辅助巡洋舰舰长及其所属舰员、支援他们的补给船和油船的船长及其所属船员、海军最高指挥部中负责建造这些辅助巡洋舰和指挥其作战的军官和专家们，都应该为他们出色的表现而受到表彰。

在法国西部大西洋沿岸获得的港口给我们海上作战新带来的一个好处是：这些港口非常适合作为我们准备用来偷越封锁线的商船的出发港和目的港。

我们急需这些偷越封锁线的船只运回战争和国内经济都急需的紧缺战略物资。最早在 1940 年，海军参谋部就开始从亚洲进口生橡胶了。这些生橡胶与其他战略物资一起在日本的港口集中，然后由合适的德国船只运回国内。

直到与苏联开战，我们已经取道苏联通过陆路进口了大量急需的原材料，但在 1941 年 6 月以后，这条通路就断了，随后所有的货物都必须经海路运输。

生橡胶几乎是与瑞典铁矿石一样对我们的战时经济非常重要，如果其供应中断的话，对我们战争潜力的影响将非常严重。因此，海军参谋部决心使用所有可以动用的在太平洋的德国和意大利船只，将橡胶运往我们在法国西海岸的基地，同时还专门派出了橡胶运输船前往远东。

由克拉格（Krage）船长指挥的内燃机船“威塞兰”号（Weserland）首先开辟了往返于远东的航线，它在 1940 年 12 月底从日本神户港出发，于 1941 年 4 月 4 日安全返抵法国波尔多（Bordeaux）港。虽然遭受了一些损失，但是不少足智多谋的法国及意大利商人还是成功偷越了英国的封锁线，驶抵法国西海岸，运回了宝贵的物资。1941 年有 4 艘德国船、1942 年有 8 艘德国船和 4 艘意大利船成功穿越封锁线。

我们的辅助巡洋舰和潜艇四处出击，使得英国的海上贸易处境艰难。我们偷越封锁线的船只也尽力运回急需的物资。与此同时，海军的主战部队也没闲着。

“施佩伯爵将军”号被击沉后，第一艘前往大西洋作战的大型舰艇是袖珍战列舰“舍尔海军上将”号，由克兰克舰长指挥。1940 年 10 月至 1941 年 3 月，该舰从冰岛北部的迂回航线出发，后经丹麦海峡而下，在大西洋和印度洋成功实施了勇敢的作战行动。

这些袖珍战列舰体现了其在此类作战行动中难以替代的作用。但同时出海执行类似攻击任务的“希佩尔海军上将”号却暴露出了远程作战中的一个弱点，它的耗油量太大。同样是从北航线出发，经丹麦海峡而下，它只能在战场上待一个月，从 1940 年 11 月底直到 12 月底，之后它就返回了布雷斯特港。

袖珍战列舰“舍尔海军上将”号仍在海上的同时，战列舰“沙恩霍斯特”号和“格奈森瑙”号组成了一支特混编队，在海军舰队总司令吕特晏斯海军上将的直接指挥下，于 1941 年 1 月从基尔港出发。虽然在冰岛东部碰上了敌人的巡逻部队，它们还是成功地摆脱了敌人，突入广阔的大西洋。在才华出众的吕特晏斯海军上将的巧妙指挥下，该编队这次出征取得了较大战果，并于 1941 年 3 月 22 日毫发未损地返回了布雷斯特港。

但是，布雷斯特港却难以有效防御敌人的空袭，敌人不断的空袭使得舰船损失惨重，急需进行大修。把“沙恩霍斯特”号转移至比斯开湾内的拉帕利斯港也无济于事。很明显，英国人把这些战列舰列为优先攻击的目标。

唯一的解决办法就是加强目标区域的防空能力。海军在其职权范围内，采取了增加防空火炮、建立烟幕设施以及加强伪装等措施。但我们最缺少的却是空军战斗机的掩护。问题的严重性使我们更加觉得空军的作战重点应该放在我们的主要敌人——英国身上，而不是我们的新对手——苏联身上。

作为这两艘战列舰整体作战任务的一部分，重巡洋舰“希佩尔海军上将”号在能干的梅塞尔（Meisel）海军上校的指挥下，于 2 月中旬再次离开布雷斯特港，随后不久就在亚速尔群岛附近击沉了敌人一支护航运输队中的 7 艘蒸汽船。袭击成功后，它返回了布雷斯特港，并再次进入大西洋，然后航经丹麦，于 1941 年 4 月返回了基尔港。这些舰艇在大西洋巡航作战的迅速性说明水面舰艇与潜艇配合使用，不仅能给敌人的护航运输队造成巨大损失，还能迫使敌人大大分散其海上力量来保护其海上运输线。

与此同时，巨型战列舰“俾斯麦”号也即将完工。1940年8月24日服役后，它很快就做好了战斗准备。随后，我们仔细研究了它的作战使用策略，以便能最大程度地发挥它的作用。

“俾斯麦”号火力超强、装甲结实、抗沉性好，如果以单舰对单舰的话，根本难逢敌手。然而，它也有一个极大的不利条件，而敌人却没有，那就是：它没有空中力量的伴随掩护。另一方面，敌人却拥有数目众多的航空母舰和空军基地，可以在任何地方对我方舰艇实施空中打击。

显然，这是一个可怕的不利条件。然而，由于没有自己的航空母舰，我们对此也毫无办法。在靠近法国和挪威海岸的有限区域内，我们会得到一些空中支援，这主要取决于部署在那儿的德国空军飞机的配合。我们再次面对这样的痛苦现实：在短短几年里，我们不可能建立起一支拥有现代海军所必需的作战力量的舰队。甚至从1935年开始，我们的计划中就已经包含了一艘航母，实际的建造工作也已开始。只是战争开始后，就被无限期搁置了，因为空军没有研制出合适的航母舰载机。

在我们制定的所有有关“俾斯麦”号的战术使用计划中，都必须考虑到这一致命弱点。我们所能采取的唯一补救措施就是依靠它的超强装甲和强大火力。我们不能因为知道了这一弱点，就放弃在攻势行动中使用这艘舰。我们实际争论的问题是立即派它出海作战，还是等它的姊妹舰“蒂尔皮茨”号准备好后，再派它们一起出海作战。

但这要一直等到1941年至1942年的秋末或冬天。另外，我们最近在海上的行动经验——最显著的是“希佩尔海军上将”号和“舍尔海军上将”号成功的巡航作战——也说明了即使是单艘重型战舰，也能够在大西洋里有优异表现。这种能力自然就会抵消掉敌人增加的防御措施，尤其是空中巡逻。而且美国在近期参战不可避免，这是明摆着的事。一旦美国参战，我们在大西洋行动成功的机会将会大大降低。对我们来说，这些都是无可反驳的理由，要求我们尽快将“俾斯麦”号和新服役的“欧根亲王”号一起派到海上实施一次有力的攻击行动，而不是将它的部署推迟到未来一个不确定的时间。为了支援这些海上兵力，我们建立了大范围的油船和补给船供应体系。在尽最大努力完成这些作战任务后，“俾斯麦”号将返回德国本土的港口，而不是法国的基地。

不巧的是，“沙恩霍斯特”号因发动机出现故障而数月不能活动。接着，1941 年 4 月 6 日，“格奈森瑙”号又遭到了一架鱼雷机的袭击，几天后，又遭到了 4 枚炸弹的攻击，对其造成了严重损伤，该舰不得不入坞修理一段时间。

虽然“沙恩霍斯特”号和“格奈森瑙”号肯定不能参加此次行动了，我仍然觉得行动可以继续，以免失去宝贵的时间，时机一旦失去，就难以再弥补了。因为“欧根亲王”号不幸触到了一枚水雷，必须暂时入坞修理，所以行动不得不一直推迟到 5 月中旬。

因此，4 月 25 日，在行动推迟的这段时间内，我与吕特晏斯海军上将进行了详细讨论，他将是“俾斯麦”编队的海上指挥官。我们讨论了假如出现意外情况，是否可以推迟“俾斯麦”号和“欧根亲王”号的出发时间这一问题。吕特晏斯海军上将对此的想法是，他认为行动应该一直推迟到“沙恩霍斯特”号再次做好行动准备时为止，甚至可以一直推迟到“蒂尔皮茨”号做好出海准备时为止。

就吕特晏斯个人而言，他坦率地向我表明这一看法是很有说服力的。

我接着试图使他明白我不推迟行动的原因。即使这样，吕特晏斯海军上将可能并不完全确信我观点的正确性，我们完全本着互相理解对方的态度结束了此次讨论。

派出“俾斯麦”号的决定是我个人在整个战争期间必须作出的最困难的决定之一，因为海军参谋部开始考虑此次行动的前提已经不复存在了。“俾斯麦”号的出击，最初是计划作为一次大规模进攻的一部分，现在却变成孤军奋战了。敌人因此可以集中其所有海上力量来对付这支小型特混编队，故而它所冒的风险是难以估量的。

另一方面，战争不等人，总体战略形势不允许我们有意将这支强大的兵力搁置不用。因为“沙恩霍斯特”号和“格奈森瑙”号在法国的锚地暴露后，不停地遭到英国空袭，根本说不准它们什么时候能够再次投入战斗。如果我们要等到它们再次做好准备的话，那就意味着我们将永远失去在大西洋使用这艘新战列舰的机会（正如后来所证明的，在这两艘舰来年突破英吉利海峡回国以前，它们谁也没能再次出海）。而如果将行动推迟到“蒂尔皮茨”号做好出海准备时，将意味着我们至少在半年内毫无作为——而在这半年里，美国的中立态度可能就会变为完全的敌对态度了。

我作决定时的一个重要心理因素就是我绝对相信吕特晏斯海军上将的指挥能力。他对海战的了解和对战术的掌握都是一流的，甚至在第一次世界大战中他还是一个非常年轻的军官时，就已经指挥一支鱼雷艇中队了。从那以后，他不断获得提升，从驱逐舰编队指挥官，到巡洋舰舰长，一直到鱼雷艇部队司令。他还具有丰富的参谋工作经验，在他担任我的人事局长期间，我们关系密切，他也赢得了我的信任。在占领挪威行动中，他曾有段时间接替生病的舰队总司令指挥重型舰队。最近在指挥“沙恩霍斯特”号和“格奈森瑙”号的行动中，他在各方面都表现出了非凡的才能。

在我作出决定过程中遇到的意料之外的难点之一就是希特勒本人的态度。当我向他汇报行动计划时，他没有明确表示反对，但他的态度表明他并不完全赞同。但他还是把决定权留给了我。接着，在 3 月初，吕特晏斯海军上将在戈泰哈芬与希特勒单独进行了一次长时间会谈。会谈中，他不仅详细描述了有关“沙恩霍斯特”号和“格奈森瑙”号在大西洋的作战经验，而且解释了“俾斯麦”号战术使用的观点。他还论及了“俾斯麦”号可能面对的来自敌人航空母舰的威胁。

在综合考虑了各方面因素后，我才最后下令实施这次作战行动。5 月 21 日，惊心动魄的战斗行动开始了。

“俾斯麦”号由林德曼（Lindemann）舰长指挥，“欧根亲王”号由赫尔姆斯·布林克曼舰长指挥，编队由吕特晏斯海军上将统一指挥。它们通过冰岛北部的迂回航线，避开结冰海域，突破了英国设在冰岛至格陵兰岛之间、穿越丹麦海峡的巡逻封锁线。突入大西洋后，它们转而向南航行，遭遇到了由英国新服役的战列舰“威尔士亲王”号和老战列巡洋舰“胡德”号组成的一支拦截编队，编队中还包括用于护航的驱逐舰。就在 5 月 24 日凌晨 6 时左右，一次决定性的短暂战斗打响了。“俾斯麦”号仅用数分钟就向“胡德”号倾泻了两次齐射的

380毫米炮弹，击沉了“胡德”号；除3人幸存外，“胡德”号失去了所有的舰员。在“俾斯麦”号和“欧根亲王”号精确的火力打击下，“威尔士亲王”号也损伤严重，不得不脱离战斗，在烟幕的掩护下撤退了。

然而，“俾斯麦”号和“欧根亲王”号自身也不是毫发未损。“俾斯麦”号最严重的损伤是一发炮弹在它的一个油柜上炸开了一个裂口，有的油柜漏进了海水。因此，吕特晏斯海军上将决定缩短航程，立即前往法国大西洋沿岸的圣纳泽尔港。

与此同时，英国人在丹麦海峡首次发现“俾斯麦”编队后，已经组织起他们在东、北大西洋最强的兵力，包括航空母舰、战列舰、巡洋舰以及驱逐舰等。这其中，有的来自不列颠群岛，有的来自哈利法克斯护航运输队，有的来自更远的直布罗陀海峡，所有的舰只都高速赶往“俾斯麦”号可能出现的海域。5月24日夜，从英国航空母舰“胜利”号上起飞的鱼雷轰炸机对“俾斯麦”号实施了攻击，命中一枚鱼雷，但只是使装甲坚固的“俾斯麦”号航速稍微下降了一点。

接着，吕特晏斯海军上将利用恶劣的天气和较低的能见度掩护，摆脱了敌人的追踪，消失在茫茫的大西洋中。但考虑到“俾斯麦”号的巡航距离已不足，吕特晏斯海军上将决定和“欧根亲王”号分开，单独在海上行动。

从5月25日清晨到26日中午时分，“俾斯麦”号都成功地避开了它的追踪者。但一架在比斯开湾最南端执行远程侦察任务的英国卡塔林纳式水上飞机却意外地发现了它，使它又重新处在了敌人的监视之下。此时，它距离布雷斯特港不足700海里，距离德国空军重型轰炸机的掩护范围还要更近。再过一二百海里，它就将进入由6艘U型潜艇组成的警戒线以内，这些潜艇事先就被专门派遣到敌人可能的追踪线上。而实际上，英国海军上将托维也早已决定，如果在 26 日午夜以前还不能发现“俾斯麦”号的话，将放弃整个追击行动。

卡塔林纳飞机的发现改变了这一切。一份份电令发出去后，召来了所有可能赶往现场的英国军舰。接近黄昏的时候，从最近的一艘航空母舰上起飞的英国鱼雷机开始对“俾斯麦”号实施攻击。

积雨云、大风、恶劣的海况以及正在降临的夜幕都极大地影响了该舰的火力发挥，但“俾斯麦”号还是建立起了一道防空火力网。虽然进攻持续了半个多小时，进攻者也只是命中了两枚鱼雷。其中一枚击中了装甲带，给“俾斯麦”号造成的损伤仅比前一天夜里那枚鱼雷造成的损伤稍严重一点。而另一枚却击中了它装甲薄弱的舰尾右部，损坏了它的螺旋桨，同时也卡死了舵，使其失去了机动能力。

虽然舰上的蒸汽机仍在工作，“俾斯麦”号却已经失去了机动能力。然而在夜里大部分时间内，它还是成功击退了敌人的鱼雷攻击。但随着白天的来临，英国两艘最强大的战列舰崭新的“英王乔治五世”号和“罗德尼”号占据了最安全有利的阵位，在 16 000 码距离外，用其 14 英寸和 16 英寸舰炮开始了新的攻击。而“俾斯麦”号却难以机动到战斗阵位上，弹药也几乎用光了，穿甲弹被一场飓风给卷走了。它的火力最终被敌人压制住，舰上的大炮也跟着沉默下来，甲板上到处弥漫着大火。现在敌人接近到了几乎可以水平直射的距离上，不停地将炮火倾泻到“俾斯麦”号上，但“俾斯麦”号却没有任何打算投降的举动。最后，敌人一艘巡洋舰靠上来使用鱼雷对它实施了最后致命的一击；“俾斯麦”号于上午 10 时 30 分开始下沉，它的舰旗仍在空中飘扬。舰上超过 2 000 名的官兵只有 110 人幸存，其余都随舰一起沉入了大海，包括吕特晏斯海军上将和几乎所有的军官。

“欧根亲王”号在大西洋中部加过油后，动力出现故障，不得不返回布雷斯特港，于6月1日安全抵达。

为避免被敌人发现，“俾斯麦”编队在巡航的大部分时间里都保持着无线电静默，因此，有关“俾斯麦”号巡航作战以及其最后战斗的详细情况都只能根据敌人的消息和幸存者的讲述拼凑而成。“俾斯麦”号出发后，每过一个小时，我的心就会绷紧一分，因为我独立一个人承担着派它出海的全部责任，就像我作为海军总司令，要为在我任期内所有的海军作战行动负全部责任一样。没有谁鼓动我派它出海，而是我自己坚信我们应该使用一切手段与敌人作战，并且我个人认为将我们的力量用于这一目的非常好，因此我就独自作出了这个决定。

5 月 22 日，当我报告希特勒“俾斯麦”编队已出发时，他表现出了相当的疑虑和不安。我试图消除他的疑虑并向他解释了我们这次行动所期望取得的积极效果，在得到他的许可后，这次任务得以继续进行。

开始，一切情况似乎都证明我的决定是正确的。当“俾斯麦”号遇到敌人后，因为其位置已暴露，它自然而然地打破了无线电静默，并且报告已击沉“胡德”号，同时击退了“威尔士亲王”号的进攻。希特勒听到这一消息，非常高兴，亲自向我表示祝贺。但我还是向希特勒指出我们的担忧并没有结束，因为从“俾斯麦”号摆脱敌人恢复无线电静默以前发回的报告来看，它已受损伤，机动能力也降低了。

事情到了这一步，我必须作出有关此次“俾斯麦”号出击行动的第二个困难的个人决定。在对“胡德”号的作战取得胜利后，海军参谋部是应该将“俾斯麦”编队召回呢，还是将进一步行动的决定权留给编队指挥官吕特晏斯海军上将呢?

此时，我认为经过丹麦海峡突破北部的封锁海域进入大西洋是此次行动中最困难的部分。命令吕特晏斯海军上将中止行动、经过冰岛外海狭窄而危险的海域返回，对我来说是一个根本没把握的决定，这应该完全由吕特晏斯海军上将自己作出。作为身临战场的指挥官，他是唯一能够根据自身受损程度和进一步行动可能产生的影响对战场态势作出正确评估的人，只有他本人才是最有发言权的人。而且我已认识吕特晏斯海军上将多年，我确信他作出的任何决定都是在当时情况下所能作出的最明智的决定。

因为“俾斯麦”号恢复了无线电静默，我们所知的全部情况就是吕特晏斯海军上将已经杀入了广阔的大西洋。接着，通过分析情报官员监听到的敌人无线电通信情况，我们发现跟在“俾斯麦”号后面的英国巡洋舰发出的有规律的保持接触的信号停了。据此我们推测，吕特晏斯海军上将已摆脱追踪，突入了大海。

促使吕特晏斯海军上将决定立即返回圣纳泽尔港的全部原因我们不得而知，因为他和“俾斯麦”号的舰长以及他们所有的参谋人员、舰上的其他军官都随舰一起沉入了大海。因此当敌人的消息报道了“俾斯麦”号最后的沉没之后，我所能提供给希特勒的只能是我自己的一些推测。

在三天多一点的时间内，希特勒从击沉“胡德”号喜悦的巅峰一下子跌落到沮丧的深渊，他的愤怒可想而知。吕特晏斯海军上将具有出众的才华和勇敢的战斗精神，他也完全理解我的计划和意图，因此我确信他根据自己对战场态势和舰艇状况的掌握而作出的决定是正确的。是我制定并且下令执行的“俾斯麦”编队的作战计划，因此也应该由我承担全部责任。

在接下来的战争中，“俾斯麦”号的沉没对整个海军的作战行动都有着持久的影响。现在，希特勒对于我的任何建议或提案的态度就完全不同了。在此以前，任何事情，只要不涉及政府的政策或其他军种，他都会让我放手去做。但是现在他却变得极其挑剔，并且更倾向于坚持自己个人的观点。以前，他不喜欢在大型舰艇行动前预先作出太多的指示，因为他渴望采取这些行动。而现在，他给我下达命令，严格限制这些主力舰艇的行动。他禁止舰艇突入大西洋执行进攻任务。以前我们以劣势兵力通过大胆的计划和一定的冒险取得成功已经成为昔日往事了。海上作战以一个全新的面貌出现在我们面前。

海军参谋部担心大西洋之战的有利时机将会消失而不是增加，我们的担心很快被证明是正确的。“俾斯麦”号被击沉不久，英国海军部就实施了一次大规模的全面搜索行动，以发现和摧毁任何我们在大西洋建立起来的后勤供应体系内的所有船只。很快，就有超过6艘以上的德国补给船被发现并被击沉。由于敌人在大洋上空侦察的密度不断增大，我们遭受的损失难以得到及时补充，甚至都难以维持海上现有的部队。即使这样，我们也没有放弃在大西洋近岸海域实施攻势行动的努力。1941年6月，袖珍战列舰“吕佐夫”号计划驶往挪威的一个前沿基地，作为其突入大洋作战计划的第一站。然而，它还没有到那儿，就在敌人的一次空袭中被一枚鱼雷击中，不得不前往一处船厂进行修理，并在那儿停留了很长一段时间。

战列舰“沙恩霍斯特”号和“格奈森瑙”号仍在布雷斯特

港修理，使用它们实施攻击行动的希望也越来越小。事实上，它们在法国港口内的处境也将越来越危险。由于受到敌人不断的空袭，它们的修理进度本来就很慢，现在更是几乎停了下来。这两艘舰不可避免地将被迫返回德国，剩下的只是时间问题。

然而，此时希特勒却因为担心英国人正在计划一次大规模的重新夺占挪威的行动而心神不宁。英国在挪威海岸分散实施的大量小规模突袭使他产生了这一想法，他确信英国正在计划对纳尔维克港实施一次大的攻击行动。海军参谋部里没有人和他的想法一致，但希特勒却坚持认为在英国人的进攻面前，挪威的防御力量还不够强。因此他命令我们派出所有能战的舰艇——包括“沙恩霍斯特”号和“格奈森瑙”号——前往挪威以加强那里的防御。

1941 年 11 月中旬，我从我个人的角度出发，为希特勒分析了大西洋之战剩下的几种可能性。虽然“蒂尔皮茨”号下个月就可以投入战斗了，但是我却不会派它进入大西洋——不仅因为我们燃油极度短缺，还因为那儿不断恶化的作战环境并不利于像“蒂尔皮茨”号这样的大型舰艇实施一次有效的攻击行动。但再过两三个月，“沙恩霍斯特”号和“格奈森瑙”号就可以出海作战，在大西洋中执行短暂的攻势行动了，特别是攻击来自直布罗陀海峡的英国护航运输队。

不幸的是，由于在船厂停留的时间过长，这两艘舰的舰员都非常需要进行战斗训练。这样的训练只能在海上的短期训练航行中进行，而一旦出海，它们肯定又会遭到敌人大规模的空袭，尤其是鱼雷机的袭击。让这两艘舰返回挪威或德国的港口将非常困难，并且要冒极大的风险，但如果利用特殊的天气条件，它们就有可能通过冰岛北部的迂回航线返回国内。我又补充说，“欧根亲王”号通过一次快速隐蔽的突击穿越行动航经英吉利海峡返回国内的机会非常大。

海军参谋部对于“沙恩霍斯特”号和“格奈森瑙”号通过一次快速隐蔽行动北上经过英吉利海峡返回国内的可能性进行了仔细研究。从一开始我就反对任何这样的行动。敌人通过他们的情报机构以及其他渠道，可以随时掌握这些舰艇的准备情况，并可精确推算出它们出航的时间，进而召集所有的海空力量来进行拦截。再有，通过狭窄水道内的水雷区也是非常危险的。

不管怎样，希特勒却坚持要这些舰艇通过英吉利海峡返回。因为突然性对这次行动的成功至关重要，所以他允许这些舰艇保持较低的战备状态，也不必到海上进行任何训练航行，以免惊动敌人。

我们早就着手制定的一些计划需要这些舰艇在白天离开驻泊港，开始北上突破海峡的行动，而且还要在白天突破狭窄的多佛尔海峡。在一次会议上，我将这些计划和其他的计划一同交给了希特勒，参加这次会议的还有将实际参加这次行动的主要指挥人员：这支战列舰编队的指挥官奥托·西里亚克斯海军中将、扫雷部队指挥官卢格准将以及提供空中掩护的战斗机指挥官格兰德上校。希特勒批准了白天突击穿越的计划。

让这些舰艇冒险突击穿越海峡的决定与我的观点完全相反。只要敌人保持正常的戒备状态，我根本就看不出这次突破行动会有任何成功的机会。但希特勒却是铁了心了。他明确表示，如果我反对这次突破海峡行动，他将下令这些舰艇在布雷斯特港就地退役，并拆除所有舰炮。

行动在 2 月 11 日至 12 日的两个白天和一个夜晚中进行，取得了决定性的成功。因为许多特殊情况使我们达成了突然性：敌人意外地停止了一贯有效的空中侦察；皇家空军也暂时集中兵力执行其他任务；气候条件也对我们异常有利；敌人在指挥衔接上也出现了一些混乱。

在我们这边，大家都非常高兴，尤其是希特勒自己更是兴高采烈，因为现在他不必再为这两艘舰暴露位置而担心了。但美中不足的是在突破过程中“格奈森瑙”号触到敌人一颗水雷，因此不得不停泊在基尔船厂修理。不久，它又在敌人的一次空袭中严重受损，使其在接下来的战争中失去了战斗能力。

从战术上看，这次穿越是一次巨大胜利；但从战略上看，则是一次彻底的撤退。将战斗力最强的舰艇从面对大西洋的港口撤至挪威海域以保卫挪威，使得“大西洋之战”失去了任何实际意义。这意味着在那个极其重要的作战海域放弃了攻势行动。

虽然我们再也不能够在大西洋里以强大的水面舰艇部队对敌人脆弱的海上交通线实施攻击来威胁敌人了，但是海军参谋部并没有完全放弃对敌人的破交战。盟国不断增加运送战争物资的船只前往处境艰难的苏联，这为我们使用位于挪威北部的舰艇实施攻击创造了机会。1942 年 1 月，超级战列舰“蒂尔皮茨”号被派往北方，以阻止敌人在挪威峡湾可能的登陆行动。几个星期以后，袖珍战列舰“舍尔海军上将”号、“吕佐夫”号与巡洋舰“希佩尔海军上将”号、“科隆”号也一起被派往北方执行同样的任务。这些舰艇在那儿对敌人形成了持久的威胁。驻守在北方的空军也得到了加强，并且已拥有更大的搜寻和攻击敌人护航运输队的权力。但敌人被击沉的船只中大部分还是由 U 型潜艇创造的战果。

同样，我们的潜艇在大西洋里也能够继续有效地进行作战行动。1942 年，它们成功的次数直线上升。虽然我们新潜艇的建造数量仍低于需求，但还是能够保持在前线实际执行任务的潜艇数量不断上升。我这么多年的努力也没能够确保海军获得额外所需的人员和物资，即使在海军内部，在我看来修理和建造新潜艇的重要性也没有被充分认识。完成“俾斯麦”号、“蒂尔皮茨”号和“欧根亲王”号的建造，以及大量的战列舰和巡洋舰的战损修理，一直是船厂的首要任务，而这些都是以牺牲建造潜艇为代价的。

虽然如此，U 型潜艇还是不断取得胜利，这主要归功于艇员们的战斗精神和潜艇部队司令邓尼茨海军上将的卓越领导。正像和平时期的行动所表现的那样，现在 U 型潜艇在大西洋的作战行动证明了一点：U 型潜艇平时的训练与战时在前线的行动都应由潜艇部队司令掌管。

在训练方面上，新服役潜艇艇员参战前的最初准备工作由潜艇部队副司令冯·弗雷德堡海军少将负责。他从前线直接指派具有实际战斗经验的艇长来负责单艇的训练工作，以便他们能将自己的战斗知识和经验传授给新艇长和新艇员。

在大西洋，最大的胜利是由成群集体行动的潜艇取得的，它们也被叫做“狼群”，其中有的对护航运输队的追击行动持续整整数天。这样的连续战斗要求艇长和艇员都要竭尽全力，而对于他们在最困难的形势下所表现出来的勇敢和坚韧，无论给他们多高的荣誉都不为过。

从长远来看，我和邓尼茨海军上将都完全同意单是 U 型潜艇就可以对这场战争产生决定性的影响，我还认为水面舰艇也能产生巨大的影响，虽然他并不同意我的这一观点。他还认为潜艇建造项目应该交由军备部长施佩尔继续执行——这一观点与我参谋班子中的技术专家的看法完全相反。

虽然我们在观点上有分歧，但是邓尼茨海军上将还是会拥护经过深思熟虑的、客观的海军战略。所以后来当他和我一起反对希特勒将剩下的大型舰艇退役时，希特勒感到非常吃惊。作为潜艇部队司令，邓尼茨自然会向我提出各种要求，他也有权这样做，但不幸的是我却常常不能完全满足他的要求，因此他觉得他完全有正当理由抱怨他的要求没有得到适当考虑。而我也是常常这样向希特勒抱怨的。虽然我们之间存在这么多分歧，但是我们之间的合作却丝毫没有受到个人感情的影响，对于邓尼茨的个人能力以及作为战时 U 型潜艇部队司令的表现，我也一直都给予很高评价。后来，在纽伦堡审判的严峻考验面前以及随后在施潘道监狱长年的狱中生活，我更进一步认识到了他身上优秀的个人品质。

就在海军参谋部忙于大西洋作战时，我们突然发现德国又被卷入另外一个全新的战场中去了。日本偷袭了美国珍珠港的太平洋舰队，美国正式参战，这在战略上意义重大。

我和海军参谋部的其他任何人都没有想到这一步。甚至是在三军总司令事先已于 3 月 5 日发布命令说日本可能参战、加入我方的情况下，日本于 12 月 7 日发起进攻的消息还是完全出乎我们的意料之外。这道命令声称，为了取得全球性战争的最终胜利，占领英国在远东最重要的基地新加坡将具有决定性意义。

从那时起，我就一直主张如果日本真的参战，应当向新加坡进攻，而不是像军内有些人认为的那样向海参崴进攻。我认为选择海参崴作为目标将会是一个糟糕的错误，日本的优先目标应该是英国在远东的据点。而且我私下也希望日本攻占新加坡后，美国就不敢亲自参战了。

在日本实际参战以前，并没有人针对战略形势可能发生的变化展开研究和详细讨论。即使在那以后，它和其他两个轴心国伙伴之间也没有进行实际有效的合作。

如果我们能从一个更宽一点的视角观察当时的形势，日本在东南亚的成功，加上我们在地中海积极的攻势行动，再有北非的安全——如果法国受到影响肯跟我们合作的话——所有这些将大大加强我们在这场战争中的优势地位。但是所有这些可能性都因希特勒在北部发动的战役而消失了，苏联战场牵制了我们所有的力量。并且与乐观的期望相反的是，这次战役变成了一场持久战。

1942 年，地中海形势也发生了巨大变化。初春时，由于我们派了一支空军部队到西西里，并派了许多 U 型潜艇到地中海，那里的形势开始有利于我们。

此时，马耳他岛是英国对德、意通往北非海上交通线实施攻击的主要基地。但由于我们不停地对其进行轰炸，再加上对英国支援马耳他的护航运输队成功地进行了海空打击，该基地的作用被大大削弱。其结果是，原先由于英国的攻击而大为减少的对北非隆美尔陆军元帅部队的补给和援兵，现在可以不受阻碍地到达那里了。但是这些海上交通线不可能完全不受威胁，除非我们能消灭英国在马耳他的基地。

在这一点上，南线部队总司令凯塞林陆军元帅以及意大利最高指挥部和我的观点完全一致。海军参谋部和我们驻意大利海军的联络官威肖德海军中将都认为对马耳他采取一次攻击行动的时机已经成熟。因此，在我与希特勒的会晤中，我多次极力主张占领马耳他。

德、意成立了联合参谋部，制定了必要的作战计划。根据计划，作为此次行动的开始，隆美尔的坦克部队将首先向开罗方向发起一次强有力的攻势，其目的是将英国的空军基地尽量从沿海推向内陆，从而使敌人难以从这些机场起飞飞机支援马耳他。

最初，隆美尔的推进行动非常成功——太成功了，以至于看起来他们好像就要到达北非行动的最高目标——苏伊士了，而隆美尔也获得授权继续向前推进，攻占苏伊士。接着，我们最初先取马耳他、再占苏伊士的计划被完全倒过来了，苏伊士成了优先目标。

后来证明这是一个致命的错误，因为随着隆美尔距他的补给港越来越远，他的攻势逐渐停了下来，并且原计划用来进攻马耳他的空军部队和意大利的空降师也不得不被用来支援隆美尔在北非的坦克部队。英国利用这个时机，将人员、飞机和补给源源不断地运入马耳他，即使是其用于运送补给的护航运输队遭受严重损失，也在所不惜。成功占领马耳他的绝好机会就这样被永远地错过了。

从一开始，海军参谋部就坚持进攻马耳他，因为在战略上它是英国在地中海最重要的据点，只是后来我们也希望隆美尔进攻苏伊士。然而，希特勒好像从来都没有对进攻马耳他或对地中海问题感兴趣过，而地中海问题的重要性对我来说却是这样明显。对希特勒来说，地中海只是第二战场，他非常乐意把那儿的指挥权交给意大利人，并且只是把我们较弱的部队派往那儿战斗。由于对苏作战给陆军和空军带来了巨大压力，他们现在可能根本难以派出战斗力真正强的陆军部队或空军中队增援地中海前线了。而这也是我一直担心的——正是这个原因促使我当初警告不要在东部发起任何战争。

另一方面，对英国来说，地中海一直就是“生命之海”。整个大英帝国的命运可能都依靠着其在直布罗陀、马耳他以及苏伊士的据点。

但是，另外还有一个帝国——法国——在地中海有着巨大的利益，在这边，它有人口稠密的城市，在非洲那边则是它的殖民地。我多次向希特勒指出这一点。对待法国，就要像对待挪威一样，我一直认为有必要采取积极的和平政策，而且这也是可能的。为什么我们采取这样的态度，法国就可能会对我们友好呢？这是有原因的。因为 1940 年 7 月 3 日，在奥兰由萨默维尔海军上将指挥的一支英国舰队要求一支法国海军部队要么重新参战，加入英国一方，要么投降。这个要求遭到拒绝后，英国舰队对毫无戒备的法国舰艇开了火，并将他们全部消灭。超过 1 000 名法国人丢掉了性命。对于前盟友的这一举动，法国国内民众的愤怒也达到了顶点。在法国，甚至有一部分人提议与德国结盟，准备对英国作战。

对此最感到愤怒的一个人就是法国海军总司令达尔朗海军上将，他同时也是法国维希政府的一员，个人影响力很大。1942 年 1 月 28 日，我和他在巴黎进行了一次详细会谈。这次会谈由我们驻法海军的指挥官舒尔兹海军上将安排，当时没有其他人在场。

达尔朗的态度就是一个为国献身的爱国者的态度。他毫不掩饰地向我表达了他对英国的厌恶，非常支持德法结盟。自然，在他心里，将自己国家的利益放在第一位，他的一个目标就是恢复和平，确保法兰西殖民帝国的安全。

我向希特勒详细汇报了这次会谈，而对于德国永远都没有能够找到一种方法与法国达成谅解，我只能表示遗憾。后来盟国通过法属西北非向我们发起进攻时，如果当时与法国进行友好合作的话，他们将为我们提供宝贵的安全屏障。

在地中海战场，我们担心不占领马耳他所导致的不良后果很快就出现了。1942 年底，陆军元帅蒙哥马利针对隆美尔部队进行的大规模攻势开始了。因为隆美尔通往德国和意大利的补给线几乎完全被切断了，他被迫退往突尼斯，这样就将意大利所属的北非拱手让给了敌人。11 月 8 日，在艾森豪威尔将军统一指挥下的英美军队在摩洛哥和阿尔及利亚实施了一次突然登陆行动。根据最先发现敌方的运输船的位置，我们错误地认为攻击行动将会更靠近东部，结果导致我们的反击措施太迟。虽然我方 U 型潜艇成功击沉敌人大量的舰船，但是英美联军的登陆已经推进了很远的距离，我们已经难以将其击溃了。

于是，敌人取得了一次重要胜利，建立了最终攻击德国“欧洲堡垒”的第一个据点。宣告德—意在北非行动失败的丧钟正在敲响。1942 年春，当攻击马耳他的建议首次被提出时，地中海中部的这一关键据点还难以抵挡轴心国决定性的进攻。但这样的机会却由于没被抓住而失去了。在地中海，曾经一度充满胜利希望的形势，现在不再对我们有利了。

第二十章　与希特勒的最后决裂

在西面，我们从来没有背离最初的计划，即在挪威北部抓住各种机会重创敌人。1942年3月，“蒂尔皮茨”号出航进攻盟军的运输船队，但是由于暴风和大雾而受挫。不过正是因为这艘超级战舰存在于挪威北部，盟军的护航舰队不得不增加两艘美国战舰以对抗可能来自“蒂尔皮茨”号的攻击。

由潜艇、飞机和驱逐舰参加的联合行动在随后的几个月取得了显著的战果。4月30日，英国巡洋舰“爱丁堡”号（Edinborgh）被由马克思·马丁特查德海军少校指挥的U-456潜艇用鱼雷击伤，两天后被阿尔弗雷德·舒尔茨·欣里希斯海军上校指挥的驱逐舰中队击沉。7月，当英国海军部收到报告说发现“蒂尔皮茨”号、“舍尔海军上将”号及8艘驱逐舰后，立即命令在北角北部的运输船队散开。这支船队在前文中提起过，代号是PQ-17，为它护航的是2艘战列舰、1艘航空母舰、7艘巡洋舰及约20艘驱逐舰。尽管如此，我方的U型潜艇和飞机至少击沉该船队33艘舰船中的22艘。

若不是德国的重型舰队被要求遵照命令返回基地的话，战果还会更辉煌。因为在“俾斯麦”号被击沉后，希特勒下达了严格的命令，规定重型战舰只有在敌方航母瘫痪后才能参战。即便如此，在北航线上敌人船队经常性的重大损失，迫使其在次年整个夏天中止了向摩尔曼斯克的运输。

到秋天的时候，盟军重新开始了海上运输，但经常是派遣零散的船只。但是在12月底，一支由重型巡洋舰和驱逐舰护航的大型运输船队再一次尝试这条危险的航线。

一支德国的特遣舰队出海拦截：其中包括重型巡洋舰“希佩尔海军上将”号、袖珍战列舰“吕佐夫”号及4艘驱逐舰，编队由库梅兹海军中将指挥。

这支特遣舰队在北极圈的极夜到来前及时接近了盟军的运输船队并发动了一次攻击。在与盟军护航舰队的交战中，数艘敌方的驱逐舰被重创，之后有2艘沉没。而我方有1艘驱逐舰沉没，“希佩尔海军上将”号的锅炉舱被击中，航速急剧下降。

由于敌方的运输船队有驱逐舰护航，库梅兹非常聪明地退出了战斗，因为在黑暗中英国驱逐舰的鱼雷对我方重型战舰的威胁很大。在北极圈极夜的低能见度下冒险显然不是好的战术，而且库梅兹也收到命令不要在情况不利的条件下冒险。考虑到旗舰已经受伤，加上黑暗也让敌人有机会实施鱼雷攻击，因此库梅兹把舰队撤回到阿尔塔峡湾（Alta Fjord）。

但这一行动却带来了意想不到的后果。

在交战时，库梅兹尽量保持无线电静默。我们这些在总部的人无法从他发出的简短战术信息中了解战况。不过，从一艘邻近战区的U型潜艇传来的电报中，海军参谋部和最高统帅部了解到库梅兹在用“希佩尔海军上将”号和“吕佐夫”号的火炮攻击盟军运输队。当希特勒在等待这支盟军运输船队被歼灭的确切消息时，他高兴地跳了起来。

但实际上没有任何确切的消息传来，甚至是在库梅兹到达阿尔塔峡湾后还没有。原因是他害怕发出的无线电信号可能被盟军的情报部门监听或破译，所以他选择通过挪威的陆地电缆发送报告。

不幸的是，挪威北部的陆地电缆被炸毁了。希特勒首先收到的不是胜利的消息，而是英国的新闻公报。公报中说德国舰队在发动了一次不成功的攻击后被击退了，运输船队安全到达了目的地。

希特勒愤怒到了极点，几乎失去控制。他无端地指责有人蓄意对他封锁消息，并宣布他打算让所有的重型战舰停航，他还在战争日记中记录下他的观点：重型战舰完全没有用处。他根本听不进我在总部的私人代表克兰克海军中将的任何解释，并打电话命令我立即向他汇报。

我请示给予一点时间以获得必要的准确细节，而海军参谋部从库梅兹那儿得到完整的行动报告还需要一段时间。因此我直到 1 月 6 日才明白发生了什么。

这时候希特勒已经平静了一些，但是我立刻明白他很可能会要求我辞职。

希特勒当着凯特尔元帅的面整整训了我一个小时。他又一次抱怨不能及时得到消息。他继续恶意粗暴地抨击海军，对自 1864 年来海军的功绩视而不见，声称除了 U 型潜艇外，德国海军的整个历史就是无能。

戈林的影响在希特勒的言语中随处可见。在此之前，重型战舰也曾是希特勒的骄傲。可现在他把它们贬得一文不值，如每次出海都需要飞机和轻型舰艇的保护等。他还说，如果盟军进攻挪威，空军与其掩护战舰，还不如直接去进攻英国舰队。之后，他又说大型战舰不再具有作战价值，应该封存起来。这样舰上的火炮还可以用于别处，如急需火炮的岸防工事。最后他甚至批评起德国舰队在斯卡帕湾的匆忙撤退，还贬低他之前一直赞扬的海军精神。非常明显，希特勒对我所指挥的海军的谩骂实际上是针对我个人的攻击。他最终让我提交一份备忘录，解释在重型战舰的作用方面与我观点相反的任何其他看法。

整个过程中我都尽力控制自己保持沉默。我觉得让一个海军高级军官来反驳这样明显带有偏见的观点太有失身份了。

当希特勒说完后，我平静地请求能否与他单独谈谈，凯特尔元帅和两名速记员离开了房间。

十年前我就建议希特勒关心海军事务。当时他并不是一个毫无兴趣的听者，他确实对战舰及海军的问题感兴趣。那时希特勒经常表示自己欣赏海军扎实的作风、出色的业绩以及优秀的领导。我出于自身职责，多次提醒他一些危险的政策可能会导致我们与英国海军发生冲突，可每一次他都向我保证他不会允许这样的冲突发生。然而与他的保证相反，德国与英法两国开战了。我曾强调英国是危险的对手，我们所有的工作都应直接针对它，但是每次希特勒都不听劝。

我意识到我现在对希特勒的影响正在减弱。可能我个人对这件事的处理有问题，但实际上我们的争论一直都是光明正大的，而不是人身攻击。不过，从占领挪威开始，他不再重视我的建议。他没让帝国委员特波文下台，因为特波文是纳粹党的资深党员，即使他清楚特波文的行为有损于政府声誉。希特勒还不顾我的反对坚持与苏联开战。当我努力为海军谋求更多的物资装备和人员时，他仅仅对我的请求表示赞同，却没有提供任何的帮助，特别是 U 型潜艇的建造计划。海军对于重型战舰的指挥有时让希特勒觉得太冒险，有时又让他觉得太胆小。

现在我们之间的分歧越来越大，共同点越来越少。他对我粗鲁的言语和失控的怒火让我感到他并不仅仅把这些分歧当作是不同观点来对待。

是时候分道扬镳了。

现在有一点与我以前考虑提交辞呈时不同。现在其他的年轻将领已经成长起来，他们取得了必要的经验并证明了自身的能力。我可以毫不担心地提出辞职请求，因为这样不会对海军造成任何损害。或许新的海军司令还可以从希特勒那儿得到更多的支持。

由于在此之前的言语中希特勒已经暗示过对我不再信任，因此我非常平静地向希特勒请求辞去海军总司令的职务。如果没有这种信任，我无法在办公室待下去。另外，我还解释说我已经 67 岁了，健康也不是太好，该是让年轻一些的人接替我的时候了。

希特勒像往常碰钉子时一样，开始冷静下来，试图缓和他的语气。他说他并不是批评整个海军，而是仅仅针对重型战舰。年龄不是一名指挥官的障碍，就像他本人所证明的一样。他希望我认识到，在这即将攻克斯大林格勒的关键时刻，我的辞呈会加重他的负担。而且他已经因为解除许多部队司令的职务而遭到批评。

我又重复了一遍我所说的话：在今天的讨论之后，我不可能再担任这个职务了，因为我的权威已经出现问题。但是，为了不让外界知道我们的分歧以及指挥权的移交尽可能不影响海军，我可以在希特勒认为最适当的时候辞去职务。如果他不希望给人们造成发生突变的印象，他可以给我安排一个名义上的虚位，以显示我仍然积极地参与海军事务。

对于我辞职的日期，我建议选在 1943 年 1 月 30 日，因为这是我在希特勒政府中任海军司令十周年的纪念日，选择这一天辞职可以让公众更容易接受。

希特勒从我的话中觉察到我辞职是不可挽回了，他最终不得不同意了。在我离开前，他让我以书面形式向他推荐两名军官作为我的继任候选人。

在我向希特勒提交的备忘录中推荐的第一个候选人是卡尔斯海军上将，他在两个人选中是较年长的一位。他是海军北部作战集团司令，我认为依照他的个性以及对海战指挥能力的掌握，他是这一职务的理想人选。第二个人选是邓尼茨海军上将，1935 年我任命他为海军潜艇部队司令。毫无疑问，他在潜艇和水下作战方面是绝对的权威。如果希特勒考虑优先发展 U 型潜艇，那么邓尼茨就是海军总司令的不错人选。

希特勒最终选中了邓尼茨。

在我们 1 月 6 日的讨论中，希特勒要我给他一份备忘录，说明我对战列舰和巡洋舰作用价值的观点，并解释为什么它们如此不可缺少。我于 1 月 15 日提交了这份备忘录。整个海军参谋部都参与了起草，我又仔细地审查了一遍。其中明确指出如果像希特勒打算的那样抛弃重型战舰，那么对于我们的对手来说，显然是一次胜利，而且这场胜利是毫无风险、唾手可得的。从各个角度来看这样做都是有害的，特别是考虑到战争最后阶段海战的重要性，这样做根本就是愚蠢的。备忘录中写道："英国的整个战争都依赖于对海上交通线的控制，如果德国放弃重型战舰，那么对于英国来说就意味着战争胜利。"

1 月 30 日，希特勒接见了我，并与我作别。他非常友好地接受了我的辞呈，并表示外界不会知道这是因意见根本分歧所致。我被授予了海军总监察长的头衔——一个没有任何实际权力的虚位。如果不是之前说好了，我是不会接受的，因为我不希望给我的继任者带来任何麻烦。

如我所料，邓尼茨在 2 月底成功地劝说了希特勒不要放弃重型战舰，正像他 1 月 6 日与我谈话中所保证的那样——他做到了，并且是在没有我帮助的情况下。这是邓尼茨个人的成功，让我非常满意，他对重型战舰重要性的认识与我的一致。

与我告别的时候，希特勒向我保证他会认真考虑我的建议和劝告，但他根本没这么做。这之后他只叫我做了两件事，第一件是让我 8 月底率德国使团参加保加利亚国王鲍里斯的葬礼，另一件是派我带一艘摩托艇去布达佩斯，作为礼物送给匈牙利总督霍斯（Horthy）。

这两次任务之前，我都会被叫到富尔勒的总部，去听取他们对任务所作的必要说明。

不过，希特勒显然想让人们以为我们两人的关系还很好。因此，虽然我已经退役并悄悄地搬到巴贝尔斯堡（Babelsberg）的郊区，海军总司令部的官员还是被派来协助我，另外，来自陆海空三军的军官每隔三四个星期就来向我汇报总体战况。我在海军中的同事也没有忘记我。

这种隐居持续了一年半，这段时间我主要用于恢复身体，自一战以来我就一直处于紧张工作之中。尽管我一直避免出现在公众场合，小心地避开政治活动，但是 1944 年 7 月 20 日，我突然发现我被卷入了刺杀希特勒的行动中。

我完全是无辜的。因为我第一次听说这起刺杀是在第二天看报纸的时候，我和妻子在当天晚上都没有听广播。我第一次知道自己成为嫌疑犯，是因为我的朋友问我是否知道我被举报参与了这次刺杀。

因为我对希特勒的生活毫不关心，我只能假设是有人恶意谣传我参与了刺杀。我估计谣言出自戈林或希姆莱的圈子里，他们对我都不友好——同时我非常清楚这种谣言对我十分不利。

因此我打电话给在富尔勒总部的瓦格纳海军少将，请求立即与希特勒见面。第二天，我飞抵富尔勒总部，首先与已是总参谋长的古德里安见了一面。介绍总体战局情况的例行会议正要开始，周围都是过来开会的人，我亲自迎接了希特勒。

与会的每个人都认识到东线战局很糟糕。战线完全被苏联人分割开，而且没有足够的预备队来填补战线间的缺口。戈林在会上的表现很悲观。他坐在希特勒边上，装作要提出极重要建议的样子，而实际上希特勒对他并不关心。尤其是戈林急切地试图为他的“赫尔曼·戈林”师辩解。

在会后，我与希特勒共进午餐，他向我讲述了他的奋斗历程，并向我显示了他付出努力后取得的实际成果。

刺杀的炸弹很恐怖，但令人惊奇的是现场没有人在爆炸中身亡。希特勒只受了轻伤。速记员贝格尔的两条腿被炸飞，布兰特元帅和空军总参谋长科顿（Korten）将军受伤严重。约德尔将军、冯·普特·卡默尔海军少将和阿斯曼上校被烧伤并受了些轻伤。施米顿将军的伤口感染破伤风，最终死亡。

当我和希特勒道别时，他以为我很关心战局的恶化，因此对我说他有信心夺回东线的主动权。

在总部期间，我口袋里一直放着一把手枪，以备不测。但是我突然出现在希特勒总部很明显让我的敌人感到震惊，他们匆忙放弃控告我谋杀希特勒的打算。对此我听说的不多，不过在格德勒博士写给希特勒的私信中，他担保我没有参与任何政治事件。

有关刺杀的详细情况现在已经公布于世，其幕后的组织让我非常吃惊（很多军队领导人参与其中）。在我任职期间，没有人劝说我叛国，也没有人来试探我。最高统帅部情报部长卡纳里斯海军上将也没有向我报告过该组织的情况，对于这一组织的存在，我丝毫没有戒备。

我知道有许多人，包括军队中的一些人，都不赞同希特勒的政策以及他发动的战争。我也常常与希特勒意见相左。但是我从来没有想过用公开讨论之外的方式来表明我的观点。在任职期间，我时常感到有义务向希特勒提出我的个人意见、建议或警告。

和其他人一样，我也有个界限，即我不会背叛希特勒。在和平时期我多次向他表明了这个态度，1943 年当他向海军发出一系列我无法接受的命令时，这一点就更清楚了。如果不是战争爆发，我估计在 1939 年我就会辞职，最迟 1940 年。但是战事的来临，让我感到这是我的责任，同时也是每个德国人的责任，只要我还有用，我就要保卫祖国。这是所有人都应具有的爱国本能。参与阴谋活动与我的个性根本不相符，我从来没有想过这样做。

在政治上，我从来没有强迫别人接受国家社会主义的观点，相反，我一直坚持保留我们的军事传统和价值观念。只要我掌管海军，我就不会允许破坏海军纪律和忠诚的阴谋活动存在。海军官兵已经尽了最大努力、最大程度地履行了国家赋予海军的职责。海军中不存在谋杀之类的政治活动的空间。我作为海军总司令，无条件地忠于政府，就像我从前在魏玛共和国及埃伯特和兴登堡政府中任职时一样。

但是随着刺杀希特勒事件真相的败露，德国民众明显出现了深层的分裂。希特勒在和平时期外交政策上的成功随着战争的继续而被遗忘。除了快速解决敌人这个可被理解的愿望之外，许多派系中都出现了对希特勒领导的强烈不满。

其中一个重要原因就是希特勒的干涉、免职、军事法庭审判以及其他一些措施，破坏了军队首脑一直享有的公众对他们的尊敬和他们的自信心。战争形势最初前景光明，但是现在恶化之后，取胜的希望逐渐消失。德国人民一直对德国国防军充满信心，但现在一些特殊的军队组织，如党卫军和“赫尔曼·戈林”师在军队系统之外建立起来，这是许多人所反对的。虽然这些部队很好地完成了任务，但是这些部队的首脑所扮演的政治角色使他们作为军事指挥官的声誉受到影响。

在德国军队中地位一直很高的陆军，情况更严重，因为希特勒在勃劳希契元帅 1942 年春辞职后任命自己为总司令。陆军感觉应该由一个有实战经验的将领来当陆军总司令。许多人认为希特勒在国家元首之外又担任陆军总司令一职是不明智的。让有着优良传统和声誉以及名将辈出的德国陆军由一个不堪大任又没有什么战功的政客来领导，确实会让人愤怒。

与陆军相比，海军的指挥结构简单。陆军并不是在一个人的集中指挥之下，陆军中有许多部门，每个部门都由一名将军负责，许多部门在地位上是平等的，因此希特勒必须与每一名将军直接打交道，而不是其中的一个人。这样，他不得不面对许多需要不断讨论和个人决定的单个问题，而总司令却可以让自己只考虑主要问题和政策。让政治领导人强行加入军队指挥结构是不正常的，这破坏了高层指挥的信心。高级将领经常收到矛盾或不切实际的命令，这就破坏了统一有效的指挥。

我感到希特勒亲自担任陆军总司令是一个致命错误，因此我在考虑怎么建议才能说服他放弃这样的决定。但是在我提出建议之前我要准备好，以防被问起我认为谁最适合担任这个职位。

我首先想起的是龙德施泰特和曼施坦因（Mannstein）。如果希特勒认为龙德施泰特的年龄太大的话，我认为曼施坦因是最合适的人选。然而希特勒与曼施坦因意见不合，他们合作的可能性很小。

我向深受希特勒信任的施米顿将军提出了我的想法，我对他说，我认为东线和西线都应该各有一名将军来指挥全局，然后从他们两人中选出一位作为陆军总司令。但是，并没有人关心我的建议，因为陆军内部对哪位将军来担任总司令一职就存在严重分歧。

战争伤亡、生活水平下降等一些国内面临的困难所带来的后果就是，部分高官甚至是德国军队中的高级军官都深信能让德国走出历史上最困难局势的唯一方法，就是通过暗杀来除掉国家元首。

我不想评判这些认为必须走一条与我不同道路的人，这也超出了我的能力。如果某人有责任这样去做，并且对整个复杂局势很了解，他认为受道德和爱国心驱使必须采取不寻常的方式，那么他只需自认所做的事是合理的就行。如果他的动机没错，出于对德国担心，他认为通过暗杀希特勒来消除对人民的威胁是必要的、合理的、可行的，那我不能不对他表示同情。

暗杀行动涉及的人中，我熟悉的只有一小部分。贝克将军，我认识他多年，他的性格无懈可击。我相信其他人也都是诚实的，动机是好的。他们只是觉得自己有义务这样做。我尊重他们的决定。他们在历史以及德国人民面前承担了他们的责任，就像我承担我的责任一样。

我相信这些人只是想用更好的政府来替换目前的，并让战争的结果更令人可以接受，除此之外没有其他什么目的。不过暗杀并没有成功，因此这样做是否可行就不得而知了。值得怀疑的是，是否从 1943 年 1 月的卡萨布兰卡会议上开始，我们的敌人就将要求德国无条件投降定为战争的目标。

直到战后才披露出，有一些反政府人士的确向敌人提供过德国军队的未来作战计划和详情。我完全不认同这样的人。不论是谁，只要在战时帮助本国的敌人，背叛祖国，都是和我对立的。

暗杀行动之后发生的事是我一生中最不快乐的。除了我对暗杀行动的个人态度外，我一点都不同情政府随后对参与刺杀行动的人作出的审判。在刺杀行动后，政府积极行动起来，不仅深挖出了这个阴谋的所谓“真相”，还找出了幕后的原因。但是弗莱斯勒主持的公开审判不符合司法程序。这种方式的审判会削弱人民对政府的尊敬。我目睹了前国防部长格斯勒因为拜访嫌疑人而遭到的迫害。

格斯勒 1920 年到 1928 年间担任德国国防部长。作为德国民主党成员，他不仅很能干，而且诚实坦率，因此我很尊敬他。他退休后去了巴伐利亚阿尔高区的一个小农场，我一直与他保持联系。1943 年的时候，他写信告诉我，说他正与纳粹党高层联系，因为他非常担心巴伐利亚和符腾堡人民对一些事情的反应。他提议改变政府在这些地区的宣传方式。

1943 年我在去匈牙利拜访霍斯海军上将之前接受命令时，借机向希特勒转达了格斯勒的要求，并请求希特勒派一名合适的官员去与格斯勒讨论一下这些政治事务。当时希特勒赞扬格斯勒是个忠实完美的人，并下令希姆莱从警察部门派一名高级警官去拜访格斯勒。格斯勒向这位警官提及了巴伐利亚民众的不满情绪以及重新复活的分裂主义活动。这些都因为政府宣传人员的错误而没有得到纠正。格斯勒在这件事情上的表现说明他是忠诚和负责任的。

但在 1944 年 7 月 20 日，我收到了格斯勒的一封信让我吃惊不小。他信上的邮戳是梅克伦堡湾的居什坦伯格附近一所监狱的。在信中，他对我说尽管他为政府工作多年以及 1943 年的忠实表现，他还是被指控涉嫌参与谋杀希特勒的行动。这一指控仅仅是因为格斯勒在暗杀事件发生时拜访了前部长赫尔梅斯（Hermes）。格斯勒希望我能安排他与希特勒见一面，以证明他是无辜的。

我立即打电话给希特勒的参谋瓦格纳，得到的回答是希特勒命令立刻审问格斯勒。我马上把这一消息写信通知格斯勒和他的妻子（后来我得知这些信都没有送出去）。两个星期后，我大吃一惊，瓦格纳告诉我他已经得到一位党卫军代表的通知，说格斯勒对调查机构承认他在暗杀发生前就知道这一计划并参与其中。

我自然认为负责调查机构说的是事实，因此我做什么都是没有用的，于是我写信给格斯勒和他妻子说明情况，这些信，我后来得知同样也没有送到。

这些事都发生在 1944 年秋天。1945 年 3 月我接到奥格斯堡—纽伦堡发动机厂施密特主任的电话，他告诉我格斯勒已经从集中营里释放出来了，现在柏林的海德维格医院，期待着恢复健康后回到家中。

我立刻去了这家医院，发现格斯勒正躺在床上，身心受到了巨大摧残。我让他告诉我真相。

他告诉我他没有收到我的信，之后又对我述说了他在集中营受到的令人难以置信的遭遇。

开始的时候，他所受的待遇极差，在接到希特勒立即审问的命令后有些改善。不过审问简直就是在折磨人。他的手指被插入木条，这带来的疼痛让他需要数次注射药物后才恢复知觉。我亲眼见到了格斯勒手指上的伤痕。当格斯勒抗议这种酷刑时，他被告知这是希特勒的特别命令。

他还告诉我，有关他案子的文件后来都被送去柏林的人民法院，而法院并没有发现其中有什么罪行，甚至连可责备的事都没有。因此在被关押了近 6 个月后，他被释放了，尽管在一开始他就是无辜的。

我打电话给格斯勒的太太告诉她格斯勒被释放的好消息，在施密特的帮助下，我安排格斯勒回到家中。

格斯勒在极不情愿的情况下，告诉了我这个血腥残忍的事实，并请求我不要再告诉其他人，因为他认为这是德国的耻辱。我希望把这件事直接告诉希特勒以引起他的注意，但格斯勒请求我不要这么做，因为他被释放的条件之一就是他写下保证不会把被羁押时的情况说出去。

这样的事竟会发生在德国，并且是对一个像格斯勒这样无辜的人，这让我非常生气。就在这一天，我摘下 1937 年时希特勒亲自赠给我的金质党章，并把它扔在地上砸碎了。我一直不是纳粹党的党员，因为一般来说，国防军中的军官是不允许加入纳粹党的，这个党章只是国家元首个人赠予的，仅仅是忠诚的象征。

与格斯勒一样，我也为德国发生这样的事感到耻辱。

第二十一章　国家与个人

1945 年 5 月，德国投降，当时我在巴贝尔斯堡的医院里。

一周之前，希特勒刚刚自杀。

5 月 16 日出院后，我立即拜访了在波茨坦的苏联皮姆诺（Pimenow）上校。他向我保证会派兵保护我的家人。

但是在卫兵到来之前，我已经被卡车带到波茨坦附近的卡珀斯（Caputh），那里有苏联的情报小组。那是 5 月 17 日夜里，皮姆诺直接过问了我的事情。我在安全护卫的陪伴下被释放了。

三天后，皮姆诺拜访了我，随行的是斯卡尔（Schokow）元帅的一名将军。他们问我目前想做什么，我回答说我想写一本有关我生平的书，有点类似我写的有关一战中巡洋舰战斗的书。

当天夜里我心脏病发作了，坐卡车去卡珀斯的颠簸让我有点受不了。一连几天我的身体都很虚弱，我在床上躺了好几周。

皮姆诺几次送来特别的食物，这对我身体的恢复很有帮助。6 月 23 日，他捎话来说希望我能向某个将军的办公室报告。他说这不会超过一个半小时，并且还告诉我过不了多久我可能要去趟莫斯科。

我并没有被带往某位将军的办公室，而是被带往利坦堡

(Lichtenburg) 监狱。我被关进一间牢房里，处于某位苏联克格勃将军的严密监视之下。狱卒告诉我说我是战争犯，在利坦堡待上一两周后我就会被送往莫斯科。作为安慰，我可以继续写作。几天后我妻子说服了有关当局让她搬到利坦堡来，以便照顾我，因为我的健康状况每况愈下。当她搬来之后，我们在巴贝尔斯堡的房子被彻底洗劫一空。

7月8日，我和我的妻子在一群充满敌意的士兵的监视下飞往莫斯科，在飞行的24小时中，我们没有吃到一点食物。

在见到两名人民委员会的将军后，我们的情况才得以改善。我们被安置在莫斯科郊外一幢布置精美的乡村房子中，不时会有一两名官员来访。两名人民委员会的将军经常来与我进行长时间的交谈，他们对我的笔记很感兴趣，但从没有明确表示我的听证会将在什么时候开始。

我在莫斯科待了三个月，在这期间我收集整理了以前的大量笔记，部分是出于苏联人的建议，另一部分出自我自己的意愿。因为有了不错的食品和治疗，我的身体状况在改善。但是战争不愉快的结束以及这些年来痛苦的经历让我的情绪十分低落。

我没有任何参考材料，全凭我的记忆整理笔记，这明显很费力。我尽可能地试图重现过去的许多经历和问题，以便于在我真正开始写稿时进行分析。后来这些笔记被拿走了。我的起诉人企图用这些材料在纽伦堡审判时起诉我，但没有得到允许，因为这些材料只是我个人使用的粗略笔记，不能用于最终的审判以及明确的评价。

1945年10月17日上午6时，我在没有得到事先通知的情况下被带走。我妻子在我身后，她被告知我只是被带去莫斯科作几个小时的审问。但出门后他们告诉我，我将被带往柏林，不过几天后就回来。我的新护卫，一个我不认识的将军，先把我带去人民委员会，之后送我去了机场。

在飞行期间以及到柏林以后，我一直在一名中校及另一名苏联军官的监视之下。我被安排住在巴贝尔斯堡的一间房子里，这两名苏联人严密看管着我及一名记者弗里茨（Friteche）。他是在卢布简卡监狱被抓的，与我同坐一架飞机从莫斯科过来。在巴贝尔斯堡，他们发给我们几份盟军国际军事法庭对我的战争罪起诉书。

这是我第一次听说这些战争罪名。

因为我可能需要用到我在莫斯科的笔记来为自己辩护，我要求他们把它寄过来。几天后我的笔记送了过来，并要求我签署一份宣誓声明。在我检查了笔记和宣誓之后，我拒绝签署这样一份声明，因为这些笔记是伪造的，从我的笔记中胡乱摘录了一些东西，翻译错误，而且根本就是在误导人。如果我愚蠢地签署了这份东西，那么法庭就会利用这些欺骗性的文字和误导性的翻译编出一份文件作为我的供诉。

我向国际军事法庭的总秘书长全面解释了这份宣誓证词中的错误和曲解。我一直没有听说我的解释有什么结果。我的笔记又被拿走了，几天后，11 月的一个寒冷夜晚，我和弗里茨被带去纽伦堡，像其他被告一样，我们被关在纽伦堡战犯监狱的单间牢房里，耀眼的电灯照着我们。

纽伦堡审判是 1945 年 12 月 20 日开始的。作为被告，我和邓尼茨被指控在海战中犯下战争罪。

我们用来准备辩护的时间不太充足。我选择了哈伯格著名的西梅尔律师作为我的辩护人。而邓尼茨选了舰队法官克兰茨比勒（Kranebunler），他的能力在海军中很有名气。在海战法方面，我们两人的辩护由克兰茨比勒负责。

尽管西梅尔名气很大，但我以前并不认识他。在我看来这是有好处的，因为没有个人关系，他在审判中会采取绝对客观公平的态度。这一点很重要，因为我不仅仅是作为个人受审，还代表着德国军队和德国人民。西梅尔在辩论阶段的行为是威严的，而且也非常成功，这让我一直都很感谢他。

在有关海上作战的审判阶段，实际上是有关海上行动的整体，舰队法官克兰茨比勒所作的辩护无人能够超越。他不仅有大量的专业知识以及天生对相关事务敏锐的捕捉能力，而且他还极富人格魅力。

对我的指控是我进行的海战有悖于文明海战的规则，以及为德国海军做了侵略的准备，并从海上对挪威发动侵略战争。邓尼茨也受到了相似的指控，只是少了准备侵略战争这一条。

纽伦堡审判是唯一一次胜利者作为被占领土上的法官，只有被征服者的行为受到审判，而胜利者的行为根本不受质疑。这样有限的法律程序根本不可能是公正的，当被告被用不存在的国际法律审判之前，胜利者的行为看上去无懈可击。

人们普遍认识到在每一场战争中，各国的行动都受到其对手行为很大的影响。因此，任何胜利方对其所征服对手审判的法则，如果不能同样运用到胜利方自身，就会失去可信度，不能被接受。但是纽伦堡国际军事法庭的一项基本条款就是不允许在法庭上提到盟军的任何罪行。甚至《凡尔赛条约》也不能被提起，除非是德国或德国人违反了该条约。自 1920 年以来该条约在德国发展中起的决定性作用也不允许提起。

很显然，纽伦堡审判并不是一般意义上的司法审判。它仅仅是我们的对手出于政治上的考虑，其主要目的是政治上的，即把整个德国说成是国际罪犯。它把所有德国人民，不仅仅是希特勒和纳粹政府，作为发动侵略战争的罪犯来指控。通过这种方法，盟军试图为自己对德国的战争方式辩护，把他们的行为形容成是合理及必须的，并且支持他们的长期占领政策。军事法庭只审理德国和日本的案件而不包括三大轴心之一的意大利，这很明显暴露了盟军的这种为自己辩护的态度。

在一战后，德国承认对战争负责被写进了《凡尔赛条约》，德国不得不在能够保证和平之前就签署了该条约。当有罪的引述后来遭到怀疑时，因为它本身就不可避免，《凡尔赛条约》的基础就动摇了。

这一次盟国想要避免这样的情况发生。他们不再利用在枪口威逼下的德国人说出的不可信的供述，这一次他们要公开审判德国发动战争的罪行，并把结果公之于世。

不过，我认为审判无可争辩地证明德国人民或他们其中的一部分没有参与谋划破坏世界和平。与之类似的，德国存在着一批发动侵略战争的军事人员的指控被驳倒。对 300 万纳粹党员、50 万党卫军成员、50 万保安处成员及 200 万纳粹冲锋队成员的指控也被驳倒。甚至对 5 万盖世太保的指控也失败了。在这些案件中，法庭认为这些团体不能作为整体来起诉，实际的罪行应该由个人来承担。

这是一个非常重要的结论，这说明法庭有时会拒绝某些政治观点。同时，在刑事审判管辖的领域，审判的明确证据表明某些纳粹党党员已经洞察了很多可怕的罪行。不过，除了犯罪者之外，没有德国人预感到这样的事情在继续。

对我来说这是审判中印象最深的。犯罪者在他们所犯罪行场所前的沉默，像一堵无法穿透的墙，阻挡着公众对集中营里各种罪行的了解。通过前内务部长泽韦林及其他军人的证词，个别案件时不时地暴露出来。但是大量的罪行，以及这些罪犯的邪恶本性让绝大多数德国人大吃一惊。更让人吃惊的是，不仅某个政治团体参与了犯罪，就连国家元首希特勒在许多案件中也是煽动者之一。对于大多数德国人来说，纽伦堡审判让他们第一次真正认识到希特勒的真实面目。

审判发展成两条明显不同的主线：一个是政治上，这是每一位德国人都感到耻辱的；另一个是军事上，这就明显不同了。总体来说，在军事领域审判的进展与开始时起诉人所描述的完全不同。审判在军事领域发生方向偏差不仅是因为政治根源，还因为起诉方与辩护方所处的两个完全不同的司法系统。在这次审判所使用的盎格鲁—撒克逊法律程序中，审判像是起诉方与辩护方之间激烈的辩论，之后法庭宣布裁决。起诉方就其本身来说，不是简单地寻求事实，而是努力用各种方法来赢得官司。同样，辩护方也是全面地与起诉方辩论，而不理会什么法律事实。这与德国的法律系统完全相反，在德国，起诉方和辩护方都致力于寻求事件中的事实和谎言。盎格鲁—撒克逊法律系统对德国的辩护人来说是一个新事物，还不适应，所以在陈述辩护观点时比较困难。但是，我们的辩护律师适应盎格鲁—撒克逊法律体系的方式，以及他们在法庭上的成功，简直无法形容。

经过漫长的历史证明，盎格鲁—撒克逊审判程序是有价值的，但是除非起诉方和辩护方有同等的机会发挥作用，否则它是不公正的。

起诉方有很多方式来准备他们的起诉书。他们掌握所有已知的文件作为指控的证据。因为所有的德国档案都落入敌方手中，辩护方可以得到的记录和文件是很有限的。从这些大量的文件中，起诉方收集了许多断章取义或曲解的材料来攻击被告。

另一方面，被告律师却无权利用这些盟国手中的文件。他们只能得到起诉方愿意给他们的东西。其他任何可以证明被告无罪的材料都很难得到。这样的结果就是被告律师只能得到德国方面的证据。为了查清相关的事实，例如盟国进攻挪威的意图和计划，就必须查看国外的档案，然而这是绝对不允许的。

另外，辩护方还有一点明显的不利因素。辩护方的证人不得不从德国各个地方到纽伦堡来，而这个城市已经被轰炸得面目全非了，很难给证人找到住的地方，被告律师团本身也遇到了同样的问题，他们的办公室极其简陋。由于被告都被严格地关押起来，律师与他们没法进行私下协商。

最后还有一点，审判进行的气氛完全是敌对的。所有的报纸，所有的电台广播，都是盟国控制的，因此它们只会发布对我们不利的新闻。被告律师，特别是我的律师，能在如此有限的条件下取得这样的成功，证明了他们杰出的能力。

我的证人是舒尔茨海军中将——我多年的助手，之后是我的参谋长，还有前内务部长泽韦林。

泽韦林在作证时冷静和自信的表现让人印象深刻。他避开宣传或辩论上的意见，仅局限于自己的客观经历或自己最熟悉的领域，特别是关于早期海军重新武装的问题。他为我辩护的热情让我感受至深。他证明 1928 年后德国打破《凡尔赛条约》的限制扩大海军是德国政府的命令。他还证明他是在希特勒政府垮台后才听说屠杀犹太人的事。在问及有关他或他在社会民主党中的朋友在纳粹当权时是否得到过外国援助的问题时，他的回答非常坦率勇敢。

他说："如果你是在问我，我政治界的朋友在与希特勒政权斗争时是否得到过外国人，即你们所称的反法西斯分子的支持，那我的回答是没有！非常不幸，没有！令我们非常惊讶的是，英国工党的成员不顾政府代表的尊严，在接受了希特勒的款待回国后，立即夸奖希特勒是爱好和平的人。在这一问题上，我鄙视前工党内阁部长菲利浦·斯诺顿和工党主席乔治·赖斯布瑞。"

这时法庭庭长中止了泽韦林的听证。这是他们不想让人听到的证据。

舒尔茨被盘问很久而且问得很详细。他超强的记忆力、准确的回答以及对海军平时战时的分析，给他的听众留下了非常深刻的印象。

前对外办公室秘书巴龙·魏茨泽克的证词也很有用。他说在挪威战争时，他不同意我有关盟国正计划占领挪威的观点，但是现在他知道我当时是非常正确的。他还证实德国海军部队占领挪威期间在当地的名声很好。

许多证人提供了证词，不仅有到法庭亲自作证的，还有来自各个地方的书面陈述、信件等其他文件。我永远感激这些人，特别是那些我不认识的人。总体来说，所有为邓尼茨和我作证的人让法庭上的每一个人都对德国海军有了较好的印象，即使这些证人大部分都来自盟军的监狱。通过与这些直接可信的证人证词比较，起诉方呈交的证据，特别是书面文件，都显得苍白无力，还带有偏见。

就我本身而言，在我出现在被告席的时候，我尽量负责任地清楚陈述战前和战后与我有关的所有事情。除了我的律师得到的我的一些笔记之外，我的记忆就是所有我能陈述的东西。

从一开始，我和邓尼茨就在一个问题上意见一致：就是德国实施海上作战在历史上的合理性。对德国海军作战方式的指控，特别是潜艇战，对我们来说比对我们个人的指控更重要。与德国海军的名声相比，我们个人发生的任何事都不重要。

作为一种责任，我和邓尼茨都认为，我们应对各自担任海军总司令期间发生的一切事负全部责任。这是德国军队领导人一直持有的观点。因此我强调指控邓尼茨在我任海军总司令期间进行潜艇战是完全不公正的。

起诉方对我们主要的指控就是进行潜艇战。但正是这个领域，我们处理得最谨慎。在与U型潜艇有关的任何政策或命令被签署前，我们都仔仔细细地与海军参谋部中的法律部门核查，这样就可以确认我们是否违反了破坏任何海战方面的国际法。我和邓尼茨的决定是，如果会造成触犯任何人类文明所认同的海战法这样的结果，那么就不能采取行动，也不能签署命令。我肯定邓尼茨任潜艇部队司令时，几次有意把U型潜艇及其艇员置于极度危险的敌军攻击之下，以确保被鱼雷击中的舰船上的幸存人员安全。

除此以外，起诉方企图指控我们使用所有可能的作战方式是有罪的。而与之相对的是，英国舰队司令与美国太平洋舰队司令尼米兹在证词中所表示的态度却对我们有利。

法庭允许我们得到被没收的德国档案，以及外国文件和外国证人的证据。在海战的案子中，舰队法官克兰茨比勒在多次努力之后成功地得到许可，让我们的助理辩护梅考尔上校审查和评估被扣押在英国的德国海战文件。另外，法庭还准许克兰茨比勒询问英国和美国海军的军官及职员。

在西梅尔的帮助下，舰队法官克兰茨比勒向两国海军递交了问卷，而且及时得到了回复。

法庭接受了英国海军部的回复，回复中说在战争的一开始，英国海军根据1938年的商船队手册中的命令着手武装英国的商船。英国的船队在武装护卫的情况下出航。英国的商船队还接到命令要报告任何发现的潜艇的行踪，并且这还成为英国海军侦察预警系统的一部分。1939年10月1日，英国海军命令商船只要可能，就要去撞击潜艇。1940年5月8日，英国海军部队接到命令：在不预先警告的情况下，击沉一切夜间在斯卡格拉克海峡遭遇的船只。

尼米兹司令的回答也对我们有利。他说在与日本爆发战争后，美国政府宣布整个太平洋都是战区，并命令采取一切措施与日本作战。在最大的海洋，太平洋战区内，美国潜艇有权在不警告的情况下攻击所有见到的商船。只有医疗船及其他受保护的人道主义船只在此命令之外。

在给尼米兹的问卷中最关键的一个问题是："在潜艇自身安全受到威胁的情况下，不管是有特殊命令还是习惯做法，美国潜艇是否严禁采取措施营救在未接到警告情况下被击沉船只上的船员？"

这位美国舰队司令毫不含糊地回答道：

"总体来说，美国潜艇一般不营救敌方的幸存者，如果这样的行为会带来额外的风险，或者会给进一步执行任务造成危险。"

这两位与我们在海上交战的海军高级军官的信息对于鉴定德国海军的海战行为是非常有利的。它向纽伦堡法庭证明德国海军进行海战的方式是与交战国海军的原则及惯例相一致的。因此，国际军事法庭完全证实德国海军在作战方式及行为上符合国际法。至此，邓尼茨和我在审判的最重要部分取得了胜利。无罪的审判更加有意义，因为这是在我们之前的敌人的大力支持下取得的，特别是那些在艰苦的潜艇战中与我们奋力交战的官兵。

舰队法官克兰茨比勒对有关德国海军作战指控的辩护是严密的，有说服力的。在呼吁宣判我无罪的最后总结中，西梅尔驳倒所有起诉方的控诉。在他精彩的辩论中，他特别关注对我们挪威作战的指控，把这与盟国的计划和意图作了比较。

主要是在进行侵略战争的指控上，法庭不完全同意西梅尔的辩词，对我的最终裁决是“基于现在的证据”。

这一裁决的基础对我来说是不可理解的，因为法庭拒绝了我的律师利用英国官方挪威战争文件的要求，这本身就限制了作为证据呈交的材料数目。当这些档案，特别是英国首相丘吉尔的回忆，后来被公开时，纽伦堡对我们有关占领挪威的判决基础都将不复存在。

在我最后出现在法庭上时，我简单作了总结：

“在所有的证人都作证之后，审判的最后结果反而是对德国人有利，这不是起诉方所期望的。德国人被指控即使没有实际参与，但在知道的情况下默许了对犹太人及其他人民的屠杀，可是无懈可击的证词让德国人得到无罪宣判。尽管起诉方有前期听证中得到的真相，以及正义者的伪装，但是它通过控告、交叉询问等方式诽谤德国人的努力彻底失败了。”

“另一个对我同样重要的结果是德国海军作战的合法性和名誉在审判中被公开证明了。德国海军从此可以清白地面对法庭，面对世界。绍克劳斯试图把 U 型潜艇战和其他可怕的暴行混为一谈，我们有力地反驳了他。他们在无可争辩的证词面前是站不住脚的。有关德国海军从未打算遵守海战法的指控也被完全驳倒。对德国海军人员藐视国际法的指控不但被驳倒，反而还证明德国海军始终都严格地按照国际法和人道主义的要求进行海战，就像其敌人一样。”

“我很遗憾起诉方不断地试图诽谤我和德国海军，如同其在提交的第二次修正审判摘要中所证明的那样，但这一次也仅仅是在数量和语气犀利程度上与第一次有所不同。很明显，这是起诉方也认识到他们的指控站不住脚。”

“我还感到英国和美国的指控对他们自己的海军也是一种伤害，尤其当他们把德国海军形容为道德低下时。但是我相信，盟国的海军司令理解我，他们知道自己不是在与罪犯作战。”

“因此我可以只用我的认识来解释起诉方的态度，他们及他们的代表基本不明白起码的军事行动原则和海军专业知识。这样的结果证明他们担任法官不合格。”

“总体来说，我希望表达的意思是我像一个士兵一样在完成我的任务，因为我深信只有这样，我才能服务于祖国和人民，为他们，我愿意随时献出生命。唯一可以怀疑我有罪的方面是我错误地超出了军事责任的范围卷入政治事务中去了。这样做是没有考虑到我的职位是纯粹军事上的，另外卷入政治有悖于我的职业以及德国军队的传统。这样的行为对于德国人民来说是有罪的，但这不够把我认定成战争罪犯。这样的罪不是在法庭上确定的，而仅仅是在上帝面前。”

法庭的判决在 1946 年 10 月 1 日确定下来。其中关于我的判决在许多方面看来都让人大吃一惊，罪名不在他们对我的指控范围内，而是在他们对别人的指控范围内。

从我看到审判如何进行的时候，我一直估计我会受到判决。虽然反人道罪被驳回，但准备和进行侵略战争的罪名成立，其中进行侵略战争指的就是挪威战争。我被判终身监禁。邓尼茨的罪名与我类似，也是关于挪威战争，但他只被判 10 年徒刑，因为他的所作所为是专业性质的。

对邓尼茨的指控和判决完全让我不可理解，因为所有对他的控告都被证明有误，给他惩罚的理由是不充分的。但真正让我吃惊的是对凯特尔和约德尔的绞刑判决。我没想过军事法庭会让高级军官如此不光彩地死去，对于他们来说，即使犯了普通罪行被判死刑，也应该用枪毙的方式。绞刑的宣布让我的许多对手都感到厌恶：美国将军在德国将军的死刑宣布前献上了玫瑰并起身离去。

这两位德国将军在职务上与希特勒的亲密关系让他们在辩护时极为不利。作为每天和希特勒一起工作的人，他们被指控对所有希特勒签发的命令负责，即使他们经常利用职权甚至冒着危险反对一些不道德的事情发生。

我对约德尔将军的评价一直很高，因为我的职位需要经常与他打交道。作为武装部队总司令，约德尔非常机智，能迅速洞察局势，并依照全局甚至是从他不熟悉的领域出发迅速思考并作出决策。作为一位杰出的军官，他性格坚毅、诚恳。他会毫不犹豫地提出与希特勒相反的意见并说明自己的理由，即使他明知会有很大风险。在纽伦堡，他证实了他对战争理论及实践的掌握，并以冷静、富有逻辑的回答反驳起诉方带有偏见的指控。

凯特尔元帅更加不幸，作为总参谋长，他与希特勒接触更多。毫无疑问，他没有一直坚持自己的立场，从而被希特勒的强烈个性给感染了。他应该能够认识到这一点，并设法成为更坚定的继任者。但我相信他是在忘我地努力完成自己的使命。

在宣判和执行死刑的间隙，被告们被允许在牢房互相探访。我首先去看望了凯特尔，对他表示我的同情。

自 1945 年 10 月中旬，当我与妻子分开飞到柏林，又到纽伦堡接受审判时，我就非常担心她。我一直没有她的消息，直到我听说她被关在柏林附近一个条件糟糕的苏联监狱中。

1946 年 9 月中旬，所有的证据在法庭上陈述完毕后，在判决公布之前，所有被告的直系亲属获准看望自己的亲人。我的儿子和女儿来纽伦堡看望了我，但是我的律师以及纽伦堡法庭首席法官劳伦斯（Lawrence）虽经过种种努力，也没能让我妻子得到允许来看我。发给她的电报被退回，原因是“无法送达”。我律师试图通过苏联在纽伦堡的代表联系我妻子，但除了得到许诺外，什么也没有。当我写信给劳伦斯告诉他这件事情时，他亲自去与盟军德国管理委员会交涉此事，这让我很感激，但他也没有成功。我再一次看到我妻子时，是 1950 年 3 月，通过施潘道监狱的小铁窗，这时距我俩在莫斯科被分开已经 4 年了。她最终从苏联的监狱中被释放出来。

对她的唯一指控就是她是我的妻子。

我的无期徒刑意味着我将不得不在监狱的高墙后度过我的余生。这会令我的家人感到丢脸和忧虑。我不顾律师的反对，决心向管理委员会请求让我解脱——直接枪毙我。我不希望在我这样的年纪给家人带来无尽的精神负担。但我的请求被拒绝了。

在纽伦堡审判进行的时候，我欠了许多原德国帝国海军将军的人情，他们在英国都很有名气，他们向英国海军发出请求为我和邓尼茨说情。许多被捕后关押在美英监狱中的德国海军军官也发出了大量请愿为我们说情。在其他事情上，他们说感到自己有责任保卫受伤和落难者的荣誉，他们相信盟国海军的军官不会接受指控德国海军像海盗一样作战。

在纽伦堡法庭宣布判决的是安德鲁·坎宁安海军上将，当时他是英国海军部第一海军大臣。几天后，邓尼茨的律师对他说起已经起草好的赦免德国海军军官的请求时，坎宁安建议直接提交给盟军管理委员会中的英国将军，并告知他们是坎宁安特别建议这样做的。这样，人们就可以看出坎宁安对此的支持。

1938 年坎宁安来过柏林，当时他作为英国海军代表中的一员，与德国海军最高指挥部进行有关调整 1935 年《英德海军协定》的谈判。我们已经通知英国海军部，根据条约约定，我们打算建造 2 艘巡洋舰并把我们的潜艇兵力扩大到与英国水平相当。谈判很顺利地完成了。之后我和坎宁安都表示希望我们两国海军间的战争永远不要发生。我相信他和我一样，都是诚恳的。

不幸的是，我们两人的愿望都没有实现。仅仅 8 个月后，战争就开始了，坎宁安这位英国最杰出的海军将军就开始为他的祖国而战，而我也一样。

第二十二章　施潘道
——和回家

几乎就在国际军事法庭宣布我们判决的同时，死刑就执行了。如果在审判期间对我的限制算得上严格的话，那么现在就更严厉了。与我的律师西梅尔谈话时，我的右手要与警卫用手铐铐在一起再带去会议室。如果在谈话期间我要写字，那么警卫的手就必须与我的手一道前后移动，我才可以写成字。就像所有被关进监狱的人一样，我的头发被剃光，身着囚服。

我已经过了 70 岁生日。

1947 年 7 月 18 日，我，巴龙·冯·诺伊拉特，邓尼茨，前希特勒副手鲁道夫·赫斯，前德国国家银行主席瓦尔克·丰克，军需部长施佩尔以及希特勒青年团领导人什列那克（Schirach）被转移到盟国的军事监狱施潘道。

在施潘道的生活与外面的世界完全不同，我现在被彻底隔离了。每个月，我们可以被监视着写一封短信和收一封短信。但是从外面寄进来的信经常不给我们，即使给了，信中大部分也被毁掉。我们写的信经常很迟才送到邮局，让我们的家人没法及时在审查日那天回复。

每两个月家属可以来探视一次，时间是 15 分钟。我妻子第一次来看我是 1950 年 3 月 15 日。我前面提到过，她先是被关在纳粹冲锋队奇申豪森集中营，后又转移到奥伯武瑟，直到

1949 年 9 月 1 日才被释放。为什么我妻子和我儿子汉斯直到 1950 年 3 月才被允许来施潘道看我，没人能够解释。

在施潘道，犯人与探视者被两道紧密的铁栅栏隔开。翻译员会坐在犯人的左右两边，另外，谈话还受到盟国官员的严密监视，并不时被打断。

在监狱内，犯人们不准互相交流。直到 1954 年夏天，即使是在做清洁、糊纸盒等普通劳动或在监狱公园内干活时都不允许说话。

只要还有德国人被关在施潘道，我就不想详细描述在施潘道的生活。但我想说我并不憎恨看管我们的英、法、美、苏四国的士兵。他们只不过执行上级或政府的命令罢了。不论是西方的民主派还是苏联，都不会允许他们的士兵不听命令。如我所了解到的情况，派来施潘道的医生尽职尽责，从不带个人偏见。我们尤其感谢法国牧师，他们在狭小的空间内非常人道地开展他们的工作。但是，我们不得与他们交谈，因此想得到他们精神上的忠告是不可能的。

纽伦堡军事法庭是法学史上的怪胎。与任何西方国家的法庭都不同，纽伦堡军事法庭的上面既没有复审机构，也没有上诉法庭。即使是盟军德国管理委员会，也没有这种权力。它只能减轻某项判决，但没有权利加重。这就是为什么当我要求被枪决而不愿在监狱度过余生时，我的要求被拒绝了。甚至后来管理委员会也停止了任何实际意义上的管理。施潘道监狱及其管理组织开始是为了接收纽伦堡审判后的犯人而建立的，现在是四盟国唯一保留的事务。它形成了独特的东西方对比，这在其他地方都存在。由于没有可以上诉的权力机构，虽然这应该由纽伦堡法庭提供，所以监狱的条件越来越差。

在施潘道，监狱的高墙和牢房的宁静让人有时间和动机去反思。在那段乏味的日子里，我经常想起要感激我的父母和老师，是他们让我有了坚定的基督教信仰，这支持我一生。宗教信仰让我不会绝望，因为我感到我没有罪。

我的思想也不断影响着我的妻子和儿子，他们是我最担心的人。庆幸的是，我的儿子汉斯对待生活和工作都非常认真专心，但我的事还是让他负担很多。我们的好朋友都在支持他。他身处的环境使得他想要在农业领域取得进步是不可能的，虽然从石勒苏益格农学院毕业后，汉斯在西里西亚和石荷州取得的成就已经证明他在农业领域的突出才能，但他不得不放弃作农场主的选择。在一位老朋友洛普克（Ropke）的关照下，他在威斯特法伦—利普施塔特的钢厂得到了一份非常有前途的工作，他又可以充满信心地面对未来。他与我妻子重新一起生活让我感到非常欣慰。但他的早逝让我失去了所有的希望。

在施潘道，我们可以看书直到熄灯，因为没有其他什么要做的。赫斯收到一些从英国寄来的书，我们也收到来自好友的书。我们组建了图书馆，并由我来管理。柏林的各个图书馆也送来些书，但所有政治和军事方面的书都被监狱管理方扣下了。除了每月给家人写封信外，犯人不允许任何私人的写作。

再后来，限制有所放松后，我们经常进行一些有趣的讨论。我发现我与巴龙·冯·诺伊拉特和邓尼茨的观点最接近。

巴龙·冯·诺伊拉特比我大 3 岁，他从 1914 年在君士坦丁堡担任大使起就从事外交工作，这提供了无限的话题。虽然他健康状况很差，但他从来没有失去天赋的尊严和风度，他冷静地接受这一切就是个很好的例子。但让我感到震动的是看着他日子越来越难熬，他的力量在逝去。当他 1954 年被释放时，他几乎站不直，不到两年就安静地死在家中。

很自然，我与邓尼茨来往很多，因为我们一同在海军待了多年并且一同在纽伦堡受审。他读了很多的书，研究各领域的问题，一直保持着他的作风，尽管他的健康状况也不是很好。

我的刑期是终身，而邓尼茨的是10年，所以我们都认为他会先于我被释放。因此当我知道我将先于邓尼茨被释放时，我很吃惊。当他被释放后，我们又幸运地重逢了。

直到我被释放好长时间，我才知道这些年来有许多人不知疲倦地工作着，为缩短我的刑期和释放我而奔波。这些无私的朋友中不仅有过去的部下，还有德国及外国的著名人士，其中许多人在战时与我是敌人。当我知道这一切时，我的感激之情无法言表。他们的友情让我忘却了这些年来的许多苦痛。

除了想起我将在施潘道结束我的生命之外，我什么也没想过，所以我只能听之任之。最让我烦恼的是我不仅不能帮助我的家庭，我在牢中还让他们牵挂。1953年1月17日，战争中留下的病痛让我的儿子汉斯在利普施塔特去世。尽管我妻子以及许多朋友，其中不乏一些高官，努力让我得到短暂的假释，能在汉斯死前去见他最后一面，但我还是没有能够参加他的葬礼。事实上，我都不知道他的死去，直到一名法国牧师两天后告诉我这个消息。至今我仍不能理解为什么在我听到如此悲痛消息的场合必须要有监狱主管——四名上校在场。

随着年龄的增大，我没能逃脱疾病的困扰。我住院治疗了一段时间，到1955年，我80岁的时候，身体变得非常虚弱，我已经不能独立行走，必须要靠拐杖的支撑。

可能我的健康状况也是我被提前释放的原因之一。1955年9月26日，一位英国军医把我带出牢房，并临时向我宣布他将为我进行检查。不过这次他把我带去探访接待室，我发现我的衣服全放在那儿，正是10年前我换囚服时脱下的。一会儿我妻子也来了。一辆车停在监狱门口，让我激动的是，我的老司机鲁道夫·舒尔茨和老管家阿道夫·帕尔茨都来了。穿过友好的朋友们，包括德国的官员，我乘坐汽车和飞机到达了在利普施塔特的临时住所。利普施塔特的交通局长邦克解决了所有的交通问题，吕彼克让他的儿子把车开来让我安排。

由于对我能否承受这样的旅程存在疑问，利普施塔特·卢瑟恩医院的主治医师霍夫曼医生来到飞机降落地汉诺威查看我的身体状况。

到家后我发现有一大批朋友和熟人在等着欢迎我。他们把室内装饰得满是鲜花。我的前助手巴尔察司令是第一个过来和我握手的。在这样的欢迎中，众多祝贺的电报书信包围了我。我向在家欢迎我的人们表示了感谢。

1955年的德国与10年前大不相同。我并不是对这一切变化毫无准备，因为在施潘道的最后一年，我们可以看到德国报纸，虽然这些报纸经常缺页。我印象最深刻的就是德国被分成两部分，西德不断有被驱逐者和逃亡者流入，但它处于民主意识强烈的领导层管理之下，西方对我们的态度也有所改变。一战后他们反对魏玛共和国，现在他们认同了新的西德——一个不论外在还是内在，都与国际同步的国家。

即使如此，我还是感觉到德国分裂给人民带来的负担比《凡尔赛条约》更大。现在不论德国人民放心地把政府托付给谁，这个人所担负的担子都比我们那时要大得多。

但是我坚信如果东西德分界线两边的德国人有坚定的统一信念，那么统一肯定会实现的。德国人民中的内在力量在10

年来德国经济复苏中已证明了它的实力。这种力量不能浪费。每一位德国人的首要义务就是为全国的繁荣作出自己的贡献，而不是为了满足个人的欲望。我们必须总结过去的教训。教训有很多，人们的经历和个性不同，得到的教训也不同。历史告诉我们，只有在绝大多数民众都怀着相同的目标时，我们才能取得巨大的成功。今后几年我们面临的任务是艰巨的，为了祖国，人们不应该退缩。

毫无疑问，我会对联邦德国的海军有着极大的兴趣。由于世界局势的变化，特别是德国在欧洲及世界上地位的变化，新德国海军的任务和目标与旧海军有着很大的不同，其中包括人员、舰船和组织等。一方面，德国拥有世界大战的教训和经验，以及 1918 年后新海军的建设模式，另一方面，未来海军的建设又可以从新的起点开始。

这不是模仿，而是旧传统价值的改造。在魏玛共和国时代，我们的任务是在废墟上重建德国海军，我们没有简单地照搬传统的组织和习惯，而是把我们工作的重点用于创新，替换过时或不值得保留的东西。不论当时还是现在，军队基本的原则是不可改变的。勇气和直率，爱国与忠诚，服从命令和战友之情等都是水兵的杰出品质。通过教育和训练培养这种思想品质一直是首要的目标。

德国未来发展的最重要因素是德国人民对海洋的理解程度。德国地处欧洲中心，有着漫长的陆地边界。同时，德国也是一个工业贸易国家，因此她要越过欧洲大陆与世界沟通。在目前的世界形势下，没有哪个国家可以在政治、经济、军事上保持孤立封闭。德国的经济和工业要依靠进出口，德国不仅与邻国联系，还跨过大洋与各国联系，德国的造船业和渔业是最重要的工业之一。因此德国的悲剧就是，大部分德国人包括领导层，过去都没有认识到这一点，所以没有抓住德国的机遇。

在一战前和一战期间，我们的政治和军事领导人没有认识到敌方海上力量的强大，从而忽视了敌人在海洋上的巨大优势。尽管陆上最大的敌人俄国崩溃了，但我们还是在 1918 年屈服于来自海上封锁的巨大压力，以及食品和原材料的短缺。

一战后，国家社会主义党没有完全吸取这些冲突中的教训。在第二次世界大战中，我们作为一个在欧洲中心的大陆国家，海上力量非常弱小，我们无法突破海上强国的封锁。通过海洋这一最有效的运输线，大量的食品和物资从美国运到了英国，战争必需的物资也运送到了摇摇欲坠的苏联。通过海洋，盟国在北非登陆，之后是意大利和诺曼底，直到最后的“欧洲堡垒”。

我们在两次世界大战中吸取的海上力量的教训非常惨痛也很深刻。我相信德国现在已经认识到并理解了这些教训。在这个充满航班、无线电和电视以及其他快速通讯手段的年代，把人们分隔开的界线消失了。除非是人为的设置，界标和国界不再是重要的障碍。把西方的领土与人民联系起来，以及他们之间的共性，变得比把他们分开更加重要。我们正开始抛弃以前那种狭隘的大陆观点而把眼光投向海外。虽然在两次世界大战中我们都与他们为敌，并且两次都被击败，但是现在我们却与他们走到了一起。海上强国与大西洋国家联合起来，这给我们带来了安全以及我一直期盼的和平。上一代人，海军上将蒂尔皮茨这样说道：“德国人民没有真正懂得海洋。”今天我希望悲痛的经历会让我们明白这些道理，并成为我们思想的一部分。

回想 15 年前我身为海军总司令的时候，我对所有在我手下工作的人怀有深深的感激之情，我把自己的能力发挥到极限，投身于海军的建设和作战，对于未完成的事业和失败，我负有全部责任。在我领导下，海军非常欢迎希特勒与英国达成的关于两国海军实力对比的协议。海军中的大部分人直到最后一刻还相信我们不会与英国开战。当战争出乎意料地爆发时，海军带着沉重的心情毫无怨言地投身进去，并决心尽自己最大的努力忠诚地战斗到最后时刻。

在 1918 年至 1939 年海军建设的时期，所有取得的成果中最重要的就是海军人员内心对祖国的忠诚。随着大量新兵的加入以及舰上和岸上活动的增加，海军的结构和人员必然会发生变化。尽管如此，海军中的忠诚、纪律和士气一直保持到战争结束。因此我们在和平时期发展迅速，传统的海军优良作风不仅影响到职业海军人员，还鼓舞了那些在持续的战争中完成自己使命的民众。很明显，在职业海军与志愿军之间没有奉献程度的区别，他们是一个整体。

不能简单地评价德国海军与其他军种合作在二战中取得的成就。这些成就的基础是德国人对祖国的奉献，以及他们的勇敢。战时对个人的考验与和平时期大不相同。德国民众一贯尊敬士兵和水兵，特别是那些战时在前线作战的，这是困难时期民众之中的精神纽带。

感谢海军人员在战争的困难条件下英勇献身不是我的职责，而是全体德国人民的心愿。应该感谢的人还包括在其他部队服役的士兵以及各地为祖国甘冒生命危险的人。

人的价值并不在于他是成功还是失败，也不在于一次战争的政治方向是得到赞成还是否定。它只能通过行为出发点的特性和原则来衡量。当目前的困境和阴影消散之后，我坚信德国人民在战争中表现出的高尚品质将在黑暗的阴影中闪亮，并在国家传统中留下灿烂的一页。

为海军服务对我们所有人来说，不仅是对国家的责任，还是发自内心的愿望。许多亲密的朋友和战友为德国流血牺牲，但他们为之战斗并献出生命的理想并没有随着军舰沉没而消失。大海淹没了阵亡的水兵，幸存的水兵在水面上激起令人怀念的水花，不久也消失在人们的视野中，但是无法湮灭的是死去的人为下一代留下的丰富遗产。友谊自很久以前就象征着德国海军，它不仅是年长者与年轻人、过去与未来的桥梁，还是各国海军之间的桥梁。

本书现在写完了。我靠着我妻子的手，她与我经历了酸甜苦辣，与我的儿子一道在那些黑暗的日子里为我的自由不知疲倦地斗争。她经常孤独悲痛地站在我们唯一的儿子的墓地前。

图书在版编目(CIP)数据

崛起与毁灭:纳粹德国海军元帅雷德尔回忆录/(德)埃里希·雷德尔著;吕贤臣译. —上海:上海人民出版社,2019
书名原文:Mein Leben—Oberbefehlshaber der deutschen Kriegsmarine 1935—1943
ISBN 978-7-208-15826-9

Ⅰ. ①崛… Ⅱ. ①埃… ②吕… Ⅲ. ①雷德尔-自传
Ⅳ. ①K835.167=5

中国版本图书馆 CIP 数据核字(2019)第 074561 号

责任编辑 黄玉婷
封面设计 COMPUS·道辙

崛起与毁灭
——纳粹德国海军元帅雷德尔回忆录
[德]埃里希·雷德尔 著 吕贤臣 译

出　版	上海人民出版社 (200001 上海福建中路 193 号)
发　行	上海人民出版社发行中心
印　刷	上海盛通时代印刷有限公司
开　本	889×1194 1/32
印　张	13.5
插　页	13
字　数	295,000
版　次	2019 年 7 月第 1 版
印　次	2019 年 7 月第 1 次印刷

ISBN 978-7-208-15826-9/K·2857
定　价 68.00 元